헤겔연구 제22호

로고스인가 사튀로스인가?

* 이 학술지는 2006년도 정부재원(교육인적자원부 학술연구조성
사업비)으로 한국학술진흥재단의 지원을 받아 출판되었음

헤겔연구 제22호

로고스인가 사튀로스인가?

한국헤겔학회 편

차례

발간사 • 이창환 7

1부 헤겔에 대한 새로운 이해

- 헤겔 『정신현상학』의 '종교 장'의 위치와 체계 내적 의미 • 이정은 13
- 헤겔과 들뢰즈에서의 기억의 형이상학과 주체의 문제 • 연효숙 47
- 근원적 얽힘(Ursprüngliche Verschränkung)
  –물질과 정신의 관계에 대하여 헤겔과 로티에게서 얻을 수 있는 교훈 • 전대호 85

2부 일반 논문

- 그리스 비극의 공동체적 의사소통 기능 • 이광모 121
- 범주의 기원에 관한 스콜라철학의 두 이론
  –토마스 아퀴나스와 프라이베르크의 디트리히를 중심으로 • 이상섭 149
- 안셀무스의 존재론적 신 존재증명과 무로부터의 창조 • 양태범 189
- 니체의 사튀로스 예찬론 비판 • 윤병태 221
- 하버마스에 있어서 탈형이상학적인 이성 기획으로서의 담론적 이성(diskursive Vernunft) 기획 • 정현철 251
- 동양의 초(超)합리주의와 접경(接境)의 문명론 • 유헌식 289
- 민족에 대한 변증법적 접근 • 허정수 337

편집후기–1831년 전후 독일의 시대 상황과 헤겔의 그림자 • 윤병태 373

3부 부록

- 필자 약력 391
- 『헤겔 연구』 논문투고 및 심사규정 395

발간사

몇 년 지난 일이지만, 지하철 노조가 준법투쟁을 노동운동의 수단으로 삼으려고 한 적이 있었다. 가령 전동차의 배차 간격이 법규에는 7분으로 정해져 있으나 수송 인원을 고려하여 실제로는 5분 간격으로 운행했다고 할 때, 다시 7분 법규를 지킴으로써 그만큼 교통 혼잡을 야기하겠다는 뜻이었다. 준법이 투쟁의 수단으로 된다면 노조는 그때까지 법을 지키지 않았음을 스스로 고백하는 셈이며 또한 그 관리 조직도 탈법 내지 위법을 조장했다는 말이 될 게다. 그렇다면 이 경우 법은 무엇 때문에 있는지 도무지 알 수 없게 되고 또한 줄어든 배차 간격 탓으로 혹 사고라도 난다면 책임 소재를 가리는 일도 아리송해질 수밖에 없다. 그런가 하면 얼마 전에는 자반고등어 11손을 선거 몇 달 전 주민들에게 돌렸다는 이유로 법원에서 구청장 당선을 취소시킨 일이 있었다. 한편에서는 준법투쟁이 노동운동의 수단으로 되는 나라에서 다른 한편에서는 겨우 고등어 11손에 구청장 당선이 취소될 만큼 법이 엄격하게 지켜지는 것이다. 이 두 사례 사이의 거리는 너무도 멀리 떨어져 있어서 "한국에서 안 되는 일이 어디 있니?"라고 외치던 어느 개그맨이 저절로 연상된다. 법과 현실의 거리가 고무줄처럼 늘었다 줄었다 하는 통에 어느 장단에 맞추어야 하는지 당혹스러울 때가 많다.

요즈음 대통령 선거를 앞두고 매스컴마다 대선 관련 소식들로 넘쳐난다. 그러나 대부분은 품격을 상실한 소식들이다. 이 땅의 정치는 언제부터인가 사이비 민주주의로 번역함직한 소위 포퓰리즘이란 것에 의해 휘둘리고 있으며, 선거철이면 그런 양상이 더욱 심해진다. 도덕성 검증이란 미명 아래 상대 후보의 뒤캐기가 공공연히 자행되며, 너 나 할 것 없이 남을 헐뜯어서 자신을 돋보이게 하려는 생각에 골몰하고 있다. 저마다 자신은 돌을 던질 자격이 있고 상대는 돌을 맞아 싸다고 생각하는 듯하다. 그리고 국민은 그러한 헐뜯음에 열광한다고 오해하는 모양이다. 하지만 한 가지 오해할 수 없는 사실은 현 시대가 그다지 도덕적이거나 윤리적이지 않다는 점이다. 평소에 법이 엄격하게 서 있었더라면 선거철 뒤캐기는 공연한 헛수고가 되겠기에 말이다. 그리고 법조차 고무줄처럼 늘었다 줄었다 하는 판에 도덕과 윤리야 오죽하겠는가.

이러한 세태 앞에서 정신현상학이나 논리학과 같은 순수 이론철학의 분야는 물론, 법철학, 종교철학, 역사철학, 예술철학 등등의 분야를 자유롭게 넘나든 헤겔과 같은 위대한 철학자의 출현이 새삼 아쉬워짐은 비단 나에게만 국한된 소회가 아닐 것이다. 다행히 이 땅에는 위대한 철학을 기리는 정신이 아직도 생생하게 살아 숨 쉬고 있음을 우리는 지난 달 성황리에 열렸던 헤겔 『정신현상학』 발간 200주년 기념 학회에서 확인할 수 있었다. 헤겔학회와 고려대, 연세대, 명지대, 서울대의 철학연구소가 공동으로 주최한 이 학회에서는 헤겔 자신의 이론에 관한 연구는 물론, 분석철학이나 프랑스 구조주의의 입장에서 본 헤겔 철학에 대한 연구도 발표되었다. 이는 헤겔의 연구가 이제 단지 헤겔 안에 머물러 있지 않고 여러 다른 사상들과 연계를 맺기 시작했다는 증좌이다.

『헤겔연구』는 일차적으로는 헤겔 연구자들을 위한 발표 공간이지만, 앞으로는 그 한계를 넘어 다양한 분야의 논문들을 수용하는 철학의 허브로 성장할 것임을 다짐한 바 있다. 다시 말해 『헤겔연구』를 짜는 씨줄이 헤겔 철학 자체에 대한 논문이라면 날줄은 그와 관련된 방계 분야의 글들인 것이다. 이는 물론 헤겔 철학 자체의 포용력이 그만큼 크기에 가능한 일이기도 하지만, 나아가 헤겔 철학의 현재화가 그만큼 절실하게 요구되기 때문이기도 하다. 이번 호의 『헤겔연구』는 얼핏 보면 헤겔 철학과 무관한 듯 보이는 글들을 많이 싣고 있지만, 좀 더 자세히 보면 헤겔 연구의 씨줄과 날줄이 그만큼 더 튼튼해졌음을 우리는 확인하게 될 것이다. 도약의 계기를 맞은 『헤겔연구』가 앞으로 더욱 발전하기를 기원한다.

헤겔학회장 이창환

제1부

헤겔에 대한 새로운 이해

헤겔 『정신현상학』의 ‘종교 장’의 위치와 체계 내적 의미

이 정 은

I. 서론
II. 『정신현상학』 안에서 ‘종교 장’의 위치
III. ‘종교 장’의 전개 과정
IV. 결론: 계시 종교의 설명을 통한 예술, 종교, 철학의 관계

요약문

이 글은 헤겔 철학 체계 안에서 예술, 종교, 철학의 비동등성에도 불구하고, 그들 간의 동등성과 동근원성을 주장하는 데에 목적이 있다. 헤겔은 절대 정신의 세 계기를 예술, 종교, 철학으로 구분하고, 이들 간의 위계적이고 변증법적 발전 체계를 주장한다. 그러나 『정신현상학』의 ‘종교 장’은 세 계기의 위계적 관계를 전복하는 측면이 들어있다. ‘종교 장’은 절대적 본질, 즉 신으로서 절대자를 주제화하며 ‘자신을 정신으로 아는 정신’을 종교의 지평으로 간주한다. 자기 직관하는 정신은 ‘절대 정신’을 의미하며, 이러한 종교의 정신은 철학의 지평과 같은 위상을 지닌다.

종교와 철학이 같은 위상을 지닌다면, 종교 장 이후의 전개 과정이 필요 없다. 물론 헤겔은 절대 정신의 계기들이라고 해도 예술은 감각을, 종교는 표상을, 철학은 개념을 다루기 때문에, 예술에서 종교로, 종교에서 철학으로 이행하는 변증법을 진행해야 하고, 그 세 분야가 동등하지 않다고 단언한다.

그러나 헤겔은 『미학강의』에서는 예술과 철학의 비동등성에 불구하고 예술의 완성, 예술의 종언과 연관하여 비극과 철학의 사변적 사유의 유사성을 언어를 통해 드러낸다. 『정신현상학』의 '종교 장'에서는 종교와 철학의 비등등성에도 불구하고 종교를 정신의 완성, 정신 전체, 정신의 자기직관이라고 하면서 종교와 철학의 동등성을 순간적으로 견지한다.

종교의 변증법은 현실적 정신의 전개를 통해 자연 종교에서 예술 종교로, 예술 종교에서 계시 종교로 진행한다. 헤겔은 계시 종교에서 정신의 완성으로 실현되는 신과 예수의 관계를 자기의식적 언어를 통해 접근하기 위해 매개 없는 육화가 아니라 '매개된 육화'로 변형시킨다. 그리고 매개된 육화는 신의 타자화를 '육신의 소멸'과 '성령'으로 발전시킨다.

신의 타자화인 신의 육화에만 집중하면 '유한자의 자기의식화'나 '유한자의 절대화'를 도출하기가 어려워서 일방향성을 지닌다. 일방향성을 극복하기 위해, 헤겔은 신의 타자화를 무에서 유의 창조라는 방식으로 해석하지 않는다. 오히려 절대 정신으로서 신은 충만하기 때문에 개념의 자기 분열과 자기 전개를 이루며, 신의 육화와 창조는 개념의 자기 분열로 해석된다.

이런 의미의 정신의 창조는 『대논리학』에서 순수 존재와 순수 사유를 통한 개념의 자기 전개와 문맥을 같이한다. 신의 타자화는 개념의 자기 전개이며, 자연의 본질과 정신의 본질로서 개념의 전개이다. 정신의 창조로 설명되는 논리학의 운동은 곧 '논리학의 시초'가 '자연의 시초'라고 재해석할 수 있는 가능성을 내비친다. 이로 인해 종교와 절대지는 서로 접목되는 부분이 있으며, 절대지와 접목되는 종교는 『대논리학』의 절대적 자기의식과 접목되며, 학의 시원으로서 개념의 논리적 전개는 자연 철학의 전개와 중층적으로 맞물려있다.

● 주요어 : 절대적 본질, 자신을 정신으로 아는 정신, 정신의 완성, 정신의 자기의식, 매개된 육화, 성령, 정신의 창조, 개념의 자기 전개, 종교, 예술, 철학, 현실 종교, 현실적 정신

I. 서론

헤겔 철학 체계에서 절대 정신의 세 계기는 예술, 종교, 철학이다. 이들은 서로 구별되지만, 절대자를 파악하고 절대자를 현시한다는 점에서는 동일하며 그들 간의 삼위 일체적 동등성이 발견되기도 한다. 그러나 헤겔의 학적 체계는 예술에서 종교로, 종교에서 철학으로 이행하는 변증법적 발전 논리에 기초하며, 학문의 정점은 철학으로 귀착된다. 그들 간에는 발전적 위계가 있으며, 예술 그리고 종교와 달리 철학은 절대자의 개념적 파악과 절대자의 자기 전개 내지 자기 직관이 가능하다.

그러나 헤겔 『정신현상학』의 '종교 장'[1]을 강독하다 보면 예술, 종교, 철학을 위계적으로만 분류할 수 없다는 생각이 든다. 종교는 신앙을 모태로 삼는 것이지만, 무엇보다 '신으로서 절대자'가 근간에 놓여있고,

1) G. W. F. Hegel, *Phaenomenologie des Geistes*, im: *G. W. F. Hegel Werke in zwanzig Baenden*, Frankfurt a/M.: Suhrkamp Verlag, Bd. 3, 1986, S. 495-574. 이하 PhdG로 약칭하며, 인용은 본문에 쪽수만 표기하겠다. 번역은 『정신현상학』(임석진 역, 한길그레이트북스, 2권, 2005)을 참고한다.

절대자 자체에 대한 파악과, 인간 이성이 절대자와 어떻게 대면하는지가 신에 대한 지적 파악의 문제로 등장하기 때문이다.

헤겔이 청년기인 베른, 프랑크푸르트 시기에 남겼던 수고들은 종교와 신학을 구분하면서 초월적인 신을 전제한다. 특히 베른 시기 종교 저작들에서 종교의 본질과 기독교의 본질을 다룰 때의 헤겔은 신의 초월성 여부[2)]를 그다지 문제삼지 않는다. 물론 『피히테와 셸링의 철학체계차이』와 『신앙과 지식』과 같은 저술을 거치면서 헤겔은 초월적 신과 신앙 문제를 비판적으로 조명하지만 절대자의 자기 현시를 넘어서서 절대자의 자기 전개와 자기 직관이라는 점을 '반성적 사유'와 '사변적 사유'라는 개념으로 점차 정립해 나간다. 그리고 『정신현상학』은 – 학적 체계로의 입문이냐 학적 체계 자체이냐 라는 논쟁을 야기하기는 하지만 – 감성적 확신에서부터 절대 정신으로서 절대지에 이르는 도정을 전개하고 있으며, 이때 마지막 관문으로 등장하는 것이 종교이다.

헤겔은 '종교 장'에서 정신을 '자신을 정신으로 아는 정신'으로 일컫는다. 이러한 정신은 달리 말하면 '절대 정신'이며 철학의 최종점을 지시하는 것이다. 종교가 이러하다면 청년기에 전제했던 초월성은 분명 지양되거나 해소되었을 것이 분명하며, 더 나아가 철학의 궁극점으로서 절대지 내지 절대 정신은 종교의 얼굴을 지닌 정신과 다르지 않다. 종교와 철학의 차이에도 불구하고, 여기에서 종교와 철학의 위계적 관계를 반전시킬 수 있는 가능성이 발견되며, 그 관계를 새롭게 규명해야 하는 문제가 대두한다.

---

2) 가령 헤겔이 쓴 베른 시기 저작 중 "Fragmente ueber Volksreligion und Christentum(1793/4)"이나 "Positivitaet der christlichen Religion(1795/6)"(in: *Fruehe Schriften, Werke in zwanzig Baenden*, Bd. 1, Frankfurt a/M.: Suhrkamp Verlag, 1986)의 책들에서는 주관 종교와 객관 종교, 민중 종교와 실정 종교의 구분이 중요하지 신의 초월성 문제를 비판하는 내용은 담겨있지 않다.

그리고 헤겔이 '종교 장'에서 현실 종교를 전개하는 과정을 따라가다 보면 종교에 관한 논의에는 예술 작품에 대한 논의가 지속적으로 개입해 들어온다. 현실 종교가 시대사 속에서 전개될 때 종교를 드러내는 중요한 장치로 예술과의 접점이 등장한다. 헤겔은 '종교 장'에서 지속적으로 예술 작품을 거론하며, 예술작품을 거론하다가 갑자기 신이 튀어나온다.

그래서 이 글은 '종교 장'에 나타나는 종교의 분류를 따라가면서 예술, 종교, 철학의 위계적 전개를 어떻게 조명해야 하는지를 다시 생각하는 기회를 갖기로 한다. 예술, 종교, 철학의 비동등성에도 불구하고 삼자의 동등성을, 더 나아가 정신 철학의 정점이 철학이 아니라 예술임을, '종교 장'에 따르면 종교임을 주장할 수 있다는 오해를 출발점으로 삼아보겠다. 헤겔은 현실 종교를 구분하는 가운데, 필자의 오해를 불식시키고는 있지만, 그러한 불식의 지점이 어디인지, 그 지점이 종교 내지 기독교에 대한 헤겔의 어떤 관점에서 나온 것인지를 살펴보는 계기로 삼아 보겠다.

II. 『정신현상학』 안에서 '종교 장'의 위치

현상학의 전체 구조는 절대지에 이르는 도정이며, 절대 정신에 대한 개념적 파악의 근간을 마련하는 것이다. 헤겔은 '종교 장' 서두에서 종교 이전의 형태에서 그것이 어떻게 다뤄지는가를 정리하고 있지만, 그럼에도 불구하고 신[3]으로서 절대자 자체를 주제화하는 곳은 '종교 장'

3) 헤겔이 『정신현상학』에서 절대자에 관해 계속해서 언급하고 있지만, 절대 정신의 의미에서 '신' 개념을 사용한 곳은 '정신 장'이다. 그리고 신으로서 절대자를 본격적으로 주제화하는 곳은 '종교 장'이다.

이다. 헤겔은 종교를 '절대적 본질의 의식'(S. 495)이라고 규정하는 데서 출발한다. 절대적 본질을 종교 이전 형태와 구분하여 '종교 장'의 지평에서 정립한다면 '자기 자신을 아는 정신'(S. 496), '자신을 정신으로 아는 정신'에 해당한다. '자신을 정신으로 아는 정신'으로 나타나는 종교적 정신은 '절대 정신'의 다른 표현이다. 그러므로 헤겔은 종교에서 '절대지'로서 '절대 정신'과 다르지 않은 지평을 선취하고 있다.

종교에서 등장하는 정신의 지평은 헤겔이 『정신현상학』의 다른 장에서 거론하던 정신과는 현격한 차이가 있으며, 이것이 종교와 철학의 동등성 내지 위계의 반전을 추정하는 근간이 된다. 물론 헤겔은 곧이어 종교의 정신은 '참된 정신', '자기를 소외시키는 정신', '자기를 확신하는 정신'의 형태를 지니지만, 이것은 여전히 의식의 단계를 벗어나지 못하고 있다고 주장한다. 종교의 정신은 세계와 대립하며 세계 속에서 자신을 파악하지 못하고 있는 상태이다. 그래서 출발점에서 종교의 정신은 '자신을 정신으로 아는 정신'이라기보다는 '직접적으로 자기의 고유하고 순수한 자기의식'(S. 496)으로 다시 교정된다.

헤겔은 『정신현상학』의 '정신 장' 마지막에 나타나는 '양심'에서 '자기의 대상적 세계', '자기의 표상', '규정된 개념'을 정신 자신에게 예속시키면서 정신을 '자기와 함께 존재하는 자기의식'(S. 497)으로 만든다. 그리고 이때 정신은 '보편 정신'(S. 497)의 의미를 지니기 때문에 절대 정신의 지평을 '정신 장'에서 이미 마련한 것처럼 보이기도 한다.

그러나 이 정신은 '자유로운 현실'도 아니고 '자립적으로 현상하는 자연' 속에 있지도 않기 때문에, 오히려 '대자적으로 대상으로 표상'되며, 그래서 '의식'과 '자기의식'의 대립이 다시 출현한다. 엄격하게 말하면 종교의 정신은 아직은 '정신의 자기의식'이 아니다. 의식과 자기의식의 대립이 '종교 장'에서는 '정신의 현존재'와 '정신의 자기의식'의 구별로 나타난다. 여기에는 의식의 지평과 자기의식의 지평이 – 이전과는 달리 – '자기의 세계 속의 정신'과 '자기를 정신으로 아는 정신'이라는 점에서 차이가 있기는 하다. 그리고 정신이 보편 정신으로서 절대 정신의 지평을 이미 마련했다면 정신의 현실은 '사유된 보편적 현실'(S. 497)이어야 한다. 그러나 출발점에서 '정신의 자기의식'이 아직은 실현되지 않았기 때문에, 현실적 정신과 본래적 정신이 구별되어 나타난다. 이때 의식으로서 현실적 정신은 시대 전개 속에서 등장하는 현실 종교이며, 정신의 자기의식에 아직 도달하지 못했기 때문에 정신의 본래적 정신은 종교 외부에 속하게 된다.

그러나 헤겔은 종교를 '자기를 정신으로 아는 정신'으로 정립하고 그 한계를 지적하는 데서 그치는 것이 아니라, 종교는 '정신의 완성'(die Vollendung des Geistes)(S. 499)이라고 주장한다. '정신의 완성'이 종교라면, 종교는 철학과 같은 지평이고, 종교는 종교 이후의 단계로 진행해야 할 필요가 없지 않은가?라는 생각이 든다. 정신의 완성이기 때문에 종교의 정신은 정신 전체이다. 그래서 종교의 정신은 '자기 직관', 즉 "정신이 어떻게 있는가를 정신 스스로 직관하는 데에 도달하는 운동이다."(S. 499). 종교의 변증법적 운동이 정신의 자기 직관에 이르는 운동이라는 설명 속에서 종교와 철학의 지평이 헷갈리는 데도 불구하고 헤겔은 '정신의 완성'으로서 종교를 철학과 등치시키지 않는다. 종교는 정신의 완성이지만 단지 '표상'(S. 497)이기 때문이다. 종교의 정신은 표상이기 때문에 정신의 개념화가 실현되지 않았으며, 달리 말하면 표상에서 자기의식으로 전개해 나가야 하는 단계이다.

이것은 '종교 장' 끝에서 정신의 자기의식을 주제화하는 계시 종교를 논할 때도 다시 거론된다. 신의 타자화로서 예수를 신의 아들이라거나, 신을 아버지라고 부르는 것 자체가 절대적 본질에 대한 의식이 '표상' 단계를 넘어서지 못한 것이라고 주장한다. 그렇다면 표상을 지양하기 위해서는 어떻게 나아가야 하나?

III. '종교 장'의 전개 과정

1. 종교 이전의 계기들과의 차이

종교의 전개는 자연 종교, 예술 종교, 계시 종교로 이어진다. 이것은 자연 발생적 구조[4]는 아니지만, 역사상의 형태를 기초로 하여 종교의 발전과 진보를 논리적으로 전개하고 있다. 이 구조는 『미학강의』에서 상징적 예술 형식, 고전적 예술 형식, 낭만적 예술 형식이라는 예술 철학의 변증법적 발전 구조와 유사한 측면을 지닌다. 사실 『철학사강의』, 『역사철학강의』의 분류 방식에서도 동양[5]을 자연종교로, 그리스와 로마를 예술종교로, 게르만을 계시종교로 연결할 가능성을 그대로 담고 있다.

종교는 의식, 자기의식, 이성, 정신이라는 『정신현상학』의 보편적 계기들의 운동을 통해 생성된다. 이 계기들은 정신에 도달하기 이전에는 시간 속에서 표상되기보다는 논리적 전개만을 드러낼 뿐이다. 그러나 '종교 장'에서 '자신을 정신으로 아는 정신'에 도달할 때의 정신은 종교

---

4) 흄은 『종교의 자연사』(이태하 역, 아카넷, 2004)에서 자연 발생적인 종교의 발전과 진화를 통해 유일신적인 종교에 이르는 종교 철학적 발상을 드러낸다. 종교의 발전에서 흄과 헤겔의 관점은 다르지만, 헤겔이 『종교의 자연사』의 비판적 안목을 그의 초기 철학 안에 반영하고 있다는 점은 무시할 수 없다.

5) 엄격하게 말하면, 헤겔은 『철학사강의』에서 동양 철학을 철학으로 분류하지 않는다. 직접적이지만 자기의식적 요소가 들어있는 고대 희랍 철학을 철학의 시초로 간주한다. G. W. F. Hegel, *Vorlesungen ueber die Geschichte der Philosophie*, im: *G. W. F. Hegel Werke in zwanzig Baenden*, Bd. 18, Frankfurt a/M.: Suhrkamp Verlag, 1986, S. 121 참고. 그리고 헤겔은 『역사철학강의』에서 동양, 중국을 세계사의 시초로 분류하지만 곧이어 중국은 몰 역사적이기 때문에 세계사의 실마리가 될 수 없다고 주장한다. G. W. F. Hegel, *Vorlesungen ueber die Philosophie der Geschichte*, im: *G. W. F. Hegel Werke in zwanzig Baenden*, Bd. 12, Frankfurt a/M.: Suhrkamp Verlag, 1986, S. 137 참고.

이전의 계기들과 달리 '정신 전체'이다. 그래서 논리적인 한 계기가 완전한 정신을 담지하는 방식으로 나아가기 때문에, 일단은 종교의 계기들은 '실체'[6]로 출현하며 그리고 특수한 계기들은 전체의 동일한 규정을 자신 안에 공통으로 취하면서 동등한 구별들을 산출한다. 종교의 계기들은 '타자에 대립하는 순수한 자유의 형식'을 지니면서 '자신을 시간으로 표현'(S. 499)하게 되는 데, 헤겔이 시간과의 관련을 논하는 것은 '정신 전체'에 이르러서이다.[7] 그러므로 시대 정신, 세계 정신을 드러내는 역사성이 종교에서 등장하며 역사 변증법으로서 종교 변증법을 '종교 장'의 특징으로 부각시킬 수 있다.

이러한 측면은 종교의 현실적 정신을 전개해 나갈 때 '종교 장' 이전의 계기들을 지속적으로 상기하는 운동 구조를 재현한다. 이전 계기들은 종교 운동에서 의식과 자기의식의 구별을 만들어내는 근간이 된다. 정신 전체는 '즉자적, 직접적으로 있는 정신에 대한 지'(S. 499)에 도달하는 운동이며, 이로 인해 종교의 규정성 자체를 산출한다. 정신이 산출하는 것은 '정신들'(Geister)로서 정신 형태들이다. 물론 이것이 아직은 '자연 일반의 창조자'(S. 502)는 아니다.

종교의 규정성은 특수 종교로 전개된다. 특수 종교는 현실 종교로 등장하는 현실적 정신이다. 특수 종교의 현실적 정신은 달리 말하면 세계

---

6) 실체의 정립이 절대적 본질이 되는 '종교 장'과 같은 문맥을 『대논리학』과 연관지어 설명해 보면, 헤겔은 『대논리학』에서 순수 존재와 순수 사유의 운동을 통해 실체와 주체가 통일된 절대 정신을 논리적으로 전개하는데, 순수 존재가 실체로서, 유일 실체로서 논증되는 것은 '본질론' 말미에서이다. 본질론에서 유일 실체 문제를 스피노자의 능동적 실체와 수동적 실체의 관점에서 논하면서 신존재 증명을 들여오며, 이 과정에서 개념론으로 이행한다. 개념론은 실체에서 주체로 이행하면서 절대적 자기의식으로서 절대자를 확립하는 단계이다.

7) 정신 전체로서 '종교의 정신과 시간'의 관계를 설명하는 헤겔의 종교관에 따르면 절대 개념의 영원성과 시간성을 헤겔이 어떻게 파악하고 있는지에 대해 조명하도록 하는 계기가 된다.

정신이며, 철학사나 역사 철학에서 논의되는 시대정신으로 현현하는 것들이다. 그래서 자연 종교에서는 동양 종교 내지 동방의 정신이, 예술 종교에서는 희랍의 민중 종교 내지 희랍의 인륜적 정신이, 계시 종교에서는 기독교 내지 게르만의 정신이 논의될 수 있다.[8)]

종교 형태의 구별이 나타나는 것은 종교가 아직도 정신의 자기의식을 실현하지 못했기 때문이며, 그래서 '사상으로부터 자유로운 것'도 아니고 '현존재로부터 자유로운 것'도 아니다. 종교는 '스스로 현존하는 사유태', '사유 속에 포함된 현존재'(S. 503)로 등장하면서 특수 종교의 구별을 형성해낸다. 구별 속에서는 '하나의 종교의 상이한 측면들', '각각의 개별 종교의 상이한 측면들'(S. 503)만이 서술되며 종교의 상이성이 드러난다.

2. 자연 종교

종교의 첫 번째 형태인 자연 종교도 절대적 본질에서 출발하며 언뜻 보면 자기의식이 본질인 정신에서 출발하는 것처럼 보인다. 그러나 자기의식적 정신이 아니라 "실재성에 대립하는 한갓 정신의 개념일 뿐"(S. 505)이며, 그래서 정신의 의식 형태에 처해 있다. 이러한 자연 종교는 빛의 종교, 식물 종교와 동물 종교, 공작인(노동자)으로 나뉜다.

빛의 종교는 자신을 아는 절대 정신의 최초의 자기 분열이며 직접적 의식이다. 소위 감성적 확신에 속하는 규정을 지니며, 태양에서 나온 빛이 번져 나가는 순수한 광명이다. 그래서 '정신의 개념으로 충만한 존재'(S. 506)이긴 하지만, '자기 자신과의 단순한 관계 형태' 내지 '몰 정신

---

8) 그러나 『정신현상학』에서 계시 종교는 헬레니즘, 로마법 상태와 교묘하게 연결되어 있다.

성의 형태'(S. 506)이기 때문에 몰 형식적 실체성을 지닌다.

몰 형식성은 무규정적 절대자를 다루는 상징적 예술 형식과 같은 위치를 점하며 여기에서는 '미'보다 '숭고'가 중요하다. 그래서 자연 종교는 동방 종교, 조로아스터교를 감각적으로 구체화하는 상징성을 지닌다. '자연 종교'와 자연 종교와 연관된 '상징적 예술 형식'은 현존재의 잡다한 힘들과 형태를 드러내기 때문에 형식들의 무한성으로 흩어져 버린다. 이것은 직접적 상태에서 대자존재의 다양성으로 흩어져 버리는 양상으로 나타나는 데, 대자존재의 다양성 속에서 식물 종교와 동물 종교로의 이행이 이루어진다.

식물 종교와 동물 종교는 헤겔이 보기에 인도교, 특히 초창기의 인도교와 연관된다. 즉자성에 기초하는 빛의 종교가 감각적 확신의 종교라면, 대자존재로 이행하는 식물, 동물 종교는 정신적 지각의 종교이며, 자연 만물이 신의 위치로 간주되어 일종의 다신론을 야기하는 범신론에 해당된다.

식물 종교에서 정신적인 자기는 '몰 자기적 표상'을 지니며 원소들이 고요하게 존립하는 것과 같다. 그러나 동물 종교는 식물 종교의 고요한 존립과 달리, 자신 안에서 적대적 운동을 하는 것들, 즉 원소들이 서로를 파괴하는 대자존재성을 지니며, 이 속에서 투쟁하는 생의 진지성을 드러낸다. 동물 종교에서는 자기 민족이나 종족을 대표하는 동물이 유일한 신적 본질이라고 주장하는 집단들의 싸움이 벌어지며, 서로 물러서지 않는 이들의 형태는 '수많은 개별화된 비사교적 민족 정신들'(S. 507)의 보고가 된다. 이렇듯 투쟁하고 증오하는 민족 정신들 안에서는 "순수하게 부정적인 대자존재의 규정성은 소진된다."(S. 509). 그래서 지양된 대자존재가 나타나며, 찢겨져 버린 동물 정신들보다는 그것을 바라보는 '노동자'가 우위에 있는 정신의 운동이 출현한다.

이렇게 해서 오성의 종교에 해당하는 '공작인'으로 이행한다. 희랍에 나타난 문헌과 헤로도토스의 기록에 따르면 공작인은 이집트 종교와 연관된다. 이집트는 자연보다는 오성의 형식에 영감을 받은 추상적 산물의 결과이다.[9] 공작인은 의식적인 노동이고 자기 자신을 '대상'으로, '작품'으로 만들지만, 그러나 "아직 자기의 사상을 파악하지는 못한다." (S. 508). 마치 꿀벌이 벌집을 짓는 것과 같은 '본능적 노동'(S. 508)에 국한되기 때문에, 공작인의 노동은 정신으로 충만하지는 못 한다. 달리 말하면 자기의식적 노동으로 고양되지 못한 '오성의 추상적 형식'(S. 508)이다. 공작인에게서 종교의 정신으로서 '정신 전체'는 "아직 현상하지 않고 은폐되어 있는 내적 본질"(S. 509)이다.

물론 공작인의 생명은 영혼에 형태를 불어넣어 실재화하고, 육체에 영혼을 불어넣어 영활화하는 데에 있다. 그러나 노동하고 활동하는 정신이라고 해도 공작인의 정신은 활동의 내용을 '자신' 속에서가 아니라 '사물'에서 알아내는 의식적 차원이다. 그 작품은 피라미드, 오벨리스크처럼 (신전) 건축이나 조각의 형태로 나타난다. 이때 영활화되는 재료인 식물은 식물 종교에서 범신론적 형태를 띠는 것과 달리, 건축과 조각의 외면 내지 장식에 이용되는 유용한 도구로 전환된다. 그래서 원래 그대로의 형태가 아니라 '변형된 형태'로 이용된다. 동물 형태도 동물 형상을 조각하던 것에서 벗어나서 동물과 연관된 모습이나 동물과 다른 상형문자로 발전한다. 그리고 '인간적 형태와 혼합된 건축 내지 조각'을 낳게 된다. 순수한 신적 형상 내지 순수한 인간적 형상은 아니다.

공작인의 내적 의미의 결핍은 본능적 노동에서뿐만 아니라 작품 안에 '언어'가 개입되지 않는다는 면에서도 알 수 있다. 언어는 충만한 의미를 지니는 터전인데, 공작인의 작품은 소리 없는 형태이다. 가령 멤논의 조각처럼 소리를 만들기 위해서는 떠오르는 태양빛이 필요하다. 그러나

9) 장 이뽈리트/이종철 역, 『헤겔의 정신현상학』, 2권, 문예출판사, 1988, 279쪽 참고.

그 소리도 그저 "울림(Klang)일 뿐이지 언어(Sprache)는 아니며 외적 자기만을 보여주지 내적 자기를 보여주지는 못 한다."(S. 511). 조각 또한 인간적 꼴을 제대로 지니지 않은 것이며 입상에서 드러나는 영혼[10)]은 내면에서 나오지 않은 것이다.

결과적으로 공작인은 '사상과 자연적인 것의 낯선 형식들의 혼합'(S. 512)을 통해서 '자연적 형태'와 '자기의식적 형태'를 혼합한 작품을 제공한다. 공작인의 몰 의식적 작업이 산출하는 본능적 노동에는 '자기의식적이고 자기를 언명하는 내면'(S. 511)이 맞서면서 의식의 분열이 일어난다. 정신은 자기의식적 정신과 조우하려고 하며, 그래서 '외면은 자신 안으로 가는 외면'으로, '내면은 자신을 외화하는 내면'으로 융합된다. 이러한 정신을 지닐 때 공작인은 '예술가'가 된다.

3. 예술 종교

외면화와 내면화 속에서 자기의식적 형식을 획득하면서 본능적 노동자는 '정신적 노동자'(S. 512)가 된다. 그의 순수한 활동성은 앞에 나타났던 기형적 본질들과 일전을 벌인다. 여기에서 활동성은 정신의 본질이 파악되지 않을 때는 보편이 개체의 힘 내지 파토스(S. 515)와 씨름한다. 그러나 씨름이 끝나면 파토스를 자기의 소재로 삼아 보편 정신이 개체화된 작품을 만드는 데, 정신적 노동자가 만드는 것은 '예술 종교'이다. 자연 종교는 감성적 확신의, 정신적 지각의, 오성 형식의 종교라서 의식의 종교이지만, 예술 종교는 '자기의 절대적 본질의 의식'을 지니는 정신적 노동자의 활동이라서 '자기의식적 종교'이다.

10) "인간적 꼴을 지니는 입상, 조각의 영혼은 아직은 내면에서 나오지 않으며 아직은 언어를 지니지 않으며 자기 자신 안에 내적으로 있는 현존재가 아니다." (PhdG, S. 508).

예술 종교의 정신은 공동체적 정신이 개체와 합일된 상태이다. 즉 보편 실체가 현실적 의식에게 개체화된 형태로 나타나고 개별들의 고유한 본질 내지 작품으로 알려지는 '모든 개별의 보편적 실체'이다. 그래서 예술 종교의 현실적 정신은 "관습(Sitte)이 모든 개체의 실체를 형성하는 자유로운 민족이며, 각각의 개별은 실체의 현실성과 현존재를 자기의 의지와 행위로 안다."(S. 512-3). 이러한 예술 종교의 현실적 정신을 헤겔은 '인륜적 정신'과 '참된 정신'[11]이라 부르며, 예술 종교의 전형으로 희랍 예술 내지 희랍 종교[12]를 제시한다.

그러나 인륜적 정신의 종교는 '자기의 실체와 직접적 통일'을 이루기 때문에 "자기의식의 순수한 개별성의 원리를 그 자체에 지니지 않는다."(S. 513). 달리 말하면 보편 정신과 개체적 정신이 직접적으로 통일되고, 만인의 작품이 개인의 작품이 되는 상황에서 보편과 개체는 구분되지 않는다. 그러므로 인륜적 종교는 자신과 자신의 관습을 신뢰하지만 자신 안으로 나아가지 못한, 내면화가 제대로 이루어지지 않은 그러한 존립 상태를 상실해야 한다. 공동체와의 통일 속에 함몰되어 있는 개인의 주관성을 살려내야 한다. 마치 어두운 밤, 자기 자신에 대한 순수한 확신의 '밤' 속에 은폐되어 있는 실체를 '낮'의 주체적 활동으로 해방시켜야 하는 것과 같다. 그래야만 물질과 자연에 얽매이지 않는, 대상에 얽매이지 않는 정신적 주체로 발전할 수 있다. 낮의 주체는 결국 계시 종

11) G. W. F. Hegel, PhdG, S. 512. 이러한 설명은 헤겔이 청년기부터 인륜성에 대한 관심을 가지고서 칸트와 다른 객관 정신의 세계를 정립하려고 노력했는데, 그러한 인륜성의 본래적 형태가 '종교 장'에서 제대로 논의되기 시작한다고 해석할 수 있는 여지를 남긴다. 이 논의는 헤겔이 청년기에 종교의 참된 본질과 종교의 실정화를 논하는 가운데서 민중 종교로서 희랍 종교를 주장하는 것과 일정 정도 연관성이 있다.

12) 헤겔의 예술 철학을 인륜성의 관점에서 집중적으로 연구한 내용으로는 다음과 같은 논문이 있다. 박정훈, 『헤겔의 예술종교 연구』, 서울대학교 대학원 석사학위논문, 2004.

교에서 완성되므로, 자기 확신의 진리로부터 '순수한 자기 자신에 대한 지'로 나아가야 한다.

인륜적 종교의 상실은 곧 인륜성의 완성을 의미하는데, 인륜성이 '자유로운 자기의식'으로 완성되어 가는 변증법적 운동은 자신이 '개체화'되면서 인륜성의 '파괴'로 이어지는 것처럼 보인다. 이러한 파괴는 예술 종교의 말미에서는 '인륜적 정신의 절대적 경솔함'으로서 '희극'의 형태로 압축된다. 인륜성의 실현은 곧 인륜성의 상실과 절대적 불안 속으로 던져지는 것이다.

1) 추상적 예술 작품

예술 종교에서 최초는 '직접적이고 개별적'이기 때문에 '추상적 예술 작품'으로 나타난다. 물론 예술 종교는 인륜적 정신이라서 하나의 개별적 형태는 '개별적 민족 정신'(S. 516)을 드러내는 신의 현존재이다. 여기에서 '예술가적 정신'(S. 515)이 현존재화하는 활동이 나타지만 – 자연 종교에서와 같은 – '자연의 단순한 모방'이나 '동물적 형태와 인간적 형태가 혼합됐던 형태들'은 지양되고, 동물적 형태를 벗겨낸 인간적 형태가 나타난다. 내재하는 신이 의식을 두루 비춰주면서, 설령 동물이 신으로 나타난다고 해도 마치 제우스의 변장처럼 우연적 변장이거나 단순한 기호(타자의 의미)(S. 516)에 해당된다. 신들의 형태는 자연성을 지양하기 때문에 거인족과 제우스의 싸움에서처럼 무질서한 본질, 자유로운 현존재의 혼란스런 싸움 그리고 거인족의 비인륜적 왕국은 추방되며 하늘, 땅, 바람, 태양과 같은 고대의 신들도 추방되고 정복당한다.[13] 여기에서 예술 작품에는 희랍신들을 표상하는 조각, 조각된 신들을 간직하는 신의 사원이 있으며, 제의 속에서 등장하는 신에 대한 서정적인 찬송

13) G. W. F. Hegel, PhdG, S. 516f.

(송가)이 대표적이다.

그런데 예술 종교는 자기의식적 종교로서 정신적 노동자의 활동이지만, 이때 예술가는 인륜적 실체를 자신의 작품이라는 규정된 개체성으로 실현하면서도 작품에 투여된 개체적 의식을 '자기 자신'에게 투여하지는 않는다. 달리 말하면 창조적 정신을 담는 작품을 자신이 만들었음에도, 자신의 창조적 정신을 작품 가운데서 발견하지 못하는 상태라서 '추상적' 예술 작품이다. 그래서 정신 개념과 작품이, 예술 활동과 작품이 서로 대립하게 된다. 이 과정에서 예술가는 예술 작품과 어떤 동등한 본질도 산출하지 않으며, 단지 작품에 경탄하는 군중, 숭배하는 군중의 의식이 부각될 뿐이다. 경탄하는 군중과 예술가의 자기 고양 내지 노동의 긴장은 불일치를 이룬다. 예술가와 예술 작품의 분리, 예술가와 관객의 분리가 일어난다.

이 상황을 타개하기 위해 예술 작품은 현존재의 다른 터전(환경)을 필요로 한다. 달리 말하면 신은 자기의식이 결핍된 사물 규정으로 전락하는 것을 막기 위해 '보다 높은 터전'인 '언어'(S. 518)를 자기의식적 실존의 현존재로 필요로 한다. '언어'는 '영혼으로 실존하는 영혼'(S. 518)이며, 신 자체도 '언어를 그의 형태의 터전으로 삼는' 것이다. 달리 말하면 신은 '언어를 통해 영활화된 예술 작품'(S. 518)이다.

이것은 계시 종교와의 관련성 내지 철학과의 관련성을 들여올 수 있는 기점이다. 신은 자신을 '언어적 예술 작품'으로 현존재화한다. '사물로서 예술 작품'과 '순수한 활동성'이 자신 안에 함께 머무르는 것이 바로 '신의 작품'이며, 이것이 바로 자기의 본질 속에 자신과 더불어 존재하는 '순수 사유'이다. 이 순수 사유가 여기에서는 기도 내지 예배(S. 519)로 간주된다. 이때 기도의 내면성은 찬송 속에서 현존재를 지니게 된다. 기도를 통해 드러나는 신앙심은 종교의 순수 사유의 다른 표현이고, 신앙심은 신들의 조각이 아니라 찬송 속에서 주관적 서정적인 일체감을 이룬 형태로 나타난다. 이때 물론 찬송은 언어로 이루어지긴 하지만 자기의식적 언어나 신탁의 언어와는 다르다. 신의 언어를 논하는 이 단계는 예술 종교이기 때문에 계시 종교 내지 철학과 같은 '보편적 자기의식의 언어'라고 할 수 없다. 그에 반해 추상적인 단계의 인륜적 민족정신의 신에게 고유한 언어는 '신탁'의 언어이다. 찬송과 달리 신탁의 언어는 우연적 상황과 경험적 특성에 좌우되며, 여기에서는 다이몬(정령)이 위력을 발휘하게 된다. 신탁은 '신의 필연적인 최초의 언어'이며, 신의 개념이 자연의 본질일 뿐만 아니라 정신의 본질이라는 점이 종교에서 아직은 실현되지 않았고 그래서 종교적 자기의식에게는 낯선 언어이다.[14]

이런 상황에서 예배 행위로 나타나는 제의는 낯선 신적 본질이 자기에게 강림하는 의식이거나 신에게 제물을 양도하는 행위가 된다. 물론 제물의 양도에도 불구하고 희생 제물은 인간이 먹어치우게 되는 것들이다.[15] 희생되는 제물은 기본적으로는 '신의 기호'이며, '생동하는 케레스 신이고 바커스 신 자체'(S. 523)이다. 이것은 신의 본질 내지 개별성을 지양하는 부정적 힘이지만, 그와 동시에 대상적 현존재를 자기의식적 현존재로 변화시키는 긍정적 현실성의 측면도 지닌다. 부정적 힘과 긍정적 현실을 동시에 지니는 희생 행위 내지 소비하는 축제는 기도, 예배 속에서 의미가 반전된다. 그래서 단순히 먹어치우게 되는 것이 아니라 제의 행위 자체가 신의 거주지와 신의 장식품을 영예롭게 하기 위한 노

14) G. W. F. Hegel, PhdG, S. 519.

15) 자연의 생식과 소비의 유용성으로 간주되는 이러한 향유에서 땅의 정신은 은밀한 힘을 지닌 실체(양육이라는 여성적 원리)로 그리고 정신적 발효(자기의식적 현존재가 자기를 추동하는 힘이라는 남성적 원리)로 변형되는 두 가지 운동(PhdG, S. 526)을 한다. 이 운동이 뒷부분에서는 다음과 같은 운동, 즉 어두운 은거에서 벗어나 의식으로 출현하는 운동(고요하게 양육을 하는 실체)와 지하 세계의 밤(자기)으로 잠겨드는 운동(고요한 어머니의 갈망)(PhdG, S. 527)으로 설명된다.

동이라는 의미를 부각시킨다. 그럼에도 불구하고 신의 거주지가 결국에는 인간의 사용을 위한 것, 비상시의 비축물이 된다.[16)]

2) 생동하는 예술 작품

신을 위한 것이 인간을 위한 것이 되는 제의 행위 속에서 신적인 것과 인간적인 것의 직접적 통일이 이루어진다. 즉 '자기와 본질의 직접적 통일'(S. 525)이 발생한다. 추상적 예술 작품에서는 제우스 신상과 같은 입상이 나타나기는 하지만 제우스를 상징하는 독수리도 중요한 의미를 지닌다. 그러므로 독수리상이 독수리 자체의 숭배는 아니지만 신의 상징, 신적 형상으로 조각되는 것에 반해, 생동하는 예술 작품에서는 신과 인간이 합일된 인간, 인간의 모습을 한 신이 부각된다. 그리고 신들의 생명성을 드러내는 축제, 즉 제의와 축제가 하나가 된 축제가 나타난다. 축제를 벌이는 인간에게서 신적 본질이 합일되고 탈 은폐된다.

이러한 의미 반전 속에서 추상적 예술 작품은 민족 전체의 삶과 연결되는 생동성을 갖추는 것으로 나아간다. 그래서 예술 종교의 제의는 삶의 공동체로서 인륜적 민족의 생동하는 예술 작품이 된다. 제의에서 '자기의 신과 가까워지는 민족'은 인륜적 민족이지만, 개별자들이 그 속에서 공허하게 사라지는 보편적 본질이거나 신을 공허한 심연으로 존경하는 방식이 아니라, 개별자가 본질을 자기 안에 지니면서 즉자적으로는 자기를 '아는 진리'(S. 525)로 나아가려 한다. 그러므로 보편 실체가 몰자기적 현실성처럼 보여도 여기에는 자기를 포함하고 있다. 유용성과 향유는 자연적 요소가 정신적인 현존재와 접촉하는 지점이며 이 속에서 신적 본질의 신비는 계시된다. 그러므로 제의는 자기와 본질이 일체를 이룬다는 지점을 드러내며 신적 본질을 계시하는 확신의 근간이 된다.

16) G. W. F. Hegel, PhdG, S. 524ff.

그러나 접촉되는 정신성은 축제를 벌이는 풍요의 신과 술의 신의 신비 내지 빵과 포도주의 신비이지 – 기독교처럼 – 육체와 살의 신비로 고양되지는 못한 육체의 추상적 계기만이 들어있다. '육체성을 잘 드러낸 형태로서 입상'이 고전적 아름다움을 구현하게 된다. 그러나 그 아름다움이 아직은 완전히 자유로운 운동으로 고양된 상태는 아니기 때문에 외면적 측면과 내면의 자유를 통일적으로 담아내는 정신적 지평이 요구된다. 정신적 지평의 터전은 언어이다. 언어는 건축, 조각에서 나타나는 일면성을 극복하는 터전이 되지만, 무엇보다도 민족의 인간적 현존재의 보편성 내지 보편적 인간성에 대한 의식에 도달하게 했다는 것 자체가 생동하는 예술 작품에서 정신적 예술 작품으로 나아가는 기점이 된다.

3) 정신적 예술 작품

향유 속에서 신의 자기의식과 정신의 통일에 이르려는 행위와, 자유로운 운동을 모두 드러내지 못하는 조각의 일면성을 지양하려는 노력은 민족 정신을 하나의 정신으로 합치하고 '만신들'이 거주하는 '하나의 판테온'을 세우는 것으로 드러난다. "민족 정신은 공동체적 기획을 위해 자연을 통해 하나의 민족(Nation)을 형성하는 다른 민족 정신들과 결합한다."(S. 530). 물론 이러한 민족은 아직 국가(Staat)로까지 도야되지는 못한 것이고 그래서 인륜적인 개별성을 여전히 지니고 있는 최초의 보편성이다. 이것은 개별신들의 집합처럼 개별 정신의 집합인데, 물론 여기에서 민족 정신들이 "즉자적으로 자기의식적 본질이고 자기의식적 본질을 행하는 보편적 실체"(S. 530)인 것만은 분명하다. 그러나 신적 본질이 자기의식으로 복귀한다고 해도 집합을 표현하는 것은 의식 형식이며 표상으로 등장한다.

이때 표상의 현존재는 이전 단계와 달리 분명하게 '언어'로 전개된다. 여기에서는 언어를 사용하는 시인, 음유 시인의 역할이 중요해진다. 신들의 세계는 보편적 실체를 담지하는 민중을 통해 시인과 연결된다. 시인은 언어를 통해 자신을 '아는 정신'으로 고양시키는 과정을 펼쳐나간다.

시인의 최초의 언어는 '서사시'(S. 531)의 언어 – 호머의 신들 – 이다. 이때 시인은 개별자이지만 세계의 주체가 되는 개별자이며 비록 정신과 사상의 보편성을 드러내지는 못해도 영웅의 일대기를 통해 세계의 완전성을 표현하려고 한다. 그래서 서사시는 시인이 민중에게 신적 세계를 설명하는 방식이다. 그러나 시인은 영웅의 일대기를 서술하는 과정에서 스스로를 자기로 파악하고 있지는 못하기 때문에 '의식적'이다. 민중의 입장에서 신적 세계 내지 신적 본질은 시인의 입을 통해 외적인 것을 몰의식적으로 표현하는 것이 된다. 그러므로 이러한 의식적 단계를 벗어나기 위해 '비극'으로 이행한다.

비극 – 소포클레스, 아이스킬로스 등의 언어 – 은 시인의 입을 통해 영웅에 대해 설명하는 방식이 아니라 주인공으로 등장하는 영웅 자신이 화자가 된다. 그래서 시인은 그냥 '서술하는 자'가 아니라 '영웅 자체, 즉 배우'가 되며, 배우는 곧 시인이다. 배우가 바로 자기의식적 인간(S. 534)으로 행위하는 예술가이다. 배우는 자신의 언어를 통해 내적 본질을 표현하고 자신의 행위의 권리를 증명한다. 그러나 비극의 주인공으로서 배우 앞에는 그에게 '낯선 운명의 의식'(S. 535)이 등장하는 데, 주인공의 배후에서 공동 민중을 대변하는 합창대의 언어가 그러하다. 합창대는 배우의 보편적 기반이며 노인들의 지혜이다. 자기의식적 개체성을 지니는 영웅에게 합창대는 수동적이고 무기력한 민중의 언어이다. 그러나 이 언어는 비극적 운명, 낯선 운명을 예견하며, 이 운명 앞에서 영웅은 분열된 의식[17]을 산출한다. 이것은 개념의 단순한 분열로 나타나는 비극의 현실적 자기의식이다. 이 속에서 신적 정신으로서 인륜적 실체의 내용은 '은폐하는 힘과 계시하는 힘' 간의 분열로, '무지와 지'의 분열로 나타나고, '무지와 지'의 갈등 속에서 양자를 화해시키려는 노력은 결국 양자를 혼합시키는 '비본질적 개체성'으로 전락한다.[18]

이제 영웅은 자신의 가면을 던져버린다. 그리고 합창대가 암시하는 신들의 보편적 의식과 통일되기보다는 자신을 신들의 운명으로 서술(S. 541)하는 반전을 꾀한다. 그 반전은 희극 – 화자가 현실적인 자기로서 주체가 되는 아리스토파네스의 언어 – 이 된다. 비극에서는 분리되었던 '영웅의 의식과 합창대의 의식'을 통일하고 '인간적인 것과 신적인 것'을 통일하면서, 배우는 자신이 영웅이기보다는 우연적이고 일상적인 평범한 인간인 것처럼 행동하면서 신들을 조롱한다. 그리고 그는 배우의 가면을 쓰고는 있지만, 그 가면을 유희하는 방식, 즉 가면을 독자적으로 풍자하는 방식으로 나아간다. 여기에서 비밀의 폭로, 내면의 폭로가 발생하며 '은폐하는 힘은 계시하는 힘으로' 그리고 '무지는 지로' 반전된다. 달리 말하면 어릿광대 같은 희극의 화자에서 '이성적 사유'가 발생하며, 이성적 사유는 '합창대의 몰 개념적 지혜'와 대립하면서 동시에 그것을 '미와 선의 단순한 이념'(S. 543)으로 올려 세운다. 이 속에서 규범들과 법칙들을 자신 안에 지니는 '변증법적 의식'이 일어나면서 동시에 절대적 타당성의 소멸 의식이 동반된다.

인륜적 정신의 운동은 희극, 풍자, 역설로 이행하면서 신적 본질의 희화화를 통해 화자의 내면의 주체성을 드러낸다. 예술 종교의 전체 운동은 실체의 형식에서 주체의 형식으로 진입(S. 545)하는 활동으로 완결된다. 이것은 앞에서 논의했던 인륜적 정신의 실현이 오히려 인륜성의 파괴를 통해 진전되는 종교의 변증법을 상기시킨다. 풍자 시인은 '인륜적

---

17) 분열된 의식에서 나타나는 두 힘은 신법(지하법, 가족의 힘, 여성적 특징)과 인간법(지상법, 국가의 힘, 남성적 성격)이다. PhdG, S. 536을 참고하라.

18) G. W. F. Hegel, PhdG, S. 537을 참고하라.

정신의 경솔함'을 대변한다. 그래서 헤겔은 변증법적 지의 힘은 쾌락과 타락한 청소년의 경솔함에 행위 규범들을 넘겨주고(S. 543) 미와 선의 순수한 사상을 유희의 세계로 던져 버리는 방식을 취하게 된다.

이제 신은 절대적 본질이 아니다. 신, 신적 본질은 이전에는 주어에 놓였지만, 이제는 자기의식 속에서 자신의 의식을 상실하면서 술어로 전락한다. 그에 반해 신을 조롱하는 주체인 "자기가 절대적인 본질이 (된)다."(PhdG, S. 545). 자기가 절대적인 본질이라면 이전의 신은 어떻게 되는가? 신은 죽었다.

4. 계시 종교

예술 종교는 정신을 예술 작품이라는 대상으로 산출하지만, 계시 종교는 대상 이상의 측면을 지닌다. 희랍 비극 속에 나타나는 신의 죽음과 운명의 드라마는 예수의 삶과 죽음이라는 기독교 비극의 드라마로 대체된다.

예술 종교에서 인륜성의 자기의식적인 차원의 결핍을 지양하기 위해 인륜성을 완성해 나가는 과정은 오히려 정신이 자신을 분열, 극단화시키고 '신적 본질을 인간화하는 과정'이다. 그러므로 '인간화된 신'으로 통일되는 종교의 변증법 속에서 '신은 죽었다.'라는 주장이 가능해진다. 그러나 이렇게 인륜성을 상실하는 과정은 예술 종교의 생명성이 사라지면서 주체의 내면성을 실현하는 것이고, '종교 장' 서두에서 언급한 정신이 '자신 안에서 자신을 정신으로 아는 정신'으로 완성되는 것이다.

헤겔은 신적 본질의 자기의식적 노동 행위를 통해 드러난 예술적 정신에 해당하는 예술 종교를 '절대 예술'(S. 514)이라고 부른다. 그러나 정신이 자신의 보다 높은 정신을 획득하려면 예술 종교로서 절대 예술의 차원을 넘어서야 한다. 신적 본질의 인륜적 실체는 예술 작품으로 산출되는 과정에서 예술가와 예술 작품의 분리, 예술가와 관객의 분리로 나타나고 이를 극복하는 과정에서 순수한 자기의식으로 복귀하며 복귀를 위한 본질적 터전으로 언어를 사용한다.

이때 예술 종교의 언어는 일차적으로는 '신탁의 언어'이다. 그러나 신탁의 언어는 자기의식이 결핍되기 때문에 신적 본질을 제대로 개념화할 수가 없다. 그러므로 신탁의 언어에서 정신을 보다 높게 표현하는 '서사시, 비극, 희극의 언어'로 발전한다. 이 속에서 언어는 정신을 드러내는 '자기의식적 언어'로 고양되며, 그 고양은 결국 절대적 본질이 자신을 정신적 대상으로 산출하는 활동성으로, 달리 말하면 '개념 산출'의 의미로 반전되는 측면을 지닌다. 예술가의 산출은 정신의 개념적 산출로, 그리고 예술 작품은 개념의 자기 분열로 반전된다. 그러므로 종교의 정신의 의미는 예술 작품이 아니라 개념 내지 순수한 형식의 산출이 된다.

이런 과정에서 자기의식적 정신이 은폐되는 신적 정신은 상실되어야 하며, 예술 종교가 지닌 실체적 측면의 자기 상실이 일어나야 한다. 그러한 상실은 신의 죽음에 대한 착상으로 이어진다. 예술 종교에서 신의 인간화가 일어날 때처럼 신의 죽음이 계시 종교에서도 발생하는 데, 이제 계시 종교에서 신의 죽음은 헤겔에게는 새로운 의미의 신적 본질을 생산하게 된다. 계시 종교에서 헤겔은 그러한 생산을 보편적 실체인 신이 자기를 외화하여 자기의식이 되는 측면과, 자기의식이 자기 자신을 외화하여 사물성으로 그리고 보편적 자기로 되는 측면(S. 549)을 동시에 지녀야 한다는 요구로 발전시킨다.

이때 신의 외화는 신의 타자화이다. 헤겔은 계시 종교에서 신의 타자화를 신이 예수를 보내는 사건을 통해 설명한다. 예수는 신의 육화가 마치 예술 종교의 단계에서처럼 자연물이나 작품으로 외화되는 '매개 없는 육화'가 아니라 정신성을 담지하는 '매개된 육화'의 의미를 지닌다. 계시 종교와 이전 단계와의 이러한 차이에도 불구하고, 헤겔이 보기에는 신의 외화 내지 신의 육화만을 주장한다면 '유한한 인간의 자기의식화' 내지 '자기의식적 정신화'의 측면은 상실하게 된다. 신으로부터 나오는 일방향적 진행은 결국 유한자와 무한자의 분리를 낳게 되며, 종교 내지 철학을 통해 절대 정신으로 고양되는 변증법을 기획하는 헤겔의 근본 의도에서 벗어나게 된다.

헤겔은 일방향성을 극복하기 위해 일단 신의 타자화를 기독교와 다르게 해석한다. 신의 외화 내지 육화가 창세기의 창조와 같은 사건이 아니라는 것이다. 영원한 정신은 스스로 타자가 되며, 이 타자는 또한 '세계를 창조'(S. 561)하는 것이다. 그러나 이 창조는 무에서 유의 창조라는 측면보다는 충만한 정신이 자기를 개념으로 드러내는 것, 개념의 자기 분열이 곧 생성 행위로 이어지는 것이다. 정신의 타자화가 현존재로 출현하는 것이다. 정신의 타자화는 충만한 개념의 자기 분열 내지 자기 전개이며 자기 분열의 사건이 예수의 육화가 된다.

그러나 헤겔에게 정신의 자기의식은 예수의 육화로 완성되지는 않는다. 예수는 절대적 본질이 아니라 유한한 본질의 지평에서 다시 자신을 타자화하고 타자화 속에서 자신을 정신으로 고양시키는 과정을 필요로 한다. 예수는 자신의 타자화 속에서 유한한 육체를 벗어던지고 죽음에 이르게 되는데, 죽음은 단지 육체의 소멸만이 아니라 예수가 지닌 초월성 내지 피안의 죽음이 된다. 피안의 죽음 가운데서 유한자의 자기의식을 신적 자기의식으로 고양시키기 위해 예수는 그 죽음을 다시 부정하는 부활 사건의 주인공이 된다.

부활은 단순한 육체의 부활이 아니라 절대적 본질의 자기의식을 실현하기 위한 교단(교회공동체, 종교공동체) 형성(S. 566)의 기점이 된다. 예수의 육화, 죽음, 부활 자체만으로는 정신의 자기의식이 완결되지 않기 때문에, 부활을 통해 신의 정신성을 실현하기 위한 교단 형성 내지 성령에 기초하는 전개가 필요하다. 이 속에서 정신은 곧 성령이며 자기 자신

을 아는 정신이 된다.[19)]

절대적 본질로 시작했던 정신이 '자신을 정신으로 아는 정신'인 절대정신으로 정립하기 위해 상이한 현실 종교의 현실적 정신의 전개 과정, 즉 종교의 변증법을 지금까지 진행했다. 종교의 변증법을 통해 '정신의 자기의식'이라는 '정신의 본질'에 이르게 된다. 이렇게 종교는 '자기를 정신으로 아는 정신'으로, 정신이 '스스로를 직관'(S. 499)하는 정신으로 발전한다.

Ⅳ. 결론 : 계시 종교의 설명을 통한 예술, 종교, 철학의 관계

헤겔은 절대자를 『미학강의』[20)]에서는 감각적으로 구체화한 예술의 이상으로 전개해 나간다. 예술의 변증법을 통해 절대자의 자기 전개와 절대자에 대한 파악이 심화된다. 그 속에서 절대자의 감각적 구체화는 상징적 예술 형식 – 대표 장르는 건축, 특히 신전 건축으로 압축된다. – 에서 출발하여 고전적 예술 형식 – 대표 장르는 조각, 특히 인간 입상이다. – 으로 넘어오는데, 고전적 예술 형식은 내용과 형식이 통일된 예술의 이상이다. 그런데 헤겔은 고전적 예술 형식에서 예술의 해체를 거론하면서 낭만적 예술 형식으로 이행한다. 예술의 이상, 예술의 전형임에도 불구하고 고전적 예술 형식은 (근대의) 주체성이 결여되기 때문에 예술

19) 헤겔은 종교공동체도 여전히 표상 형식 속에 있고 자기의식을 제대로 파악하지 못하고 있다고 비판하면서 절대지로의 전개를 주장한다. 그러나 이뽈리뜨는 헤겔의 이런 태도가 "종교의 범위를 축소시켰다."(장 이뽈리트/이종철 역, 『헤겔의 정신현상학』, 2권, 문예출판사, 1988, 262쪽)고 비판한다.

20) G. W. F. Hegel, *Vorlesungen ueber die Aesthetik*, im: *G. W. F. Hegel Werke in zwanzig Baenden*, Bd, 13-15, Frankfurt a/M.: Suhrkamp Verlag, 1986. 번역은 『헤겔미학』(두행숙 역, 나남출판, 1996) 1-3권을 참고한다.

의 해체를 야기하는 낭만적 예술 형식으로 이행할 수밖에 없다. 이때 낭만적 예술 형식은 시간과 공간의 관계를 통해 회화, 음악, 시문학으로 전개되고, 시문학은 서사시, 서정시, 비극의 순서로 전개된다.

낭만적 예술 형식의 궁극 목표는 사변적 사유와 근친성[21]을 지니는 자기의식적 지평으로 고양되는 것이며, 사변적 사유와의 근친성은 곧 철학적 사유로 접근하는 것이다. 이러한 접근의 중요한 기제는 언어이다. 그러므로 시문학에서 비극으로 전개되는 것은 사변적 사유의 지평이 심화되는 것이며, 비극의 운문적 언어 속에서 사유의 산문적 언어와의 접점을 마련하는 것, 사유의 산문으로 이행하는 것이다.

이렇게 예술 철학의 변증법을 통해 사유의 산문에 이르게 되면 예술의 정점에 도달하고 철학으로 이행하는 예술의 종언[22]이 발생한다. 예술의 종언은 곧 예술의 완성을 의미한다. 헤겔은 이러한 차원을 시대사적으로 간략하게 이제 예술의 시대에서 '사유의 시대'로 넘어왔다고 주장한다. 그러나 예술의 시대와 사유의 시대는 곧 예술과 철학이 사유의 근친성을 통해 만날 때이다. 그러므로 예술과 철학의 위계는 예술과 철학의 동등성이 의식되는 순간에 일어난다.

이러한 접점은 『정신현상학』 '종교 장'에서 현실적 종교의 전개를 통해 종교의 정신을 실현하는 과정에서도 한순간 파악된다. 그런데 종교의 변증법적 전개에는 – 자연 종교와 예술 종교의 전개를 통해 볼 때 – 예술의 전개가 항상 수반된다. 그래서 종교와 예술의 관계를 다시 생각해 보게 되는데, 물론 예술은 절대 정신을 감각적으로 구체화하고, 종교

21) 졸고, 「시문학과 산문비교와 철학과 예술의 관계」, 『헤겔과 근대예술』, 헤겔연구, 제10호, 한국헤겔학회 엮음, 2002, 184쪽 이하 참고.

22) 예술의 종언과 관련해서는 다음의 글을 참고하라. 권대중, 「헤겔의 "예술의 종언" 명제가 지니는 다양한 논의지평들」, 『미학』, 한국미학회, 제33호, 2002, 75-143쪽.

는 표상적으로 구체화했다는 점에서는 분명 차이가 있다. 그러나 종교와 예술의 현실적 실현 속에서 양자는 서로 교호 작용을 하고 있다.

그러는 와중에 예술과 종교의 위계를 설정하는 데 도움이 되는 분기점이 나타난다. 헤겔은 종교에서 예술 작품을 거론하면서 '예술 종교'의 현실적 종교인 '희랍 예술'을 '절대 예술'로 간주한다. 『미학강의』에서 예술의 이상을 보여주는 고전적 예술 형식이 『정신현상학』의 '종교 장'에서는 예술 종교이며 그리고 헤겔은 예술 종교를 '절대 예술'로 지칭한다. 그러나 『미학강의』의 고전적 예술 형식의 대표는 건축인 데 반해, 예술 종교에서 예술은 서사시, 비극, 희극의 순서로 논의된다. 같은 시기를 지칭하고 있음에도 불구하고 미학의 예술 작품과 예술 종교의 예술 작품은 서로 다르다. (희극적 요소는 – 근대의 – 주체성과 연결되면서 계시 종교로 넘어가는 징검다리가 된다.)

그리고 헤겔이 『미학강의』에서 낭만적 예술 형식의 주체성을 가늠하는 척도로 제시한 것은 종교, 특히 기독교이다. '종교 장'의 주체성은 낭만적 예술 형식과 동일하게 계시 종교로 논의된다. 낭만적 예술 형식과 계시 종교는 서로 공통적 요소를 지니고 있다. 그러나 『미학강의』에서는 낭만적 예술 형식에서 서사시, 서정시, 비극을 다루고 있으며, 비극에서 철학으로 이행한다. 그러나 '종교 장'은 계시 종교가 아닌 예술 종교에서 비극이 다뤄지며 비극 다음에 희극이 오며, 그리고 나서 계시 종교로 나아간다.

『미학강의』에서 주체성의 완전한 실현은 '비극'이며 여기에서 '철학'과의 연관성이 논의된다. 그러나 '종교 장'에서는 비극이 마지막 단계인 계시 종교가 아니라 '예술 종교'에서 논의된다. 헤겔에게는 종교가 '정신의 자기의식'을 실현하여 절대지로서 철학의 완성을 이루는 것은 '비극'이 아니다. 비극 다음에 이어지는 계시 종교의 변증법이 또다시 요구된다. 비극이 『미학강의』에서는 세 번째 단계인 낭만적 예술 형식에서 다뤄지고, '종교 장'에서는 두 번째 단계인 예술 종교에서 다뤄진다.

이렇듯 예술 철학과 종교 철학 간에는 불일치가 있다. 그렇다면 '예술의 정점에서 철학으로 이행'은 종교의 차원에서는 '절대 예술로서 예술 종교에서 계시 종교로 이행'하는 측면과 같다. 그러므로 '종교 장'의 차원에서 볼 때 예술은 철학으로 이행하는 것이 아니라 종교로, 즉 예술에서 종교로 이행해야 한다. 철학으로 이행할 자격은 예술이 아니라 종교에게 있다. 헤겔은 예술 종교를 절대 예술(고전적 예술 형식)이라 부르고, 계시 종교를 절대 종교(기독교)라 부른다. 예술 형식의 구분과 종교 형식의 구분 간에 불일치가 일어나며, 예술에서 철학으로 이행은 '자신을 정신으로 아는 정신'인 종교로 이행하는 것이다.

이때 종교의 정점인 계시 종교는 '자신을 정신으로 아는 정신'이라는 절대 정신의 성격을 지니고 있지만 정신의 자기의식이 결핍되기 때문에, '종교 장'에서 '정신의 의식'과 '정신의 자기의식'의 대립을 지양하는 절대지로의 운동을 계속하고, 이것은 마치 예술에서 종교로, 종교에서 철학으로 이행하는 절대 정신의 체계적 위계를 다루고 있는 것처럼 보인다.

그러나 헤겔은 계시 종교에서 기독교적 신의 의미를 변형하여 영원한 정신이 자기의 충만함 때문에 '정신의 개념을 스스로 타자화하는', 즉 '개념을 스스로 전개하는' 방식으로 '창조'를 설명하며, 이 대목은 마치 '순수 사유', '순수 존재'에서 『대논리학』의 학의 시원을 시작하는 것과 그다지 다르지 않다. 헤겔은 『대논리학』에서 학의 시원 문제를 다룰 때 논리학의 전개는 '자연과 유한한 정신을 창조하기 이전의 신의 서술'[23)]

23) G. W. F. Hegel, *Wissenschaft der Logik. Die Lehre vom Sein, Gesammelte Werke(1832)*, Bd. 21, Hamburg: Felix Meiner Verlag, 1985, 서설과 서론을 참고하라.

이라고 천명하는 데서 출발한다. 그렇다면 논리학 이후에 자연 철학이 올 수밖에 없는 해석이 가능해진다. 그러나 계시 종교에서 절대 정신의 창조는 정신의 자기 분열로서 개념의 자기 분열과 자기 전개이므로 논리학의 시원에 나타나는 개념의 전개와 연관성이 있다. 논리학의 시초에서 '헤겔적 의미의 창조'가 일어나는 것으로 추정할 수 있다.

'종교 장'의 계시 종교에 나타나는 신의 타자화는 논리학의 시원과 연관되며, 논리학의 시원과 창조의 연관 속에서 시원과 결말은 중층적으로 연결된 원환 구조를 전개한다. 앞의 논의를 바탕으로 하면, 이제 논리학의 시초는 곧 자연의 시초이며, 절대 정신은 자연의 본질이면서 정신의 본질로서 자연 일반의 창조자가 된다.

지금까지 정신 철학의 세 계기인 예술, 종교, 철학을 헤겔이 위계적으로 구분함에도 불구하고 그들 간의 공통성과 동등성이 발견된다는 착상에서 글을 전개해 나갔다. 『정신현상학』의 '종교 장'의 서두에서 헤겔이 종교에 관해 특화시켜 설명하는 내용과 계시 종교에서 진행되는 개념의 전개 문제는 - 헤겔이 예술, 종교, 철학을 위계적으로 구분함에도 불구하고 - 위계적이지 않은 관계, 즉 삼위일체적 동등성에 대한 오해를 계속해서 불러일으키며 이런 오해의 책임은 지속적으로 헤겔에게 위임된다.[24]

---

24) 이 글은 헤겔 『정신현상학』 출간 200주년을 기념하는 한국헤겔학회 학술대회(2007, 10, 20)에서 발표한 글을 수정한 것이다.

참고 문헌

권대중, 「헤겔의 "예술의 종언" 명제가 지니는 다양한 논의지평들」, 『미학』, 한국미학회, 제33호, 2002.

데이비드 흄(이태하 역), 『종교의 자연사』, 대우고전총서 10권, 아카넷, 2004.

박정훈, 『헤겔의 예술종교 연구』, 서울대학교 대학원 석사학위논문, 2004.

이정은, 「시문학과 산문비교와 철학과 예술의 관계」, 『헤겔과 근대예술』, 헤겔연구 제10호, 한국헤겔학회 엮음, 2002.

장 이뽈리트(이종철 역), 『헤겔의 정신현상학』, 1-2권, 문예출판사, 1988.

Hegel, G. W. F.(정대성 역), 『청년 헤겔의 신학론집』, 인간사랑, 2005.

_____, (임석진 역), 『피히테와 셸링 철학체계의 차이』, 지식산업사, 1989.

_____, *Enzyklopaedie der Philosophischen Wissenschaften im Grundrisse, II*, in: *Werke in zwanzig Baenden*, Bd. 9, Frankfurt a. M.: Suhrkamp Verlag, 1986.

_____, *Enzyklopaedie der Philosophischen Wissenschaften im Grundrisse, III*, in: *Werke in zwanzig Baenden*, Bd. 10, Frankfurt a. M.: Suhrkamp Verlag, 1986.

_____, "Fragmente ueber Volksreligion und Christentum(1793/4)", in: *Fruehe Schriften, Werke in zwanzig Baenden*, Bd. 1, Frankfurt a. M.: Suhrkamp Verlag, 1986.

_____, *Phaenomenologie des Geistes*, im: *G. W. F. Hegel Werke in zwanzig Baenden*, Bd. 3, Frankfurt a. M.: Suhrkamp Verlag, 1986. 임석진 역, 『정신현상학』, 1-2권, 한길그레이트북스, 2005.

_____, "Positivitaet der christlichen Religion(1795/6)", in: *Fruehe Schriften, Werke in zwanzig Baenden*, Bd. 1, Frankfurt a.

M.: Suhrkamp Verlag, 1986.

_____, "Positivitaet der christlichen Religion. Neufassung des Anfangs (1800)", in: *Fruehe Schriften, Werke in zwanzig Baenden*, Bd. 1, Frankfurt a. M.: Suhrkamp Verlag, 1986.

_____, "Positivitaet der christlichen Religion. Zusaetze(1795/6)", in: *Fruehe Schriften, Werke in zwanzig Baenden*, Bd. 1, Frankfurt a. M.: Suhrkamp Verlag, 1986.

_____, *Vorlesungen ueber die Aesthetik*, in: *G. W. F. Hegel Werke in zwanzig Baenden*, Bd, 13-15, Frankfurt a. M.: Suhrkamp Verlag, 1986. 두행숙 역, 『헤겔미학』, 나남출판, 1996.

_____, *Vorlesungen ueber die Geschichte der Philosophie*, Ⅰ, im: *Werke in zwanzig Baenden*, Bd. 18, Frankfurt a/M.: Suhrkamp Verlag, 1986. 임석진 역, 『철학사 Ⅰ』, 지식산업사, 1996.

_____, *Vorlesungen ueber die Philosophie der Geschichte*, im: *G. W. F. Hegel Werke in zwanzig Baenden*, Bd. 12, Frankfurt a. M.: Suhrkamp Verlag, 1986.

_____, *Wissenschaft der Logik, Die Lehre vom Sein(1832), Gesammelte Werke*, Bd. 21, Hamburg: Felix Meiner Verlag, 1985.

The Position and the inner-systematical Meaning of the Chapter "Religion" in the Hegel's *Phaenomenologie des Geistes*

Lee, Jeong-Eun(Yonsei Univ.)

Abstract

This essay aims for arguing that Religion is equal to Philosophy in Hegel's philosophical system, without for those unequality. Hegel asserts Art, Religion and Philosophy as three steps of Absolute Spirit and the ordinal-dialectical development of three steps to go with it. But the Chapter "Religion" in the Hegel's *Phaenomenologie des Geistes* bears in the side that overthrow the ordinal-dialectical development of three steps.

The Chapter "Religion" handles Absolute Essence, the Absolute as God, and regards the Spirit that know himself as the Spirit as the ground of Religion. The Spirit that know himself as the Spirit has the same position with Philosophy, Absolute Spirit.

The dialectic of Religion develops that the natural Religion transfer to the artistic Religion, the artistic Religion transfers to the revealed Religion. Hegel argues that the revealed Religion reach to the language of Self-consciousness, and the self-development of concept.

Hegel asserts that God's Creation is not Creation of Being through the Nonbeing but Creation of the Spirit. Hegel argues that the relation God and Jesu have not the un-mediated Incarnation but the mediated Incarnation, and the incarnation of God has to go with the extinction of Jesu's body. God's Creation is same with the self-division and self-development of concept.

Hegel argues that Religion has the position and the meaning of the Spirit that know himself as the Spirit, the completion of the Spirit. What is more, God's Creation is same with the self-division and self-development of concept in the revealed Religion. Therefore, the meaning of Chapter "Religion" in Hegel's *Phaenomenologie des Geistes* is equal to the beginning of the Hegel's *Wissenschaft der Logik*.

key words: Absolute Essence, the Spirit that know himself as the Spirit, Completion of the Spirit, Self-consciousness of the Spirit, the mediated Incarnation, the Holy Spirit, Creation of the Spirit, Self-development of the Concept, Art, Religion, Philosophy, Actual Religion, Actual Spirit.

헤겔과 들뢰즈에서의 기억의 형이상학과 주체의 문제*

연 효 숙

I. 왜 기억의 문제에 주목하는가?
II. 헤겔의 근대적 기억론의 형이상학적 의미
III. 헤겔의 근대적 기억론의 현대적 변용 가능성
IV. 들뢰즈의 탈근대적 시간과 기억의 형이상학
V. 들뢰즈의 탈근대적 기억의 현대 문학적 적용 가능성
VI. 헤겔과 들뢰즈의 기억론의 현대적 의미

요약문

이 글은 헤겔과 들뢰즈의 주요 텍스트에 나타난 '기억'의 문제를 논의하면서, 이 문제가 갖는 인식론적, 형이상학적, 문화사적, 문학적 의미를 살피고자 한다. 헤겔은 『철학적 학문들의 백과사전』의 '심리학'에서 생산적 기억과 기계적 기억으로서의 정신의 역할에 주목한다. 이러한 기억의 기제를 담은 헤겔의 근대적 주체는 중층적이고 다양한 시간적인 계기를 함의한 주체로서, 의식 중심의 근대적 주체 이상의 주체이다. 헤겔의 기억론은 현대에 와서 기억으로서의 역사와 문화적 기

억의 영역에 적극 활용될 수 있다. 들뢰즈는 『차이와 반복』의 '대자적 기억'에서 수동적 자아에서 행해지는 기억의 수동적 종합을 통한 비자발적 기억의 층위를 논의하였다. 이러한 비자발적인 기억은 창조적이고 미래적인 시간을 통해 영원회귀적인 기억으로 연결된다. 들뢰즈의 기억론은 현대 문학의 영역 특히 프루스트의 문학에 적용되어, 탈근대 시대의 복수적이고 탈중심적인 주체의 전형으로 해석될 수 있다. 결론적으로 우리는 헤겔과 들뢰즈의 기억론을 통해 근대, 탈근대의 주체의 자리를 확인하고 우리 삶의 창조적인 의미를 모색할 수 있다.

● **주요어 : 생산적 기억, 기계적 기억, 기억으로서의 역사, 수동적 자아, 비자발적 기억, 복수적 주체**

I. 왜 기억의 문제에 주목하는가?

우리의 일상의 삶은 '기억'의 궤적을 통해 그려지고, 기억의 반추를 통해 그 의미가 매겨진다. 오늘의 나의 삶의 의미는 과거, 어제의 기억 속에서 다시 회상된 의미와의 연속 혹은 단절 속에서 재음미되기도 하고, 이것이 나의 미래에 기투되어 새롭고 창조적인 의미를 갖기도 한다. 마찬가지로 현대 사회의 복잡하고 거대한 흐름의 과정에서 어떤 창조적인 의미를 찾는다는 것은 '기억'의 장치를 통해 가능한 것이 아닐까? 흔히 개인의 심리적 차원에서의 '기억의 문제', 역사, 문화적 맥락에서의 '기억으로서의 역사', '문화사 속의 기억', 문학 텍스트에서 찾아지는 '기

* 이 논문은 2006년도 정부(교육인적자원부)의 재원으로 한국학술진흥재단의 지원을 받아 수행된 연구임.(KRF-2006-A00048)

억'의 의미 등에 관한 논의 등 기억과 연관된 논의들은 여러 곳에 흩어져 있다. 그러나 기억의 논의의 차원은 한편으로는 인식론 층위에서의 철학의 영역, 심리학의 영역(정신분석학의 영역 포함)으로, 또 한편으로는 역사학과 문화사의 영역, 문학의 영역 등으로 이원화된 경향이 있다.

이 글은 '기억'에 관한 문제가 지금까지 상대적으로 철학의 영역에서 소홀히 다뤄진 경향에 맞서서, '기억'의 문제가 인간의 창조적 삶의 의미를 재고하는데 매우 중요한 단초가 된다는 데서 출발하고자 한다. 이러한 문제의 철학사적 출발은 멀게는 플라톤의 '상기'(회상)에서 찾을 수 있겠지만, 현대 사회의 삶의 양상을 고려해 볼 때, 기억의 문제를 가장 심도있게 다룬 근대 철학자 헤겔에게서 시작하고자 한다. 나아가 기억 문제를 현대인의 삶의 복잡한 층위에서 가장 적확하게 진단한 후기 구조주의자 들뢰즈를 통해 진단하고자 한다.

플라톤이 '상기'의 문제로 주목한 이래 '기억'의 문제는 인간 정신의 인식론적, 존재론적 함의를 가진 중요한 문제이다. 또한 창조적이고 역동적인 삶을 형성하기 위한 주요한 열쇠와 단초는 인간의 정신의 영역에 새로운 사유의 생성을 제공하는 '기억'의 문제에서 찾아진다. 기억은 과거, 현재, 미래로 이어지는 인간 정신의 압축이자 응축이다. 인간 정신에 놓여 있는 기억의 기제를 어떻게 해석하느냐에 따라 인간 이해가 달라진다.

기억의 문제는 현대 문학과 정신분석학, 문화의 기억학에서 주목받는 문제이기는 하지만, 변증법의 대가인 헤겔을 기억의 문제에 초점을 맞춰 접근한 연구는 그리 흔하지는 않다. 그러나 헤겔은 일찍이 『예나시대의 체계기획』의 「정신 철학」에서 의식의 중요 단초를 '기억'의 문제로 놓고 있다. 이 글은 이러한 「정신 철학」의 텍스트를 바탕으로 하여 헤겔 사유의 한 핵심에 '기억'의 문제를 놓고자 한다. 무엇보다도 헤겔의 기억론에 관한 집중적인 논의는 『학문들의 백과사전』 중 「정신 철학」의

'심리학'에서 전개되고 있다. 이 부분은 헤겔의 의식, 정신의 본성과 연관된 그의 기억론의 핵심을 살필 수 있는 중요한 부분임에도 불구하고 이제까지 상대적으로 논의가 적었던 것이 사실이다. 특히 절대정신, 범이성주의자로 헤겔을 단편적으로 해석하는 경향을 넘어서서 헤겔을 새롭게 현대 철학적인 맥락과 더불어 해석할 수 있는 단초를 제공해 주는 것이 헤겔의 기억론일 것이다.

헤겔의 기억론의 의미는 현대 철학의 대가인 들뢰즈의 기억론을 통해 음미해 보면 더 살아 난다. 들뢰즈 역시 그의 주저인 『차이와 반복』에서 새로운 사유의 가능성의 문제를 '기억'의 문제를 축으로 하여 다루고 있다. 들뢰즈는 베르그송의 『물질과 기억』에서 나타난 정신적 기억, 순수 기억의 논의에 힘입어 전통적인 재현의 형이상학에서의 의지적이고 재생적인 기억에서 벗어나 '무의지적 기억'의 가능성을 모색하고 있다. 이 글은 우선 인식론적이며 형이상학적 층위에서 논의되고 있는 들뢰즈의 기억론의 현대적 의미에 천착할 것이다. 또한 들뢰즈의 탈근대적인 기억론과 헤겔의 근대적 기억론과의 수렴점과 상이점 등을 검토하면서 이 두 철학자의 기억론이 우리 시대에 주는 의미를 살필 것이다.

그러나 이 글은 심리학적이고 인식론적인 층위의 철학적 영역에서 기억의 문제를 다룬 헤겔과 들뢰즈의 문제 의식을 좀 더 현대적으로 확대, 적용할 가능성도 아울러 모색하고자 한다. 왜냐하면 심리적, 인식론적 층위의 개인적 삶의 기억의 문제는 결국 개인이 살고 있는 사회, 역사, 문화의 영역과 뗄 수 없는 밀접한 관계를 맺고 있기 때문이다. 물론 이때 이 글은 이처럼 광범위한 문제의 영역을 다 망라해 다룰 것이 아니라, 첫째, 헤겔의 기억론이 현대적으로 탄력적으로 해석될 수 가능성의 영역, 즉 '기억으로서의 역사'의 차원에서 기억이 차지하는 의미에 대한 분석 및 '기억의 문화사'가 헤겔의 기억론을 통해 재음미될 수 있을 가능성을 타진할 것이다. 그럼으로써 '기억'을 중심으로 본 헤겔의 근대적 주체가 현대에서 어떻게 새롭게 해석될 수 있을지를 살펴 볼 것이다. 둘째, 헤겔의 기억론과 분명 구별되는 들뢰즈의 기억론에서는 특히 들뢰즈 스스로가 모색하고자 했던 '프루스트' 등 문학적 텍스트에서 차지하는 기억의 의미를 살필 것이다. 따라서 이 글은 들뢰즈의 기억론이 비단 철학적 층위에서만 논의되는 문제에 그치는 것이 아닌 것에 주목하면서 그가 이 시기에 같이 모색했던 『프루스트와 기호들』에서 고민했던 '기호'와 '기억'의 문제를 연계시켜, 문학적 차원에서 새로운 글쓰기의 가능성과 글쓰기의 주체(화자)의 본성에 대한 새로운 현대적 가능성도 연계해 논의할 것이다.

II. 헤겔의 근대적 기억론의 형이상학적 의미

1. 헤겔에서의 기억의 문제의 단초

헤겔에게서 의식과 기억의 문제는 통일적인 의식, 절대 정신으로 정신의 모든 계기가 수렴된다는 일반적인 헤겔 해석을 벗어날 때 그 새로운 의미가 드러난다. 헤겔의 기억의 문제의 기원은 초기 『예나시대의 정신철학』(1803-4, 1805-6)[1]에까지 거슬러 올라간다. 헤겔은 여기서 정신철학에서의 중요한 세 계기(포텐츠)를 기억, 노동(욕망), 가족(생)으로 놓으면서 인간이 처음 대상과 관계맺는 의식의 활동적 측면의 첫 번째 계기로 기억을 들고 있다. 그만큼 헤겔은 일찍이 인간 정신의 활동적 측면의 주요 계기인 '기억'을 주목하고 있다. '기억'의 정신적 활동은 '언어'라는

1) Hegel. G. W. F(1975), *Jenaer Systementwürfe I, III,* (ed), R.P. Horstmann, Felix Menier Verlag.

수단을 통해 세계에 대한 표상을 자신 속에 축적하게 된다.

무엇보다도 헤겔의 『정신현상학』은 정신이 자신을 경험해 나가는 과정을 '회상'(상기 : Erinnerung)의 방법을 통해 기술한 책이다. 이는 헤겔의 『정신현상학』의 주요 문제가 정신이 자신의 경험을 회고하고 기억해 내는 데 있음을 보여준 것이다. 『정신현상학』에서 서술되고 있는 경험의 내용이 언제나 새롭게 나타날 수 있는 가능성을 보여주며, 이에 따라 『정신현상학』은 인간 정신의 '생성적인 과정', '창조적인 과정'을 현상학적 방법에 따라 기술한 책이다.

헤겔은 『정신현상학』에서 정신의 특성을 자신의 형성사에 대한 기억, 상기로 규정하고 있다. 정신은 시간 속에서 필연적으로 현상하면서 자기를 형성해 간다. 정신의 완성은 자신의 실체를 완전히 인식하는데 있기 때문에, 이러한 지는 자신 안으로 들어가서, 정신은 자신의 현존재를 떠나서 회상의 형태로 이행해 간다.[2] 그렇다고 해서 정신이 현존재의 차원과 관계를 갖지 않는 것은 아니다. 정신의 회상, 내면화(Er-Innerung)는 경험을 보존한 절대적 개념이다. 절대지 혹은 그 자신을 정신으로 자각하는 정신은, 정신의 왕국의 체계를 어떻게 완성시키고 있는가에 대한 자신의 기억을 간직하고 있다.

2. 헤겔의 「정신철학」에서의 기억론

헤겔의 '기억'론에 대한 본격적인 논의는 『철학적 학문들의 백과사전』의 「정신철학」[3]중 '심리학'에서 인간의 '정신'으로 전개된다. 심리학의 이론적 정신에서 지성은 '직관'(Anschauung), '표상'(Vorstellung),

2) Hegel, G. W. F.(1980), *Phänomenologie des Geistes, Gesammelte Werke, Bd. 9.*(hrg) W. Bonsiepen, R. Heede, Hamburg, Felix Meiner Verlag, S. 433.

'사유'(Denken)의 단계로 진행된다. 이 중 특히 기억 이론에 직접 연관이 있는 표상의 전개 과정을 통해 헤겔은 '상기'(Erinngerung)에서 '상상력'(Einbildungskraft)을 거쳐 '기억'(Gedächtnis)으로 가는 과정 속에서 시간과 기억의 연관성을 밝힌다. 헤겔은 감각적 규정들이 표상화되고, 이 표상의 '심상'(이미지: Bild)이 '상징'(Symbol)으로, 또 상징에서 '기호'(Zeichen)로, 기호에서 '언어'(Sprache)로 발전하는 과정을 주목한다.

1) 표상으로서의 심상(이미지)과 상징 그리고 상상력

이론적 정신의 출발인 직관의 단계에서 자신 안으로 철수한 지성은 감정의 내용을 자아의 내면성으로 향하게 한다. 즉 "직관을 상기하는 것으로서의 지성은 감정의 내용을 자신의 내면성으로 옮겨 놓으며, 그 자신의 공간 및 그 자신의 시간으로 옮겨 놓는다."(Enzy.,452절) 그래서 "감정의 내용은 첫째, 심상(이미지, Bild)이 된다." 이 심상의 성격은 "자의적이거나 우연적" 이다.(Enzy., 452절) 이러한 자의적이고 우연적인 심상의 모습을 내면에 가지고 있는 지성은 "감정의 내용을 자신(지성)의

---

3) Hegel, G. W. F.(1981), *Enzyklopädie der philosophischen Wissenschaften II, Bd. 9.* Frankfurt a. M, Suhrkamp Verlag, 이하 Enzy.로 약기/헤겔의 『백과사전』의 체계기획은 1817년에 초판, 1827년에 두 번째판이 그리고 1830년에 세 번째판 이렇게 세 번에 걸쳐 수정되면서 완결된다. 1817년의 『백과사전』에서는 1830년대 보여진 「정신철학」의 「주관 정신」의 틀과 구성이 거의 갖추어져, 주관정신이 인간학, 정신현상학, 심리학의 세 구성부분이 짜여 있다. 1827년 『백과사전』에서는 1830년의 『백과사전』과 거의 흡사한 구성을 보인다. 심리학 부분도 상당히 보강되어 특히 이론적 정신은 직관, 표상(상기, 상상력, 기억), 사유로 구성되어 있으며 그 내용도 훨씬 충실하다. 이에 대한 비교 연구는 Peperzak, A.(1979)의 "Vom Gefühl zur Erinnerung. Versuch einer strukturellen Analyse" in *Hegels Philosophie Psychologie; Hegel-Studien/Beiheft 19*, Bouvier Verlag의 연구를 참조. 그리고 1827/8년도의 『백과사전』의 「정신철학」에 대한 연구에 대해서는 Tuschling, B.(1990), "Hegels Philosophie des Geistes nach Erdmann(1827/8)" in *Hegels Theorie des subjektiven Geistes*, (ed) L. Eley, frommann-holzboog을 참조할 것.

내면성에 옮겨 놓고, 이를 통해 표상으로 만듦으로써, 감정의 내용을 공간과 시간의 특수성으로부터 끌어낸다."(Enzy., 452절 Zusatz) 이러한 감정 내용의 공간과 시간의 특수성은, "감각과 직관을 위해서는 사태의 직접적 현재가 필수적이지만 이러한 것들은 표상하는 지성에 수용됨으로써 우리에 대해 지속성을 갖는다."(Enzy., 452절, Zusatz)는 것을 의미한다. 이제 직관이 지성 내의 심상이 됨으로써 이 심상은 '직접적 현재'로서의 시간성의 성격을 가지면서 동시에 지성의 내면성의 측면에서 시간은 주관화되어 지성에 의해 관리된다.

둘째, 이제 표상으로서의 심상은 "대자적이면서 일시적으로 된다"(Enzy., 453절) 이 심상은 지성 내에서 의식되지 않은 채 남아 있는데, 헤겔은 이를 의식 내부의 어두운 갱(Schacht)으로 표현하고 있다. 이 심상은 나의 내면성의 갱 속에 잠들어 있으며, 이런 면에서 많은 심상이 현재화되기도 하지만, 이 어두운 갱 속에서 의식되지 않은 채, 무수한 과거의 심상으로 남아 있게 된다.

셋째, 이렇게 어두운 갱 속에 의식되지 않은 채로 남아 추상적으로 보존된 심상은 현존하기 위해 상기된다. "즉 우리 내면의 어두운 심연에 놓여 있는 과거의 심상은, 현재하는 직관의 도움을 받아 상기된다."(Enzy,, 454절 Zusatz) 그리고 내가 나의 상기 안에 어떤 것을 계속 간직하기 위해서는 나는 지속적으로 그것을 반복하여, 현실적으로 소유하게 될 것이다. 이처럼 내가 나의 내면에서 지속적으로 어떤 것을 반복적으로 소환함으로써, 내 안에 어떤 현재성과 생동감을 지니게 되는 것은 지성의 '재생적 상상력'(Enzy., 455절)에 의해서 가능하다. 다음에 심상을 서로 관련시켜 보편적 표상으로 심상을 고양시키는 것은 '연합적 상상력'에 의해 가능하다. 마지막으로 '생산적 상상력'의 단계에서 심상은 '상징'(Symbol)과 기호(Zeichen)의 이중적인 형식을 갖는다.(Enzy., 455절, Zusatz)

2) 기호와 생산적 기억의 역할

이제 문제의 핵심은 헤겔이 정신으로서의 지성이 자신의 내면을 상기, 상상(형상화)하면서 처음의 직관과 그 내면의 내용, 형식 간의 관계를 어떻게 설정하고 있는가 그리고 이처럼 지성의 중층적 구조 속에서 지성은 자신의 저장물을 어떻게 끄집어 내는가, 즉 각 시제(과거, 현재, 미래)가 어떻게 결정되는 것인가 하는 점이다. 이 맥락에서 직관에서 표상으로 이행하여 나의 심상으로 상기된 지성의 내용은 현재적 시점이요, 기억의 활동을 통해 심상이 다시 재생산되고 기호화되어 언어로 종합되는 것은 그 내용이 과거의 일이라 할지라도 그 시점은 현재화한 것, 즉 현재로서의 과거 자신이다. 그래서 감성적 현존재의 복원에 있어서 심상과 기호 간에는 표상이 직선적인 시간 속에서 과거에서 현재로 연속적으로 이어져 있는 것이 아니라, 현재와 과거 간의 불연속 혹은 현재와 현재에서 기호화된 과거가 공존하고 있음을 헤겔은 암시한다. 그래서 "기억은 더 이상, 지성이 직접적이고 비정신적으로 규정되어 있는 상태인 직관으로부터 가져 온 심상과 관계하는 것이 아니라, 지성 자신의 산물인 현존재와 관계한다."(Enzy., 462절)는 것이다. 말하자면 직관에서 '기억으로의 과정'은 표상의 연속적인 재생산의 과정이기 보다는 '연속과 불연속(단절)의 과정'이라고 할 수 있다.

따라서 심리학의 과정 속에서 직관에서 표상으로 내면의 저장물이 이행하는 과정에서, 상기의 단계를 거친, 상상의 단계 마지막에서 애초의 표상이 '상징'과 '기호'의 형식을 갖출 때, 헤겔은 이 상징과 기호의 형식이 직관(감성적 현존재)과는 '다른 측면'이 있음을 분명 지적하고 있다. 상징의 형식은 감성적 현존재로서의 직관과 다르지만 전적으로 다르지는 않다. 상상력이 만들어 낸 상징은 직관의 변형 모습인 그림의 형태를 지니고 있다. 그러나 상징이 기호로 바뀐다는 것은 상징이 직관을 담은 심상과는 다른 것을 담고 있다는 것을 말한다. 기호는 "직관이 지성의 자립적 표상으로 혼으로서, 즉 자신의 의미(Bedeutung)로서 자신 속으로 받아 들인 심상"(Enzy., 458절)을 말한다. 이 때 "기호는 직관이 그 자체로서 갖는 것과는 전혀 다른 내용을 표상하는 직접적 직관이다." (Enzy., 458절) 여기서 헤겔은 '표상의 첫 번째 심상'과 '기호를 만드는 상상에 의해 형성된 기호' 간에 어떤 간극이 있음을 암시하고 있다. 심지어 헤겔은 "기호를 낯선 혼을 옮겨 보존하고 있는 피라미드(Pyramid)이며, 기호와 상징은 다르다"(Enzy., 458절)고 한다.[4] 왜냐하면 상징은 표상의 규정성과 어떤 유사성을 지니고 있으나, 기호의 경우에는 '직관 자신의 내용'과 '직관에 의해 기호화된 내용'과는 서로 아무 관계도 없기 때문이다.

이처럼 헤겔이 밝히고 있는 표상, 상기, 상징, 기호로 진행되는 지성의 끊임없는 단계의 추동력에 대하여 데리다[5]는 지성은 '직관, 감성'의 부정이기에, 기호, 언어에서 직관과 언어, 기호 간의 단절이 상정되고 있음을 주목한다. 비록 기호가 감성적 현존재로서의 직관을 그대로 지니고 있지 못할지라도 기호는 직관, 감성의 부정이기에 직관과는 다른 진리 형태로 드러나는 것이다. 그래서 오히려 '기호는 직관의 보다 참된 형태'이며, 이러한 형태는 '시간 속에서의 현존재'이고, 존재하는 순간에 소멸하는 현존재가 되는 것이다. 헤겔에게서 기호는 감각적 공간적 직관의 지양으로서 이 때 시간으로서의 기호가 발생한다.[6] 이러한 '기호를 창조하는 활동인 생산적 기억'을 통해 이제 지성은 직관의 심상(이미

4) Derrida, J.(1982), "The Pit and Pyramid : Introduction to Hegel's Semiology" in *Margins of Philosophy*, (tr). A. Bass, The University of Chicago Press, 83쪽. 따라서 데리다는 이러한 기호를 죽음 속에 있는 삶의 기념비, 삶 속에 있는 죽음의 기념비라고 하고 있다.

5) 같은 책, 89쪽.

6) 같은 책, 89쪽.

지)이나 그 유사성을 지닌 상징과도 다른 기호를 보존한다.

지금까지의 논의를 정리해 보면, 상징은 직관, 질료의 유사성을 여전히 보존하고 있는데 반해, 기호는 직관, 질료와 다르다. 기호는 직관의 심상과는 다른(단절된) '의미'로 자신 속에 받아 들인 직관이기 때문이다. 이처럼 직관에 다른 내용을 의미와 혼으로서 부여하는 그런 활동을 헤겔은 '기호를 창조하는 활동'으로 말하고 이것을 '생산적 기억'으로 부른다. 이러한 생산적인 기억은 기호를 창조하며, 직관의 내용과 다른, 직관에 의해 기호화된 내용이 언어다. 이러한 '기호로서의 언어'는 표상 내용을 심상으로 그대로 복원하는 것이 아니라, 심상과는 다른, 그래서 단절된 것으로 제시하며, 이러한 기호로서의 언어를 작동시키는 기억의 활동은 시점은 현재적이지만, 그 내용에서는 과거 시점이다.

3) 저장고로서의 기계적 기억

이제 '생산적 기억'은 다음과 같은 단계를 거쳐 '사유'의 활동으로 고양된다. 우선 기억의 맨 처음 단계는 '이름을 보존하는 기억'의 단계(Enzy., 461절)로서, 지성은 기호를 자신의 것으로 만들면서, 이러한 상기를 통해 개별적인 결합을 보편적인, 지속적인 결합으로 고양시킨다. 이러한 결합에서 이름과 의미는 지성에 대해서 객관적으로 결합되어 있다. 지성은 우선 이름인 직관을 표상으로 만든다. 그래서 내용 즉 의미와 기호는 동일화되어 하나의 표상이 된다. 그리고 표상 작용은 그 내면성에 있어서 구체적이며, 내용은 표상작용의 현존재로서 존재한다. 이러한 단계는 그 다음 '재생적 기억'의 단계로 이어진다. 이름을 보존하는 기억 속에서 고정된 표상으로서의 이름은 표상계에서 현존하고 통용되고 있는 사태이다. 재생적 기억은 직관이나 심상없이, 이름 속에서 사태를 갖고 인식하며 사태와 함께 이름을 갖고 인식한다. 여기서 상징, 기호, 언어에 대한 헤겔의 논의는 현대 언어학에서 보여지는 논의의 맹아를 제공하는 듯이 보인다.

마지막은 '기계적 기억'[7]의 단계(Enzy., 463절)이다. 앞서 두 번째 재생적 기억에서 표상은 이름을 통해 사태로 재현되는데, 이러한 사태를 헤겔은 특히 언어기호(Sprachezeichen)라고 본다. 소리를 내는 것으로서의 낱말은 '시간' 속에서 사라지고, 그래서 이러한 소리로서의 낱말은 추상적이고 무화시키는 부정성이 되는 반면에, 언어기호(언어)는 지성에 의해 보존되는 형식을 갖기 때문이다. 즉 지성은 "언어기호의 '구체적이고 참된 부정성'(konkrete, wahrhafte Negativität)"이다. 왜냐하면 지성에 의해서 언어기호가 외적인 것으로부터 내면적인 것으로 변화되고, 이처럼 변형된 형식에서 '보존'되기 때문이다. 참된 사상이 사태인 것처럼, 언어가 참된 사유에 의해서 사용될 때, 언어 역시 사태이다. 따라서 지성은, 언어로 가득 채워짐으로써 사태의 본성을 자신 안으로 수용한다. 그러나 동시에 이 수용은 지성이 스스로를 하나의 사태적인 것으로 만든다는 것을 의미하고, 이리하여 사태와 구별되어 있는 주체성은 전적으로 공허한 것, 언어의 정신적이지 못한 저장고로 되고 '기계적 기억'으로 된다.

물론 여기서 헤겔은 기계적 기억의 역할을 하는 지성이 여전히 사태를 충분히 담지 못하는 공허한 주체성이라는 것을 알고 있었다. 그러나 이것은 달리 말하면 사태를 언어로 담을 때 주체성의 역할이 결과적으로 축소될 수밖에 없는, 그래서 주체성의 과도한 개입이 불필요함을 보이는 것이기도 하다. 그래서 "이러한 추상적 존재인 자아는 주체성으로서, 동시에 여러 이름을 지배하는 위력이고, 이 이름들의 계열을 자신 속에서 고정시키고 확고한 질서 속에서 보존하는 공허한 끈"(Enzy, 463절)

7) 헤겔은 이 기억의 단계를 좀 더 세밀하게 이름을 보존하는 기억, 재현적 기억 그리고 기계적 기억의 세 형식으로 나누어 고찰한다.

이며, 이 여러 이름이 그저 존재할 뿐이고, 지성이 여기서는 자신 안에서 오직 그 자신의 이러한 존재인 한, 지성은 전적으로 추상적인 주체성으로서 '위력'인 것이다.

이러한 기계적 기억의 지성의 활동은 이름을 통해 사태를 표현한다는 면에서 여전히 추상적인 주체성에 머문다. 기계적 기억으로서의 지성은, 이성으로서의 지성이 즉자적으로 활동하고 있는 그러한 동일성으로서 대자적으로 활동하고 있다. 기억 그 자체는 기억의 내용을 재인식하는 지성의 방식(Enzy., 465절)인 사유가 실존하는 외면적인 방식이면서 일면적인 계기이다. 그렇다고 기억을 사유에 비해 훨씬 격이 떨어진, 그래서 정신의 중요한 활동에 속하지 않는 것은 아니라는 점을 헤겔은 분명히 밝힌다. 사유와 기억의 유기적 연관을 개념적으로 파악하는 것을 정신론에서는 이제껏 주목하지 못했음을 강조한다.

이처럼 이제까지 헤겔의 '정신철학'에서 주목받지 못했던 헤겔의 기억(생산적 기억이든, 기계적 기억이든)은 헤겔의 정신, 주체의 활동에서 표상의 과정과 내용을 담지하고 조절하는 중요한 역할을 하고 있다. 그 뿐만 아니라, 헤겔의 기억론은 근대적 주체에 대한 전형적인 해석에서 빗겨나 있다. 주관의 표상 내용이 하나의 의식, 정신의 과정에 통일되어 있다고 생각한 근대적 주체관에 비하면 헤겔에서의 직관에서 기억으로의 과정은 표상의 연속적인 재생산의 과정이기 보다는 연속과 불연속(단절)의 과정이라 할 수 있다.[8)]

3. 헤겔의 기억론과 역사적 시간

이처럼 직관에서 기억으로의 연속적이면서 불연속적인 복합적인 과

8) 연효숙(2005),「헤겔에서의 시간과 기억의 형이상학」,『헤겔연구 17』, 159쪽.

정은 우리에게 근대 계몽주의적인 직선적 시간과는 다른 시간관을 제시한다. 헤겔의 기억론에 놓여 있는 시간은 경험적인 시간관이기 보다는 직관, 표상, 사유의 단계 속에서 전개되면서 동시에 응축되고 회상되고 반추되는 복합적인 시간의 구조를 갖는다. 즉 기억을 통해 반추되는 지성의 복합적인 구조를 통해 지성은 정신의 위상을 견지하면서도 내면에 감각에서부터 기억에 이르기까지 복합적이고 중층적인 구조를 지니게 되었다. 기억은 그 자체가 시간을 야기시키며, 시간의 토대는 기억이기 때문이다.[9)]

또한『백과사전』의 주관정신의 심리학에서 밝혀진 기억의 구조 속에서 시간은『정신현상학』에서의 절대정신으로서의 개념으로서의 시간과 인간 경험 속에 현시되는 역사적 시간의 형식을 내재화, 내면화한 주관적 시간으로 해석될 수 있다.

이 내재화한 시간은 헤겔 심리학에서 지성의 구조 속에 중층적으로 접혀져 있는 시간으로서, 현재이자 과거로서의 시간이다. 이러한 시간은 개념으로서의 시간의 내면화이자, 그 시간을 지배하는 주체성(지성)이 현재와 과거를 동시에 지니고 있는, 그래서 현재와 과거의 연속이자, 불연속적인 시간이다. 기억 속의 시간으로서의 심리적 시간은 개념으로서의 시간과 역사적 시간을 주관화하면서도 지성의 심리적 구조 속에 중층적으로, 즉 연속과 불연속이 교차하는 비선형적인 시간이 될 수 있다. 즉 심리학의 과정 속에서 펼쳐지는 각 계기들에서 시간은 현재와 과거를 넘나들며 철저히 비직선적이고 비선형적인 흐름을 우리에게 제시한다.[10)]

이제까지 논의를 통해 볼 때, 헤겔의 시간은 절대적 지평에서 보여진

---

9) 같은 글, 165쪽.
10) 같은 글, 166쪽.

회상의 시간이며 미래로 기투된 시간이다. 이러한 시간관의 전제 위에서 기억을 통해 반추되는 지성의 구조는 복합적이고 중층적인 구조를 지닌다. 이러한 헤겔의 기억 속의 시간은 '개념으로서의 시간'과 '역사적 시간'을 주관화하면서[11] 지성의 심리적 구조 속에서 중층적으로, 즉 연속과 불연속이 교차하는 비선형적 시간의 단초를 마련해 준다.

무엇보다도 헤겔의 비선형적 시간의 단초가 마련된 주요 이유는 '개념으로서의 시간'과 '역사로서의 시간'의 두 층위를 가짐으로써 경험적, 역사적 시간을 장악하는 개념으로서의 시간과 역사적 시간 간의 상호교차가 정신의 구조 속에 전개되기 때문이다. 이러한 두 시간을 헤겔의 '생산적 기억'과 '저장의 기억'의 정신의 주관성의 차원에서 경험적 차원으로 '역사'와 '문화' 속으로 구체적으로 펼친다면 어떠한 새로운 변용 가능성과 지평이 열릴 수 있을까?

III. 헤겔의 근대적 기억론의 현대적 변용 가능성

1. 기억으로서의 역사와 집단 기억

정신철학과 심리학의 층위에서 비선형적인 시간의 단초를 갖고 있는

11) "시간은 순수 자기의식으로서의 자아의 동일성의 원리이다.(Ich=Ich des reinen Selbstbewußtseins)이다.(Enzy., 258절) 이 시간은 "시간 그 자체가 이 생성, 곧 생기와 소멸, 존재하는 사상 활동, 모든 것을 생산하면서 동시에 그 산아를 절멸해 버리는 크로노스"(Enzy., 258절)로서 변화를 주관하는 통일적인 '부정성의 원리'이다. 이 부정성의 원리를 갖고 있는 주관은 단순한 자아(bloßes Ich)일 뿐만 아니라, 유적 역사 속에서 자신의 고유한 동일성의 구성원리를 간파하기 때문에 시간의 차원들 즉 현재, 미래, 그리고 과거는 질적인 의미를 획득한다.(Brauer, O. D.(1982), *Dialektik der Zeit : Untersuchungen zu Hegels Metaphysik der Weltgeschichte*, Stuttgart, fromman-holzboog, 155-156쪽)

헤겔의 기억이론은 자신의 철학 체계 내에서 어떤 의미와 역할과 위상을 차지하게 되는 것일까?

첫째, 헤겔은 이성 중심의 근대적 주체의 의식을 단일하게 통일되어 있는 주체로만 설정하지 않았다. 오히려 기억을 통해 반추되는 지성의 복합적이고 중층적인 구조를 통해 인간 의식의 다층적인 층위를, 프로이트 이후 현대에서 논의되는 맥락에 앞서서 선취한 면을 엿볼 수 있다. 물론 이러한 해석은 현대에서의 인간 의식의 중층성의 논의에 대한 반성을 거친 눈을 통해 반성된 해석일 수 있지만, 헤겔이 인간 정신의 범위와 구조를 얼마나 다양한 관점과 과정을 통해 보았는지를 예증하는 대목이기도 하다.

둘째, 이러한 헤겔의 기억론과 시간관이 갖는 의미는 인간 주체성이 주관적이고 개인적인 차원을 넘어서서 공동체적이고 보편적인 차원으로 연결될 수 있다.[12] 즉 직관에서 표상 그리고 사유의 차원으로 고양되는 이론적 정신의 과정에서 '기억'은 개인의 차원에 머무는 것이 아니라, '보편적인 역사의 기억' 즉 '기억으로서의 역사'로 재해석될 수 있다.

따라서 이 장에서는 헤겔이 지금까지 해명해 왔던 기억 이론이 구체적으로 우리의 삶과 역사 속에서 어떻게 해명되는지를 살피는 데 주안점을 둘 것이다. 물론 헤겔의 『정신현상학』이 정신의 자기 회상, 기억이라는 면에서 이 과정의 기술은 마치 괴테의 『빌헬름 마이스터의 수업시대』에서 보여지는 개인의 성장소설을 철학적으로 서술한 것으로 볼 수 있다.[13] 그러나 헤겔의 기억론은 이러한 측면을 넘어서서 '기억으로서의 역사'[14]의 관점을 주시할 때 그 의미가 살아날 수 있다.

이 글에서 헤겔의 기억론의 인식론적이고 형이상학적 의미를 살핀 후,

---

12) 헤겔의 『역사철학강의』 등 '역사철학'의 차원에서 말해지는 주체는 개인의 차원이 아닌, 보편적이고 공동체적인 차원에 해당한다.

그 기억론의 현대적 적용에 제일 가능성으로 두고 있는 것은 현대에 와서 '역사에 대한 성찰로서의 기억'에 주목하는 최근 경향의 단초에 헤겔의 기억론이 자리하고 있음을 통찰했기 때문이다. 최근 들어 현대 사회에서 과거를 반성하고 대면할 때 과거에 대한 기술로서의 역사인 거대서사에 주목해 왔던 경향이 바뀌어, 과거와 대면하는 방식이 전반적으로 개인화하면서 미시적이고 사적인 요소를 담을 수 있는 '기억'의 차원[15]이 부각되기 시작했다.

물론 이 글에서는 헤겔이 자신의 체계 내에서 역사의 차원을 기억의 차원으로 대체했다는 것을 보이려는 것은 아니고, 헤겔의 기억론이 그의 역사 철학의 방법론으로 충분히 활용 가능할 수 있는 측면을 보이고자 하는 것이다. 이는 근대적인 헤겔이 주체의 자기 정체성을 보편적인 의식으로 놓은 분명한 면이 있음에도 불구하고, 이러한 보편적인 의식으로서의 정신이 중층적인 기억의 층위를 갖고 있다면, 이 속에서 보편사와 거대서사로서의 역사 서술의 차원과는 다른, 미시적이고 사적인 요소의 흔적을 담긴, '기억으로서의 역사'의 차원을 발굴해 낼 수 있음을 뜻한다. 물론 이러한 측면은 보편사와 반성적인 역사를 시도했던 헤

13) 헤겔의 『정신현상학』은 의식이라는 중간과정을 거쳐 정신에로 나아가는 영혼의 여정이다. 헤겔은 당시 루소의 『에밀』과 같은 '교양소설'로부터 영향을 받았고, 괴테의 『빌헬름 마이스터의 수업시대』의 낭만적 분위기로부터도 영향을 받았다. 물론 헤겔의 『정신현상학』은 철학적 교양소설로서, 이 소설들과는 구별되는 학문적 저서이다. Hyppolite, J.(1946), *Genése et structure de la phénomélogie de l'espirit de hegel*, /『헤겔의 정신현상학』(1986), 이종철 외 옮김, 문예출판사, 17-18쪽 논의 참조.

14) 전근대적인 공간의 스키마(schema)는 근대적인 '역사적 시간'의 스키마와 극명하게 대비된다. 근대 역사철학과 역사학은 지적인 추상화에 의해 균질화된 '시간의 스키마'를 창조해 냈고 그것은 곧 '진보'의 개념과 결부된 근대적 '세계관'으로 절대화되었는데(전진성(2006), 『역사가 기억을 말하다』, 휴머니스트, 55쪽) 헤겔의 역사관 역시 이러한 맥락의 연장선상에 있다고 보겠다.

15) 전진성, 『역사가 기억을 말하다』, 39-40쪽,

겔의 본래의 의도와 상충될 수도 있다.

그러나 보편사, 반성사로서의 헤겔의 역사 이론에 대한 일반적인 해석에서 벗어나, 역사를 '기억으로서의 역사'의 층위에서 해명한다면, 즉 기억 이론이 개입된 역사의 서술 가능성을 말한다면, 이는 항상 동일한 시간의 경험으로서의 과거의 역사가 아닌, 과거를 기억에서 새롭게 구성하는 차별화된 시간의 경험의 구성을 말할 수 있게 된다. 이럴 경우, 헤겔의 기억론은 인식론적, 심리학적인 층위의 범위에서 탄력적으로 '새로 구성된 기억으로서의 역사'에 대한 가능성을 열어 주게 된다. 그래서 기억하는 일은 인간 존재가 겪게 되는 기본적인 경험, 즉 모든 것은 소멸한다는 경험에 맞서, 시간이 지나는 소멸 효과에 대항하여 자기를 방어하는 일이 되며, 동시에 역사기술은 이러한 기억의 문화이며, 망각의 투쟁이다.[16] 이 때 헤겔의 '기억으로서의 역사'에서 역사의 주체는 누구일까? 이는 개인의 심리적 차원을 말하는 것이 아니며, 오히려 '공동체적인 기억'이고 '집단적 기억'을 가능하게 하는 객관적이고 보편적인 근대적 주체를 지시할 수 있을 것이다. 헤겔에게서 이러한 기억론의 가능성을 엿볼 수 있지만, 좀 더 현대적인 맥락과 연관된 측면은 헤겔의 기억론의 기계적 기억에서 보여진 '저장고'로서의 기억이 문자, 매체와 갖는 관계에서 찾아질 것으로 기대된다.

2. '저장고'로서의 기억과 문화적 기억

헤겔의 기억의 작용 중 기계적 기억에서 표상 내용의 기호화된 내용은 언어로 보존된다. 이 맥락은 언어, 텍스트, 문자와 기억의 관계에 관

---

16) Angehrn. E.(1991), *Geschichtsphilosophie*, / 『역사철학』(1996), 유헌식 옮김, 민음사, 31쪽.

한 현대적 물음을 불러 온다. 텍스트, 문자가 기억의 매체임에도 불구하고 그 텍스트가 수용자에게 명확한 영상을 심어주지 않는 한 결국 기억 또한 소멸되는 것은 아닌가.[17] 이러한 물음은 기억의 역할이 문자 및 텍스트 문화와 관련되어 어떤 가능성을 가져다 줄 수 있는지와 연결된다. 최근 기억의 연구에서 문자에 의한 '문화적 기억'의 경우, 역사 속의 실제적인 과거 그 자체를 다루기 보다는 다양한 변형, 창조, 전이 등이 작동하는 "기억된 역사"가 중시되고 있다.[18]

앞에서 논의한 기억으로서의 역사의 의미가 공동체적이고 집단적인 기억으로 활용 가능할 수 있다면 이는, 그 집단의 정체성, 문화, 의미, 가치 이념 등을 보존하는 '기억의 문화'의 차원으로 연결될 수 있다. 물론 헤겔이 이러한 이야기를 직접 언급한 적은 없지만, 헤겔의 '기억론'이 의식과 정신의 차원에서의 표상의 중층적인 차원을 담지하고 있는 저장고로서의 역할을 부각시켰다면, 이제 우리는 이러한 헤겔의 '기억론'을 좀 더 현대적 차원에서 활용하여 '기억의 문화사', '문화적 기억'의 문제로 확대 적용할 수 있을 것이다.

이에 대한 한 단초를 알라이다 아스만의 두 가지 기억론과 연결시켜 논의해 볼 수 있다. 아스만은 기억의 두가지 유형으로 기능기억(Funktionsgedächtnis)과 저장기억(Speichergedächtnis)[19]을 나누고 있다. 기능기억은 구체적인 당파성의 관점을 지닌 살아 있는 구성원에게 속하는 것으로서의 기억이면서, 헤겔이 애초에 '역사철학'에서 염두에 둔 기억으로서의 역사이다. 반면에 저장기억은 모든 이에게 속하면서

17) 최문규(2004), 「문화, 매체, 그리고 기억 / 망각」, 『현대비평이론』 21호, 31쪽.

18) Assmann, J.(1992), *Das kulturelle Gedächtnis: Schrift, Erinnerung und politische Identität in frühen Hochkulturen*, Verlag C. H. Beck, 136쪽.

19) Assmann, A(1999), *Erinnerungsräume* / 『기억의 공간』(2003), 변학수 외 옮김, 경북대 출판부, 164쪽 이하 논의 참조.

동시에 그 누구에게도 속하지 않는 것으로서의 기억이면서, 이는 기능기억에 대한 회상으로 풀이된다. 이러한 저장기억은 문화적 공간에서 활용될 수 있다. 헤겔의 인식론, 형이상학적 차원에서 논의된 헤겔의 기억론의 의미가 알라이다 야스만의 '저장기억'에 바로 연결될 수는 없는 어려움이 있다.[20)]

이상과 같이 헤겔의 기억론의 현대적 의미를 '기억으로서의 역사'와 '기억의 문화사' 등의 문제와 관련해 살펴 보았다. 이러한 헤겔의 기억론은 어떻게 평가될 수 있을까? 우리는 헤겔의 기억론이 선형적이고, 직선적인 시간관을 넘어서 있는 역사적인 시간관과 연결되어 있는 단초를 보았으며, 또한 문화적 기억의 지평으로 확대, 응용될 수 있는 가능성을 살폈다. 이는 헤겔의 기억론을 통해 구축된 근대적 주체, 정신, 자아가 통일적이고 단층적인 주체이기 보다는, 그 안에 중층적인 정신의 구조와 비선형적인 시간관의 단초가 내재해 있음을 살핀 것이다. 그럼에도 불구하고 헤겔에게서 기억론은 여전히 절대 정신의 지평으로 자기복귀하고 회귀하는 근대적 경향이 내재해 있음을 보았다. 이러한 기억론은 어떻게 보면 너무 파편화되고 불연속적이며 자기의식의 정체성을 상실해 버린 현대적인 주체 해체적인 경향에서 볼 때 자아 정체성의 확립이라는 안전성을 보여 주는 면도 있다. 우리는 헤겔의 기억론의 근대적이면서도 근대를 넘어서 있는 이중적인 양상을 염두에 두면서 이제 근대를 넘어선 시간과 기억의 지평의 가능성을 보인 헤겔의 기억론이 현대 기억론 철학의 중심에 있는 들뢰즈와 어떤 연관이 있는지를 살펴 보기로 하겠다.

---

20) 이에 대한 자세한 논증과 전거는 후속 연구를 통해 계속적으로 진행되어야 할 것으로 보인다.

Ⅳ. 들뢰즈의 탈근대적 시간과 기억의 형이상학

1. 들뢰즈의 기억론의 기원 : 베르그손의 지속과 기억

재현의 형이상학을 거부하고 차이의 존재론을 새롭게 생성시킨 들뢰즈에게서 기억의 문제는 헤겔의 기억론과 접점이 없는 것은 아니지만, 들뢰즈는 헤겔의 기억론을 별로 염두에 두지 않는다. 들뢰즈는 동일성, 재현의 형이상학으로 이어져 온 플라톤 이래 헤겔까지의 서구 동일성의 형이상학적 전통에서 인간 의식의 내용이 새롭게 창조될 가능성이 마련될 수 없다고 본다. 재현의 형이상학의 지반에서 의식과 인식의 내용은 그저 과거를 시간 속에서 연속적으로 축적되는 재현적이고 재생적인 기억의 집적물에 그칠 뿐이라고 보고 있기 때문이다. 따라서 의식과 그 인식의 내용 그리고 삶의 순간마다 창조적이고 새로운 차원을 마련하기 위해 들뢰즈는 베르그손의 '기억'에 접속한다. 이러한 논의의 기원은 베르그손의 『물질과 기억』에 있다. 베르그손은 『물질과 기억』에서 사고의 불가분한 연속성 안에서 일어나는 기억의 수축-팽창 운동을 통해서 과거와 현재의 탈자적인 분리와 재결합의 구조를 보여 준다.

베르그손은 우리의 기억을 '습관-기억'과 '이미지-기억'[21]으로 나눈다. 습관-기억은 습관과 마찬가지로 동일한 노력의 반복에 의해 획득된 것으로, 이는 신체의 모든 습관적인 운동과 마찬가지로 동일한 순서와 동일한 시간을 점유하는 자동적인 운동의 닫힌 체계 속에 축적된다. 이 습관-기억은 의식의 기억의 한 극단인 감각 운동의 체계의 현실적 현재를 상징한다. 반면에 이미지-기억은 어떠한 습관적인 특성도 갖지

21) Bergson, H (1896/1985). Matière et Mémoire, collection Quadrige / 『물질과 기억』(2005), 박종원 옮김, 아카넷, 138-144쪽, 습관-기억의 대표적인 예로는 암기를 들 수 있고, 이미지 – 기억의 예로는 독서를 들 수 있다고 베르그손은 말한다.

않은 채, 매 순간 상이한 기억들을 구성한다.[22] 이미지들은 단번에 내 기억 속에 새겨지며, 내 삶의 하나의 사건과 같다.[23] 이미지-기억은 순수 기억의 잠재적 과거를 상징하는 것으로 이는 순수 기억이자 순수 과거이다.

베르그손은 기억의 운동을 '과거를 즉자태로서의 순수 과거'와, '대자태로서의 현실화된 과거'로, 즉 '무한히 뒤로 후퇴하는 과거'와 '무한히 앞으로 나아가는 과거'로 이중화시킨다. 이는 잠재태로서 축적된, 기억의 총체로서의 순수 과거와 이 과거가 다시 잠재태에서 현재태로 현재화하다는 것을 뜻한다. 이에 따라 현재는 과거를 향하여 팽창함과 동시에 미래를 향하여 수축하는 기억의 이중 운동이 현실화되는 지점으로서 지속의 두께를 갖는다. 들뢰즈에서의 시간과 기억의 문제는 베르그손의 현실화하는 기억 및 순수 기억의 이중적인 기억에 토대를 둔다.

2. 수동적 자아와 무의지적 기억(기억의 수동적 종합)

들뢰즈는 『차이와 반복』의 제2장 '대자적 반복'에서 본격적으로 자신의 기억 이론을 정초한다. 기억은 베르그송의 습관-기억처럼 습관에서부터 시작된다. 습관의 단초를 마련하는 사람은 흄이다. 흄은 "반복은 반복되는 대상 속에서는 아무 것도 변화시키지 않지만, 반복을 응시하는 정신 속에서는 무엇인가를 변화시킨다."[24](DS, 96)라고 말한다. 즉

---

22) 이를 들뢰즈는 『베르그송주의』에서는 '회상-기억'과 '수축-기억'으로 명명하고 있다. Deleuze, G.(1974), *le bersongisme*/『베르그송주의』(1996), 김재인 옮김, 문지, 68쪽.

23) Bergson, H. 『물질과 기억』, 140쪽.

24) Deleuze, G(1985). *Différence et Répétition*, Presses universitaires de France, 96쪽, 이하 DS로 약기/『차이와 반복』, 김상환 옮김, 민음사.

변화를 포착하는 것은 응시하는 정신으로서의 상상력이 순간들의 계기들을 근원적인 종합 속에서 수축함으로써 가능한데, 이러한 수축이 '습관'(Habitus)이다. 이러한 수축은 어떤 '시간의 종합'을 이루어 낸다.

들뢰즈의 기억론이 우리가 흔히 말하는 시간의 세 계기, 즉 현재, 과거, 미래의 차원을 말한다는 면에서는 언뜻 일반적인 시간관과 기억론을 벗어나 있지 않은 듯이 보인다. 그러나 들뢰즈는 반복되는 우리의 습관적 행위가 수축되어 우리 정신에 나타날 때 '시간의 종합'이 이뤄지는 지점을 포착한다. 순간들의 반복을 대상으로 하는 시간의 종합은 살아 있는 현재를 구성한다.(DS, 97) 그러나 들뢰즈가 이 살아 있는 현재에서 모든 기억과 모든 반성에 앞서 '응시하는 정신' 안에서 이뤄지고 있는 어떤 '시간의 종합'을 능동적인 차원에서 구하지 않고 '수동적 차원'에서 구하고 있음에 우리는 주목해야 한다. 정신 안에서 살아 있는 현재의 반복적인 행위의 수축은 '지속'을 의미하며(DS, 98), 이 지속은 기억과 지성의 능동적 종합이 근거하고 있는 시간의 수동적 종합 안에서 이뤄지기 때문이다.

이러한 시간의 수동적 종합 안에서 반복되는 행위로서의 습관은 정신 안의 응시 속에서 새롭게 형성되기 때문에 매번의 동일한 학습과는 구별된다. 이를 들뢰즈는 동일한 습관의 반복을 '물질적이고 헐벗은 반복' 즉 같음의 반복과 구별되는, 공존하는 상이한 수준들에서 일어나는 전체의 반복으로서의 '정신적 반복'(DS, 114)이라고 본다. 물질적 반복이 계속 이어지는 현행적, 수평적인 반복이라면, 정신적 반복은 공존하는 잠재적, 수직적인 반복이다. 물질적 반복이 자아의 능동적 종합에 의해 재현되는 반복이라면, 정신적 반복이 과거의 즉자 존재 안에서 성립하는데, 이러한 과거의 즉자 존재의 체험을 문제 삼을 경우, 우리가 여기서 주목해야 할 것은, 이러한 재현의 사태 이전의 수동적 종합에서 이뤄지는 기억의 차원(DS, 115)이다. 과거 전체는 즉자적으로 우리 자신 안에 보존되지만, 그 과거가 그저 우리에게 재현의 사태로서 축적되고 낡은 사태로 있는 것이 아닌, 현재와 거리를 둔 과거가 아니면서 우리의 현재의 체험에서 살려 낼 수 있기 위해, 들뢰즈는 이미 플라톤에게 존재했던 '상기'의 기억의 기제를 가져 온다. 이 상기는 사실 '자발적 기억의 모든 능동적 종합'과는 본성상 다른 어떤 수동적 종합이나 '비-자발적 기억'을 지칭한다.[25)]

이러한 수동적 종합과 비자발적 기억을 담지한 자아, 주체는 능동적이고 자율적인 근대적인 데카르트적 코기토의 자아와는 다른, '수동적 주체'이다. 이 수동적 주체는 능동성을 행사하기 보다는 표상하며, 이 주체는 능동성을 창출한다기 보다 그 능동성의 효과를 느끼며, 능동성을 자신 안의 어떤 타자로 체험한다.(DS, 116) 데카르트가 최종적으로 신에게 자아의 연속성 즉 시간의 연속적인 창조 작업을 일임했다면, 이제 이성 신학과 이성 심리학이 소멸한 후 니체의 신의 사변적 죽음 이후, 신에게 맡겨졌던 시간의 형식은 순수하고 텅 빈 형식으로 균열된 나, 수동적 자아의 내부에 자리하게 된다. 이러한 자아는 칸트의 『순수이성비판』의 변증론에서 보여진, 이념의 이상으로서의 신이 자아로부터 소멸된 곳에서 마련된다. 그러나 들뢰즈의 말대로, 칸트의 자아는 실천적 차원으로 균열된 자아를 메우게 되지만, 들뢰즈는 칸트의 이러한 수동적 자아를 다르게 평가하여, 그 계승을 독일 관념론의 전통인 피히테, 헤겔 등으로 이어지는 자아의 능력을 절대적으로 확장하는 데에 두지 않고, 당시 낭만주의적 시인이었던 '횔덜린'의 순수한 시간의 공허에 두고 있다. 그러나 이러한 텅빈 자아, 균열된 자아가 기억의 여신인 '므네모쉬네'의 순

25) 프루스트의 『잃어버린 시간을 찾아서』에서 주인공 마르셀은 어린 시절 보낸 마을 이름 '콩브레'를 떠올리는데, 이 콩브레는 과거에 현전했던 모습 그대로, 혹은 앞으로 현전할 모습 그대로 다시 나타나지 않는다고 들뢰즈는 해설하고 있다.(DS, 115) (DS, 115)

환적이고 무한한 재현의 원리(DS, 119)에 묶여 있는 한, 균열된 자아는 재현의 형이상학을 넘어서서 새롭게 창조할 수 있는 시간을 갖지 못하게 된다. 즉 이 기억[26]은 여전히 재현의 수준을 벗어나지 못하고 불충분하다고 들뢰즈는 역설한다. 기억은 그것이 무의지적이라고 할지라도 여전히 기억의 이미지의 내용을 태고의 원형적 특성으로 만들고, 비록 그 내용이 현재에 환원될 수 없다고 할지라도 현재들의 재현을 순환적이거나 무한하게 만듦으로써, 플라톤적인 재현의 흔적을 떨쳐 버리지 못하고 있기 때문이다.

3. 영원회귀적 기억과 미래의 시간

그렇다면 수동적 자아는 무의지적이고 비자발적인 기억의 종합의 형식을 갖고 있더라도, 재현의 형이상학을 넘어 창조적인 시간을 확보하기 위해서는 어떤 시간을 가져야 한다는 말인가? 수동적 자아는 사유하는 자아의 능동성을 작동시키기 보다는 자신을 이 능동성으로 재현하고, 능동성의 효과를 느끼며, 능동성을 자신 안에서 하나의 '타자'로 체험한다. 이 수동적 주체는 시공간의 바닥 없는 조건들과 영원회귀적인 시간의 순수하고 공허한 형식으로 나타난다.[27]

들뢰즈는 균열된 자아, 수동적 자아를 시간의 텅 빈 형식인 세 번째 종합, 즉 "시간의 축은 빗장으로 풀려 있다."[28]는, 빗장이 풀린, '미친 시간' 즉 텅 비어 있으면서 미래를 발견하는 시간을 지닌 자를 찾고자 한

---

26) 들뢰즈는 기억의 여신 므네모쉬네(Mnémosyne)를 설명하면서 기억의 여신이 플라톤적 상기를 완전히 뛰어넘지 못하는 불충분성을 지적하고 있다.

27) Bogue, R(1989), *Deleuze and Guattari*, /『들뢰즈와 가타리』(1995), 이정우 옮김, 새길, 111쪽.

28) 이는 세익스피어의 『햄릿』에 나오는 주인공 햄릿이 한 말 "the time is out of joint"를 들뢰즈가 나름대로 해석한 맥락이다.

다. 이는 새로운 시간을 잉태한 자이면서, 자신과 전적으로 동일하지 않으면서 시간의 순서에 따라 균열된 나와 시간의 계열에 따라 분할된 자아이기도 하고, 이는 바로 니체의 '초인'(DS, 121)을 의미한다.

물론 이러한 초인은 니체의 초인이기 보다는 영원회귀적인 기억의 매커니즘을 지닌, 들뢰즈에 의해 재창조된 초인이다. 영원회귀적 기억을 지닌 초인은 미래를 향하며 오로지 '새로운 것'에만 관계한다. 영원회귀가 갖는 기억은 영원히 돌아 온다는 '원환'적인 이미지를 우리에게 강렬하게 주는 듯 하지만, 이 원환은 흔히 동일성의 사유로 평가될 때의 자기동일자로의 자기 회귀인 헤겔적 원환의 의미가 아니라, 차이의 원환, 탈중심화된 원환(DS, 122)이다. 이 맥락에서 볼 때 역시 근대적 자아가 갖는 창조적 기억의 매커니즘과 들뢰즈의 영원회귀적 기억의 탈중심화된, 새로운 생성을 창조하는 매커니즘은 서로 수렴될 수 없는, 상당히 이질적인 주체관의 표현이라고 볼 수 있다. 헤겔이 절대 정신의 '회상', '상기'의 원리 속에서 미래를 선취했다고 보더라도, 그것은 결국 절대 정신의 자기 회고 속에서 과거로 기록되고, 재현의 차원에서 벗어날 수 없다면, 들뢰즈의 영원회귀적 기억은 미래의 시간으로서, 전적인 새로움을 창조하고, 오로지 '도래 중인 것'(l'à-venir)만을 되돌아오게 하는 근거와해의 방식인, 차이의 형이상학적 원리에 기반한 기억인 것이다.

4. 들뢰즈의 기억론의 창조적 의미

들뢰즈는 베르그손이 주목했던 순수 과거, 순수 기억의 의미를 창조적, 정신적 반복으로 좀 더 심화시킨다. 이를 들뢰즈는 '기억의 수동적 종합', '비자발적 기억-무의지적 기억'으로 표현한다. 들뢰즈는 프루스트의 『잃어버린 시간을 찾아서』에서 보여진 '비자발적 기억-무의지적 기억'을 주목하면서 우리의 의식 내에 떠오르지 않는 이러한 순수 과거가 갖는 의미를 추적하고 있다.

들뢰즈는 즉자태로서의 순수 과거는 균열된 나, 수동적 자아, 시간의 텅 빈 형식에 있다고 대답한다. 들뢰즈가 시간의 텅빈 형식, 수동적 자아, 균열된 나를 말하는 가장 중요한 이유는 현재화된 능동적 자아가 자아 전체의 모습이 아니며, 나 자신 또한 이러한 현재적인 단편적 모습에 묶여 있는 것이 아니라, 즉자태, 잠재태로서의 순수 과거, 순수 기억이 계속 현재의 시점에 유의미하게 떠올려진다는 것이다. 다만 이 자아의 형식이 의식의 의지적인 차원으로 담아질 수 없기 때문에, 그 형식은 오히려 텅 빈 자아의 시간의 형식이며, 또 그 작동 방식은 나의 표면적 의식의 작용에 의해 조절되는 것이 아니기 때문에 수동적 종합의 형식을 띤다.

들뢰즈의 기억론을 통해 우리 의식의 지평의 수직적 깊이와 다중성 그리고 삶의 다양성, 차이를 다양하게 내는 거친 생성 등이 새롭게 열릴 수 있다. 겉으로 보기에는 아무런 변화가 없어 보일지라도, 플라톤식의 재현의 형이상학의 지평을 벗어난다면, 우리는 그 폐쇄적인 재현의 기억과 닫힌 시간의 구조에서 벗어나 시간의 텅 빈 형식을 가질 수 있다. 이 시간이 텅 빈 형식 속에서 순수기억으로서의 잠재적 기억의 총체는 그 존재론적 지위를 얻게 되며, 이 잠재적 기억은 현재에 지속적으로 현재화하면서 새로운 생성과 또 자신의 다양한 모습을 길러 내게 될 것이다.

V. 들뢰즈의 탈근대적 기억의 현대 문학적 적용 가능성

이상과 같은 들뢰즈의 무의지적, 비-자발적 기억은 앞서 헤겔의 근대적인 기억과는 상이한 특성을 갖는다. 무엇보다도 기억을 담지하고 있는 주체의 성격이 확연히 달라졌기 때문이다. 그렇다면 근대에서 현대로 온 주체에게 어떠한 변화가 일어났다는 말인가? 이 주체의 변화의 추이와 그 차이점을 읽을 수 있는 핵심 열쇠 중의 하나가 바로 '기억'의 문제이다. 헤겔에게서 기억의 활동이 여전히 '의식'과 '정신'의 자발적인 층위에서 일어나고 있다면, 현대에 와서 기억의 활동은 '의식'의 층위를 넘어서 있기 때문이다. 이러한 문제의 시발점을 보여 주고 있는 사람은 프로이트이다. 프로이트에 따르면, 우리의 기억은 의식뿐만 아니라, '무의식의 공간'에도 뿌리를 내린다. 고통스런 체험에 대한 기억은 무의식의 영역으로 쫓겨가서 억압되는데, 이 억압된 기억은 사라지는 것이 아니라, 상흔(Trauma)으로 남아서 우리에게 지속적으로 고통을 준다.[29)]

이처럼 무의식의 차원에서의 기억의 활동이 프로이트를 통해 확인됨으로써, 이제 기억의 문제는 헤겔의 경우처럼 역사적이고 문화적인 공동의 영역에서 더 나아가, 들뢰즈에 오면 기억은 더 미시화되고 주관화되며, 더 미학적이고 예술적인 차원으로 승화되어 간다. 이러한 의미를 어떻게 받아들일 것인가? 이는 들뢰즈의 기억의 차원이 헤겔적인 근대적 기억의 현대적 적용인 '기억으로서의 역사', '문화적 기억'의 차원과는 구별되는 극히 개인적이고 주관적인, 그래서 어떠한 통일성도 지니지 않는 파편화될 수밖에 없이 나타난 '탈근대적 주체'의 전형이 될 수 있다. 그렇다면 왜 들뢰즈는 이러한 파편화되고, 단편적이며 불연속적인 기억을 지닌 탈근대적 주체, 혹은 해체되어가는 주체에 주목하게 되는 것일까? 이는 헤겔적인 기억과 그 연장선상에 있는 '역사로서의 기억', '문화적 기억'이 여전히 동일성의 철학과 재현의 형이상학에서 벗

---

29) Freud, S.(1999), "Erinnern, Wiederholen und Durcharbeiten", *Gesammelte Werke : Werke aus dem Jahrem 1913-1917*,(Vol. X), Fischer Taschenbuch Verlag, S. 126-136, 참조.

어나지 못하게 됨을 지적하고자 하는 맥락으로 풀이될 수 있다. 또한 어떤 통일되고 구심점을 형성한 유기체적 주체에서는 자아의 새로 거듭나는 창조적인 생성의 의미를 살필 수 없기 때문일 것이다.

1. 프루스트의 기호와 비자발적인 기억

앞의 논의에서 헤겔에서 '기호'와 '기억'의 문제는 표상에서의 표상 내용인 심상, 이미지가 생산적인 상상력 속에서 결국 기호로 바뀌면서 '표상의 이미지'와 '기억의 이미지'는 서로 간에 단절될 수밖에 없음을 보았다. 이러한 맥락은 들뢰즈가 『프루스트와 기호들』에서 기호와 기억의 관계를 논의하고 있는 문제로 연결된다. 헤겔은 "기호는 직관이 그 자체로 갖고 있는 것과는 전혀 다른 내용을 표상하는 직접적인 직관이다. 즉 기호는 …… 상징과 다르다"(Enzy., 458)라고 했는데, 이 문제가 들뢰즈에서도 여전히 유효한 문제로 남아 있는 듯이 보인다. 따라서 이제 들뢰즈가 『프루스트와 기호들』에서 기호와 기억의 관계를 어떻게 규명하는지 보아야 할 것이다. 헤겔에서는 상징이 기호로 바뀌면서 직관에 다른 내용과 혼을 부여하여 기호를 창조하는 활동에 '생산적인 기억'의 의미를 두고 있다. 그에 비해 들뢰즈는 앞서 논의한대로, 무의지적이고 비자발적인 기억을 염두에 두고 있는데, 그렇다면 기호와 기억 간의 관계가 들뢰즈에게서는 어떻게 달리 매겨질 수 있겠는가?

들뢰즈의 『프루스트와 기호들』에서 분석하고 있는 프루스트의 『잃어버린 시간을 찾아서』는 기호 해독과 진리 탐구에 관한 성찰에서부터 출발한다.[30] 그렇다면 무엇에 대한 기호 해독이고 무엇에 대한 진리 탐구

30) 김희영(1998), 「프루스트 소설의 철학적 독서」, 『프루스트와 현대 프랑스 소설』, 오생근, 이동렬 엮음, 민음사, 13-20쪽.

인가? 프루스트의 작품에서 '배우는 것'은 '다시 기억해 내는 것'이며, 배운다는 것은 필연적으로 기호들과 관계하는 것[31]이라고 들뢰즈는 말한다. 즉 들뢰즈가 프루스트의 작품에서 찾으려는 것은 잃어버린 시간이며, 이 잃어버린 시간은 다시 기억해 내는 것을 배우는 것이다. 그러나 이러한 기억은 우리가 보통 말하는 과거를 추억해 내는 것을 말하는 것이 아니라, 기억의 이미지가 '기호'된 것들의 관계를 찾는 것을 말한다. 그래서 들뢰즈는 "프루스트의 작품은 추억을 늘어 놓은 추억의 전시장이 아니라, 기호들을 배워 나가는 과정 위에 건축되어 있다"[32]라고 말한다.

그러나 이러한 기호 해독의 과정은 쉽게 우리에게 다가오지 않는다. 기호 해독에 필수적인 자발적인 기억은 기호 해독을 위해 노력하지만 그 해독이 쉽지 않다. 더욱이 프루스트의 작품 곳곳에서 나타나는 '비자발적이고 무의식적으로 나타나는 기억', 예를 들면 뜻하지 않는 마들렌느 과자의 맛, 콩브레의 풍광 등의 갑작스런 추억 등등은 기억의 주체라고 생각한 나의 의식, 정신과 어떤 관계를 맺고 있는지 잘 알 수가 없다. 프루스트의 『잃어버린 시간을 찾아서』의 콩브레를 상기하는 것은 자발적 기억의 모든 능동적 종합과는 본성상 다른 어떤 수동적 종합이나 '비-자발적 기억'을 지칭한다.(DS, 115) 이러한 프루스트의 '비-자발적 기억'은 베르그송의 순수 기억, 무의지적 기억의 층위와 연결되는 듯이 보인다. 그래서 들뢰즈도 "베르그송과 프루스트의 개념 사이에 어떤 유사성이 있다면, 그 층위는 지속의 층위가 아니라 기억의 층위"[33]라고 말한다. 우리가 흔히 말하는 자발적이고 의식적인 기억이 현재에서 과거

31) Deleuze, G.(1997), 『프루스트와 기호들』, 서동욱 옮김, 민음사, 23쪽.
32) 같은 책, 23쪽.
33) 같은 책, 96쪽.

로 거슬러 올라가는 연속적인 기억이라면, 비자발적이고 무의지적인 기억은 현재들을 가지고 과거를 재구성하는 것도 아니고, 단번에 과거 자체 안에 위치해 버린다는 것이다.

2. 새로운 글쓰기의 복수적인 주체

그렇다면 프루스트 작품에서 들뢰즈는 이러한 무의지적이고 비자발적인 기억에 주목하며, 왜 이것들이 문제가 되는 것일까? 이는 들뢰즈가 무의지적이고 비자발적인 기억을 통해 현재에서 과거를 '새롭게 생산해낼 수 있는 가능성'을 찾으려고 한 때문이라고 볼 수 있다. 들뢰즈는 이러한 기억의 역할 속에서 인간이 갖는 '예술적 상상력의 가능성'과 '복수적인 주체의 가능성'을 탐색하려고 한다. 복수적인 주체는 근대적인 기억을 지닌 통일적이고 유기적인 주체와는 확실히 지평을 달리 한다. 이 주체는 자발적인 의지적 기억에 기반한 나의 확고한 주체의 지반을 찾으려고 하지 않는다.

프루스트의 소설의 주인공은 과거의 이력을 차곡차곡 추억으로 쌓아 놓고 있는 자기 성장의 과정이 축적된, 일종의 근대적인 주체가 아니라, 과거의 추억이 언제나 현재에서 새롭게 의미를 찾아 갈 수 있는 새로운 주체이다. 이러한 주체는 어떤 통일된 단일한 주체를 말하는 것이 아니며, 매 순간 마다 새롭게 얼굴을 달리하는 주체라고 볼 수 있다. 여기서 진리를 탐구하고 기호를 해독하는 해석의 주체가 있는가? 이러한 해석의 주체는 없으며, 오로지 '다양한 기호를 해석하는 다양한 활동'만이 있다고 들뢰즈는 답[34]할 뿐이다. 이 활동은 활동의 주체뿐 아니라, 활동이 실행될 대상도 가지고 있지 않다. 왜냐하면 이 활동은 해석자만큼이

34) 서동욱(1997), 「들뢰즈의 주체 개념」, 『현대비평과 이론』 제 14호, 97쪽.

나, 해석할 사물, 기호 그리고 '그 기호를 해독하는' 자아를 선택하기 때문이다. 이런 활동이 바로 해석에 있어서 '우리'라는 것이지만, '우리'라고 말할 수조차 없다[35]고 들뢰즈는 말한다. 왜냐하면 내용물이 들어 있지 않는 텅 빈 '우리'이기 때문이다. 따라서 『잃어버린 시간을 찾아서』에서의 주체는 결국 어떤 자아도 아니며, 이 소설의 주체는 '내용물이 없는 텅 빈 우리'이다.[36]

들뢰즈의 기억론을 문학적 방법을 통해 적용할 때 무슨 의미를 얻을 것인가? 이러한 프루스트의 작품 속에 비춰진 자아와 기억은 들뢰즈가 『차이와 반복』의 '대자적 반복'에서 말한 수동적 자아와 그 자아의 활동인 '무의지적 기억'에 다름 아니다. 따라서 들뢰즈의 기억론에서 정초된 자아를 통해 새로운 글쓰기와 새로운 글쓰기의 주체(화자)가 가능해진다. 들뢰즈에게서 글쓰기의 주체는 명증적인 나, 특정 작가로 말해지는 어떤 고정된 화자가 아니라 불특정의 복수적인 자아가 된다. 프루스트에서 읽혀지는 복수적인 주체는 우리에게 무한한 글쓰기를 통한 무한한 정체성의 구현[37]의 지평을 열어 놓는다. 이 속에서 우리는 과거와 미래로 무한히 열려 있는 새로운 시간의 가능성을 탐색해 볼 수 있으며, 우리 안에 숨겨져 있는 무한한 정체성을 찾을 수 있는 자유로움도 느낄 수 있을 것이다.

---

35) Deleuze, G.(1964), *Proust et les sines*, / 『프루스트와 기호들』(1997), 서동욱 옮김, 민음사, 197쪽.

36) 같은 책, 198쪽.

37) 김희영(2000), 「프루스트와 자전적 글쓰기 – 들뢰즈의 가상, 과거의 비현실성, 반복의 개념을 중심으로」, 『기호학연구』 7권, 174쪽.

VI. 헤겔과 들뢰즈의 기억론의 현대적 의미

지금까지 이 글은 헤겔과 들뢰즈의 주요 텍스트에 나타난 '기억'의 문제를 집중적으로 논의하면서 이 문제가 갖는 인식론적, 형이상학적, 문화사적, 문학적 의미를 살피고자 하였다. 두 철학자의 기억론의 의미를 해명함으로써, 헤겔의 근대적 주체와 들뢰즈의 탈근대적 주체가 '기억'의 층위에서 해명될 때 어떤 의미를 우리에게 던져주는지를 해명하고자 하였다. 이 글은 근대와 현대의 상이하고 단절적인 지평에 있는 두 철학자를 기억의 시각에서 보려는데 초점을 맞추면서, 서로 수렴될 수 있는 지점과 확연히 차이가 나는 점을 지적하려는 시도를 해 보았다. 이러한 점을 간단히 정리하면 다음과 같다.

첫째, 자발적 층위이든, 비자발적 층위이든 두 철학자에게서 기억은 그 시대의 정신과 주체의 특성을 가장 적확하게 드러내 주는 핵심고리라고 할 수 있다. 헤겔의 근대적 주체는 이성과 절대정신으로 대변되기도 하지만, 기억의 기제를 통해 중층적이고 다양한 시간적인 계기를 내재한, 의식 중심의 근대적 주체 이상의 주체인 것이다. 들뢰즈의 경우에는 비자발적인 기억의 층위를 통해 현대 자아의 복수적이고 탈중심적인 탈의식적인 주체의 전형을 볼 수 있었다.

둘째, 헤겔의 기억론에서 보듯이, 헤겔은 현대(탈근대) 철학에서 무차별적으로 공격을 받을 정도로 인간의 의식을 절대적인 층위로 올려 거대한 통일적인 유기체인 자아로서의 절대정신을 생산한 얼굴만을 지닌 철학자는 아니다. 「정신철학」의 기억론에서 헤겔은 생산적 기억과 기계적 기억의 복합적인 기제를 논의하였으며, 이를 현대의 '문화적 기억'의 영역에 적극적으로 활용할 수 있다.

셋째, 들뢰즈의 기억론에서 우리는 현대 사회 속의 파편화된 다양한 얼굴들의 현주소를 해명할 수 있는 지점을 찾을 수 있다. 의식의 층위가 확장되고 탈유기체화하는 탈근대적 주체의 불안한 정체성의 근거를 우리는 들뢰즈가 해명한 기억론에서 찾을 수 있었다.

이상과 같이 우리는 근대와 현대 철학의 중심을 차지하고 있는 헤겔과 들뢰즈에서의 기억의 문제를 통해 근대, 현대의 주체의 자리를 확인할 수 있었다. 또한 과거, 현재, 미래로 이어지는 우리의 삶의 시간의 의미를 창조적으로 자리매김할 수 있는 다양한 가능성을 모색하였다. 따라서 기억의 의미에 대한 형이상학적 차원을 확보함으로써 우리는 역사와 문화 속에서의 기억의 차원과 문학적 텍스트에서의 글쓰기의 주체의 차원에 철학적인 의미를 줄 수 있게 되었다.

참고 문헌

김희영,「프루스트 소설의 철학적 독서」,『프루스트와 현대 프랑스 소설』, 오생근, 이동렬 엮음, 민음사, 1998.

_____ ,「프루스트와 자전적 글쓰기-들뢰즈의 가상, 과거의 비현실성, 반복의 개념을 중심으로」,『기호학연구』 7권, 2000.

서동욱,「들뢰즈의 주체 개념」,『현대비평과 이론』 제 14호, 1997.

연효숙,「헤겔에서의 시간과 기억의 형이상학」,『헤겔연구 17』, 2005.

전진성,『역사가 기억을 말하다』, 휴머니스트, 2006.

최문규,「문화, 매체, 그리고 기억/망각」,『현대비평이론』 21호, 2004.

Angehrn. E., *Geschichtsphilosophie*, 1991./『역사철학』, 유헌식 옮김, 민음사, 1996.

Assmann, A, *Erinnerungsräume*, 1999. /『기억의 공간』, 변학수 외 옮김, 경북대 출판부, 2003.

Assmann, J., *Das kulturelle Gedächtnis : Schrift, Erinnerung und politische Identität in frühen Hochkulturen*, Verlag C. H. Beck, 1992.

Bergson, H., *Matière et Mémoire*, collection Quadrige, 1896 / 1985./『물질과 기억』, 박종원 옮김, 아카넷, 2005.

Bogue, R., *Deleuze and Guattari*, 1989. /『들뢰즈와 가타리』, 이정우 옮김, 새길, 1995.

Brauer, O. D., *Dialektik der Zeit : Untersuchungen zu Hegels Metaphysik der Weltgeschichte*, Stuttgart, fromman-holzboog, 1982.

Deleuze, G., *le bersongisme*, 1974. /『베르그송주의』, 김재인 옮김, 문지,

1996.

_____, *Différence et Répétition*, Presses universitaires de France, 1985. / 『차이와 반복』, 김상환 옮김, 민음사, 2004.

_____, *Proust et les sines*, 1964. / 『프루스트와 기호들』, 서동욱 옮김, 민음사, 1997.

Derrida, J., "The Pit and Pyramid : Introduction to Hegel's Semiology" in *Margins of Philosophy*, (tr). A. Bass, The University of Chicago Press, 1982.

Freud, S., "Erinnern, Wiederholen und Durcharbeiten", *Gesammelte Werke: Werke aus dem Jahrem 1913-1917*, (Vol. X), Fischer Taschenbuch Verlag, 1999.

Hegel. G. W. F, *Jenaer Systementwürfe I, III*, (ed), R. P. Horstmann, Felix Menier Verlag, 1975.

_____, *Phänomenologie des Geistes, Gesammelte Werke, Bd. 9.* (hrg) W. Bonsiepen, R. Heede, Hamburg, Felix Meiner Verlag, 1980.

_____, *Enzyklopädie der philosophischen Wissenschaften II, Bd. 9.* Frankfurt a. M, Suhrkamp Verlag, 1981./ 『정신철학』, 박병기 외 옮김, 울산대학교 출판부, 2000.

Hyppolite, J., *Genése et structure de la phánomélogie de l'espirit de hegel*, 1946. / 『헤겔의 정신현상학』, 이종철 외 옮김, 문예출판사, 1986.

Peperzak, A.의 "Vom Gefühl zur Erinnerung. Versuch einer strukturellen Analyse" in : *Hegels Philosophie Psychologie; Hegel-Studien/Beiheft 19*, Bouvier Verlag, 1979.

Tuschling, B., "Hegels Philosophie des Geistes nach Erdmann (1827/8)" in *Hegels Theorie des subjektiven Geistes*, (ed) L. Eley, frommann-holzboog, 1990.

The Metaphysics of Memory in Hegel and Deleuze, and the Problem of Subject

Yon, Hyo-Sook

Abstract

I try to discuss a problem of memory in the crucial texts of Hegel and Deleuze and I try to review the epistemological, metaphysical, cultural-historical and literary meanings which such a problem contains. Hegel notices a role of mind as productive memory and mechanical memory in the texts of 'psychology' in *Encyclopedia of Philosophical Science*. Hegel's modern subject as the mechanisms of memory is a subject which contains multiple and various moments of time, and isn't defined as a conscious-central modern subject, but as a multiple subject which is beyond the modernity. Therefore Hegel's theory of memory can be powerfully used in the realm of history as memory and cultural memory in our own time. Deleuze explains a level of involuntary memory through the passive synthesis of memory which is operated by a passive self in the texts of 'memory for itself' in *Difference and Repetition*. Such an involuntary memory is connected with memory of eternal return through a creative and future time. Deleuze's theory of memory can be especially applied to the literature of Proust, and can be interpreted as an archetype of a multiple and de-central subject in post-modern time. Consequently, we try to confirm a position of modern and post-modern subject through the theory of memory in Hegel and Deleuze, and try to seek a creative meaning of our life.

Key words : productive memory, mechanical memory, history as memory, passive self, involuntary memory, multiple subject.

근원적 얽힘
(Ursprüngliche Verschränkung)

– 물질과 정신의 관계에 대하여 헤겔과 로티에게서 얻을 수 있는 교훈

전 대 호

I. “두 문화”의 통일?

II. 자연과학의 세계상과 인간상

III. 인간의 유별남을 지키려는 노력 1: 움츠러든 주관(퀄리아)

IV. 인간의 유별남을 지키려는 노력 2: 구성하는 주관

V. 그리기와 그림의 근원적 얽힘

VI. 결론

요약문

자연과학에서 그저 다른 대상보다 더 복잡할 뿐인 대상으로, 양에 기초한 정상담론에 포섭될 수 있는 대상으로 그려지는 인간이 자연과학으로 포착할 수 없는 유별난 측면을 가지고 있다는 주장은 이미 적어도 두 가지 방식으로 제기되었다. 그중 하나는 순수 주관성을 강조하는 전략으로, 오늘날 영미권에서 퀄리아를 옹호하는 논증들로 발전했으며, 또 다른 전략은 객관 세계를 구성하는 초월적 자아를 내세우는 칸트식 인식론의 전략이다. 그러나 헤겔이 비판했듯이, 발설할 수

없는 느낌인 퀄리아는 무력해 보이며, 로티가 설득력 있게 논증했듯이, 초월적 자아를 특별한 차원에 고정하여 기술하는 인식론은 자기정당화의 난점을 짊어지게 되는 등의 문제를 갖는다. 그러므로 인간에 대하여 기존에 지적된 유별난 두 측면은 각각 그 자체로는 자연과학적 인간상에 충격을 줄 수 없을 것이다.

퀄리아이든 초월적 자아이든 자연과학적 인간상의 불완전성을 드러낼 힘을 가지려면 자연과학과 소통할 수 있는 방식으로 객관화되어야 한다. 인간의 유별남은 인간에 국한되어야할 게 아니라 어디에서나 발견되어야 한다. 특히 자연과학에서 그 유별남은 자연과학 자체의 유별남으로 기술되어야 할 것이다. 다시 말해 현재의 자연과학적 인간상이 위기를 맞아 거둬지고 이어서 새로운 인간상이 등장하는 역사를 통해 인간의 유별남이 드러나야 할 것이다. 헤겔식으로 말하면, 자연과학 내부의 모순이 드러나게 하는 것, 로티식으로 말하면, 자연과학의 정상담론이 비정상화하게 북돋는 것, 이것이 인간의 유별남을 증명하는 올바른 전략일 것이다. 인간은 인간의 담론에 등장하는 다른 모든 것들과 함께, 주관과 객관의(정신과 물질의) 근원적 얽힘으로서 유별나다는 점, 혹은 유별나야 한다는 점 - 이것이 헤겔과 로티가 우리에게 주는 교훈인 듯하다.

● **주요어 : 인간의 유별남, 자연과학적 인간상, 퀄리아, 초월적 주관, 모든 담론의 거둠, 주관과 객관의 얽힘.**

교양하는(edifying) 담론이 막으려 하는 위험은 사람들이 자기 자신을 생각하는 특정 방식, 특정 어휘목록이 그들을 기만하여 이제부터 모든 담론이 정상 담론이 될 수 있거나 되어야 한다는 생각으로 이끄는 것이다. 그로 인한 문화의 동결은 교양하는 철학자들이 보기에 인간의 비인간화이다. 그래서

그들은 "진리 전체" 대신에 진리를 향한 무한한 애씀을 선택한 레싱과 뜻을 같이한다.

—로티, 철학과 자연의 거울, p.377

이 글은 자연과학의 인간상에 대한 효과적인 비판의 방식을 모색하는 내용이다. 그러기 위해 먼저 그 인간상을 간략히 살펴보며 문제점들을 지적한 다음(2장), 자연과학이 포착할 수 없는 인간의 유별남을 강조하는 기존의 두 가지 방식을 비판적으로 살펴볼 것이다(3장, 4장). 그 다음에는 헤겔과 로티를 지침으로 삼아 인간과 나머지 대상들을 차별하지 않고 포괄하는 전체로서 주체의 삶을 확인하고, 그로부터 자연과학의 인간상에 대한 철학의 타당한 대응을 도출할 것이다.

I. "두 문화"의 통일?

헤겔이 이른바 반성철학들의 분리 성향에 반기를 들며 절대적으로 통일된 앎을 추구하는 철학자로서 첫 발을 내디뎠다면,[1] 과학기술의 시대로 불리는 20세기에 중요한 철학적 고민을 한 후설, 하이데거, 가다머 등의 철학자들은 오히려 자연과학의 진리 독점을 견제하는 데 힘을 기울였다고 할 수 있을 것이다. 이들이 내세운 초월적 자아, 생활세계, 해석학 등의 개념은 인간의 삶에 본질적인 또 다른 담론의 가능성을 제시하여 자연과학의 치우침과 불완전함을 드러내려는 기획의 산물로 이해된다. 따라서 이들로 대표되는 20세기 철학의 한 흐름은 어떤 의미에서 자

1) "철학의 필요성의 원천은 갈라짐(Entzweiung), 그리고 시대의 교양으로서 주어진 부자유한 측면이다."(헤겔, 차이논문, Werke in 20 Bänden Bd2, p.20).

연과학 외부에 둥지를 틀고자 했다고 할 수 있을 것이다. 많은 지식인들이 비판적으로 지적하는 "두 문화"의 갈라짐은 여기에서 비롯된다. 한편에는 객관적 지식의 무한 확장 가능성을 신봉하며 경제적 성과를 등에 업고 약진하는 자연과학이 있다. 다른 한편에는 자연과학 외부의 또 다른 담론으로서 이른바 "정신과학들"이 있다. 헤겔 이후 200년이 지난 지금 우리는 다시 헤겔처럼 분리의 문제에 직면한 듯하다.

그렇다면 우리도 헤겔처럼 다시 한번 통일을 추구해야 할까? 이 질문에 답하는 것은 간단한 일이 아니다. 총체성을 지향하는 철학적 담론이 쇠퇴하는 현실, 자연과학적 담론이 일방적인 확장을 계속하는 현실, 더 크고 성숙한 통일의 전망은 좀체 보이지 않는 현실이 우리 앞에 놓여있기 때문이다. 오늘날 우리는 "두 문화" 사이의 경계 허물기와 소통, 더 나아가 "통섭"을 외치는 목소리를 주위에서 흔히 만난다. 그런데 흥미롭게도 그 목소리는 주로 과학자에게서 나오며, 대체로 자연과학으로의 흡수통일을 주창하는 목소리에 다름 아니다. 이런 현상은 자연과학의 격상된 지위를, 또는 거침없는 자신감을 여실히 반영한다고 할 것이다. 그러므로 철학의 대응은 미묘할 수밖에 없다. 한편으로 우리는 자연과학적 담론의 특수성 혹은 일면성에 대한 가다머 등의 지적이 타당하다고 여긴다. 그러나 다른 한편으로 거침없는 자연과학자들 못지않게 통일적인 세계관과 인간관을 추구한다. 따라서 우리는 그들이 제기하고 또한 우리가 제기하는 통일의 요구 앞에서 "과연 어떤 통일인가?"라고 묻지 않을 수 없다. 이 질문에 답하기 위해서는, 자연과학이 세계와 인간에 대하여 어떤 그림을 내놓는지, 또 철학자들이 그 그림에서 어떤 결함을 발견하고 어떤 대안을 내놓는지 먼저 점검해보아야 할 것이다.

우리는 우선 자연과학이 그리는 세계와 인간을 간략히 살펴보며 그 그림에 내재한 문제를 짚어보는 것을 본격적인 논의의 출발점으로 삼으려 한다.

II. 자연과학의 세계상과 인간상

자연과학 전체에 일관된 관점과 목표를 이야기하는 것은 위태로운 시도일 수 있다. 자세히 들여다보면 들여다볼수록 자연과학의 내부는 온갖 방식으로 세분화되어 다채로운 지형을 이루고 있기 때문이다. 예컨대 아직도 잘 이해되지 않은 양자역학의 비객관성은 고전적인 과학의 전제인 객관화 원리에 대한 전면적인 도발일 수 있다. 그러나 자연과학이 일관성을 지닌다는 것 또한 부정할 수 없다. 더구나 자연과학을 전체에 대한 표준적인 담론으로 삼고자 하는 사람들은 확실히 그 일관성을 자연과학의 탁월한 강점으로 내세운다. 그러므로 자연과학 일반의 세계상과 인간상을 규정하는 시도는 유효할 수 있을 것이다.

한 마디로 자연과학은 근본적인 차이의 제거를 전제이자 목표로 삼는다. 자연과학이 그리는 그림 속에서 모든 것은 시간과 공간 속에 있으며 객관적으로 측정 가능한 대상이다. 이미 헤겔이 잘 지적했듯이, 자연과학은 대상을 양으로 환원하여 고정한다. 그러므로 자연과학의 그림은 원리적으로 이질성이나 다면성을 허용하기 어렵다. 무언가가 진지하게 논의될 수 있는 대상이려면 반드시 객관적인 양으로 고정될 수 있어야 한다는 것은 거의 자연과학적 언어놀이의 규칙에 해당하기 때문이다. 그러므로 자연과학은, 특히 방금 언급한 규칙이 일관된 완성을 보장한다고 스스로를 기만할 때, 거침없는 확장력을 발휘한다. 확장을 가로막을 만한 근본적인 차이를 인정할 생각이 없다. 그리하여 자연과학은 양적으로 통일된 세계와 거기에 속한 하나의 양으로서의 인간을 그린다.

이제 이 그림에 내재한 문제들을 짚어보자. 가장 먼저 지적할 문제는 그림을 그리는 주체의 은폐이다. 자연과학은 시선을 객관적 대상에 고정하고 담론을 그 대상에 국한하기 때문에, 정작 그 대상을 바라보는 주체는 다룰 길이 막막하다. 가능한 유일한 방법은 그 주체를 다시 대상으로 놓고 바라보는 것일 테지만, 이는 풀어야할 문제를 뒤로 미루는 것에 불과하다. 이 난점은 우리가 나중에 자세히 다룰 슈뢰딩거를 비롯한 많은 사람들에 의해 지적되었다. 요점은 자연과학의 객관화 원리가 자연과학을 하는 주체의 객관화를 불가능하게 만든다는 것이다. 만일 이 지적이 옳다면, 자연과학이 그린 인간은 어딘가 부족한 면이 있을 수밖에 없으며, 어쩌면 참된 – 주체로서 그림을 그리는 – 인간을 결코 반영할 수 없을 것이다. 따라서 자연과학의 인간상은 이를테면 "경험적 주체"를 반영할 뿐, "초월적 주체"는 반영할 수 없다는 식의 비판이 가능할 것이다. 그런 비판은 자연과학에 포착되지 않으면서 자연과학을 구성하는 인간의 유별남을 강조하는 입장이라고 할 수 있다. 실제로 우리는 나중에(4장에서) 그런 입장을 비판적으로 살펴볼 것이다.

두 번째로 지적할 문제는 자연과학의 그림에서는 인간과 동물, 인간과 기계 사이의 거리가 확보되기 어렵다는 점이다. 다시 말해 자연과학이 대상으로 포착한 인간은 여타의 대상들과 다를 바 없이 자연법칙에 의해 지배되는 물질적인 시스템에 불과하다. 이 인간상은 인간이 유별난 존엄성을 가진다는 우리의 직관에 정면으로 대립할 뿐 아니라, 기계를 개량하는 것과 마찬가지로 인간을 개량할 수 있다는 기계적 조작적 인간상으로 쉽게 연결된다. 극단적인 예일 수도 있겠지만, 유명한 영국의 진화이론가 리처드 도킨스는 1976년 〈이기적 유전자〉에서 "우리는 생존기계다. 유전자라고 불리는 이기적인 분자들을 보존하기 위해 맹목적으로 프로그램된 로봇이다"라고 선언했다. 1747년 〈인간 기계 L'homme machine〉에서 인간은 "근본적으로 볼 때, 단지 공중을 향해 수직으로 뻗은 동물이요, 기계"라고 쓴 계몽주의자 줄리앙 오프리 드 라 메트리, 그리고 1943년에 "인간 본성은 자연의 부분들 가운데 인간에게 무릎 꿇는 마지막 부분이 될 것"이라고 당차게 선언한 영국 작가 클라이브 스테이플스 루이스도 언급할 수 있다. 우리는 이런 극단적인 관점들이 자연과학적 인간상의 필연적인 귀결이라고까지 생각하지는 않는다. 이미 언급했듯이 자연과학이 포착한 대상으로서의 인간, 그러니까 이른바 "경험적 주체"만 해도 일의적으로 규정할 수 없는 다채로운 측면들을 나타낼 수 있을 것이다. 그러나 자연과학은 원리적으로 그런 다채로움을 양으로 환원하여 평준화하는 것을 지향한다. 거기에 구체적인 경제적 맥락이 가세하면, 자연과학의 인간상은 인간의 대상화 혹은 수단화를 정당화하는 논리로 탈바꿈하기 십상이다.

그러므로 우리는 자연과학이 포착한 "경험적 주체" 안에서 다른 대상들에는 없는 유별난 측면을 찾아냄으로써 자연과학의 물질주의적 인간상에 반발할 수 있을 것이다. 실제로 이런 대응은 "퀄리아"를 둘러싼 논쟁의 형태로 활발히 진행되고 있다. 우리는 다음 장에서 그 대응을 비판적으로 살펴볼 것이다.

III. 인간의 유별남을 지키려는 노력 1: 움츠러든 주관(퀄리아)

철학의 한 전통은 외부세계와 내면세계의 구분에 토대를 두고 인간의 유별남을 옹호하는 데 주력해 왔다. 근대 과학의 아버지이기도 한 데카르트가 보기에 인간은 그저 생물학적 기계에 불과한 다른 동물들과 달리 정신을, 오직 자기 자신만 직접 접근할 수 있는 내면적인 삶을 소유한 유별난 존재였다. 이 생각은 그의 실체이원론으로 곧장 연결된다. 실체이원론은 정신과 물질을 단순히 수평적으로 구분하여, 마치 흰 바둑돌과 검정 바둑돌처럼 서로 다른 두 요소가 인간을 구성한다고 주장한다. 따라서 고유한 장점과 단점을 가지는데, 가장 큰 장점은 인간의 유별남을 단순명료하게 확보한다는 점일 것이다. 이 이론을 채택한다면, 자연과학이 원리적으로 접근할 수 없는 유별난 내면세계가 확보될 것이고,

그런 내면세계를 지닌 인간의 유별남이 확보될 것이며, 더 나아가 철학이 그런 내면세계에 대한 탐구로서 자연과학과 별개로 존립할 근거가 확보될 것이다. 데카르트 이후 내면세계는 로크의 관념에 대한 집착에서, 더 나아가 약간 변형된 형태로 버클리의 관념론과 라이프니츠의 창 없는 모나드와 스피노자의 사유 속성에서 철학의 고유 터전으로 자리 잡아갔다.

그러나 우리는 이들의 대응을 주체의 "움츠러들기"로 규정하려 한다. 물론 이 규정은 현재의 시각으로 돌이켜보며 내리는 규정이므로 부적절할 수 있다는 점을 인정한다. 사실 언급한 모든 철학자들은 자신들이 유별난 영역으로 움츠러들기는커녕, 세계 전체에 대한 포괄적인 그림을 그리기 위해 확고한 토대를 찾았다고 말할 것이다. 하지만 세계에 나머지 부분들과 달리 특권적으로 확고한 어떤 부분이 있다는 생각만 놓고 보아도 이들에게 "움츠러들기"의 혐의를 둘 수 있다고 우리는 판단한다. 물론 버클리와 라이프니츠와 스피노자의 경우, 확고하지만 섬처럼 국한된 내면을 발견하는 데 머물지 않고 그 내면에서 모든 것을 발견하는 전략을 추구함으로써 데카르트 식의 수평적 외부세계/내면세계 분리와 사뭇 다른 틀을 짠다는 점은 간과하지 말아야 할 것이다. 그러나 그들 이후의 철학사, 특히 칸트를 아는 우리는 그들의 전략이 과연 성공적일 수 있는지 묻지 않을 수 없다.[2] 오히려 그들의 전략을 "행복한 움츠러들기"로 규정하는 것이 더 적절해 보인다. 이들은 자연과학과 철학의 분리를 아직 의식하지 못했고, 그래서 유별난 형이상학의 영역으로 움츠러들면서도 행복했던 것이다.

---

2) 사실에 대한 앎은 이질적인 요소들의 종합에 의해서만 확립될 수 있다는 것을 우리는 칸트로부터 배워 안다. 버클리와 스피노자와 라이프니츠가 구상한 자족적이고 완결된 내면세계에서 사실에 대한 앎을 길어낼 길은 없을 것이다.

"움츠러들기" 대응은 오늘날 더 선명한 형태로 나타나고 있다. 심리철학에 종사하는 많은 학자들은 오로지 각각의 주체만 특권적으로 접근할 수 있는 날것 그대로의 느낌 혹은 체험을 강조함으로써 자연과학이 범접할 수 없는 최후의 보루를 쌓으려 한다. 이때 그 보루는 간단히 말해서 순수 주관성이며, 그 보루의 이름으로 흔히 거론되는 것은 "퀄리아(qualia)"이다. 퀄리아의 실재성을 강하게 주장하며 "움츠러드는" 대표적인 철학자로 토머스 네이글(Thomas Nagel), 프랭크 잭슨(Frank Jackson), 존 설(John Searle)을 들 수 있다. 그런데 이들의 움츠러들기는 더 이상 행복해 보이지 않는다. 기껏해야 유별난 영역을 지적할 뿐, 거기에서 우리의 세계관 전체를 흔들 충격력을 얻어내는 데 실패하거나(네이글, 잭슨), 심지어 그런 충격력을 얻어낼 생각조차 없기(설) 때문이다.

1. 잭슨의 메리

프랭크 잭슨은 인간의 주관적(의식적) 삶 전체를 물리적인 언어로 환원할 수 있다고 주장하는 자연과학의 인간관에 반발하기 위하여 메리(Mary)라는 인물에 관한 사고실험을 제안했다. 메리는 색과 색 지각에 관한 자연과학적 지식(물리학, 생리학, 신경과학 등)을 모두 통달한 천재 과학자이지만 태어나면서부터 흑백으로 된 방 안에서만 살았기 때문에 이제껏 한 번도 빨간색을 본 적이 없다. 그런 그녀가 오늘 바깥으로 나가 처음으로 빨간색을 직접 보았다고 해보자. 이제 핵심적인 질문은 이것이다. 그녀는 그 체험을 통해 무언가 더 알게 되었을까? 잭슨이 생각하기에 대답은 '그렇다'이고, 메리가 더 알게 된 것은 빨간색의 '퀄리아'이다. 따라서 자연과학은 불완전하다고 잭슨은 주장한다.

이 주장이 강한 설득력을 얻으려면 메리가 얻은 퀄리아가 자연과학으로는 도저히 얻을 수 없는 어떤 것이라는 점이 보장되어야 할 것이다. 실제로 잭슨은 퀄리아를 "순수한 물리적 정보를 전혀 포함하지 않은"[3] 어떤 것으로 정의함으로써 순수한 물리적 정보만을 다루는 자연과학이 퀄리아에 도달할 가능성을 봉쇄한다. 철저한 봉쇄를 통해 퀄리아를 유별난 것으로 만들고 그럼으로써 퀄리아가 자연과학의 완전성 주장에 가할 충격력을 강화하는 것이다. 그러나 퀄리아를 유별나고 강하게 만드는 봉쇄는 퀄리아를 무력하게 만드는 속박이기도 하다. 과연 정의상 물리적 세계로부터 단절된 퀄리아가 자연과학에 충격력을 발휘할 수 있을까? 더 일반적으로, 과연 그런 퀄리아의 획득을 앎으로 인정할 수 있을까?

그녀가 빨간색 체험을 통해 얻은 새로운 물리적 정보는 당연히 아무것도 없다. 그러므로 그녀가 자신의 체험에 대하여 무언가 보고한다 해도, 그 보고의 자연과학적 정보 가치는 0이 될 수밖에 없다. 사고실험을 확장하여 빨간색을 체험한 메리가 과거로 돌아가 방안에만 갇혀 지낸 메리 자신과 대화한다고 상상해보자. 과연 돌아온 메리는 과거의 메리에게 빨간색 체험에 대하여 무언가 설명할 수 있을까? 적어도 자연과학적 설명은 불가능할 것이다. 그렇다면 자연과학으로부터 단절된 채 자체적으로 충분히 많은 어휘를 갖춘 또 다른 언어체계가 있어야만, 그 안에서 퀄리아를 설명할 수 있을 것이다. 그러나 과연 그런 언어체계가 있을 수 있을까? 설령 있다 하더라도 그 언어체계와 자연과학 사이에 소통이 이루어질 가능성은 희박해 보인다. 쉽게 말해 방안에만 갇혀 지낸 메리는 빨간색을 체험하고 돌아와 아무 말도 못하거나 도통 이해할 수 없는 말만 하는 메리를 정당하게 그냥 무시할 수 있다. 메리가 더 알게 된 것이 없다고 판정해도 무방하다는 얘기다. 도대체 퀄리아의 획득을 앎으로 인정할 이유가 있는가?

---

3) Wikipedia, "quale" 항목.

앎이 어떤 활동이라고 생각하느냐에 따라 긍정적인 대답을 할 수도 있을 것이다. 이를테면 리처드 로티가 〈철학과 자연의 거울〉에서 줄기차게 비판하는, 앎이 '보기(seeing)' 또는 '직면하기(confrontation)'라는 모형을 채택한다면, 메리는 '퀄리아'를 직면함으로써 '단박에(unmittelbar)' 앎을 얻었다고 인정할 수 있을 것이다. 설령 그녀가 아무 설명도 못 한다 하더라도 말이다. 실제로 일상에서 우리는 침묵하는 '단박 앎(unmittelbares Wissen)'을 "자연스럽게" 인정하곤 한다. 그러나 그런 단박 앎의 전형인 느낌에 대하여 헤겔은 다음과 같이 신랄한 비판을 퍼붓는다.

> *이렇게 자연스럽게 철학하는 사람은 자신의 느낌에, 즉 자신 속에서 들려오는 계시에 호소하므로, 그와 다른 생각을 가진 사람에 대해 손을 써 볼 길이 없다. 그는 다만 선언해야 한다. 제 속에 똑같은 것이 있어 느끼지 못하는 사람에겐 더 이상 할 말이 없다고. 바꾸어 말한다면, 그는 이런 식으로 인간성의 뿌리를 짓밟는다. 다른 사람과 생각을 공유하려 하고 또 실현된 의식(意識) 공동체 안에서만 비로소 살 수 있는 것이 사람의 본성이다. 비인간적임, 동물적임이라 함은 다름이 아니라 느낌에 머물면서 느낌으로 자신을 전달할 수 있음을 뜻한다.*
>
> *–헤겔, 정신현상학, 서문, 문단69*

돌아온 메리는 과거의 메리에게 할 말이 있어야 한다. 당장에 할 말이 없다면, 서로 소통하면서 또 다른 언어체계를 지어나가야 한다. 칸트가 말했듯이, 개념 없는 직관은 맹목이지 앎이 아니다. 스스로 바깥으로 나와 얽히지 못하고 퀄리아로 머무는 퀄리아에 매달리는 대응은 정작 중요한 객관적 진리의 영역을 과학에게 전부 내주고 공적인 세계관에서 거의 구실을 할 수 없는 사적인 느낌을 붙들고 버티는 안쓰러운 행동이라는 혐의를 벗기 어려워 보인다.

하지만 순수한 주관성을 바탕으로 충분한 규모를 갖춘 대안적인 언어체계를 지을 가능성은 없을까? 그럴 수 있다면 퀄리아에 대해서도 "다른 사람과 생각을 공유"하면서 "의식 공동체를 실현"할 수 있을 것이다. 그러나 순수한 주관성의 존재를 강력히 옹호하는 또 다른 철학자인 존 설의 행보는 그런 대안적인 언어체계의 전망을 어둡게 한다. 오히려 그는 근본적으로 다른 또 하나의 대응의 단초를 보여주는 듯하다.

2. 설의 의식

존 설은 고통이 항상 누군가의 고통이어야 한다는 점을 강조한다.[4] 더 나아가 그가 보기에 모든 의식 상태는 그 존재 양상이 항상 주관적이다. 여기까지는 누구나 동의할 수 있을 것이다. 실제로 우리는 "나는 이러이러하게 느낀다", "내가 보기에는 이러이러하다"와 같이 주관적인 상태를 표현하는 말을 일인칭으로 하며, 그런 말을 우리의 일반적인 언어생활에서 배제할 이유는 없을 것이다. 그런데 설은 한걸음 더 나아가 이렇게 주장한다. "삼인칭적이고 객관적이고 생리학적인 사실에 대한 어떤 기술도 고통의 주관적이고 일인칭적인 특징을 전달하지 못할 것이다. 그 이유는 간단히 일인칭 특징은 삼인칭 특징과 다르기 때문이다."[5]

이렇게 되면 일인칭 특징은 객관적인 생리학이 접근할 수 없는 특별한 영역으로 굳어지는 듯하다. 그러나 설은 물리적인 것과 정신적인 것을 별개의 두 영역으로 가르고, 전자는 지각(perception)으로 후자는 내성(introspection)으로 접근할 수 있다고 보는 전통적인 이원론을 명시적으로 거부한다. 그가 보기에 의식의 주관성은 지각될 수 없을 뿐 아니라

---

4) 설 John R. Searle, 정신의 재발견The Rediscovery of the Mind, 1994, p.94.
5) 설, p.117.

내적인 바라봄에 의해서도 포착될 수 없다. 왜냐하면 주관성은 내적인 바라봄 자체이기 때문이다. "간단히 말해서 우리로서는 주관성을 우리 세계관의 일부로 그릴 길이 없다. 왜냐하면 주관성은 말하자면 그리기(picturing)이기 때문이다."[6]

이 대목에서 설은 다음 절에서 우리가 다룰 구성주의에 가까운 입장을 취하는 것처럼 보인다. 그리는 주관과 그려진 객관 세계를 분리하는 생각이 설에게서 그리 멀지 않은 것 같기 때문이다. 그러나 그는 그리기를 그릴 수 없다는 점만을 지적할 뿐, 그 점 때문에 발생하는 긴장에 대하여 다음과 같은 해결책을 제시하여 구성주의로부터도 명시적으로 거리를 둔다. "해결책은 이 대목에서〔주관성을 우리의 세계관의 일부로 그릴 수 없다는 문제에 직면하여〕 그리기를 때려치우고, 생물학적 과정들이 의식적인 정신 현상들을 산출하며 그 현상들은 환원불가능하게 주관적이라는 사실을 그냥 받아들이는 것이다."[7]

요컨대 설이 생각하는 주관성은 누구나 각자 느끼듯이 엄연히 존재하며 그냥 받아들여져야 한다! 그렇다면 그런 주관성의 존재는 과학적 인간상에 어떤 영향을 끼칠까? 매우 명민하며 또한 허망한 설의 결론에 따르면, 주관적이고 질적인 의식의 "환원불가능성은 어떤 성가신(untoward) 과학적 귀결도 갖지 않는다."[8] 스스로 밝히듯이 설은 결국 "생물학적 자연주의"[9]로 주저앉는다. 애초부터 그의 관심은 의식의 주관성을 과학적 세계관 '안에' 거치적거리지 않게 위치시키는 데 있었다. 이제 결론에 이른 그에게 의식은 이 세계 속에 존재하는 유별난 사실이며, 그냥 그렇게 고립된 사실일 뿐이다. 과학은 그 사실에 구애될 게 없

6) 설, p.98.
7) 설, p.98.
8) 설, p.124.
9) 설, p.106.

다. 정신-물질 관계의 문제는 뇌 과학이 충분히 발전하고 우리의 개념적 오류들이 교정되면 사라질 것이다.

이렇게 설은 순수 주관성의 문제가 부분적으로 발휘했고 또 더 크게 발휘할 수도 있을 부정의 힘을 무력화한다. 잭슨이 내민 비장의 카드인 퀄리아가 별 것 아니라고 판정한다는 점에서 설은 의식을 "재발견" 했다고 자처함에도 불구하고 자타가 공인하는 자연주의자 대니얼 데넷(Daniel Dennett)과 다를 바가 없다. 애초부터 설은 의식의 주관성을 지적하여 자연과학적 인간상에 충격을 가할 마음이 없었던 것으로 보인다. 이는 "움츠러들기" 의 극치다.

3. 네이글의 주객 문제 제기

1974년에 〈박쥐이기는 어떤 것일까What is it like to be a bat?〉라는 논문으로 의식과 주관적 경험을 뇌 과정으로 환원할 수 없다는 주장을 편 토머스 네이글은 퀄리아 논쟁에서 자주 인용된다. 그는 스스로 '퀄리아'라는 용어를 쓰지는 않았지만 의식의 주관성을 비장의 카드로 내밀어 자연과학에 충격을 가하려 했고, 더 나아가 보다 일반적인 문제를 제기했다는 점에서 주목할 만하다. 먼저 그는 현재의 물리적 정신 이론에 딴죽을 건다. "만일 우리가 물리적 정신 이론이 경험의 주관성을 설명해야 한다는 것을 인정한다면, 우리는 현재 가용한 어떤 이론도 그 설명의 가능성에 대한 단서를 제공하지 못한다는 점을 시인해야 한다."[10] 더 나아가 그는 다음과 같은 의미심장한 진단을 내린다. "일반적인 주객 문제에 대하여 더 많은 생각이 이루어지기 전까지는 어떤 물리적 정신이론도 구상될 수 없을 것 같다."[11] 이처럼 네이글은 박쥐의 주관적 느낌까지

10) Wikipedia, "quale" 항목.

동원하여 자연과학에 과제를 주었고, 그 과제를 해결하려면 더 일반적인 주객 문제를 붙들고 씨름해야 할 것이라는 지침까지 주었다.

앞에서 보았듯이, 설 역시 그리기와 그림의 문제를, 일반적인 주객 문제를 감지했다. 아쉽게도 그 문제를 파고들지 않고 이를테면 무마하는 쪽으로 움직여 정신-물질 문제의 잠재적 파괴력을 거세하는 데 그쳤지만 말이다. 우리는 잭슨과 설이 (어쩌면 네이글도) 범한 실수가 정신을 국소적인 사실로 놓은 데 있다고 본다. 네이글이 현명하게 지적했듯이 정신-물질 문제는 주객 문제 일반에 대한 성찰을 요구하며, 설이 감지했듯이 그 성찰은 그리기와 그림의 관계에 대한 본격적인 탐구를 필요로 한다. 그런데도 "이 대목에서 그리기를 때려치우고 …… 사실을 그냥 받아들이"자는 제안은 또 다른 흥미로운 대화의 가능성을 차단하고 현재의 자연과학적 대화를 그대로 지속하자는 제안으로밖에 들리지 않는다.

퀄리아를 붙들고 움츠러드는 철학자들이 생각하는 것처럼, 정신을 지닌 인간의 유별남은 고통이나 색에 대한 주관적 느낌을 가진다는 점에, 말로 표현할 수 없는 어떤 것을 내면의 눈으로 바라본다는 점에 있을까? 우리는 인간에게 그런 유별남이 있음을 인정할 수 있다. 그러나 그 유별남은 또 다른 차원의 유별남 – 세계를 그리는 주관 – 과 연결되어야만 자연과학의 인간상에 타격을 줄 수 있을 것이다. 잭슨은 (어떤 의미에서 설도) 국소적인 사실로서의 주관성을 들이댐으로써 자연과학이 그린 통일적인 세계상과 그 귀결인 인간상에 도전한 셈이다. 그러나 전체적인 사실체계는 그 자체로 언어체계요 문법체계이기 때문에 국소적인 사실 하나에 결코 흔들리지 않는다. 그래서 퀄리아의 도전은 무력하다.

그렇다면 혹시 그리기로서의 주관, 객관 세계의 구성자로서의 주관에 초점을 맞추는 대응이 더 효과적이지 않을까? 실제로 또 다른 철학의 전

11) 같은 곳.

통은 세계를 그리는 주관에 초점을 맞추어 오히려 모든 사실을 그 주관의 해석으로, '두루 거친 앎vermitteltes Wissen'으로 풀어내는 데 주력해왔다. 그 전통은 객관 세계 속의[12] 국소적 사실로서 주관의 유별남이 아니라 객관 세계 밖에 있으면서 객관 세계 전체에 드리운 주관의 유별남에 주목한다. 필자는 그 전통을, 비록 거친 표현이지만 "구성주의"로 명명하겠다.

IV. 인간의 유별남을 지키려는 노력 2 : 구성하는 주관

퀄리아는 단지 내면의 눈으로 가리킬 수 있을 뿐, 공적인 언어로 풀어낼 수 없기 때문에 힘을 발휘할 수 없었다. 마찬가지로 만일 구성주의가 객관 세계 전체를 구성하는 주관을 상정하기만 할 뿐, 그런 주관의 활동을 객관 세계의 언어로 풀어낼 수 없다면, 구성주의는 막연하게 명목상으로만 자연과학 바깥에 존립하는 - 또는 자연과학 위에 군림하는 - 주관을 이야기하는 데 그치고 말 것이다. 퀄리아가 자연과학에 충격을 주려면 자연과학의 언어 속으로 들어가야 하는 것과 마찬가지로, 능동적으로 자연과학을 구성하는 주관도 어떤 식으로든 자연과학 속으로 들어가 자신을 '펼쳐 보여줄(darstellen)' 필요가 있다.

그럼에도 구성주의는 그리는 주관이 그림 안에 들어갈 길을 스스로 봉쇄하는 것처럼 보인다. 그럴 경우, 주관과 객관의 분리는 매우 성공적으로 이루어질 테고, 정신은 자연과학의 인간상에 구애되지 않는 유별난 지위를 확보할 것처럼 보인다. 그러나 그렇게 분리를 통해 얻은 지위는, 설령 그 지위가 확고하더라도 자연과학에 대하여 부정의 힘을 발휘

12) 이를테면 뇌 속의

할 수 없을 것이 뻔하다.

이미 보았듯이 설은 그리기로서의 주관을 객관화할 길은 없다고 못 박는다. 물리학자 에르빈 슈뢰딩거(Erwin Schrödinger)도 이에 동의하면서 왜 그러한지에 대한 간략한 설명까지 내놓는다. 그가 보기에 그리스 이래 과학의 근본원리 중 하나는 "객관화 원리", 혹은 "실재 세계 가설"이다. 그 근본원리 혹은 가설을 채택함으로써 "우리는 우리가 이해하려 노력하는 자연의 영역에서 인식의 주체를 배제한다. 우리 자신은 세계에 속하지 않는 구경꾼의 입장으로 물러나고, 바로 이 물러남에 의해 세계는 객관적인 세계가 된다."[13] 그러므로 슈뢰딩거가 보기에 "정신을 세계상 속에 넣으려는 노력은 필연적으로 부조리를 낳는다."[14]

슈뢰딩거의 이러한 생각은 우리가 "구성주의"로 명명하고자 하는 입장을 훌륭하게 대변한다. 그 입장에 따르면, 원리적으로 주관은 객관 세계 속에 들어갈 수 없다. 들어가려고 하면 부조리가 발생한다.

그런데 매우 흥미로운 것은 슈뢰딩거가 "정신과 물질"이라는 에세이에서, 작품 속에 작가 자신이 단역으로 등장한 사례들 – 〈오디세이〉, 〈니벨룽의 노래〉, 〈만성도〉 – 을 언급한 다음에 위의 결론을 내린다는 점이다. 그는 이렇게 부연한다. "한편으로 정신은 전체를 만든 작가이다. 그러나 완성된 작품 속에서 작가는 없어도 전체 효과를 망치지 않는 하찮은 부속물에 불과하다. 우리는 우리가 여기에서 이율배반에 봉착했음을 은유를 동원하지 않고 선언해야 한다."[15]

슈뢰딩거가 "여기"라고 표현한, 작가의 작품 속 등장이라는 사태는 정말 기묘함에 틀림없다. 하지만 이 기묘한 사태가 과연 정말로 부조리요

13) 슈뢰딩거〔전대호 역〕, 생명이란 무엇인가 · 정신과 물질, 한국어판 p.195.
14) 슈뢰딩거, p.225.
15) 슈뢰딩거, p.224.

이율배반일까? 더 구체적으로 이렇게 묻자. 그 사태로 인해 예컨대 작품 〈오디세이〉와 작가 호메로스가 파멸했나? 천만에! 오히려 바로 그 대목으로 인해 작가와 작품은 우리에게 더 큰 즐거움을 준다. 그러므로 슈뢰딩거가 생각하는 것처럼 작가의 작품 속 등장이 부조리라면, 어떤 의미에서 부조리인지 꼼꼼히 따져볼 필요가 있을 것이다. 우리는 나중에(5장) 이 부조리의 문제를 다시 다룰 것이다.

"구성주의" 전통의 시초에는 칸트가 있다. 그림에 집중되었던 철학의 시선을 그리는 주관으로 돌린 이른바 "코페르니쿠스적 전환"이 있다. 이제부터 우리는 칸트 철학의 한 측면을 간략히 살피면서 그가 범했을 수도 있는 오류를 지적할 것이다.

1. 그리기로서의 주관을 그리는 특별한 작업 : 인식론

칸트는 객관적 앎에 필수적인 대상관련성이 주어진 것과의 대면을 통해 단박에 성취되는 게 아니라 종합이라는 언어적 과정을 통해 성취된다는 것을 통찰한 위대한 철학자다. 사물자체에 대해서는 아무 것도 알 수 없다는 그의 선언은, 갖가지 진리 주장들이 부딪히는 광장에서 "있는 그대로의 것"을 들이댐으로써 토론에 종지부를 찍으려 하지 말라는 실천적인 교훈으로 해석될 수 있다. 이런 점에서 그는 "단박 앎"을 맹렬히 공격하며 진리를 철저히 과정으로 이해한 헤겔이나, "객관적 진리를 발견하는 것이 아니라 오히려 대화가 지속되도록 만드는 것"[16]에 핵심을 두고자 하는 로티의 스승이라 해도 과언이 아니다.

그럼에도 헤겔과 로티는 칸트를 비판한다. 왜냐하면 단적으로 말해서

16) 로티Richard Rorty, 철학과 자연의 거울Philosophy and the Mirror of Nature, 1980, p.377.

칸트는 그리기로서의 주관을 그림과 다른 특별한 차원에 고정하여 그리는 인식론자의 면모를 가지고 있기 때문이다. 그는 인식에 앞서 인식능력의 범위와 한계를 밝혀야 한다는 로크 식 인식론의 전통을 이어, 경험의 가능조건을 탐구하는 초월철학을 제안한다. 그러니까 그는 경험적 차원과 그것의 가능조건인 초월적 차원을, 우리의 용어로는 그림과 그리기를 분리한 셈이다. 물론 칸트의 초월철학이 이렇게 단순히 분리를 가르친다고 보는 것은 치우친 해석이라는 반론이 있을 수 있다. 실제로 칸트는 경험의 가능조건을 경험과 별개로 논하는 일(초월적 영역을 경험적 영역과 별개로 논하는 일)이 무모하다는 점을 감지했던 것 같다. 그러나 다른 한편으로 그는 초월철학을 과학과 별개로 성립하는 또 하나의 과학처럼 구성하려 했던 게 분명하다. 잘 알려져 있듯이 그가 자임한 사명은 철학이 물리학처럼 확고한 과학의 길에 들어서게 만드는 것이었다. 요컨대 그는 한편으로 대상인식에 앞선 초월적 인식을 미묘하게 구별했지만, 다른 한편으로 초월적 인식이 대상인식을 모범으로 삼아야 한다고 봄으로써 그 구별을 고착화했다. 우리의 용어로 하자면, 칸트는 그림이 아니라 그리기를 그리려 했지만, 그림을 그리는 방식을 모범으로 삼아 그리기를 그리려 했던 셈이다.

헤겔과 로티는 과학을 모범으로 삼아 철학을 구성하려는 기획을 비판한다.[17] 이들이 보기에 칸트의 초월철학은 대상 인식에 앞서 대상 인식의 가능조건을 인식하려는 기획이다. 여기에 덧붙여 만일 초월철학이 대상인식을 모범으로 삼아 그와 유사하게 이루어진다면, 당장에 이런 질문이 제기된다. 초월철학에 대해서도 그 가능조건을 먼저 탐구해야

17) 헤겔은 철학이 수학의 방법을 채택할 수 있거나 채택해야 한다는 생각을, 로티는 철학이 과학처럼 공통 표준이 있는(commensurable) 요소들에 대한 정상담론일 수 있다는 생각을 비판한다.

하지 않을까? 또 만일 탐구해야 한다면, 어떻게 탐구할 것인가? 문제의 핵심은 칸트가 자연과학의 방법을 모범으로 삼은 것에 있다. 말하자면 그는 대상에서 주관으로 눈을 돌렸지만, 그 코페르니쿠스적 전환을 통해 발견한 새 영역을 제대로 펼쳐 보여줄 방법까지 마련하지는 못했다고 할 수 있을 것이다. 그는 여전히 대상을 바라보는 방법에 의지함으로써, 주관에 대한 과학 즉 인식론에 머물고 말았다.

구체적으로 헤겔은 다음과 같은 유명한 문장으로 인식론이라는 기획 자체에 대하여 근본적인 의문을 제기한다.

> *인식에 대한 탐구는 인식하면서 할 수밖에 없다. 그런데 〔칸트의 비판철학에서처럼〕 인식하기 전에 〔인식능력을〕 인식하고자 하는 것은 … 물에 뛰어들기 전에 수영을 배우려는 것처럼 앞뒤가 맞지 않는다.*
>
> *–헤겔, 철학대계Enzyklopädie, §10*

만약 인식론자 칸트가 그릇되게 믿었던 것처럼[18] 인식 바깥에 어딘가 발 디딜 곳이 있다면, 그곳에 서서 굽어보며 인식의 가능조건을 탐구하는 게 가능할 것이다. 그러나 헤겔이 보기에 인식의 바깥은 존재하지 않는다. 아니, 설령 존재하더라도, 그 바깥에서 인식을 탐구한다는 것은 인식과 별 상관없는 얘기를 떠드는 무용한 짓이거나, 인식을 낯선 틀에 짜맞추는 폭력적인 짓이다. "인식에 대한 탐구는 인식하면서 할 수밖에 없다." 요컨대 칸트는 초월적 탐구/경험적 탐구의 이중구도를, 초월적 자아/경험적 자아의 이중구도를 근본적으로 다시 생각해야 한다. 거둬야 한다.

로티 역시 칸트의 인식론적 기획을 비판하면서 그것이 정신–물질 관

18) 필자는 칸트에게 인식론자의 측면이 있다는 것까지 동의할 뿐, 칸트를 온통 인식론자로 보는 것에는 반대하기 때문에 "인식론자 칸트"라는 제한적인 표현을 썼다.

계에 대하여 갖는 함축을 다음과 같이 지적한다.

> *경험적 자아는 자연과학에 넘겨줄 수 있을지 몰라도 현상 세계를 구성하는 초월적 자아는 그럴 수 없다는 생각은 실제로 정신-자연 구별이 의미를 얻는 데 다른 어떤 것 못지않게 기여했다.*
>
> *-로티, p.343*

더 나아가 이런 식의 정신-자연 구별은 철학이라는 별개의 전문 분야가 있고, 그 분야에서 과학이 알아낼 수 없는 어떤 것을 알아낼 수 있다는 생각과 연합한다. 사정이 이렇다면, 초월적 자아, 정신, 철학은 자연과학 바깥에 둥지를 틀고 존립하는 운명 공동체인 것처럼 생각된다. 하지만 이는 매우 그릇된 생각이라고 로티는 주장한다.

〈철학과 자연의 거울〉에서 로티는 정신의 유별남, 더 일반적으로 인간의 유별남을 지키려는 기존의 노력들을 모조리 비판한다. 위 인용문에서 보듯이, 그는 자연과학에 넘겨줄 수 없는 초월적 자아를, 정신과 자연의 구별을 부정하는 것처럼 보이기도 한다. 실제로 그는 전통적 의미의 초월적 자아와 정신-자연 구별은 단연코 부정함에 틀림없다. 그런데 중요한 것은 그 부정의 이유다. 로티는 초월적 자아와 정신-자연 구별이 우리의 대화를 가로막는 "자연의 거울 이미지"[19]의 소산이라고 보기 때문에 그것들을 부정한다. 그러므로 로티의 비판이 향하는 진짜 표적은, 인간의 유별남을 부정하면서 대화를 끝내려는 측과 인간의 유별남을 긍정하면서 대화를 끝내려는 측 둘 다이다. 실제로 그는 인간의 유별남을 결코 부정하지 않는다. "우리의 침해당할 수 없는 유별남은 유별나고 모호한 말을 하는 시(詩)적인 능력에 있는 것이지, 명백한 말을 우리 자신

19) 마치 거울처럼 자연을 반영하는 것이 인간의 본성이라는 생각.

에게만 하는 능력에 있는 것이 아니다."[20] 결국 로티가 비판하는 것은 혼잣말하기다. 그리고 인간의 본성이 대화(conversation)가 아니라 객관적 진리와의 대면(confrontation)이라는 "자연의 거울 이미지"를 가지고 있는 한, 우리는 혼잣말하기의 유혹을 벗어나기 어렵다. 이것이 그가 전하는 메시지다.

헤겔과 로티는 그리기로서의 주관을 펼쳐 보여주기 위해 칸트가 선택한 인식론적 방법을 비판했다. 그 방법은 슈뢰딩거와 설의 부정적인 진단, 그리기(초월적 자아, 구성하는 주관)를 그림(객관 세계, 자연과학)에 포함시킬 길은 없다는 진단과 동전의 양면을 이룬다. 그리기가 그림에 들어갈 수 없다는 생각은 그리기를 따로 고정하여 그리는 인식론을 낳고, 인식론은 다시 처음의 생각을 강화한다.

만일 우리가 인식론자 칸트처럼 구성하는 주관을 초월적으로 포착하여 들이댄다면, 자연과학의 인간상을 흔들 수 있을까? 그럴 가능성은 희박하다. 왜냐하면 애초부터 인식론이 겨냥한 주관은 자연과학이 포착한 세계와 차원이 다르기 때문이다. 서로 차원이 다른 둘이 상충할 가능성은 없을 것이다. 결론적으로 구성하는 주관이라는 비장의 카드도 비언어적인 순수 주관(퀄리아)과 마찬가지로 자연과학에 충격을 주지 못할 것 같다. 그렇다면 이제 자연과학의 통일적 세계상과 기계적 조작적 인간상을 견제할 길은 없는 것일까?

어쩌면 헤겔과 로티가 무언가 대안을 가지고 있을지도 모른다. 그리기로서의 주관을 펼쳐 보여주는 대안적인 방법, 그림과 그리기의 근원적 얽힘을 보여주는 방법, 자연과학에 포착되지 않는 구석에서 유별나거나 자연과학 바깥에서 유별난 것이 아니라 '자연과학과 함께 유별난' 인간을 보여주는 방법을 가지고 있을지도 모른다.

---

20) 로티, p123.

V. 그리기와 그림의 근원적 얽힘[21]

우리는 세계 속에 들어있으나 마치 블랙홀처럼 주변과 단절된 특이점으로 존재하는 유별난 주관이나, 세계에 속하지 않으면서 세계를 구성하는 유별난 주관은 자연과학적 인간상에 대하여 충격력을 발휘할 대안일 가능성이 희박하다는 것을 알았다. 그런데 두 번째 대안, 즉 구성하는 주관은, 그것을 어떻게 펼쳐 보여주느냐에 따라 훌륭한 대안이 될 가능성이 있다고 여겨진다.[22] 다시 말해 인식론자 칸트처럼 구성하는 주관을 객관 세계 바깥에 고정된 초월적 자아로 그리는 방식은 성공적이기 어렵지만, 어떤 식으로든 객관 세계 안에 - 또한 블랙홀과 다르게 - 있는 구성하는 주관을 펼쳐 보여주는 방식이 있다면, 자연과학의 통일적 세계관을 효과적으로 흔들 수 있을 것이다.

앞에서 잠깐 언급했던 작가의 작품 속 등장을 다시 생각해보자. 왜 슈뢰딩거는 그 흥미로운 사례들을 부조리요 이율배반으로 판정했을까? 예컨대 뒤러의 걸작 〈만성도〉의 한 구석에는 뒤러의 얼굴을 한 인물이 군중 속에 작게 그려져 있다. 지금도 그 그림을 감상하는 많은 사람들은 저 인물이 바로 이 걸작 전체를 만든 뒤러 자신이라는 설명을 들으며 미소를 짓는다. 그 색다르고 재미나는 뒤러의 등장 앞에서 이율배반을 고민하는 사람은 극히 드물 것이다. 이처럼 작가의 작품 속 등장이라는 사태

---

21) '얽힘(Verschränkung, entanglement)'은 양자역학에서 중요하게 쓰이는 개념이다. 양자역학적 대상들이 얽힌 계를 형성하면, 개별 대상에 대한 독자적인 기술은 불가능해지고 전체 계에 대한 기술만 가능해진다. 그러나 이 글에 나오는 '얽힘'은 그냥 상식적인 의미로 이해해도 무방하다.

22) 이 문장은 약간 오해를 불러일으킬 수 있다. 구성하는 주관을 펼쳐 보여주는 방식의 차이는 구성하는 주관의 본성에 대한 이해의 차이와 맞물리기 때문이다. 펼쳐 보여주는 방식에 대한 재검토는 당연히 펼쳐 보여줄 주관의 본성에 대한 재검토를 요구한다.

는 작품을 파멸시키기는커녕, 오히려 작가와 작품의 근원적 얽힘을 비록 부족하지만 나름대로 그럴듯하게 펼쳐 보여준다고 평가할 수도 있을 것이다.

그럼에도 왜 슈뢰딩거는 심각한 부조리를 감지할까? 왜 설은 그리기가 그림의 일부로 등장할 길은 없다고 단언할까? 그 이유는 대상 차원과 초월 차원이 분리된다는 전제와 완벽한 동일성에 대한 강박에 있는 것으로 보인다. 특히 동일성에 대한 강박은 두 차원의 분리를 무릅쓴 넘나듦을 불가능하게 만든다. 만일 작품 속 뒤러가 작품을 그리는 뒤러와 모든 면에서 동일할 것을 요구한다면, 작품 속 뒤러가 작가 뒤러를 완벽하게 담아낼 것을 요구한다면, 작가의 작품 속 등장은 결코 이루어질 수 없는 사태일 것이다. 작가와 작품 사이에 아무리 완벽에 가까운 내용적 유사성이 확보된다 하더라도, 원리적으로 작가는 주관이고 작품은 객관이므로 둘은 도저히 같을 수 없을 테니까 말이다. 이는 반박의 여지가 없는 명쾌한 논리처럼 보인다. 그렇다면 우리는 슈뢰딩거와 설의 판단에 동의해야 할까? 엄밀히 말해서, 우리가 그들의 논리를 뒤집으려 한다면, 헤겔처럼 논리 전체를 새로 짜는 수밖에 다른 길이 없을 것이다. 그러나 어느 정도 설득력 있는 반론을 제기하는 것은 그런 대대적인 논리학 재구성 작업 없이도 가능할 것 같다. 물론 그 반론은 헤겔의 논리로 가는 단초일 것이다.

1. 거둠으로써 이루는 동일성

반론의 핵심은, 우리가 그림 속 뒤러를 거쳐(vermittelt) 화가 뒤러에 도달하는 것과 마찬가지로, 뒤러 자신도 그림 속 뒤러를 거쳐 자기 자신에 도달한다는 진실이다. 더 나아가 그 거치기 방식은 뒤러의 자기관계를 위한 유일한 방식이 아니다. 뒤러는 얼마든지 다양한 방식으로 다양한 중간항들을 거쳐 자신에 도달하며, 그림 속 뒤러를 거치는 방식도 그 중 하나이다.

이 반론의 의미를 확실히 하기 위해 세 가지 설명을 덧붙일 필요가 있다.

첫째, 뒤러가 단박에 자신에 도달하여 완벽한 자기 동일성을 확립할 수는 없다는 점을 분명히 해야 한다. 단박 자기관계(unmittelbare Selbstbeziehung)는, 만약 정말로 모든 '거치기'(Vermittlung)를 배제한 단박 자기관계라면, 뜬금없이 나온 "나는 나다"라는 동어반복 문장처럼 너무나 당연하고 공허할 뿐이다. "나는 나다"는 자기관계 과정의 목표이자 전제일 때만 의미를 가질 수 있는 문장이지, 그 자체로 어떤 사실(Faktum)을 기술하는 문장이 아니다. 돌이켜보면, 순수 주관성으로서의 퀄리아와 세계 바깥에 자리 잡은 초월적 자아가 자연과학의 인간상에 충격을 주기 어려웠던 이유는 결정적으로 그 두 대안이 "나는 나다"라는 단박 자기관계의 구조를 가졌기 때문이라고 할 수 있다. "나는 생물학적 기계다"라는 자연과학자의 주장을 "나는 나다"로 반박할 수는 없는 것과 마찬가지로, 그 주장을 퀄리아나 초월적 자아로 반박할 수 없는 건 당연한 일이다.

둘째, 어떤 거치기 방식도 우리의 완벽한 자기 동일성을 보장하는 특권적인 방식일 수 없다. 왜냐하면 무한히 다채로울 수 있는 그리기 전체를 구현한 그림은 있을 수 없기 때문이다. 사실 슈뢰딩거와 설이 지적한 그리기와 그림의 근본적 분리는, 한 장의 그림이 무한히 다양한 잠재적 그림들을 대표할 수 없다는 주장으로 해석될 때 타당성을 인정받을 수 있을 것이다. 그림 속 뒤러가 완벽한 뒤러 자신일 수 없는 것은, 대상적 영역(객관)과 초월적 영역(주관) 사이에 넘을 수 없는 심연이 있기 때문이라기보다, 또 다른 그림 속 뒤러가 얼마든지 많이 존재할 수 있기 때문이다. 똑같은 이유에서 현재의 자연과학이 그린 "생물학적 기계"는 완벽한 우리 자신일 수 없다.

셋째, 하나의 그림은 다른 그림과의 갈등 속에서 '거둬질'(aufgehoben) 때 그리기로 회귀하여 또 다른 그림을 그린다. 다시 말해 그리기가 그림 속에서 더 잘 드러나는 때는 역설적이게도 그림이 실패로 돌아갈 때다. 자연과학과 관련하여 말하자면, 우리 자신을 더 잘 드러내는 것은 자연과학이 내놓은 일관적인 그림이 아니라 그 그림에 균열을 만드는 자연과학 내부의 문제들과 '공통 표준이 없는(incommensurable)' 다양한 목소리들이다. 그것들은 우리가 현재의 일관적인 그림을 거두게 만들고, 그 때 우리는 그 거둠으로써 더 훌륭하게 자기 동일성을 이룬다.

그러므로 우리는 설처럼 그리기가 그림 속에 들어갈 길은 원리적으로 없다고 판정할 이유가 없다. 물론 그리기 전체를 실현한 한 장의 그림은 있을 수 없다고 인정하지만 말이다. 또 슈뢰딩거처럼 작가의 작품 속 등장을 부조리하고 이율배반적인 사태로 판정할 이유도 없다. 완벽한 자화상을 고집하지 않는다면, 작가는 나무를 그리고 새를 그리듯이 얼마든지 자신을 그릴 수 있다. 뒤러는 자기를 그려 그림 속 뒤러를 만든다. 만일 그 그림 속 뒤러가 그 자신과 완벽하게 동일하다면, 도리어 자기관계를 의미 있게 만드는 거치기가 불가능해질 것이다. 객관 뒤러는 오히려 주관 뒤러와 달라야 한다. 그래야만 주관 뒤러가 거칠 잠정적인 중간항의 구실을 할 수 있다. 다음으로 주관 뒤러는 자기와 다른 그 중간항을 거둠으로써 비로소 자기관계를 실현한 뒤러가 된다. 이것이 작품 속 작가의 등장이라는 기묘한 사태의 진실이다. 헤겔이 (정신현상학에서) 의식의 경험 과정으로, 또 (논리학에서) 개념들의 전개 과정으로 훌륭하게 펼쳐 보여준 이 진실 – 주체의 삶 – 을 우리는 "그림과 그리기의 근원적 얽힘" 이라고 명명해 본다.

이 장의 처음에 우리는 "구성하는 주관"을 객관 세계 안에 펼쳐 보여주는 올바른 방식을 물었다. 이제 그 물음은, "그림과 그리기의 근원적 얽힘"을 펼쳐 보여주는 올바른 방식은 무엇인가? 로 바뀌어야 할 것이다. 이제 이 물음에 답해보자. 무언가 특별히 올바른 방식이 따로 있는 것은 아니다. 모든 그림은 그리기를 부분적으로, 불완전하게 보여준다. 물론 얼마나 부분적이고 불완전하냐는 그림마다 다를 수 있다. 그리고 더 큰 그림, 더 완전한 그림은 하나의 그림이 다른 그림과의 갈등 속에서 거둬지는 과정을 그린 그림이다. 그러므로 과학보다 과학사가, 이론보다 이론들의 역사가 그림과 그리기의 근원적 얽힘을 보여주는 더 효과적인 방식일 수 있을 것이다. 자신의 철학 전체를 일종의 역사로 펼쳐 보여준 헤겔이 남긴 큰 교훈은 바로 이것이다.

2. 자연과학적 인간상과 철학의 대응에 대한 함축

독일의 철학자이며 사회학자인 헬무트 플레스너(Helmut Plessner)는 독일 관념론의 쇠퇴 이후 자연과학의 이른바 실증적 인간상이 무섭게 약진하던 1920년대 말에 "사람은 자기가 자기를 어떻게 보느냐에 따라, 그렇게 된다"고 경고했다. 오늘날 많은 철학자들과 마찬가지로 그 역시 우리의 자기관계에 있어서 자연과학적인 거치기가 특권적인 방식으로 군림할까봐 걱정했던 모양이다. 그러나 그는 자연과학과 분리된 독자 영역에서 인간의 인간다움을 찾으려 한 게 아니라, 생물학 안에서 당대의 주류였던 다윈주의에 대한 대안을 적극적으로 모색했다는 점에서 특별하다. 바로 이 특별함 때문에 필자는 그를 자연과학의 위협에 대한 타당한 대응의 한 예로 본다.

객관화할 수 없는 주관, 객관을 구성하는 주관으로 자연과학을 견제하려면, 그런 주관을 기존의 객관과 '공통 표준이 없는(incommensurable)' 이질적인 객관으로 제시할 수 있어야 한다. 자연과학에 대한 견제는 자연과학 내부의 다른 목소리, 자연과학 내부의 문제가 가장 잘 할 수 있기 때문이다. 그렇다고 철학자들이 자연과학 안으로 뛰어들어 별종의 자연과학자가 되어야 한다는 말은 아니다. 오히려 자연과학 내부에서 다른 목소리와 문제들이 더 잘 자랄 수 있도록 북돋는 게 철학자다운 역할일 것이다. 과학의 위협에 대한 다음과 같은 로티의 말은 귀 기울여 들어볼 가치가 있다.

> *과학에 대한 두려움, "과학주의", "자연주의", 자기 객관화에 대한 두려움, 너무 많은 앎에 의해 인격이 아닌 사물로 변하는 것에 대한 두려움은 모든 담론이 정상 담론이 될 것이라는 두려움이다.*
>
> *-로티, p.388*

실제로 오늘날의 자연과학은 인간을 포함한 만물에 대한 일체의 담론을 정상화하려는 욕구와 정상화할 수 있다는 자신감을 강하게 드러내는 듯하다.[23] 그러나 자연과학 내부에 해결의 실마리조차 발견되지 않은 문제들이 얼마든지 많이 있다는 것에 동의하지 않는 현장 과학자는 아무도 없으리라고 믿는다. 그런 문제들이 싹이 되어 비정상담론이 본격화될 가능성을 배제할 수 있는 사람은 현재의 과학만을 단적인 진리로 보는 독단적 과학옹호자들 외에는 없을 것이다. 철학자는 그들의 독단에 또 다른 독단으로 맞설 게 아니라, 실제 과학과 삶의 결을 세심히 갈라 주체의 다채로운 삶을 구체적으로 펼쳐 보여줘야 할 것이다.

로티는 일군의 철학자들 - 듀이, 비트겐슈타인, 하이데거 등 - 을 "교양하는(edifying)"[24] 철학자로 분류하고, 그들은 "객관적 진리를 발견하

23) 예컨대 이런 문장을 보라. "도대체 왜 사회학은 뉴런에서 사회까지를 관통하는 전망의 인도를 받아서는 안 되는가? 그러지 말아야 할 분명한 이유는 없다."(에드워드 윌슨, 통섭, 한국어판 p.326).

24) 로티가 독일어 'bilden'에 대한 번역어로 선택한 것이 'edify'이다.

는 것이 아니라 오히려 대화가 지속되도록 만드는 것"에 철학의 핵심을 두었다고 평가한다. 그들과 한편인 로티는 낙관론자이기도 하다.

> *여가와 도서관들이 있는 한, 플라톤이 시작한 대화는 자기 객관화로 끝나지 않을 것이다. 그 이유는 세계나 인간의 여러 측면이 과학적 탐구의 대상이 될 수 없기 때문이 아니라 단지 자유롭고 여유로운 대화는 솟구치는 불꽃처럼 비정상 담론을 생산하기 때문이다.*
>
> *–로티, p.389*

그러나 이 낙관론이 철학자의 수수방관을 정당화할 수는 없을 것이다. 철학자는 "자유롭고 여유로운" 태도로 대화에 임하여 비정상담론을 북돋아야 한다. 로티가 사랑한 인간의 유별남은 지속되는 대화, 불꽃처럼 솟구치는 비정상 담론에 있다. 이 유별남은 헤겔이 관념론적인 역사로 펼쳐 보여준 참된 전체의 유별남과 그리 다르지 않아 보인다.[25)]

VI. 결론

우리는 자연과학의 객관적이고 물질주의적인 인간상에 대해 철학이 어떻게 대응할 수 있을지 모색하기 위하여, 우선 인간의 주관성에 주목한 기존의 두 가지 대응을 살펴보고 비판했다. 그 대응들은 다른 모든 대상과 달리 인간에게는 유별난 측면들이 있으며 그 측면들은 자연과학적 객관화가 불가능하다고 논증하는 방식으로 자연과학적 인간상의 원리

---

25) 헤겔의 관념론적 역사(idealistische Geschichte)는 잠재했던 모순이 자신을 드러내는 과정들의 연쇄이다. 이는 정상담론이 비정상화하는 과정들과 충분히 유사하다.

적인 불완전성을 지적한다. 그러나 우리는 그 두 가지 대응 모두, 각각의 대응이 지적한 인간의 유별난 측면들 – 퀄리아 또는 초월적 주관성 – 을 자연과학과 소통할 수 있는 방식으로 객관화하지 않는 한, 실패로 돌아갈 수밖에 없다는 비판적인 결론을 내렸다.

이어서 우리는 작가의 작품 속 등장을 실마리로 삼아 주체의 삶 자체가 주관과 객관의, 그림과 그리기의 근원적 얽힘이라는 점을 부각했다. 헤겔이 관념론적 역사로 잘 보여주었듯이, 전체로서의 주체는 자기를 객관화하고 거두는 과정으로 존재한다. 그러므로 주체의 삶 안에서 이루어지는 자연과학 역시 주관과 객관의 근원적 얽힘, 곧 주체의 삶을 드러낼 수밖에 없을 것이다. 그러나 정상담론을 지향하는 자연과학은 매순간 통일적인 세계상과 인간상을 앞세워 주체의 삶을 은폐할 가능성이 높다. 그러므로 주체의 삶은 담론의 비정상화와 정상화가 반복되는 과학의 역사를 통해 더 잘 드러날 것이다.

이제 우리는 인간의 유별남과 관련하여 이런 결론을 내릴 수 있을 것이다. 인간은 객관적 담론 속에서 그 담론의 거둬짐, 혹은 비정상화와 함께 유별나다. 만일 '정신'이 인간의 유별남을 보장하는 개념이라면, 정신이 존재한다는 말은, 우리가 그린 모든 그림이 거둬질 것이라는 의미, 우리의 담론이 계속 반복해서 비정상화할 것이라는 의미다.

이 결론으로 인간의 유별남을 은폐하는 자연과학의 기계적 조작적 인간상을 견제할 수 있을까? 적어도 우리는 객관화된 대상들과 달리 우리 인간만 주관성을 가졌기에 유별나다는 식의 논증은 효과적이기 어렵다는 교훈을 얻었다. 우리 각자가 주관과 객관의 얽힘이듯이, 객관화된 사물 각각도 주관과 객관의 얽힘이고, 따라서 전체가 함께 유별나다는 식의 논증이 필요하다.

과학의 역사가, 또는 과학 내부의 비정상담론이 그런 논증을 할 것이라고 확신한다는 점에서 헤겔과 로티는 대단한 낙관론자이다. 구체적으로 그들은 자연과학의 기계적 조작적 인간상이 스스로 자신을 견제할 것이라고 예상한다고 할 수 있다. 우리는 그들의 낙관론에 동의할 수 있을까? 이 물음에 대한 대답은 모두가 참여하는 전체로서 주체의 삶이 정말로 살아있느냐에 달려있을 것이다. 그러므로 헤겔의 진지한 낙관론과 로티의 유쾌한 낙관론은 우리를 수성(守成)이나 방관이 아닌 참여로, 자연과학의 비정상화를 북돋는 산파로서의 참여로 이끄는 듯하다.

참고 문헌

헤겔, 차이논문, Werke in 20 Bänden Bd 2

_____, 정신현상학, Werke in 20 Bänden Bd 3

_____, 철학대계Enzyklopädie, Werke in 20 Bänden Bd 8

로티Richard Rorty, 철학과 자연의 거울Philosophy and the Mirror of Nature, 1980

설 John R. Searle, 정신의 재발견The Rediscovery of the Mind, 1994

슈뢰딩거Erwin Schrödinger, 생명이란 무엇인가 · 정신과 물질, 한국어판 2007

윌슨Edward O. Wilson, 통섭Consilience, 한국어판 2005

Wikipedia, "quale" 항목

Ursprüngliche Verschränkung

- Was von Hegel und Rorty zu lernen ist bezüglich der Materie - Geist - Relation

John, Dae-Ho

Zusammenfassung

Haben die Menschen einen besonderen Aspekt, der naturwissenschaftlich unbegreifbar ist? Positive Antwort ist schon zweierleiweise versucht. Die eine, welche die reine unmittelbare Subektivität betont, hat sich entwickelt zum Qualia-Argument. Und die andere, welche die objektive Welt konstruierende transzendentale Subjektivität hervortut, ist bekanntlich die von Kant, als ein Erkenntnistheoretiker betrachtet. Aber wie Hegel kritisiert, Qualia oder das unaussprechbare Gefühl scheint kraftlos zu sein, und wie Rorty zeigt, das fixierte transzendentale Ich, das die Erkenntnistheorie thematisiert, ist mindestens problematisch. Wenn die zwei genannten besonderen Aspekten das naturwissenschaftliche Menschenbild unruhig machen und als das unvollständige bloßlegen können, sie müssen sich objektivieren und mit der Naturwissenschaft kommunizieren. Die Einzigartigkeit der Menschen soll nicht eingeschränkt werden in den Menschen, sondern allenthalben aufgedeckt werden. Besonders in der Naturwissenschaft soll sie als die Einzigartigkeit der Naturwissenschaft selbst dargestellt werden. Unser Diskurs überhaupt hebt sich auf im Hegelschen Sinne oder wird abnormalisiert im Sinne Rortys. Eben darin liegt unsere Einzigartigkeit, die sich auf alle Diskurse ausdehnt. Hegel und Rorty schein uns zu lehren, daß der Mensch mit den im Diskurs stehenden allen anderen zusammen als die ursprüngliche Verschränkung des Subjektiven und Objektiven einzigartig ist oder sein soll.

Schlagwoerter : Einzigartigkeit des Menschen, naturwissenschaftliches Menschenbild, Qualia, transzendentale Subjktivität, Aufheben aller Diskurse, Verschränkung des Subjektiven und Objektiven.

제2부

일반 논문

그리스 비극의 공동체적 의사소통 기능

이 광 모

I. 그리스 비극의 시대적 배경
II. 아테네의 민주정과 비극의 역할
III. 디오니소스 축제와 그리스 비극의 발전
IV. 그리스 비극의 공동체적 의사소통 기능

요약문

그리스 비극은 기원전 6세기 말부터 시작되어 5세기에 아테네에서 가장 활발하게 창작된 문학형식이다. 이 시기의 아테네는 직접민주주의를 기초로 모든 열강을 정복하고 강력한 제국을 이룰 뿐만 아니라, 문화적 및 경제적으로 가장 고상하고 풍요로운 전성기를 구사하게 된다. 그렇다면 이러한 전성기의 아테네에서 번성하게 된 문학형태가 하필이면 왜 '비극'인가?

본 논문은 먼저 비극이 아테네의 정치상황과 어떤 관련이 있는지를 고찰한다. 이 고찰에 따르면 비극은 단순한 문학형태가 아니라 경험부족과 교양의 결핍 때문에 천박화되어가는 민주정의 아테네 시민들에게 '정신적 토대'를 제공하는 역할을 하게 된다. 즉 비극은 역사적 경험이 부족한 아테네 시민들에게 자신들의 경험과 행위를 반성적으로 고찰함으로써 공동체적 시민으로서 어떻게 행위 해야 하는지에 대한 규범적 인식을 제공하는 역할을 한다.

다음으로 본 논문은 비극의 형식과 구조를 고찰한다. 이에 따르면 비극의 특징은 배우와 아테네 시민들로 구성된 합창대 사이에서 이루어지는 의사소통으로 규정된다. 이렇게 규정된 비극은 민회나 법정에서 어떤 문제를 두고 서로 토론과 변론하는 아테네인들의 일상에 대한 형상화이며, 단순한 문학 장르를 넘어 주체성에 대한 자각과 함께 국가공동체적 가치를 가지고 살아가는 아테네인들의 삶의 모습에 대한 표현으로 이해된다.

이러한 고찰에 기초하여 본 논문은 결론적으로 비극이란 아테네의 민주정을 유지하는 교실이었으며, 동시에 서로 다른 주체들이 모여 공동체를 이루어가는 삶의 현장이었음을 제시한다.

● **주요어 : 그리스, 비극, 의사소통, 민주정치, 소포클레스**

I. 그리스 비극의 시대적 배경

그리스 비극이란 기원전 6세기 말에 시작되어 5세기에 아테네에서 가장 활발하게 창작된 문학형식을 말한다. 이러한 비극이 가장 꽃을 피웠던 시기는 기원전 460년과 400년 사이로서, 이 시기에 아테네는 여러 가지 정치적 혼란을 극복하고 인류 역사상 독특한 정체로서 직접 민주주의를 발전시키게 된다. 내부적으로는 귀족 출신 페리클레스(기원전 490-429년)를 통해 민주주의 정체를 완성한 아테네는 외부적으로 페르시아에 대항하여 동맹을 결성한다. 그리고 이 동맹을 기초로 점차 영향력을 확대하여 제국으로 성장함으로써 급기야는 경제적 및 군사적으로 그리스의 모든 열강을 완전히 장악하게 된다.

이 시기의 아테네는 특히 문화적으로도 꽃을 피우게 되는데, 우리가 알고 있는 대부분의 유명한 건축물들은 이때 세워지게 된다. 이러한 건축물 가운데는 그 유명한 파르테논신전을 포함하여 헤파이스토스 신전, 오데이온, 수니온과 람누스 신전 등이 있으며, 이러한 건축물들과 더불어 뛰어난 조각가인 칼리크라테스, 페이디아스 등이 활약하게 된다. 또한 아테네의 매력에 이끌려 많은 재능 있는 외국인들이 이때 아테네를 찾게 되는데, 이 중 대표적인 인물로는 역사의 창시자 헤로도투스를 비롯하여 상대주의 철학자 프로타고라스와 아낙사고라스 등이 여기에 포함된다. 이들의 방문을 기초로 아테네에서는 철학적 문제에 대한 활발한 논의가 전개되고 급기야는 소크라테스와 플라톤으로 이어지는 고유한 사상체계를 갖게 된다. 이러한 모든 것들은 이 시기가 '그리스의 영광'의 시기임을 보여주는 것이지만 이 가운데서도 특히 눈에 띄는 것은 무엇보다도 이 시기에 아테네에서는 독특한 문학 양식인 비극이 가장 활발하게 공연되고 수많은 작품들이 창작되었다는 사실이다.[1)]

아테네가 그 명성의 최고점에 있을 때 국가적 차원에서 상연된 비극은 오늘날 우리가 생각하듯이 그렇게 소수를 위하여 극장에서 공연되는 문학형식이 전혀 아니었다. 오히려 비극은 아테네 도시 가운데에서도 사람들이 가장 많이 모일 수 있는 곳에서 그리고 1년 중 사람들이 가장 많이 모이는 때에 국가행사로 상연되었으며, 대부분의 아테네 시민들은 이 상연을 관람하면서 아테네의 영광에 동참하였다. 다시 말해 아테네

---

1) W. G. Forrest, *The Emergence of Greek Democracy*, 800-400 BC, 김봉철 역, 『그리스 민주정의 탄생과 발전』, 2001, 한울, S. 24.

시민들은 비극이 상연되는 극장에 모두 모여서 다른 도시 국가에는 존재하지 않는 문학 형식인 이 비극을 관람하면서 자신들의 문화적 우월성을 확인하였을 뿐만 아니라 조국 아테네에 대한 애국심에 고취되곤 하였다.[2)]

그렇다면 여기서 잠시 우리는 다음과 같은 물음을 갖게 된다. 아테네가 이렇게 정치적으로 그리고 문화적으로 꽃피우던 시기에 왜 하필이면 인간의 고통과 불행을 묘사하는 비극이 그렇게 장려되었는가? 도대체 비극의 본질은 무엇인가? 그리고 그것은 아테네의 정치적 상황과 관계가 있는 것인가 아니면 순전히 우연적인 것인가? 이러한 물음들에 대해 답하기 위해서는 먼저 우리는 비극이 어떤 상황으로부터 발생하게 되는지를 이해해야 하는데, 이러한 이해는 당시의 아테네의 정치상황에 대한 이해를 전제로 할 때만 가능하게 된다.

기원전 5세기의 그리스 아테네는 앞서 말했다시피 민주정이 형성되고 그 정점에 달하던 시기이다. 하지만 어느 역사나 마찬가지로 그리스의 민주정도 굴욕과 고난의 과정 없이 형성된 것은 아니다. 기나긴 세월 동안 귀족정치와 참주정치를 거쳐 형성된 것이 바로 그리스의 민주정이다. 이러한 민주정은 아테네에서 기원전 510년 참주정치가 끝을 맺으면서 시작된다. 참주정은 페이시스트라토스 가문에 의해 독재적이 아니라 민주적이며 합법적으로 진행되었음에도 불구하고 페이시스트라토스가 죽은 후 급격히 흔들리기 시작하여 마침내 510년 완전히 붕괴되기에 이른다. 페이시스트라토스 가문이 몰락하게 되자 아테네는 다시 클레이스테네스 가문과 이사고라스(isagoras) 가문으로 분열되어 서로 다투기 시작하는데, 이 권력 싸움에서 클레이스테네스 가문이 불리하게 되자, 이

2) Christian Meier, *The Political Art of Greek Tragedy*, Cambridge 1993, S. 50-52.

가문은 자신의 파벌에 데모스(demos)를 합류시키게 된다.

이때 클레이스테네스는 데모스인 일반 시민들의 지지를 얻기 위해 기원전 508년 개혁정치를 실시한다. 이 개혁정치 중 가장 대표적인 것이 소위 '부족개혁'과 '도편추방법'이다. 우선 부족개혁의 내용을 보면 클레이스테네스는 아티카 지역의 기본 행정단위인 170여개가 되는 구(deme)를 트리튀스(trittys)라고 불리는 30개 집단으로 통일하고 각 대표들을 뽑아 500인으로 구성된 평의회를 구성한다. 그리고 이 평의회에서 구 행정관뿐만 아니라 여타의 관리를 선출하도록 하는데, 여기서 특징적인 것은 각 구뿐만 아니라 구의 구성원들은 모두 평등하게 취급되었다는 점이다. 바로 이런 점에서 클레이스테네스의 개혁은 민주주의의 기초를 놓는 역할을 하였다고 할 수 있다.[3)]

그의 개혁 중 또 다른 하나는 도편추방법인데, 이것은 아테네 시민들로 하여금 항아리 조각에 그들이 원치 않는 인물의 이름을 써 넣게 하고 가장 많이 적힌 사람을 아테네로부터 10년간 추방토록 하는 제도이다. 이 제도 또한 아테네의 민주주의를 기초하는 틀로서 작용하게 되는데, 일반 시민들은 이것을 통해 더 많은 권리와 정치에 참여할 수 있는 기회를 얻게 된다. 물론 이러한 제도들이 아테네의 민주정을 수립하는데 있어 중요한 역할을 하였다는 점에서는 긍정적으로 평가되지만 동시에 아테네의 민주정은 이러한 제도로 말미암아 몰락의 길을 걷게 된다. 왜냐하면 교육받지 못한 시민들은 이러한 제도를 통해 오로지 자신의 사적인 이해관계만을 주장하게 됨으로써 급기야는 정치와 사회에 혼란을 가져오고 더 나아가 민주정 자체를 붕괴시키는 원인을 제공하게 되었기 때문이다. 역사가들에 의하면 대부분의 아테네 시민들은 도편추방을 할 때 안위와 질서라는 관점에서 추방해야할 사람을 선택한 것이 아니라

3) W. G. Forrest, 『그리스 민주정의 탄생과 발전』 S. 242-245 참조.

자신의 이해와 관심에 반하는 인물을 적어내곤 하였다.

이처럼 긍정적인 측면과 부정적인 측면을 지닌 클레이스테네스의 개혁을 통하여 참주정을 막 끝낸 아테네는 어쨌든 대내적으로는 사회적 안정을 찾아가기 시작하고 대외적으로는 점차 세력을 확장하면서 지중해의 패권을 장악하기 시작한다. 초기에는 스파르타와 함께 연합하여 페르시아와 전쟁을 치르면서 영향력을 차츰 확대해 온 아테네는 차차 스파르타가 페르시아와의 전쟁에서 발을 빼자 독자적으로 델로스 동맹을 조직하여 페르시아와 싸움을 하게 된다. 그리고 이 싸움에서 아테네는 페르시아에 대해 승리하면서(490년) 거의 400여개가 참여하는 동맹의 맹주로서 자리 잡게 된다. 대외적으로 가장 성공적인 모습의 국가를 갖추어가기 시작한 아테네는 이때부터 점차 세력을 확장하여 5세기 중엽에는 이집트에서 일어난 대 페르시아에 대한 반란을 지원하며(460-454년) 스파르타와 동맹관계를 완전히 파기하기에 이른다. 하지만 너무 무리한 욕심 때문에 아테네는 다시 스파르타와 전쟁을 벌이게 되고 타나그라 전투에서 무참히 패배하면서(457년) 그 영향력을 잃기 시작한다.

아테네는 다시 재기하기 위하여 펠로폰네소스 동맹을 결성하여 스파르타와 전투를 하지만 오히려 페르시아와 연합한 스파르타에게 대패하면서 결국 무너지게 된다. 404년 아테네가 무너지면서 민주정도 함께 몰락하게 되고 30인의 참주들이 이끄는 권위적인 과두정치가 들어서게 된다. 이에 추방당한 민주정의 지지자들은 이 참주들에게 과격히 저항함으로써 403년 다시 민주정치를 회복하고 어느 때보다도 안정된 정치적 토대를 만들어 냈으나 322년 외적인 강제에 의해 막을 내리면서 아테네의 민주정은 완전히 끝나게 된다.

이러한 아테네의 정치사를 염두에 둘 때, 기원전 534년 테스피스에 의해 전통적인 제례적 합창으로부터 시작되어 기원전 510년 이후 디오니소스축제와 더불어 발전하고 나아가 아이스킬로스(약 525-455년), 소포클레스(대략 496-406/5년), 에우리피데스(약 480-406년) 등의 작가들을 통해 꽃피우다가 이들의 죽음과 더불어 쇠퇴하게 되는 그리스 비극은 결국 아테네 민주정과 더불어 그 생성과 몰락을 함께 했다고 할 수 있다. 이렇게 본다면 그리스 비극이 아테네의 민주정과 관계를 갖는 것은 결코 우연적인 것이 아니라 내적인 연관이 있음이 분명해 보인다. 다시 말해 그리스 비극은 더 이상 단순한 문학형태가 아니라 특별한 현실 정치적 연관을 가지며 어떤 정치적 역할을 하였다는 점이 분명해 진다. 그렇다면 그 내적인 연관과 정치적 역할이란 무엇일까? 그리고 그 역할과 비극의 본질은 어떻게 관련될까? 이것을 알아보기 위해 아테네의 민주정의 모습을 좀더 자세히 들여다보자.

II. 아테네의 민주정과 비극의 역할

기원전 460년부터 400년 사이에 가장 발전하게 된 아테네의 민주정은 페리클레스시대를 맞으면서 문화적, 정치적으로 '그리스 영광'의 시대가 된다. 이 시기의 아테네 민주정은 직접민주주의로서 세부적인 문제에 이르기까지 모든 정책을 성년 남성들의 모임인 민회에서 결정하였다. 그리스 민주정의 가장 근본이면서도 강력한 기관이라 할 수 있는 이 민회는 투표로 행정관리들을 선출하였을 뿐만 아니라 1년에 최소한 40회의 이상의 회합을 가지면서 모든 영역의 제반 문제를 결정하였다. 물론 이때 이 민회의 업무를 조직하고 그날 그날의 일상 행정을 관장하기 위하여 500인으로 구성된 협의회(council)가 있긴 하였다. 하지만 매년 아티카 전역에서 추첨에 의해 선출된 이 협의회는 결코 민회의 역할을 대신할 수 없었으며 단지 보조하는 역할을 수행하였다는 점에서 아테네의 민주정은 의심 없이 민회를 중심으로 이루어졌다고 할 수 있다.

물론 행정상의 중요한 일과 군사상의 문제 때문에 아테네에는 민회 이외에 핵심관리직이 있긴 하였다. 이 관리직은 스트라테고이(strategoi)라 불리었는데, 이것은 직접 선거에 의해 충원되는 유일한 주요 집단이었다. 이 직책의 장군들은 그 업무의 중요성(군대의 지휘관) 때문에 아테네 정책에 영향을 미쳤고 정책을 지도해갔음이 분명하지만 그러나 이들을 제외하고는 아테네인이나 아테네인 집단치고 업무 지시에 있어서 민회의 동의 없이 중대한 발언권을 가질 수 있는 사람은 아무도 없었다. 유일하게 민회의 독립성을 제지할 수 있었던 유일한 기구인 협의회조차도 민회의 축소판이었기 때문이다.[4)]

이렇게 본다면 민주정의 아테네는 말 그대로 일반 아테네인들에 의해 운영되었다고 할 수 있다. 아테네의 영광과 몰락은 바로 여기에 기인한다. 모든 역사를 막론하고 민중들은 역사를 이끌어가면서 또한 몰락을 가져가는 장본인들이기도 하다. 그리스에서도 마찬가지였다. 가장 화려하면서도 막강한 제국을 이룬 것은 바로 이 일반 아테네인들이면서 동시에 몰락의 길을 만드는 것도 이 일반 아테네인들이었다. 왜냐하면 민회에 참여하는 데모스로서의 아테네인들은 실제적으로 화려한 문화의 혜택을 받은 평균적인 아테네인이 아니라 그보다 더 하위에 속하는 교육받지 못한 사람들이었기 때문이다.[5)]

솔론 시대 이후 아테네인들은 네 가지 등급으로 분류되어 왔다. 첫째, 자신의 토지에서 연간 곡물 500단위나 그에 상응하는 것을 생산해 낼 수 있는 계층인 펜타코시오메딤노이(pentakosiomedimnoi), 둘째, 말을 보유하고 기병 근무를 위해 무장을 스스로 갖출 수 있는 계층으로서 히페

---

4) W. G. Forrest, *The Emergence of Greek Democracy*, 800-400 BC, 김봉철 역, 『그리스 민주정의 탄생과 발전』, 2001, 한울, S. 27-30.

4) 같은 책, S. 32.

이스(hippeis), 셋째, 보병으로서의 무장을 스스로 가출 수 있던 계층의 제우기타이(zeugitai) 그리고 마지막으로 이러한 것이 불가능 했던 테테스 층이 그것이다. 이러한 계층은 그 내부에서도 다시 가난한 자와 풍족한 자, 농촌사람과 도시인, 늙은 사람과 젊은 사람, 보수주의자와 급진주의자들로 섞여 있었다. 이들은 모두 민회의 구성원이 되었는데, 국가의 중요한 문제가 생기면 소집되어 각자가 속하는 계층의 이해관계에 따라 그 문제를 결정하고자 하였다.

이때 주목할 만한 현상은 대부분의 정치적 문제가 전체 시민의 이해보다는 도시 하층민의 이해에 따라 점차 결정되어 갔다는 점이다. 그 이유는 지형적 조건 때문이었는데, 당시의 아티카 인구는 성인 남자를 기준으로 8만 명이 넘지 않았던 것으로 추정된다. 이들 가운데 2만 명 정도가 1평방 마일이 채 못 되는 아테네 시 내부에 거주하였으며, 나머지는 아티카 전역에 흩어져 살고 있었다. 이 경우 민회가 소집될 때면 자신의 일과를 접고 걸어와서 일을 볼 수 있는 거리에 살고 있는 사람들만이 주로 참석하게 되었으며 그러한 상황은 자연스럽게 도시의 내부나 도시 부근에 사는 사람들로 하여금 민회에 참석토록 하였다.[6] 이러다 보니 제도적으로 실현된 평등과 시민들의 자발적인 정치참여에도 불구하고 아테네의 민주정은 점차 천박화되어갈 수밖에 없었다.

천박화되어가는 상황 속에서 민주정치를 올바르게 유지하기 위해 해야 할 일은 일반 시민들의 인식과 가치관 및 국가관을 고양시키는 것이다. 왜냐하면 그러한 모든 상황의 원인은 궁극적으로 정치적 경험부족과 교양의 결핍에 기인하기 때문이다. 국가의 중요한 문제가 발생하였을 때, 유서 깊은 귀족들이라면 당연히 멀리까지 거슬러 올라가 그동안

---

6) Mogens Herman Hansen, *The Athenian Democracy in the Age of Demosthenes*, Cambridge, 1993, S. 125-132.

쌓아온 논쟁의 경험을 토대로 해결할 수 있겠지만 이제 막 제도화된 민주정의 시민들은 이러한 경험을 전혀 가지고 있지 않았을 뿐만 정치적 가치관과 세계관이 결여되어 있었기 때문에 현안에 대하여 오직 자신의 권리만을 주장하는 것은 어찌 보면 당연한 일이었다.

이러한 상황 속에서 힘들게 정착된 민주정치가 장기적으로 발전하기 위해서는 일반 시민들로 하여금 그들의 경험과 행위를 반성적으로 성찰함으로써 서둘러 새로운 환경에 적합한 '정신적 토대'를 갖추도록 할 필요가 있었다. 이때 "정신적 토대란 이를 통해 경험과 행위를 파악하고 하나의 세계상으로 통합해 나가는 준거"를 말하는데, 바로 이러한 '정신적 토대'를 아테네 일반 시민들에게 제공하는 역할을 그리스 비극이 맡게 된 것이다.[7] 다시 말해 그리스 비극은 모두 다 평등한 권리를 갖는 아테네 시민들에게 그들이 하나의 공동체에 속하고 있다는 귀속감을 갖도록 하고 더 나아가 그들이 속한 공동체의 가치관은 무엇이어야 하는지를 깨닫게 해주는 국가 차원의 교육을 담당해야 했다. 따라서 비극의 상연은 단순한 연극의 상연이라는 의미를 넘어서 아테네 시민들을 결속시키는 국가적 행사가 되었다.[8]

이렇게 되다보니 민주정의 아테네 시민들에게 주체적인 인격으로서 뿐만 아니라 공동체의 구성원으로서의 역할을 제시해야 하는 비극이 그려 보이는 내용은 그 신화적 소재와 영웅성에도 불구하고 신들의 농간에 굴복하여 비굴하게 행동하는 평범한 인간들의 모습이 아니었다. 비극에서 그려지는 주인공들은 비도덕적 질서에 항거하면서 최선을 다해 스스로 결단하고 그 결단으로부터 주어지는 결과를 책임지는 떳떳한 인

---

7) 마틴 호제, 『희랍문학사』, 김남우 역, 작은이야기, 2005, S. 140.
8) Paul Cartledge, 「Deep play: theatre as process in Greek civic life」, in *Greek Tragedy*, edited by P.E. Easterling, Cambridge, 1997, S. 18-22.

간의 모습이며 동시에 신들에게 헌신하며 국가를 위해 희생하는 보편적 인간의 모습이었다. 이러한 내용을 관람한 아테네 시민들은 영웅적인 인간의 모습 속에서 그들이 따라야할 바람직한 인간상이 무엇인지를 배웠으며 더 나아가 시민으로서 국가와 신들을 위해 무엇을 해야 하는지를 체득하게 되었다.

그렇다면 여기서 우리는 문득 다음과 같은 궁금증을 가질 수 있다. 즉 기원전 5세기 그리스에는 이미 여러 가지의 문학 장르 즉 서사시, 서정시, 희극, 사티로스극 등이 존재하였다. 그런데 이렇게 다양한 문학형식이 있음에도 불구하고 아테네 시민들에게 '정신적 토대'를 제공해야 하는 역할을 왜 굳이 비극이 맡게 되었을까? 이러한 궁금증을 해결하기 위해서는 비극이 어떤 계기로 출현하게 되었는지를 살펴볼 필요가 있다.

III. 디오니소스 축제와 그리스 비극의 발전

아리스토텔레스에 따르면 비극은 애초에 디티람보스(dithyrambos)극으로부터 발전한 것으로 이해된다.[9] 디티람보스란 디오니소스 신을 숭배하는 자들이 사티로스로 분장하고 춤을 추며 노래하는 형태의 극을 말하는데, 보통은 디오니소스 신의 경배의식 가운데 하나로 행해지곤 하였다. 일명 박코스(Bakchos)라고도 불리는 디오니소스는 제우스와 포이니케의 왕인 카드모스의 딸 세멜레 사이에서 태어난 신이다. 일명

9) 아리스토텔레스, 『시학』, 천병희 역, 문예출판사, S. 40. 천병희, 『그리스 비극의 이해』, 문예출판사, 2004, S. 12-18 참조, 비극의 발생에 관해서는 서로 다른 견해들이 있다. 그 가운데 하나는 아리스토텔레스의 말대로 디티람보스에서 발생한 것이며, 둘째는 엘레우시스 비교와 같은 신비적 제례로부터 그리고 마지막으로는 죽은 자에 대한 장례의식으로부터의 발생 등이 그것이다. Gerald F. Else, *The origin and early form of greek tragedy*, Cambridge, 1967, S. 12-13 참조.

술의 신이기도 하며 또한 풍요와 생식의 신이기도 한 이 신은 외부로부터 공동체로 들어와 그 공동체를 광기와 희열로 몰고 가는가 하면 때로는 공동체를 새로 결합시키기도 한다. 이러한 디오니소스 신을 기리는 제례인 디티람보스 극으로부터 발전한 비극이 tragodia라 불리게 되는 데는 여러 가지 이유가 있다.

우선 tragodia라는 말은 tragos(염소) 와 ode(노래)의 합성어이다. 이렇게 볼 때, 비극이란 염소의 노래가 된다. 문제는 여기서 비극이 왜 굳이 염소의 노래라고 불리게 되었는지 인데, 이에 대해서는 여러 가지 설명이 존재한다. 이 설명 가운데 하나는 디티람보스 극에서 등장하는 배우가 염소의 발을 가진 사티로스로 분장하고 노래를 불렀기 때문이라는 해석이 있는가 하면, 다른 한편 디오니소스 신에게 희생제로서 염소를 바치며 부르는 노래였기 때문에 그렇다고도 한다. 이 외에도 제우스가 세멜레와 정교를 가져 디오니소스를 낳은 후 그의 정실부인인 헤라의 눈을 속이기 위해 디오니소스를 염소로 변신시켰기 때문에 그 디오니소스를 기리기 위한 축제에 염소 탈을 쓴 연유로 염소의 노래라고 부른다고도 하며, 또한 경연대회의 상금으로 걸려있던 것이 염소였기 때문에 염소의 노래라고 부르기도 한다는 것이다.[10] 여하튼 그 이름이야 어찌되었건 간에 분명한 것은 비극은 그 발생부터 디오니소스 제례와 분명한 관련이 있다는 점이다.

디오니소스 신에 대한 제례의 형식으로부터 발전한 비극이 어떻게 국가적 차원의 행사가 되고, 더 나아가 아테네 시민들의 교육의 장이 될 수 있었는지를 살펴보기 위해서는 디오니소스 신에 대한 제례가 어떻게 국

---

10) Gerald F. Else, *The origin and early form of greek tragedy*, Cambridge, 1967, S. 14-17. 비극이 'tragodia'라고 불리게 되는 원인에 관해서는 아직 결정적인 자료가 없어 확실한 결론에 도달하지 못하고 있다.

가적 차원의 축제로 발전하였는지를 이해하여야 한다. 사실 디오니소스 신에 대한 경배는 애초에 아테네에서 시작된 것이 아니라 그리스 북쪽의 도리스 지역에서 시작된 것으로 파악된다. 그 후 이러한 경배의 관습은 점차 남쪽으로 전파되기 시작하여 아테네로 전래되면서 제례적 형식을 갖추게 된다. 이러한 제례적 형식을 갖추면서 하나의 합창으로 이루어진 극의 모습이 생기기 시작하는데, 이러한 변화의 가장 결정적인 원인은 아테네의 참주들이 벌인 문화정책에 기인한다.[11)]

기원전 546년 팔레네 전투에서 승리함으로써 귀족들을 굴복시키고 아테네를 장악한 참주 페이시스트라토스는 자신에게 적대적인 귀족들에 대하여 권력을 공고히 하기 위하여 일반 시민들의 지지를 받을 필요가 생기게 된다. 그는 이러한 목적을 위해 전래되어 오던 도시의 축제를 활용하기 시작한다. 예나 지금이나 마찬가지지만 사람들의 마음을 얻기 위해서는 함께 모여 밥을 먹고 그것이 축제의 형식이건 아니건 간에 상관없이 마음껏 즐기는 것이다. 특히 가난한 사람들에게 있어 희생제를 드린 후 그 고기와 술로 배를 채울 수 있다는 것은 일상의 궁핍함으로부터 벗어나 오래간만에 유쾌한 삶을 즐기는 기회가 될 수 있을 뿐만 아니라 그러한 기회를 제공한 주인에게 감사한 마음을 갖게 되는 기회이기도 한다. 바로 참주들에 의해 의도적으로 기획된 도시의 축제는 아테네 시민들에게 그러한 기회를 제공하였다. 아테네 시민들은 축제에 모여 모두 함께 먹는 가운데 하나의 공동체에 귀속되었다는 생각을 갖게 되었음은 물론이거니와 그 공동체를 위해 무엇인가를 해야 한다는 의식을 갖게 되었다. 이러한 과정을 통해 데모스의 마음을 얻기에 성공한 참주들은 미미하나마 오래전부터 내려오던 축제들을 더욱 더 화려하게 치장

11) 마틴 호제, 『희랍문학사』, 김남우 역, 작은이야기, 2005, S. 142-143. Christian Meier, *The Political Art of Greek Tragedy*, Oxford 1993. S. 1-6.

하거나 혹은 추가적으로 새로운 축제를 만들게 된다. 이 가운데 하나가 도시 디오니소스 축제였다.

참주인 페이시스트라토스는 농촌에서는 인기가 있었지만 도시의 수호신인 아테나 여신에 밀려 상대적으로 주목받지 못하였던 이 축제를 새롭게 치장함으로써 도시의 축제로 만들게 된다. 그는 이 축제를 통해 도시 하층민들을 사로잡고자 하였으며, 더 나아가 이 계층에 대하여 자신의 영향력을 행사하고자 하였다. 역으로 하층민들은 이 축제에 참가하여 포도주와 고기를 먹으며 흥겨움에 도취될 수 있었고 그 과정 속에서 페이시스트라토스를 지지하게 되었다. 특히 페이시스트라토스는 이 축제의 한 구성 요소로 전개되던 비극공연을 처음으로 단순히 공연이 아니라 경연(Agon)의 형식으로 바꾸어 더욱 흥미와 박진감을 주고자 하였다.

이처럼 애초에 참주들의 정치적 계산에 의해 발전하기 시작한 디오니소스 축제는 참주정이 몰락하고 민주정이 들어서는 510년 이후에도 여전히 존속하게 된다. 오히려 민주정의 아테네는 이 축제를 나름의 이유로 더욱 발전시키게 되는데, 페리클레스는 이 축제에서 단순히 비극만 경연하게끔 한 것이 아니라 연회와 행렬을 고안하여 대중적인 아테네 시민 전체의 행사로 고양시켰다.[12] 민주정이 정착되면서 축제가 더욱 활성화된 또 다른 이유는 대외적으로는 아테네가 영향력을 행사하면서 대규모의 축제를 통해 아테네인들의 위대함과 훌륭함을 다른 도시국가에 자랑할 뿐만 아니라 동시에 대내적으로는 이 축제를 통해 아테네 시민들은 공동체의식과 문화를 느낄 수 있게 하기 위함이었다.

이와 같은 이유로 민주정이 정착되면서 더욱 활발하게 자리 잡기 시작한 디오니소스 축제는 1년에 크게 1월초와 3월말 두 차례 열렸다. 먼

12) Christian Meier, *The Political Art of Greek Tragedy*, Oxford 1993. S. 45.

저 1월 초에 열리는 이 축제에서는 남근 상을 들고 행진을 벌이는데, 아테네인들은 이를 통해 풍요와 다산을 기원하였다. 또한 3-4월에는 '도시의 디오니소스축제'가 열렸는데, 바로 이 축제에서 비극이 대대적으로 공연되었다. 대(great) 디오니소스 축제라고도 불리는 이 축제는 6일 동안이나 계속 되었는데, 첫날에는 포도나무 가지로 장식한 포도주 통을 앞세우고 그 뒤에 한 마리의 염소와 남근상이 이어지는 대행진이 벌어졌다. 2일째는 전체적인 종교의식의 시작을 알리는 디티람보스의 합창 경연이 있었는데, 이때는 50명으로 구성된 합창단원들이 춤과 노래를 부르며 디오니소스 신의 탄생을 축하하였다. 3일째는 5명의 희극 시인들이 각기 한편씩의 희극을 갖고 경연을 벌였으며, 이어 3일 동안 3인의 비극 작가들이 경연을 벌였다. 이 경연에서 각 작가들은 3편의 비극 작품과 1편씩의 사티로스극을 공연하였다. 이렇게 본다면 디오니소스 축제의 절정은 비극 경연이라고 할 수 있다.

대내적으로는 민주정을 확고히 하고 대외적으로는 해양제국으로서 점차 아티카 전역에 영향을 미치기 시작하면서 아테네는 이렇게 화려하게 치장한 대 디오니소스 축제를 단순히 아테네만을 위한 축제가 아니라 그리스 전역에 문화적 및 정치적 행사로 만들기 시작하였다. 이 축제 기간에 여타의 델피 동맹 국가들은 아테네에게 조공을 바치기 위해 아테네를 방문하였을 뿐만 아니라 함께 축제에 참여하기 위해 도시로 몰려들었다. 따라서 이 기간에 도시는 외국인들로 북적거렸으며, 아테네 시민들은 이러한 상황 속에서 많은 외국인이 아테네를 방문하여 축제에 참여하는 것에 대하여 우월감을 가지고 자랑스럽고 기쁘게 생각하였다.

아테네 시민들의 공동체 의식을 고양하고 문화적 우월감을 내보이기 위한 목적으로 활성화된 디오니소스 축제가 민주주의를 가장 꽃 피우던 페리클레스시기에 가장 번성하게 되었다는 것은 이와 같은 정략적 목적 외에 또 다른 이유가 있었다. 즉 그것은 종교적 및 정치적 보상의 의미를 담고 있기도 하였다. 즉 아테네가 더욱 강력하고 부유한 국가가 된 것에 대해 아테네 시민들은 신들에게 보답하고자 하였으며 바로 축제를 통해 신들에게 희생의 번제를 드리고 찬양을 돌렸다. 또한 신들에 대한 보상 이외에 축제는 아테네를 융성하게 만든 아테네 시민들의 노고와 노력에 대한 보상이기도 하였다. 따라서 시민들은 축제 속에서 가장 중요한 역할을 하였던 비극의 상연을 통해 자신들이 전쟁을 치루며 경험한 것을 되새겨 보기도 하였을 뿐만 아니라 그들이 바라는 운명과 세계에 대한 모습과 현실과의 차이를 조율하고 균형을 유지하고자 노력하였다. 이러한 과정의 일환으로 아테네인들은 이 축제기간 동안 법률적 소송이나 집행을 중지하였으며 죄수들에게는 그들을 위해 누군가가 보석금을 낸다면 일시적이지만 가석방을 허용하였다.[13)]

대부분의 축제가 지니는 근본적 특성이란 피곤하고 지친 일상 속에서 시민들로 하여금 잠시 의무와 요구로부터 떨어져 삶을 재충전토록 하는 것이듯이, 아테네인들에게도 축제는 그러한 의미를 지녔다. 일상에 지친 아테네 시민들은 디오니소스 축제를 통해 정신적, 육체적으로 새로운 충전과 재생산의 기회를 얻었다. 따라서 이 축제 속에서 빈부차이에 따른 갈등에서 오는 일상의 긴장은 완화되었으며, 가난한 자나 부자나 할 것 없이 이 기간 동안은 함께 취하고 즐김으로써 갈등과 반목 그리고 대립으로부터 멀어져서 서로 소속감을 경험하였다. 물론 이 과정 속에서 공동체의 문제에 대한 비판과 의혹들도 제기되었다. 하지만 이러한 모든 것들은 아테네 시민들이 그들의 문제를 풀어가는 방식이 되었다. 특히 그들은 축제에서 경연되는 비극을 관람하면서 그동안 가졌던 많은 의문들, 혼동, 무감각, 흔들리는 도덕심 등에 대해 열린 마음으로 성찰하고 토론할 수 있는 기회를 가졌을 뿐만 아니라 항상 신의 현존이 제시되

13) 같은 책 S. 44-50.

는 극의 내용을 통해 그들의 삶과 가치에 대한 교육을 받을 수 있었다. 이렇게 본다면 비극 속에서 아테네 시민들은 민주정의 윤리적이고 지성적 토대가 되는 규범적 교육을 받았다고 할 수 있을 뿐만 아니라 이런 것들을 통해 결국 공동체적 동질성을 고양시켰다고 할 수 있다.

이처럼 그리스 비극이 민주정의 아테네에서 그 전성기를 누릴 수 있었던 것은 분명히 아테네의 지도자들이 그것을 정치적 대중교화의 수단으로 사용하려 했다는 정략적 이유와 강력하고 부유한 국가가 된 것에 대해 신들에게 감사하고자 하는 생각이 어우러져 있었음은 분명해 보인다. 하지만 이러한 목적을 위해 비극이 사용될지라도 만약 비극 자체의 형식과 구조가 이러한 목적을 수행하기에 적절치 않았다면 그것은 결코 그렇게 발전하지 못했을 것이다. 따라서 비극의 아테네 시민들에게 어떻게 '정신적 토대'를 제공하고 그 시민들을 하나의 공동체로 묶을 수 있었는지를 이해하기 위해서는 이제 비극 자체로 눈을 돌려 그 모습과 내용 및 그 속에서 전개되는 의사소통구조를 살펴보아야 한다.

Ⅳ. 그리스 비극의 공동체적 의사소통 기능

그리스 비극의 근본 특성은 그것이 제례적 합창형식이 대화형식으로 변화하면서 성립되었다는 사실 자체로부터 주어진다. 비극의 모태가 된 디티람보스 극은 합창으로 이루어지는 일종의 마당극 형태였다.[14] 그것은 특별히 정해진 무대나 형식 없이 열린 공간에서 여럿이 부르는 노래였는데, 지휘자와 합창대가 있었다. 처음에는 단순히 합창대가 노래를 부르는 방식으로 진행되었는데, 이러한 형태에 변형된 모습을 가미한

14) 아리스토텔레스 『시학』, 천병희 역, 문예출판사, S. 40.

것은 테스피스였다.[15] 그는 534년 대 디오니소스 축제에서 합창을 지휘하면서 처음으로 스스로 노래를 부르기 시작하였다. 이에 대해 합창대들은 답하는 노래를 부르면서 소박하지만 대화의 형태가 전개되었는데, 이러한 형태로부터 극이 발전하게 되었다. 극의 형태로 발전한 이후에도 처음에는 단순히 합창대와 그 지휘자(코러스장) 사이에서만 대화와 노래가 이어졌지만 점차 배우들이 등장하고 또 그 수가 증가하면서 본격적으로 극의 형태가 갖추어지기 시작하였다.[16]

극의 형태가 갖추어지기 시작하면서 애초에 디티람보스 극의 구성요인이었던 합창은 점점 줄어들기 시작하였다. 디티람보스 극에서는 50명이었던 합창단원의 수가 아이스킬로스 비극에서는 12명으로 줄었다가 소포클레스 비극에서 다시 15명으로 조정되었다. 이렇게 볼 때, 합창이 비극에서 중요한 역할을 맡았다는 것은 분명한 사실이지만 그럼에도 불구하고 그것이 비극 자체의 고유한 특성을 이룬다고는 할 수 없다. 서정시뿐만 아니라 디티람보스 극에도 합창이 있었다는 것을 생각한다면 오히려 비극의 고유한 특성은 대화에 놓인다고 할 수 있다. 특히 대화로 이루어지는 비극의 가장 근본적인 특성은 갈등 속에서 전개되는 의사소통이라고 할 수 있다.

비극에서 이루어지는 노래와 대화를 통한 의사소통은 서정시에서 볼 수 있듯이 음악에 맞추어 전개되는 개인의 독백이나 여러 명의 합창이 아니었다. 그것은 배우와 배우 혹은 배우와 합창대 그리고 배우와 관객 간의 의사소통이라고 할 수 있는데, 그리스인들은 이런 연유로 극에 등장하는 배우를 히포크리테스(hypokrites)라고 불렀다. 이는 '대답하는

15) Gerald F. Else, *The origin and early form of greek tragedy*, Cambridge, 1967, S. 51-54.
16) 박종현, 『희랍사상의 이해』, 종로서적 1982, S. 281.

사람'이라는 의미를 지닌 말로서 배우는 코러스장 뿐만 아니라 합창대의 물음에 대해서도 대답을 하며 때로는 물음을 던지면서 극을 이어가곤 하였다. 디티람보스 극으로부터 비극의 형식이 갖추어진 이후, 처음에는 단지 한 명의 배우가 나와서 코러스장과 대화를 나누었으나 아이스킬로스는 그 수를 2명으로 증가시켜 코러스장 뿐만 아니라 배우끼리도 서로 대화를 하게 함으로써 본격적인 극의 형식을 만들게 된다. 이에 더 나아가 소포클레스는 배우를 한명 더 추가하여 한꺼번에 무대 위에서 세 명의 배우가 대화를 하도록 하였다.

또한 비극의 상연에서 중요한 역할을 하는 합창대도 더 이상 서정시의 노래와 같이 신에 대한 찬가(hymnos)만을 부른 것이 아니었다.[17] 비극의 합창대는 비극의 특정한 장면에 필요한 다수의 등장인물 역을 때때로 소화하기도 하였을 뿐만 아니라 때로는 복잡한 사건에 대해서 아테네 시민들의 목소리를 내기도 하였다. 예를 들어 〈안티고네〉에서 크레온의 부인인 에우리디케가 자결하자 합창대는 그녀의 시신에 대하여 "자 보시오, 이제 그것은 더 이상 집안에 감추어져 있지 않아요"라고 노래함으로써 극 중 한 배우의 역할을 수행하지만, 크레온의 등장에 대해 "그러나 그것은, 이런 말을 해도 좋다면 남의 미망이 아니라 그 분 자신의 실수가 저질러 놓은 것이오"라고 노래하는 대목에서는 관객으로서의 아테네 시민들의 목소리를 대변하는 것이기도 하였다.

이처럼 합창대가 보통의 그리고 일반적인 아테네 시민들의 목소리를 대변한다는 것은 15명으로 이루어지는 합창대의 선발 자체가 실제로 평범한 아테네 시민들로부터 이루어졌다는 점에서도 분명해진다.[18] 아테

17) 박종현, 『희랍사상의 이해』, 종로서적 1982, S. 24.
18) Simon Goldhill, 「The Audience of Athenian tragedy」, in *Greek Tragedy*, edited by P.E. Easterling, Cambridge, 1997, S. 55-56.

네 시민들은 비극에서 중요한 역할을 하는 합창대에 참여함으로써 비극을 단순히 수동적으로 관람하고 그 내용에 의해 교화되는 것이 아니라 능동적으로 그 속에서 주어지는 문제에 대하여 고민하고 자신들의 의견을 표현하였다. 특히 비극의 형식은 배우와 배우 그리고 배우와 합창대 사이에서 전개되는 대화의 내용을 통해 개별적 주체로서의 아테네 시민들의 목소리를 전달하였을 뿐만 아니라 그 위에 합창의 형식으로 공동체의 목소리를 결합하여 개인과 공동체가 어우러지는 민주정의 모습을 형상화하고자 하였다. 따라서 비극의 형식 속에서 전개되는 의사소통방식은 실제로 아테네 시민들에게는 민회나 법정에서 어떤 문제를 두고 서로 토론과 변론을 하는 모습과 다를 바가 없었다.[19] 이렇게 볼 때, 비극은 민주정 속에서 주체성에 대한 자각과 더불어 국가공동체의 가치를 위해 살아가는 아테네인들의 삶의 모습 자체를 표현한 것이며, 동시에 단순한 문학 장르를 넘어서 아테네인들의 일상 자체를 의미하는 것이라고 할 수 있다.[20]

특히 비극이 아테네인들의 일상에 대한 표현이라는 점은 단순히 극의 전개 속에서만 주어지는 것은 아니다. 왜냐하면 실제로 비극의 상연을 관람하고 그것에 대하여 토론을 하는 것은 아테네인들에게는 중요한 일상 가운데 하나였기 때문이다. 당시의 아테네 전체 도시인구가 2만 정도임에 반해 비극을 보기 위하여 극장에 모인 사람의 수가 1만 7천명 정도였다는 사실은 대부분의 시민들이 극장에 모였다는 것을 의미한다.[21] 이렇게 모인 시민들은 비극을 관람한 후 서로가 동등한 시민으로서 국가의 문제와 그들이 겪은 역사적 경험을 함께 논의하였다.[22] 이것은 곧 비

19) Rush Rehm, *Greek tragic theatre*, London and New York, 1994, S. 64-65.
20) Simon Goldhill, 「The Audience of Athenian tragedy」, in *Greek Tragedy*, edited by P.E. Easterling, Cambridge, 1997, S. 57-62.
21) Christian Meier, *The Political Art of Greek Tragedy*, Oxford 1993. S. 58.

극의 상연과 그 참여가 아테네 시민들에게는 민주주의를 실행하는 과정 자체였음을 의미한다. 물론 많은 사람들이 함께 한자리에 모여서 논의한다고 해서 그 사람들이 자동적으로 하나의 공동체가 되는 것은 아니다. 개별적으로 동등한 주체들이 공동체적 시민으로 되기 위해서는 서로가 동의할 수 있는 국가관과 가치관을 지녀야 한다. 비극의 내용은 이들에게 바로 이러한 국가관과 가치관을 제공하였다.

그렇다면 함께 모인 시민들로 하여금 주체로서 개인의 정체성을 자각케 하고 더 나아가 공동체적 의식을 깨닫게 한 비극의 내용은 무엇이었을까? 이 물음은 비극이 추구하는 가치관과 공동체적 의식이 무엇이었는지를 묻는 물음인데, 이러한 물음에 대한 답을 찾아보기 위해서 〈안티고네〉를 예로 들어 생각해 보자.

소포클레스에 의해 기원전 442년 상연된 〈안티고네〉는 소포클레스 자신의 창작물이라기보다는 테베 지역에서 전해오던 전설이라고 할 수 있다.[23] 어긋난 운명에 의해 자신의 어머니와 결혼하게 된 오이디프스는 두 아들을 남긴 채 테베를 떠나 죽게 된다. 두 아들 중 에테오클레스가 왕권을 차지하게 되자 동생인 폴리니케스는 군대를 모아 테베를 공격하게 되고, 이 싸움에서 두 왕자들은 서로를 죽이게 된다. 두 왕자가 죽자 삼촌인 크레온이 왕위를 이어 받게 되는데, 왕위에 오른 크레온은 국가의 수호자인 에테오클레스는 후하게 장례를 치루라고 하는 반면, 반역자인 폴리니케스에 대해서는 누구도 장례를 치르지 못하도록 법령으로 공표한다. 이러한 상황 속에서 두 오빠의 여동생인 안티고네는 그 동생 이스메네에게 불쌍한 오빠의 장례를 치르자고 말하면서 극이 시작된다.

---

22) John Gould, 「Tragedy and Colletive Experience」, in *Tragedy and the Tragic*, edited by M. S. Silk, Oxford 1996, 217-230 참조.

23) 천병희, 『그리스 비극의 이해』, 문예출판사, 2006, S. 94.

언니인 안티고네의 제안에 대해 이스메네는 여자들은 남자에게 복종해야 하며 그런 이유로 크레온이 선포한 법령을 따라야 한다며 거절한다.

국가를 위해 싸우다가 전사한 사람에게는 그에 합당하게 훌륭한 장례를 치러주어야 하지만 조국을 배신한 자에 대해서는 모든 것을 불 지르고 친족까지 멸해야 한다는 크레온의 법령은 바로 아테네가 당시에 어떤 공동체적 가치관을 선포하고 있는지를 잘 보여주는 대목이다. 이러한 지엄한 왕의 선포 앞에서 안티고네는 친 오빠의 죽음을 가슴아파하는 가련한 여인으로 등장한다. 비록 폴리니케스가 반역자라고 할지라도 그녀에게 그는 그저 오빠일 뿐이다. 가족의 관계는 신들의 확고부동한 불문율에 의해 성립된다는 것 또한 당시의 가치관이었다. 따라서 안티고네는 폴리니케스의 장례를 남모르게 치르고 결국은 발각되어 크레온 앞으로 끌려오게 된다. 이 대목에서 국가를 유지하기 위해서 선포된 준엄한 법령과 한 개인의 가족에 대한 연민은 서로 부딪치며 갈등의 극을 이루게 된다. 안티고네는 결국 누구의 발길도 닿을 수 없는 석굴에 갇히게 되고, 이 소식을 들은 안티고네의 약혼자이자 크레온의 아들인 하이몬은 아버지를 원망하며 자결한다.

이러한 내용의 비극 속에는 공동체적 가치와 한 개인의 가치관이 부딪치게 될 때 나타나는 일상의 모습이 분명하게 서술된다. 우선 안티고네의 모습 속에서 개인의 감정에 사로잡혀 공동체적 질서에 위반하는 모습이 연출된다. 하지만 그러한 위반은 단순히 인간의 나약함이나 혹은 사악함 때문에 일어나는 것이 아니다. 그것은 오히려 가족의 구성원으로서 신의 뜻을 따르려는 의도에서 비롯되는 최선의 행동이다. 하지만 바로 이러한 행동이 안티고네를 파멸로 이끌어 간다. 그러나 안티고네는 이 파멸에 직면하여 자신의 행위에 대하여 후회하지 않는다. 그녀는 오히려 "나는 서로 미워하기 위해서가 아니라, 서로 사랑하기 위해서 태어났어요."라고 말하면서 주어진 운명을 감내한다.

사실 개인의 감정을 표현한 그리스 문학에는 비극 이전에 이미 서정시가 있었다. 하지만 서정시(lyric)에서 표현되는 감정은 인생에 대한 회의이거나 아니면 기껏해야 인생의 보람을 사랑에서 찾으려고 하는 것이 대부분이다. 반면 비극 속에서 표현되는 개인의 감정은 삶에 대한 절망과 좌절로부터 나오는 것이 아니라 오히려 주어진 삶에 대한 긍정으로부터 나온다. 그렇기 때문에 비극을 관람하는 아테네의 시민들은 안티고네의 이러한 운명적 파멸 앞에서 '공포'와 '연민'의 감정을 느끼게 되는데, 아리스토텔레스에 따르면 이때 공포란 "우리 자신과 유사한 자가 불행을 당할 때 환기된다고 말하며, 연민은 부당하게 불행을 당하는 것을 볼 때 환기된다고 말한다.[24] 결국 아테네 시민들은 안티고네를 통해 자신들과 마찬가지로 삶 속에서 최선을 다하지만 바로 그 행위에 의해 불행을 당하게 되는 인간의 모습을 체험하면서 주체적으로 삶에 대해 긍정하고 최선을 다하는 행위가 무엇인지 그리고 신의 섭리에 따라 운명을 받아들이는 모습이 어떤 것인지를 배우게 된다.

이뿐만 아니라 아테네 시민들은 비극을 관람하면서 공동체적 질서가 과연 무엇인지를 또한 깨닫게 된다. 공동체적 질서를 어기게 될 때 개인들에게 돌아오는 것은 파멸일 뿐만 아니라 동시에 국가로 대변되는 크레온 가문이 몰락하듯이 국가의 몰락임을 배우게 된다. 결국 이러한 과정 속에서 아테네 시민들은 민주적 개체로서 뿐만 아니라 국가 구성원으로 삶을 살아가기 위해서 궁극적으로 무엇이 필요한지를 철저히 깨닫게 된다. 그 깨달음은 다름 아닌 아테네 시민들로 구성된 합창대의 마지막 노래를 통해 분명하게 전해진다. 그것은 다음과 같다. "지혜야 말로 으뜸가는 행복이라네. 그리고 신들에 대한 경의는 침범되어서는 안 되는 법. 오만한 자들의 큰소리는, 그 벌로 큰 타격들을 받게 되어, 늙어서

---

24) 아리스토텔레스, 『시학』 천병희 역, 문예출판사, 13장 1453 a 참조.

지혜를 가르쳐준다네."[25)]

모두 동등한 주체들이 모여 조화로운 공동체를 이루기 위해 가장 필요한 것은 개인들의 지혜로운 행위이다. 만일 지혜가 없다면 공동체는 존재할 수 없다. 도시 국가로서의 공동체가 존재할 때만이 비로소 개인들의 행복도 유지될 수 있다면 결국 공동체를 유지하는데 가장 필요한 지혜는 동시에 개인의 행복의 근원이라고도 할 수 있다. 국가의 지배자뿐만 아니라 개인이라도 지혜롭지 못하며 신들에 대한 경의를 잊는다면 그 공동체 내지 개인은 파멸할 수밖에 없다는 가르침은 평등한 시민으로서 국가 공동체를 유지해야 하는 민주정의 아테네 시민들에게는 가장 필요한 규범적 지식일 뿐만 아니라 가치관이 된다.[26)]

이러한 규범적 지식과 가치관을 깨달은 아테네 시민들은 현실의 법정과 민회 속에서 다시 그 깨달음에 기초하여 개인의 사사로운 문제뿐만 아니라 국가의 중대사를 논의하고 결정하였다. 이렇게 본다면 그리스 비극은 결국 아테네의 민주정을 유지하는 교실이었으며, 동시에 서로 다른 주체들이 모여 공동체를 이루어가는 삶의 현장이었다고 말할 수 있다.

---

25) 소포클레스, <안티고네>, 1345장. 천병희 역, 『오이디프스왕』, 문예출판사, 2001, S. 339-340.

25) Simon Goldhill, 「The Audience of Athenian tragedy」, in *Greek Tragedy*, edited by P.E. Easterling, Cambridge, 1997, S. 66-67.

참고 문헌

마틴 호제, 『희랍문학사』, 김남우 역, 작은이야기, 2005.

박종현, 『희랍사상의 이해』, 종로서적 1982.

소포클레스, 〈안티고네〉, 1345장. 천병희 역, 『오이디프스왕』, 문예출판사, 2001.

아리스토텔레스, 『시학』, 천병희 역, 문예출판사, 2006.

Cartledge, P., 「Deep play: theatre as process in Greek civic life」, in: *Greek Tragedy*, edited by P.E. Easterling, Cambridge, 1997.

Else, G. F., *The origin and early form of greek tragedy*, Cambridge, 1967.

Forrest, W. G., *The Emergence of Greek Democracy*, 800-400 BC, 김봉철 역, 『그리스 민주정의 탄생과 발전』, 한울, 2001.

Goldhill, S., 「The Audience of Athenian tragedy」, in: *Greek Tragedy*, edited by P.E. Easterling, Cambridge, 1997.

Gould, J., 「Tragedy and Colletive Experience」, in *Tragedy and the Tragic*, edited by M. S. Silk, Oxford 1996.

Hansen, M. H., *The Athenian Democracy in the Age of Demosthenes*, Cambridge, 1993.

Meier, C., *The Political Art of Greek Tragedy*, Cambridge 1993.

Rehm, R., *Greek tragic theatre*, London and New York, 1994.

Die staatliche Komunikationsfunktion der griechischen Tragödie

Lee, Kwang-Mo

Zusammenfassung

Die griechische Tragödie ist eine Literaturform, die vom Ende B.C 6ten anfangend und gegen B.C 5ten am fruchtbarsten verfasst wurde. In dieser Zeit hat Athen die alle andere Staaten in Attika besiegt und ein starkes Imperial aufgebaut. Und sie hat kulturell und ökonomisch ihren Höhepunkt erreicht. Wenn es so ist, dann kommt hier eine Frage aus. Warum ist es doch ausgerechnet die Tragödie, daß Athener in ihrer beste Zeit gedichtet haben?

Die vorliegende Arbeit betrachtet erstens das Verhältnis der griechschen Tragödie zur damaligen politischen Situation. In dieser Betrachtung wird gezeigt, daß die griechische Tragödie nicht einfach eine Literatur, sondern die geistige Grundlage für Athener in der Demokratie, die ihnen ein Motiv gibt, ihre Erfahrung reflexive zu betrachten. Die Athener haben m. a. W. durchs Schauen der Tragödie ihre historischen Leistungen und Erfahrungen erschätzt und eine normative Erkenntnis für ihren Alltag gewonnen.

Es handelt sich an der vorliegenden Arbeit nächstens um die Form und Struktur der griechischen Tragödie. Im Vergleich mit der Lyrik und dem Epos besteht die Eigentümlichkeit der Tragödie in der Kommunikation, die sich unter dem Aktor und dem Chorus und dem Publikum entfaltet. Diese Kommunkationsmode repräsentierte das alltägliche Leben der Athener, die sich vor Gericht verteidigten und in dem Kongreß disputierten. Durch die Kommunikation waren sich die Athener als Bürger der Demokratie der Subjektivität und dem allgemeinen Wert.

Daraus folgert, daß die griechische Tragödie für die Athener ein Unterricht zur Erhaltung der Demokratie und ein Lebensort, in dem jede Individuen eine Gemeinschaft bilden, ist.

Schlagwoerter: Griechenland, Tragödie, Kommunikation, Demokratie, Sophokles

범주의 기원에 관한 스콜라철학의 두 이론

– 토마스 아퀴나스와 프라이베르크의 디트리히를 중심으로

이 상 섭

I. 머리말
II. 토마스 아퀴나스의 범주론
III. 디트리히의 범주론
IV. 맺음말

요약문

범주란 우리가 다양한 사물들을 고찰하는 틀이나 질서 또는 관점을 가리킨다. 그런데 아리스토텔레스의 전통에서 범주는 대상의 객관적 규정성을 지시하는 것인 반면에 칸트 이후로는 범주가 더 이상 존재 자체의 규정이라기보다는 순수한 사유의 규정으로서 나타나게 된다는 것이 일반적으로 받아들여지는 견해이다. 그리고 범주의 본질에 대한 이러한 이중적인 견해의 대립이 고대 및 중세와 근대의 범주론의 차이를 반영하는 것으로 여겨진다. 그러나 범주의 본질에 대한 이러한 두 견해는 고대 혹은 중세의 범주론과 근대의 범주론의 대립에서만이 아니라 아리스토텔레스 자신에게 이미 단초를 갖고 있으며, 그 결과

아리스토텔레스 범주론의 해석사에서 빈번히 나타나게 된다. 이것을 13-4세기 스콜라철학의 범주에 대한 두 이론을 비교함으로써 확인하는 것이 이 논문의 목적이다. 토마스 아퀴나스는 13세기의 스콜라철학의 맥락에서 범주의 이중성을 범주의 이중적 고찰방식의 구분을 통해 주제화하였다. 13세기 스콜라철학자들에게 범주는 한편으로는 형이상학적 관점에서 정신 밖에서 발견되는 '존재의 양태'로 파악될 수 있고, 다른 한편으로는 논리학적인 관점에서, 즉 논리학의 대상 중의 하나로서 이해되기도 한다. 한편 프라이베르크의 디트리히는 범주를 문법이나 논리학적인 관점이 아니라 형이상학적이고 존재론적 관점에서 접근한다. 그는 범주의 기원 자체를 주제화하여, 실체를 비롯한 모든 범주들이 자연이 아닌 지성의 작용에 의해 야기된 지성의 산물로 파악한다. 그러면서도 그는 동시에 범주가 주관적인 사유의 틀이 아니라 정신 밖에 존재하는 사물 자체의 규정성이라고 주장한다.

● 주요어 : 범주, 빈술, 사유의 형식, 존재의 규정성, 지성, 지향, 초월범주.

I. 머리말

1. 범주에 대한 두 이해 방식

우리가 사물들을 인식하고 그것에 대해 사유하기 위해서는 최소한의 질서가 필요하다. 아무런 연관 없이 무질서하게 우리 앞에 놓여 있는 사물들을 우리는 단지 '볼' 수는 있지만, 그것들에 대해서 '사유'할 수는 없다. 사유는 사물들 또는 사태들의 연관성을 파악하는 활동이기 때문이다. 그렇기 때문에 사물들에 대해서 사유하기 시작하는 순간 우리는 그것들을 일정한 '틀'이나 '질서' 속에서 생각을 하게 된다. 일반적으로 말해서 이렇게 우리가 그것을 통해서 다양한 사물들을 고찰하는 바의 것, 그러한 것을 우리는 "범주"(*categoria*)라고 부른다.[1] 다른 말로 표현하자면, "대상을 파악하고 규정하는" "의식이 자기의 대상을 고찰하고 가공하게 되는 가장 일반적 관점" 또는 그것을 표현하는 개념을 가리킨다.[2]

그런데 이미 이러한 규정성에서 알 수 있듯이 범주의 개념 속에는 인간의 사고와 대상간의 관련성이 함축되어 있으며, 그런 한에서 이러한 범주의 일반적인 규정 속에는 이미 범주의 본질에 대한 서로 환원될 수 없는 대립적인 입장들이 모습을 숨기고 있다. 즉, 범주가 그것을 통해서 다양한 사물들을 고찰하는 '틀'이나 '질서'라고 했을 때, 이 틀이나 질서는 사물들을 정리하고 규정하는 사유 작용의 틀이고 질서인가, 아니면 사유에 의해 파악된 사물의 틀이고 질서인가? 간단히 말해 범주는 사물의 질서에 속하는가, 사유의 질서에 속하는가?

범주들을 처음으로 체계적으로 분류한 것은 아리스토텔레스의 공적이라고 할 수 있다. 그런데 아리스토텔레스의 범주는 존재자의 규정과 분류와 관계하고 있다는 것이 일반적인 철학사적 평가이다. 아리스토텔레스의 존재론과 인식론은 '존재의 모사로서의 인식' 혹은 '존재의 사유에 대한 우위성', '존재와 인식의 일치로서의 진리'(*adaequatio rei et intellectus*) 개념을 바탕으로 전개되고 있다. 그런데 만일 아리스토텔레스의 생각처럼 인간의 인식 작용이 근본적으로 대상에 대한 모사라면 그리고 사유가 모사의 형식으로 받아들이게 되는 이 대상이 사유와 독

---

1) Th. Kobusch, *Sein und Sprache. Historische Grundlegung einer Ontologie der Sprache*, Leiden-New York-København-Köln 1987, 331 참조.

2) J. 헤센, 『인식론(수정판)』, 이강조 옮김, 서광사: 1994, 149.

립적으로 형성되어 있고 규정되어 있는 것이라면, 인식 작용의 근본 개념인 범주는 대상의 객관적 규정성을 지시하는 것으로 이해되어야 한다는 것이다.[3] 이러한 정황 때문에 아리스토텔레스 이후로 범주론은 존재론적 탐구의 중심주제가 되었다고 할 수 있다.[4] 그러나 우리는 이와는 다른 방식의 범주에 대한 이해를 잘 알고 있다. 즉 아리스토텔레스의 인식론에서와는 달리 칸트의 인식론에서는 사고 작용이 대상을 수용하는 것이 아니라, 오히려 "사고 작용이 대상을 산출한다." 그러할 경우 범주는 더 이상 존재 자체의 규정이라기보다는, 순수한 사유의 규정으로서, "의식의 선천적 형식과 기능"으로서 나타나게 된다. 이렇게 해서 우리는 범주의 본질에 관한 두 개의 서로 대립적인 견해를 갖게 된다. 그 중의 하나에 따르면 범주는 존재의 형식, 대상의 규정성으로, 다른 하나에 따르면 범주는 사유의 형식이고 사유의 규정성으로 파악되게 된다. 우리는 흔히 전자의 이해방식을 "객관주의적 · 실재론적 이해"라고 부르고, 반면에 후자의 이해방식을 "선천적 · 관념론적 이해"라고 부른다.[5]

아리스토텔레스와 칸트의 입장을 비교하다보면 범주의 본질에 대한 이러한 이중적인 견해의 대립이 고대 및 중세와 근대의 범주론의 차이를 반영하는 것처럼 보인다. 그러나 범주의 본질에 대한 대립적인 두 입장은 범주론을 체계화한 아리스토텔레스 자신에게서 이미 나타난다. 주지하다시피 아리스토텔레스는 범주라는 말을 법률용어로부터 차용하여 '진술' 또는 '진술형식'이라는 의미의 철학적 용어로 만들었다. 아리스토텔레스가 범주를 구분하면서 주목한 점은 어떤 것에 대해서 술어가 될 수 있는지의 여부와 어떤 것 안에 있을 수 있음의 여부이다. 이에 따

---

3) 헤센, 같은 책, 151.
4) Beckmann, *Wilhelm von Ockham*, München 1995, 92-93 참조.
5) 헤센, 같은 책, 151.

라 아리스토텔레스는 어떤 다른 것의 술어가 되지 않으며 또한 다른 어떤 것 안에 있지도 않고, 다른 것의 담지자로서의 기능을 수행하는 것을 실체라 불렀고, 반면에 담지자로서 기능하지 않으면서 다른 것의 술어가 될 수 있는 것을 우유성이라고 불렀다. 그런데 이러한 범주를 나누는 이중적 기준은 바로 범주의 이중적 기능을 드러내준다. 즉, 아리스토텔레스의 범주들은 한편으로는 술어화의 형식들을, 다른 한편으로는 자립적인 것(실체)과 비자립적인 것(우유성)의 구분을 통해서 존재의 양태들을 보여주는 것이기도 하다.[6] 따라서 이로부터 이미 "아리스토텔레스의 범주론이 존재방식을 다루고 있는지 아니면 진술방식을 다루고 있는지"를 묻게 되는 것은 필연적인 것처럼 보인다.[7] 이러한 상황에 직면해서 아리스토텔레스의 주해자인 심플리키우스(Simplicius)는 범주들은 언어적 실재가 아니라, 사물들을 지시하고 표상하는 언어적 표현들이라고 말함으로써 범주의 이중적인 측면에 주목하였고 보에티우스는 범주들을 사물들을 지시하는 단어들로 파악했으며, 후기스콜라철학의 코임브라학파에 속하는 도밍고 데 소토(Domingo de Soto)는 범주론은 말에 의해 지시되는 한에서의 사물들과 사물들을 지시하는 한에서의 말을 다룬다고 주장하였다.[8] 따라서 범주의 본질에 대한 위에서 언급한 서로 대립적인 이중적인 견해는 고대 혹은 중세의 범주론과 근대의 범주론의 대립만이 아니라 아리스토텔레스 범주론의 해석사에 속한 대립으로서, 중세스콜라철학 내에서도 이미 대립되는 견해가 발견되며, 심지어 아리스토텔레스 자신의 경우처럼 한 철학자에게도 대립적 요소가 긴장관계로 나타나기도 한다. 이러한 긴장관계를 13세기의 범주론을 둘러싼 쟁점을

---

6) Beckmann, 같은 책, 92-93 참조. 아리스토텔레스 『범주론』의 구성과 문제에 대해서는 강상진, 「아리스토텔레스 〈범주〉편 연구-구성과 문제-」, 『철학사상』 10 (2000), 125-143 참조.

7) Beckmann, 같은 책, 92.

통해 확인해 보자.

2. 13세기 스콜라철학에서의 범주론의 문제

학문의 분류에 따르면 『범주론』은 논리적인 저작들의 하나이다. 이러한 면에서만 보자면 범주는 논리학의 대상으로서, 논리적인 관점에서 고찰될 수 있다. 스콜라철학에서는 논리학의 대상 규정에 대해 다양한 견해가 있었기 때문에, 논리적 관점에서 파악된 범주가 무엇을 의미하는지에 대해서도 여러 가지 입장 차이가 있을 수 있다. 전통적으로 논리학은 사유 작용 또는 삼단논법을 다루는 학문이라는 입장이 우세했다. 그러나 13세기에 들어오면서 아랍철학으로부터 유래하는 '제이지향'(*intentio secunda*)이라는 개념이 도입되면서 논리학은 '제이지향'을 다

8) 이에 대해서는 L. de Rijk, *Aristotle. Semantics and Ontology*, vol. 1, Leiden; Boston; Köln 2002, 359-361 참조. 고대철학에서 스토아학파는 대체로 범주들을 논리학적인 관점에서 해석하였고, 반면에 아카데미아학파에서는 존재론적인 측면을 강조하였다. 현대에 이르러서도 범주들을 문법적 · 논리학적인 의미에서 파악하는 입장(O. Apelt)과 존재론적으로 이해하려는 태도(H. Bonitz)를 발견할 수 있다(같은 곳, 참조). 큰 틀에서 보자면 이러한 두 견해를 갈라놓는 기준은 사유와 존재 또는 사유 대상의 관계에 대한 근본적인 입장 차이에 놓여 있다. 한편으로는 사유와 존재의 친밀성을 인정하는가에 따라서, 또 다른 한편으로는 사유가 대상에 의해 수용적인 위치에 있는 것으로 파악하는지 아니면 반대로 대상이 사유에 의해 규정되는 것으로 파악하는지에 따라 범주의 본질과 기원에 대한 근본적인 태도가 결정된다고 할 수 있다. 즉 "각각의 철학자들이 이 중의 어떤 종류의 범주론을 택했는가는, 그들이 어떤 종류의 존재론과 인식론을 추구하고 있는가에 달려 있다."(E. Lask, Die Logik der Philosophie und die Kategorielehre, in: Gesammelte Schriften 2, 4 〔H. M. Baumgartner u.a., "Art.: Kategorie, Kategorienlehre", in: *Historisches Wörterbuch der Philosophie* Bd. 4, 714에서 재인용.〕) 이 문제는 다음 절에서 곧 보게 되겠지만 아리스토텔레스의 저작인 『범주론』이 논리적 저작인가 혹은 형이상학적 저작인가와 관련된 논쟁과 일맥상통한다. 고 · 중세 철학에서 범주의 본성에 대한 논쟁은 바로 이 저작에 대한 해석의 형태를 띠고 벌어졌기 때문이다. 이에 대해서는 G. Pini, *Categories and Logic in Duns Scotus. An Interpretation of Aristotle's Categories in the Late Thirteenth Century*, Leiden-Boston-Köln 2002, 1 참조.

루는 학문이라는 견해가 널리 퍼지게 되었다. 제이지향은 '제일지향'(*intentio prima*)이라는 개념과 짝을 이룬다. 다른 많은 스콜라철학의 개념들처럼 '지향'(*intentio*)이라는 개념에 대해서도 단일한 정의를 내리는 것은 거의 불가능하다. '다른 것으로 향함'(*in aliud tendere*)이라는 지향의 일반적인 정의를 받아들일 때, 제일지향이란 '지성의 활동이 일차적으로 향하는 것'이고 '제이지향'은 '지성의 활동이 이차적으로 향하는 것'이 될 것이다.[9] 논란의 여지는 많지만 대략적으로 말하자면 지성의 활동이 일차적으로 향하는 것은 자기 자신과 다른 어떤 것인 지성 밖의 존재자라고 한다면, '지성의 활동이 이차적으로 향하는 것'은 '지성에 의해 일차적으로 지향된 존재자, 즉 지성에 의해 인식된 존재자'라고 할 수 있다.

그런데 논리학의 대상이 제이지향이며 『범주론』이 논리학적 저작에 속한다면, 이제 범주는 제이지향에 속하는 것으로 이해될 것이다. 다시 말해 범주는 '지성 밖에 존재하는 존재자'(*ens extra intellectum*) 또는 그것을 지시하는 것이 아니라, 지성에 의해 인식된, '지성 안에 존재하는 것'(*ens in intellectu*)으로 이해된다. 그런데 이러한 입장에 따르게 되면, 범주는 자신의 존재를 지성으로부터 얻게 된다는 결론이 나오게 된다. 그러나 '실체', '양' 또는 '질'과 같은 범주들이 제이지향의 개념들인가? 그런데 주지하다시피 범주는 『범주론』에서만 다뤄지는 것이 아니고, 『형이상학』에서도 언급된다. 따라서 범주는 형이상학적인 고찰의

---

9) 물론 '지향'을 본문에서 소개한 것처럼 '그것으로 지성의 활동이 향하게 되는 바의 것'으로 이해할 수도 있지만, 달리 파악해서 '… 향하는 활동' 자체 또는 '… 을 향한 활동의 결과', 즉 '개념'으로 볼 수도 있다. 이에 대응해서 제일지향과 제이지향의 정의도 달라진다. 제일지향 및 제이지향의 본질적 규정은 스콜라철학의 가장 복잡하고 논란이 많은 쟁점 중의 하나였다. 이에 대해서는 이상섭, 「중세스콜라철학의 지향성, 지향의 대상 및 지향적 존재에 대한 연구」, 『철학과 현상학 연구』 26(2005), 159-206, 특히 162-169 참조.

대상이 되기도 한다. 『형이상학』의 대상이 되는 한에서, 즉 "사실학"(*scientia realis*)의 대상이 되는 한에서 '실체'나 '양'과 같은 범주들은 오히려 정신 밖의 실재들을 지시하는 제일지향의 개념들은 아닌가?

이러한 문제 상황과 관련해서 아리스토텔레스의 『형이상학』이 스콜라철학자들에 의해 이용되기 시작하면서부터[10] 13세기 스콜라철학자들에게는 『논리학』과 『형이상학』에서 범주에 대해 언급된 것들을 조화시켜야만 할 과제가 부과되게 된다. 그래서 스콜라철학자들은 범주에 대한 이중적인 고찰방식을 구별하여 『범주론』에서는 논리학자로서 『형이상학』에서는 형이상학자로서 범주를 고찰한다고 주장한다. 이로부터 범주의 이중적인 규정성이 주장된다. 즉, 범주는 한편으로는 형이상학적 관점에서 정신 밖에서 발견되는 '존재의 양태'로 파악될 수 있고, 다른 한편으로는 논리학적인 관점에서, 즉 논리학의 대상 중의 하나로서 이해되기도 한다는 것이다.[11] 이에 따라 하나의 동일한 대상이 한편으로는 '정신 밖의' 존재자로서, 다른 한편으로는 정신에 의해 야기된, '정신 안의' 존재자로서 이해된다. 그런데 정신 밖의 존재자와 정신 안의 존재자의 결정적인 차이는 각각의 존재자의 존재의 기원이 정신에 의존적인가의 여부에 달려있다. 즉 정신 안의 존재자는 정신에 의해 야기된 것으로 정신의 인식에 의해 존재하게 되는 반면, 정신 밖의 존재자는 정신의 인식여부와 관계없이 존재한다. 그러므로 범주가 형이상학의 대상인가 아니면 논리학의 대상인가라는 문제는 범주가 무엇에 의해 야기된 존재자인가라는 문제를 함축하고 있다.

이렇게 13세기 스콜라철학의 범주를 둘러싼 문제제기는 결국 보다 일

---

10) 아리스토텔레스의 『형이상학』은 12세기말 13세기 초에 스콜라철학자들에 의해 이용되기 시작한다.

11) 이에 대해서는 Pini, 같은 책, 11-18 참조.

반적인 문제, 즉 과연 범주는 정신에 의해 산출된 정신의 산물인가 아니면 정신 밖의 존재자가라는 문제, 더 나아가 정신의 규정성인가 아니면 존재 자체의 규정성인가라는 문제로 환원될 수 있다. 따라서 우리는 13세기 범주론의 쟁점을 다루면서도 범주의 기원과 본질의 물음에 대한 답변을 적어도 간접적으로라도 들을 수 있다. 이제 이 논문을 통해서 우리는 스콜라철학에서 나타난 범주의 기원에 대한 두 이론을 다룰 것이다. 두 입장을 대변하는 스콜라철학자로 우리는 13세기 융성기의 스콜라철학을 이끌었던 토마스 아퀴나스와 그 보다는 대략 한 세대 후에 활동한, 그러나 토마스와 같은 교단(Dominik)에 속해 있었으며 토마스와 공통의 스승에게서 사사했던 프라이베르크의 디트리히를 택했다. 토마스 아퀴나스는 13세기 범주론의 논쟁을 충실히 반영하고 있는 철학자이고 디트리히는 어떻게 보면 스콜라철학에서 예외적인 인물이라고 할 정도로 범주에 관해서 독창적인 방식으로 문제를 제기하였다. 이 두 입장을 대비함으로써 위에서 언급했던 범주의 본질을 둘러싼 대립적인 두 이론의 존재를 중세 스콜라철학에서도 확인할 수 있게 될 것이다. 이를 위해 토마스 아퀴나스(II)와 디트리히(III)에게 있어서 각각 범주의 연역과 범주의 기원의 문제를 순서대로 살펴볼 것이다.

II. 토마스 아퀴나스의 범주론

1. 범주의 연역과 분류

토마스 아퀴나스는 아리스토텔레스의 10가지 범주들을 연역해 냄으로써 아리스토텔레스가 느슨하게 모아놓은 범주들을 체계적으로 분류한 것으로 평가된다.[12] 토마스가 범주들을 연역할 때에 준수한 원칙은 존재자는 다양한 양태의 빈술방식이라는 의미에서 다양한 범주들로 한정된다는 것이다.[13] 다양한 빈술방식은 그것에 대응하는 다양한 존재방식을 지시한다는 것이다. "빈술작용의 종류만큼, 존재의 방식이 있다."[14] 따라서 토마스에 따르면 만일 우리가 어떤 종류의 존재자의 범주들이 있는지 알고 싶다면, 사물에 대한 다양한 빈술(*praedicatio*)의 방식에 주목해야만 한다.

범주의 연역이 빈술방식을 원칙으로 해서 이루어지는 근거는 사물의 존재방식이 빈술방식을 매개로 해서, 즉 언어를 통해서 표현된다는 데 있다. 그러나 언어적 표현과 사물의 존재방식간의 대응은 직접적인 것은 아니다. 왜냐하면 언어는 사물을 표현하되, 개념을 매개로 사물을 표현하기 때문이다. 다시 말해 언어는 '이해된 한에서의 사물'을 표현하고 지시한다.[15] 토마스에 따르면 사물에 대한 인식은 두 단계로 구성된다. 첫 번째 단계에서 인식되어야할 사물이 '무엇'인지가 인식된다. 그런데 첫 번째 단계의 인식은 그것에 의해 인식대상이 인식되는 인식의 원리 또는 출발(*principium cognitionis*)을 이룰 뿐이다. 인식의 완성은 인식된 것이 실제로 그렇게 존재한다는 인식을 통해서 이루어지게 된다. 즉, 사물의 무엇임(*quiditas rei*)뿐 아니라, 그 사물의 실제 존재(*esse*)가 인식될 때에야 이루어진다. 토마스는 두 번째 단계의 인식, 즉 존재의 인식을 인식의 종결(*terminus cognitionis*)이라고 부른다. 토마스주의자들에 의

12) Kobusch, 같은 책, 336 참조. 그런데 범주의 수와 관련해서 아리스토텔레스는 『범주론』 4장(1b25-2a4)과 『토피카』 1권 9장(103b20-39)에서만 범주의 10가지 목록을 제시하였고, 『형이상학』 5권 7장(1017a22-27)에서는 범주들의 목록을 8가지로 축소하였다.

13) Kobusch, 같은 책, 337.

14) Thomas Aquinas, In V metaphysicorum lect. 9, n. 890: "Quot modis aliquid praedicatur … tot modis significatur aliquid esse."

15) Thomas Aquinas, In Perihermeneias lect. 2, n. 15. 참조.

해서 각각 단순이해(*apprehensio simplex*)와 판단(*iudicium*)이라고 불리는 두 단계의 인식을 통해서 한 사물에 대한 완결된 인식이 일어나게 된다.[16] 단순이해는 단순개념(*conceptio simplex*)을 통해서 표현되고, 판단은 복합개념(*conceptio complex*)을 통해서 표현된다. 복합개념은 개념들 간의 결합 또는 분리를 통해서 형성되는데 이 결합과 분리는 연결사(*copula*)를 통해서 표현된다. 간단히 말해 복합개념이란 명제(*propositio*)를 가리킨다.

범주들의 연역은 인식의 두 번째 작용인 판단작용, 즉 주어에 술어를 귀속시키는 작용, 다시 말해 빈술작용으로부터 일어난다.[17] 이제 우리는 어떤 종류의 범주들이 있는지 알기 위해서 어떤 종류의 빈술방식이 있는지, 즉 어떻게 주어와 술어가 결합되는지를 토마스의 아리스토텔레스 『형이상학주해』 제5권 제9장[18]을 좇아가면서 이를 자세히 살펴보도록 하자. 토마스는 주어와 술어가 세 가지 방식으로 서로 관계를 맺는다고 말한다. "첫째 〔1〕, 술어가 주어인 바의 것일 경우가 있다. 즉, 내가 '소크라테스는 동물이다'라고 말할 경우가 그렇다."(n. 891) 소크라테스는 바로 동물인 바의 것이기 때문에, 여기에서 술어는 제일실체를 지시한다. 첫 번째 방식의 빈술에서 실체(*substantia*)의 범주가 연역된 반면, 두 번째와 세 번째 방식으로부터 우유적 속성들(*accidentia*)이 연역되게 된다. 우유적 속성들을 연역하면서 토마스는 선언판단의 방법을 따른다. 이 방법이 실체-우유적 속성의 이분법에서도 이미 적용되고 있음은 물

16) 인식의 두 단계의 구별에 대해서는 Thomas Aquinas, De trinitate q. 5, a. 3 resp.참조.

17) 이에 대해서는 S. Breton, "La déduction thomiste des catégories", in: *Revue philosophique de Louvain* 60(1962), 5-32 참조.

18) Thomas Aquinas, In V metaphysicorum lect. 9, n. 891-892에서 주제화된다. n. 891은 실체 n. 892에서는 우유적 속성들의 연역이 설명되고 있다. 따라서 이하의 내용은 이 부분에 대한 요약이다.

론이다. 두 번째와 세 번째 방식의 주어와 술어의 관계는 첫째 방식과는 달리 술어가 주어 자체를 가리키지 않고 주어에 "귀속"(*accidere*)되는 것이라는 점에서 공통성을 갖는다.

그런데 두 번째와 세 번째 방식을 가르는 것은 술어가 주어에 내재하는 것인가 아니면, 주어의 밖에 있는 것인가의 여부이다. 먼저 〔2〕술어가 주어에 내재하는 한에서 취해지는 경우가 있다. 그런데 술어가 주어가 내재하는 경우는 다시 다음과 같이 양분될 수 있다. 왜냐하면 어떤 것은 그 자체로 다른 것과의 비교 없이 절대적으로 주어에 내재하는 경우〔2.2〕가 있는가 하면, 다른 한편으로 술어가 절대적으로 주어 안에 내재하지 않고, 다른 것과의 관계에 따라서 내재하는 경우〔2.3〕가 있기 때문이다. 후자로부터 '관계'(*ad aliud*)의 범주가 연역된다. 한편 전자, 즉 술어가 주어에 절대적으로 내재하는 경우는 다시 둘로 나뉠 수 있다. 이것은 술어가 속성으로 귀속되는 주체를 이루는 내적 구성원리에 상응해서 일어난다. 자연실체들은 아리스토텔레스-토마스의 질료-형상론에 따르면 자신의 내적인 구성원리로서 질료와 형상을 갖는다. 절대적으로 주어에 속하는 술어들 중에서 어떤 것은 한편은 질료에 따라서 취해지는데 〔2.2.1〕이로부터 우리는 '양'(*quantitas*)의 범주를 얻게 된다. 다른 한편 어떤 것은 형상으로부터 취해지기도 하며 〔2.2.2〕, 이로부터 우리는 질(*qualitas*)의 범주를 얻게 된다.

주어와 술어가 관계 맺는 세 번째 방식에 따르면〔3〕, 술어는 주어를 가리키지 않고, 주어에 속하는 무엇을 가리키지만 이것이 주어에 내재하는 것이 아니라, 주어의 밖에 있는 것으로부터 얻어지는 경우가 있다. 토마스는 이것을 이분법에 따라 다시 양분한다. 기준은 주어의 밖에 있는 것이 전적으로 그러한지, 아니면 어떤 관점에 따라서 그러한지의 여부이다. 먼저 〔3.1〕술어가 전적으로 주어 밖에 있는 경우가 있다. 그런데 이것도 다시 술어가 주어의 척도가 되지 않는 경우와 그러한 경우를 나눌 수 있다. 전자의 경우는〔3.1.1〕예를 들어 '소크라테스는 옷을 입고 있다'와 같은 진술의 술어가 이에 해당된다. 여기에서 술어는 단지 주어에 내재하는 속성이 아니라, 주어에 의해 '소유된 것/습성'(*habitus*)의 양태로 빈술되고 있다. 술어가 주어의 척도가 되는 경우로서 토마스는 시간과 장소를 들고 있다.〔3.1.2〕. 시간이나 장소는 모두 주어에 내재하는 속성이라기보다는 주어에 외적인 것들이다. 시간과 관련하여 토마스는 '때'(*quando*)의 범주를 이끌어낸다〔3.1.2.1〕. 그러나 장소는 그 장소 안에 놓여 있는 부분들 간의 질서를 고려할 경우에는 '장소'(어디에, *ubi*)의 범주가 도출되지만 〔3.1.2.2.1〕, 부분들 간의 질서가 고려될 경우에는 '자세'(*situs*)라는 범주가 도출되게 된다 〔3.1.2.2.2〕).

토마스에 따르면 술어가 주어의 밖에 있는 것으로부터 취해지지만, 전적으로 주어 밖에 있는 것이 아니라 어떤 관점에 따라서는 주어 안에 있는 것으로 취해지는 경우가 있다.〔3.2.〕시작의 관점에서 어떤 것이 주어 안에 있게 된다면〔3.2.1.〕그것은 주어의 '능동(*actio*)'으로서 빈술되며, 반면에 종결의 관점에서 주어 안에 있다면〔3.2.2〕'수동'(*passio*)이라는 범주를 갖게 된다. 이와 같이 토마스는 빈술의 방식에 주목해서 아리스토텔레스가 수집한 10가지 범주들을 도출해냄으로써 범주표에 체계성을 부여하였다.

2. 범주의 기원

토마스에게서 '범주'들이 존재자들의 규정성이라는 것은 일단 의심의 여지가 없어 보인다. 『진리론』제1문, 제1항의 주문(*corpus*)에서 토마스는 가장 보편적인 개념인 존재자(*ens*) 개념이 어떻게 한정되는지를 설명하고 있다. 원래 여섯 가지 '초월범주'(*transcendentia*)의 도출과 그것들 각각의 본질적 규정을 해명하는 과제를 다루고 있는 이곳에서, 토마스는 초월범주들이 모든 종류의 존재자들에 유효한 일반적 양태를 표현하는데 반해 범주들은 특수한 양태의 존재자를 표현한다고 밝히고 있다. 존재세계에는 다양한 등급의 존재성이 있으며 이 등급에 따라서 우리는 다양한 양태의 존재방식을 얻게 되며, 이 다양한 양태의 존재방식에 따라서 사물들의 다양한 유(類), 즉 범주들을 얻게 된다는 것이다. 예를 들어 '자기 자신을 통해서 존재하는 것'이라는 특수한 존재함의 양태는 '실체'라는 명칭을 통해서 표현되게 된다. 우유적 속성들의 경우도 마찬가지로 각각의 범주들을 통해서 그에 상응하는 존재양태들이 개념적 표현을 얻게 된다.[19)]

물론 스콜라철학에서 '존재자'라고 말할 때에는 정신 초월적인 존재자만을 의미하지는 않는다. 존재자 개념은 가장 보편적인 개념으로서 모든 것을 포괄한다.[20)] 따라서 존재자 개념은 현실 속에는 전혀 존재하지 않는 상상의 존재인 '키메라'에 대해서도 적용될 수 있다. 사정이 이러하다면 토마스가 범주를 '존재자의 (특수한) 규정성'으로 파악했다고 해서, 그것이 토마스가 범주에게 의식초월적인 객관적 실재성을 부여했다는 것을 직접적으로 의미하지는 않을 것이다. 왜냐하면 관념적인 존재자의 규정성은 순수하게 정신으로부터 연유하는, 사유의 규정성이기 때문이다. 이와 관련해서 토마스는 열 가지 범주들이 관계하는 대상영역들은 존재자들 중에서도 '자연적 존재자'들에 국한되며, 관념적 존재자 또는 그러한 종류의 존재자들은 포함되지 않는다는 것을 여러 곳에서 분명하게 밝히고 있다.[21)] 따라서 토마스에게서 범주들은 '정신 밖에 존재하는 것들'의 서로 교환가능하지 않은 가장 보편적인 규정성들을

---

19) Thomas Aquinas, De veritate q. 1, a. 1c. 참조.
20) Thomas Aquinas, De veritate q. 1, a. 1 참조.
21) Thomas Aquinas, Quaestiones quodlibetales IX, 2, 3 참조.

의미한다고 볼 수 있다.

그러나 '범주' 자체가 그것이 적용되는 '존재자'들로부터 기원했는지 또는 그와는 다른 기원을 갖는지에 대해서 결정할 수 있기 위해서는 조금 더 상세한 고찰이 필요하다. 토마스는 13세기 범주론에서 널리 받아들여졌던 견해, 즉 범주는 각각 논리학과 형이상학의 이중적인 관점에서 고찰될 수 있다는 견해를 수용한다. 그는 『형이상학주해』 제7권 제13강, n. 1575-1576에서 왜 아리스토텔레스가 『범주론』에서는 제이실체(보편자)도 실체라고 한 반면, 형이상학에서는 제일실체만을 실체라고 했는지를 논리학과 형이상학의 고찰방식의 차이로부터 설명하고 있다. 형이상학은 실체를 (일반화하면, 모든 범주로 분류되는 존재자들을) 정신 밖의 존재자들인 한에서 고찰하는 반면에, 논리학은 실체를 이해된 한에서, 달리 표현하자면 지성에 의해 보편성이 부가된 한에서 고찰한다. 지성에 의해 이해된, 따라서 보편성이 부가된 제일실체가 바로 제이실체이기 때문이다. 따라서 논리학에서 다뤄지는 실체는, 또는 일반화해서 말하자면, 범주들은 제이지향의 주체가 되는 한에서의 범주들이다.[22)]

범주의 이중적 고찰이론은 범주 자체의 본질을 이해하는데 중요한 단서가 된다. 왜냐하면 이러한 이중적 고찰이 가능한 이유는 범주 자체 안에 이중적인 측면이 있기 때문이다. 범주들은 그 자체로 보자면 '개념(*conceptio*)', 정확히 말하자면 '일차지향〔의 개념〕' 또는 그러한 개념을 지시하는 말이다. 왜냐하면 위에서 살펴보았듯이 그것들은 정신의 이차적인 작용인 판단에 의해 산출된 정신의 결과물이기 때문이다. 그런데 '개념'이란 정신 작용의 결과물이면서 또한 동시에 자기 자신과 다른 것, 즉 (인식된) 사물과의 관계성을 함축하고 있다. 개념은 인식작용의

22) Thomas Aquinas, In VII metaphysicorum lect. 13, n. 1576.

목표(*finis*)가 되는 인식되는 *사물*이 현실적으로 *인식됨*에 의해서 산출된다. 그렇기 때문에 개념은 '*인식된* 실재'이지만, 정신 밖에 존재하는 '*실재*'자체는 아니다. 정확히 말하자면 개념은 정신 밖에 존재하는 실재의 정신 안에 있는 유사성(*similitudo*)으로서, '그 안에서 실재가 인식되는 것'이고 따라서 일종의 기호(*signum*)이다.[23] 그러므로 개념은 자체 안에 이중적인 계기들을 포함하고 있다. 토마스는 『신학대전』제1부, 제85문, 제2항, 제2이론에 대한 답변에서 이러한 개념의 이중적인 계기를 다음과 같이 설명하고 있다. "'현실적으로 알려진 것'[24]이라는 개념 속에는 두 가지 요소가 함축되어 있다: 즉 '인식되어지는 실재'와 '인식됨'이라는 사실이다. … '인식됨' …이라는 요소가 귀속되게 되는 실재의 본성은 개별자들 안에서만 존재하지만, '인식됨' …은 지성 안에서만 존재한다."[25]

이중적인 내적 계기에 상응해서 개념들은 한편으로는 '정신 안에 있는 실재'로서, 다른 한편으로는 '자기 자신과 다른 어떤 것과 관계하는(혹은 그것을 지시하는) 것'으로서 파악될 수 있다. 이에 상응해서 개념들은 그 기원에 있어서도 이중적일 수밖에 없다. 개념은 정신 밖에 존재하는 실재에 의해 야기된 것으로서[26] 그 안에 내용적으로 실재를 담고 있지만, 그렇다고 해서 전적으로 실재로부터 야기된 것만은 아니다. 개념은 정신에 의해 파악된 것이고, 정신에 의해서 구성된 것[27]인 한에서, 정

---

23) 여기에서 개진된 토마스의 개념론에 대한 상세한 설명은 이상섭, 「토마스 아퀴나스의 개념과 실재. 토마스 개념론에 대한 하나의 해석」, 『동서철학연구』 27(2003), 187-212. 참조.

24) 원문은 '*intellectum in actu*'이며, 이것은 개념(*conceptio*)을 가리킨다. 두 개념의 동일성에 대해서는 Thomas Aquinas, De potentia q. 9, a. 5 참조.

25) Thomas Aquinas, Summa theologiae I, q. 85, a. 2, ad 2.

26) Thomas Aquinas, In VI metaphysicorum lect. 9, n.896 참조.

27) Thomas Aquinas, De creaturis spiritualibus q. 9, ad 6.

신으로부터 기원하는 것이기도 하다.[28] 그러므로 개념은 정신으로부터 기원하는 속성들, 그것을 통해서 정신이 정신 밖의 실재를 바라보게 되는 정신의 인식양태, 예를 들어 – 인간의 유한한 인식이 문제가 되는 한에서 – '보편성', '빈술됨' 등과 같은 속성들을 갖는다.

이제 우리는 개념의 이중성을 일차지향인 범주들에게도 그대로 적용할 수 있다. 범주들은 '인식된' 정신 밖의 존재자의 다양한 존재양태이다. 범주들은 정신 밖의 존재자들을 특수한 존재양태를 지시하는 한에서 정신 밖의 존재자로부터 기원하는 것으로 파악될 수 있다. 반면에 정신 안에 존재하는 실재로서 파악되는 한에서, 범주는 정신의 사유형식이 각인된 정신작용의 결과물이기도 하다. 범주들은 정신 밖의 존재자들 안에서 발견되는 존재자 자체의 규정성이다. 그렇기 때문에 우리는 정신 밖에 존재하는 것들은 모두 실체이거나 아홉 가지 우유적 속성들 중의 하나라고 말할 수 있다. 그러나 범주들은 *우리에 의해 파악된* 존재자 자체의 규정성이다. 그렇기 때문에 우리는 정신 밖에 존재하는 사물들 중에서 – 이것들은 존재론적으로 개별자인 한에서 서로 동일하지 않지만[29] – 같은 유(類)에 속하는 것들을 *동일한* 범주로 표시할 수 있다.

범주는 한편으로는 객관적인 기원을 갖는 것이며, 다른 한편으로는 사유형식이 투영된 객관적 실재로서, 사유 자체로부터 존재의 기원을 갖는다. 전자의 관점에서 범주는 형이상학적인 고찰대상이 되며, 후자의 관점으로부터 범주는 논리학적 고찰의 대상이 된다. 범주 또는 개념의 이중적인 고찰방식은 '범주'가 한편으로는 실재의 객관적 규정성, 스콜라철학의 용어로 표현하자면 제일지향의 개념이면서 어떻게 그러한 범

---

28) 토마스는 실재와 정신을 각각 개념의 아버지(pater)와 어머니(mater)라 부른다. Thomas Aquinas, Compendium theologiae c. 39 참조.

29) 개별성(individualitas)은 통약불가능성(incommunicabilitas)을 의미한다.

주를 다루는 『범주론』이 제이지향을 다루는 논리적 저작들에 속할 수 있는지를 설명해준다. 제일지향은 정신 밖의 실재에 대해 파악된 것이다. 달리 말하면 파악된 실재이다. 사실학은 이 동일한 '파악된 실재'가 자기 자신을 넘어서 정신 밖의 실재를 지시하는 한에서, 그것을 통해 실재와 실재의 속성들을 다룬다. 반면에 논리학은 이 동일한 파악된 실재를 '파악된 것'인 한에서 그것의 속성, 즉 이차지향들을 다룬다. 논리학의 대상이 되는, 일차적으로 지향된 것을 지향하는 정신작용의 결과인 제이지향은 제일지향을 기초로 해서 형성된 것들이다. 예를 들어 '*인식된 인간*'(제일지향)은 인식된 것인 한에서 보편성이라는 속성('인간'이라는 개념은 '이' 또는 '저' 인간에게만 국한되는 것이 아니라 모든 인간에게 적용된다)을 가지며 그런 한에서 '종'(*species*)이라는 이차지향개념이 생겨난다.[30] 그러므로 이와 같은 방식으로 제일지향은 제이지향의 기초로서 논리학의 탐구영역에 속하게 된다. 따라서 동일한 대상인 '범주'를 서로 다른 관점에서 형이상학과 논리학에서 다룰 수 있는 것이다.

이와 같이 토마스는 기본적으로 범주에 관한 객관주의적인 입장에 서 있다. 그러나 범주의 이중적 고찰이론을 수용하고 정교화하면서 범주의 정신적 기원을 배제하지 않고 중요한 요소로 고려하였다.

III. 디트리히의 범주론

1. 범주의 연역과 분류

디트리히는 『범주적 사물들의 기원』이라는 글에서 범주적 규정성들

30) 이에 대해서는 이상섭(2003), 206-207 참조.

을 연역해낼 뿐만 아니라, 스콜라철학에서는 최초로 범주적 규정성들이 자연으로부터 기원한 것인가 아니면 지성의 활동으로부터 연유하는 것인가라는 물음을 제기하였다. 디트리히의 이 물음은 단순히 범주적 규정성들이 자연 안에서 발견되는가, 아니면 오직 지성 안에서만 발견되는 것인가라는 물음과는 구별된다. 왜냐하면 디트리히는 범주가 정신 밖에 존재하는 사물들의 규정성들이라는 것은 의심하지 않았고 결코 칸트처럼 범주를 사유의 형식으로 파악하지 않았기 때문이다. 그런 면에서 디트리히도 기본적으로는 범주적 규정성의 객관주의적 입장에 서 있다고 할 수 있다. 이러한 점은 디트리히가 『범주적 사물들의 기원』에서 문제 삼고 있는 것은 관념적 존재자 또는 관념적 규정성의 기원이 아니라, 사물들의 실제적 규정성의 기원이라는 사실에서 분명히 알 수 있다. 즉, 범주의 기원에 관한 디트리히의 문제는 정신 안에 존재하는 '개념'〔으로서의 범주의〕 기원이 아니라, 정신 밖에 실재하는 것으로 발견되는 사물(*res primae intentionis*)의 기원이다.[31] 다시 말해 디트리히에게서 범주의 기원에 관한 물음은 '정신 밖에 존재하는 사물'의 규정성이 자연으로부터 기원하였는가 아니면 정신으로부터 기원하였는가라는 물음인 것이다. 그렇기 때문에 디트리히에게서 범주의 문제는 논리학이나 문법의 문제가 아니라 존재론적인 문제이다.[32]

디트리히는 아리스토텔레스적 전통을 따라 범주들을 크게 실체와 실체에 내재하는 것들, 또는 일반적인 표현으로 존재자(*ens*)와 그 자체로 존재자에 속하는 것(*ea quae sunt entis per se*)으로 구분한다. 후자는 다시 우유적 속성들과 초월범주, 즉 존재자 그 자체의 고유한 속성들로 세

31) Dietrich von Freiberg, De origine rerum praedicamentalium 1, (19). 〔=이하 De origine〕

32) D. Perler, *Theorien der Intentionalität im Mittelalter*, Frankfurt a. M. 2002, 156.

분된다.[33] 디트리히는 『범주적 사물들의 기원』에서 이 각각의 것들이 자신의 존재성의 근거(*ratio entitatis*)를 무엇으로부터 취하는지 물음으로써 범주들의 기원에 대한 물음에 답하고 있다. 이러한 문제제기 방식에 상응해서 디트리히는 먼저 인과성의 세 양태를 구분하는데서 논의를 시작한다.[34] 디트리히에 따르면 존재자는 첫째, 원인의 관점에서 어떤 다른 것으로부터 야기된다. 여기에서는 원인이 그것에 의해 야기되는 사물의 본질 밖에 놓여 있으면서 그 사물을 존재(*esse*)하게 만든다. 전통적인 인과론의 분류에 따르면 '작용인'과 '목적인'과 같은 외적인 원인이 여기에 속한다.[35] 둘째, 어떤 존재자는 본질 내적인 요소들로부터 야기된다. 존재자는 이러한 내적인 요소들로부터 본질적으로 존립하게 된다. 형상 또는 복합적인 사물의 경우에는 형상과 질료가 이러한 종류의 원리에 속하게 된다.[36] 첫째와 둘째의 인과성은 아리스토텔레스의 4 원인설과 일치한다. 그런데 디트리히는 여기에 더해서 제3의 인과성을 언급한다. 디트리히에 따르면 지금까지 알려지지 않아서 특별한 명칭을 갖지 못한 이 세 번째 종류의 인과성의 특징은 다음과 같이 정리할 수 있다. 이 세 번째 종류의 인과성에서는 어떤 하나의 사물이 다른 어떤 것으로부터 자신의 존재성의 근거를 얻게 된다. 이러한 종류의 인과성에서 원인은 그것에 의해 야기된 것의 본질 밖에 놓여 있지만, 원인에 의해 야기되는 것이 자신의 존재 및 본질적 규정을 그 원인으로부터 얻으며 따라서 야기된 것의 정의 안에 포함되게 되는 한에서 결과는 형상적으로

---

33) De origine (Prooemium) (1)-(2).

34) 인과성의 세 양태의 구분에 대해서는 이상섭, 「근대적 주관성 개념의 중세철학적 기원에 관한 연구-프라이베르크의 디트리히의 지성론을 중심으로」, 『철학과 현상학 연구』 31(2006), 199-234, 특히 217-220 참조.

35) De origine 1 (1)-(2).

36) De origine 1 (3).

그 원리에 의해 존립한다.[37)]

이렇게 세 종류의 인과성을 구분한 후 디트리히는 실체와 실체에 내재하는 것들이 각각 어떻게 자신의 존재성의 근거를 획득하는지 논의한다. 디트리히에 따르면 "실체들은 그 자체로 그리고 절대적으로 완전한 존재자의 본질적 규정성을 갖고 있다."[38)] 그런데 어떤 것은 자신의 내적인 원리들의 관점에서 본질상 절대적으로 존재하는 것(*ens absolute*)이라고 불린다. 즉 실체들은 자기 자신으로부터, 자신의 내적인 원리로부터 자신의 존재성의 근거를 갖는다. 실체는 다른 것 안에 있지 않고, 그 자신의 내적인 규정성에 따라 자립적으로 존립한다. 따라서 세 종류의 인과성 중에서 두 번째의 인과성의 관점에서 실체들은 자신의 존재성의 근거를 갖는다고 할 수 있다. 여기에서 디트리히의 본질주의적 존재론이 드러난다. 디트리히에게 '존재한다'는 말은 '본질을 갖는다'는 말과 동일하다. 어떤 존재자를 그 존재자이게 하는 것으로서의 본질은 바로 그 존재자의 내적인 규정성을 의미한다. 따라서 그런 의미에서 실체의 '있음'은 실체의 내적인 규정성을 의미한다고 할 수 있다.[39)] 한편 우유적 속성들은 자립적인 존재가 아니며 자기 자신으로부터 자신의 존재성의 근거를 마련하지 못한다. 우유적 속성들은 "어떤 다른 것에 속하는 어떤 것"(*aliquid alicuius*) 또는 "실체의 양태나 상태"(*modus vel dispositio alicuius substantiae*)[40)]로 규정된다. 따라서 우유적 속성들은 자신의 존재성을 자기 아닌 다른 것, 예를 들어 실체로부터 얻게 된다. 우유적 속성들의 존재성은 존재자에, 즉 실체에 속하는 어떤 것이라는 데 있다.[41)]

---

37) De origine 1 (5).
38) De origine 1 (23).
39) Perler, 같은 책, 157 참조.
40) De origine 1 (24).
41) De origine 1 (25).

따라서 실체들은 절대적 존립이라는 규정성에 따라 자기의 본질을 통해 존재하는 것(*ens*)이라 불리는 반면에, 우유적 속성들은 실체와의 관계에서 존재자라고 불리게 된다.[42)]

그러나 여기에서 전적으로 실체만이 우유적 속성들의 존재성의 근거가 되는 것은 아니라는 말을 덧붙여야만 한다. 심지어 실체 자체는 자신의 본질적 규정에 따르면 우유적 속성의 원인이라고 말할 수도 없다. 실체는 실체로서가 아니라 오직 질료나 기체(*subiectum*)의 관점에서만 우유적 속성들의 원인이 된다.[43)] 그런데 실체는 형상 자체인 단순실체와 질료와 형상으로 구성된 복합실체로 구분된다. 단순실체는 자신의 본질에 따라 일자(*unum*)이고 존재자로서 어떤 외적인 원인과 관계하지 않는다. 이와 유사하게 복합실체도 자신의 내적인 원리에 따라 형상적으로(*formaliter*) 존립하는 한에서는 외적인 원리와 관계하지 않는다. 그러나 복합실체는 가능태에서 현실태로 이행하는 한에서 외적인 원리와 관계하게 된다.[44)] 한편 우유적 속성들은 실체에 내재하면서 실체에 대해서 일종의 형상 및 현실태의 관계에 놓여 있다. 실체는 그러한 형상에 대해서 가능태에 놓여 있다. 그런데 가능태에 있는 것은 자신을 현실화시키지 못하고 항상 어떤 외적인 원인을 필요로 하게 된다.[45)] 따라서 우유적 속성들의 담지자로서의 실체에 내재하는 형상인 우유적 속성들은 실체의 본질에 외적인 원인에 의해 실체 안에서 생겨나게 된다. 그런 한에서 우유적 속성들은 자신의 존재성을 부분적으로는 실체로부터 부분적으로는 어떤 외적인 원인으로부터 얻게 된다.[46)] 이 외적인 원인이 무엇

42) De origine 1 (26).
43) De origine 1 (9).
44) De origine 1 (8).
45) De origine 1 (9).
46) Perler, 같은 책, 158 참조.

인가를 규정하는 것이 범주의 기원에 대한 논의를 위해 결정적으로 중요하다. 여기에 대해서는 다음 장에서 자세하게 논의 될 것이다. 그러나 여기에서 주목해야 할 것은 어느 경우에도 우유적 속성들은 자신의 존재성을 자기 아닌 다른 어떤 것으로부터 얻는다는 점은 변하지 않는다는 것이다. 이러한 점에서 우유적 속성들의 존재성의 근원을 이해하기 위해서는 제3의 인과성의 양태를 고려해야만 한다. 여기에 더해서 외적인 원인들에 대한 고려가 있어야 한다는 것은 물론이다.

제3의 인과성은 실체에 내재하는 것들의 실체에 대한 존재론적 의존성을 표현한다. 그런데 우유적 속성이 실체에 내재하는 것임은 분명하지만 실체에 내재하는 것들이 모두 우유적 속성인 것은 아니다. 우유적 속성들 외에도 초월범주(*transcendentia*), 즉 존재자인 한에서 존재자에 속하는 고유한 속성들도 이에 속하기 때문이다. 또한 실체에 내재하는 것들은 모두 동일한 관점과 양태에서 실체에 내재하는 것도 아니다. 따라서 실체에 내재하는 것들을 그것들에 고유한 관점과 양태에 따라 분류하는 것이 필요하다. 바로 여기에서 디트리히는 실체와의 의존관계로부터 우유적 속성들의 종류를 구분하고 이끌어낸다. 이에 따라 초월범주와 우유적 속성들을 구분하는 기준들이 제시되게 된다.

디트리히에 따르면 실체에 내재하는 것들은 다시 네 종류로 세분된다.[47] 구분의 첫 번째 기준이 되는 것은 실체에 내재하는 것들이 실체의 내적이고 본질적 규정성에 따라 실체에 속하는 것인가 – 이 기준에 따라 첫 번째 종류가 나온다 –, 아니면 기체로서의 실체에 속하는 것인가의

47) 구분의 개괄적인 기준은 De origine 2 (1)-(5)에 제시되어 있고, 이후에 각각에 대한 자세한 설명이 주어진다. 세 번째 인과성의 분류는 K. Flasch, *Einleitung* zu: Dietrich von Freiberg, Schriften zur Naturphilosophie und Metaphysik. hg. von J. Cavigioli u.a., Hamburg 1983, lxiv에 도표로 설명되어 있다. 또한 이상섭(2006), 219-220 참조.

여부이다. 후자의 기준에 따라 나머지 세 종류의 것들이 나온다. 이에 따라 존재자인 한에서의 존재자에게 속하는 고유한 속성들, 즉 초월범주들과 기체로서의 실체에 속하는 우유적 속성들이 구분된다. 초월범주들은 실체의 본질적 규정을 그 자체로 절대적으로 고려했는가 아니면 다른 것과의 관계 하에서 고려하였는가에 따라서 다시 세분된다. 전자의 기준에 의해서 일자와 다수성, 동등성과 비동등성, 유사와 비유사 등과 같은 초월범주들이 얻어지며, 후자의 기준에 따라서는 원인과 결과, 능동적 능력과 수동적 능력 등과 같은 초월범주들이 얻어진다.[48] 초월범주들은 실체의 고유한 속성들(*proprietates*)이지만, 넓은 의미에서 우유적 속성이라고도 불리게 된다. 이 고유한 속성을 담지하고 있는 것, 즉 실체에게 기체의 의미가 부여되는 한에서 고유한 속성으로서의 초월범주들도 우유적 속성들의 양태를 취하게 된다.[49] 그런데 위에서 말했듯이 우유적 속성들의 특징은 존재성의 근거가 외적인 원인과 관계를 한다는데 있기 때문에 초월범주의 존재성의 근거도 어떤 외적인 원인에서 찾아지게 된다.

기체의 의미에서 실체에 내재하는 것들이 본래적인 의미에서 실체에 내재하는 우유적 속성들의 영역을 이룬다. 디트리히는 우유적 속성들을 크게 세 종류로 나눈다. 첫째 – 이것은 제3의 인과성의 두 번째 양태에 해당된다 –, 기체인 한에서의 기체의 규정성에 따라 실체에 내재하는 것들로서, 실체에 일차적이고 그 자체로 속하는 우유적 속성들, 즉 양

48) De origine 2 (9)-(10). 디트리히의 초월범주론에 대해서는 J. Aertsen, "Die Transzendentalienlehre bei Dietrich von Freiberg", in: K. Kandler, B. Mojsisch, F. Stammkötter, *Dietrich von Freiberg. Neue Perspektiven seiner Philosophie, Theologie und Naturwissenschaft. Freiberger Symposion: 10.-13. März 1997*, Amsterdam / Philadelphia 1999, 23-47.

49) De origine 2 (80).

(*quantitas*)과 실제적 성질(*qualitas*)이 이에 해당된다.[50] 둘째, 기체로서의 실체에 내재하지만, 존재성의 근원과 관련해서는(*originaliter*) 기체 안에 있는 어떤 다른 것에 의존하는 것이 있다.[51] 실제적 관계(*relationes reales*)가 이것의 예가 된다. 셋째, 기체로서의 실체에 내재하지만, 기체 자체가 아니라 기체 안에서 발견되는 어떤 다른 것의 관점에서 기체에 내재하며 존재성의 근원과 관련해서는 다른 기체에 속하는 것에 의존하는 것이 있다. 이러한 연유로 이러한 종류의 우유성은 외적으로 부가된 것으로 불린다.[52] 디트리히는 '장소'를 비롯한 나머지 여섯 가지 범주들이 이에 속한다고 말한다.

이와 같이 디트리히는 열 가지 범주들을 그것들 각각의 존재성의 근거를 어떤 관점으로부터 취하는가에 따라 분류하였다. 이러한 분류방법은 디트리히가 범주를 어떠한 관점에서 이해하고 있는지를 다시 한 번 더 확인해준다. 즉 그는 범주를 언어-논리적 빈술관계에서 바라보지 않고 존재론적인 관점에서 고찰하고 있다. 범주들의 종류를 분류한 후 남는 문제는 이제 그렇게 분류된 범주들의 존재성을 어디에서 또는 어떻게 취하는가하는 문제이다. 범주의 '기원'에 관한 문제이다.

2. 범주의 기원

기체로서의 실체에 내재하는 우유적 속성들의 존재성의 기원과 관련해서 이미 부분적으로는 답이 주어졌다. 실체에 내재하는 것인 한에서 우유적 속성 그리고 넓은 의미의 우유적 속성인 초월범주들은 자신의

50) De origine 2 (18).
51) De origine 2 (34).
52) De origine 2 (54).

존재성의 근거를 실체들에게서 갖는다. 우유적 속성들은 자립적인 존재가 아니라 기체로서의 실체에 속하는 것으로서, '타자 안에 있음'(*esse in alio*)을 향유한다. 실체가 없이 존재하는 우유적 속성은 없기 때문이다. 그러나 위에서 말했듯이 이것은 부분적으로만 그렇다. 즉, "이러한 형상들은 기체의 본질 외적인 원인을 통해서 실체 안에서 생겨난다. …우유적 속성들은 이렇게 기체에 외적인 어떤 다른 원리를 통해서만이 실체에 내재한다."[53]

디트리히에 따르면 원리에는 두 종류가 있다. 자연(*natura*)과 지성(*intellectus*)이 그것이다. 이 두 원리는 서로 다른 질서에 속해 있어서 만일 어떤 종류의 존재자들이 자연의 작용에 의해 구성되지 않았다면 그것은 필연적으로 지성의 작용에 의해 구성되었다고 해야만 한다.[54] 그런데 디트리히는 자연을 우선은 운동과 정지의 원리로 이해하고, 그리고 더 나아가 확장된 의미에서 모든 자연적 작용의 원리(*principium*), 주체(*subiectum*) 또는 종결점(*terminus*)으로 이해한다.[55] 따라서 넓은 의미에서의 운동과 변화의 원리가 되는 것은 그것의 존재성을 자연으로부터 얻으며, 그렇지 않은 것은 지성으로부터 취하게 될 것이다. 이러한 관점에서 보면 실체는 우유적 속성들과 변화의 주체인 한에서 자연에 의해 야기된 사물이라고 해야만 할 것이다. 물론 이것이 실체가 자신의 본질적 규정성을 자기의 내적인 원리로부터 취한다는 것과 대립되는 것은 아니다. 또한 이러한 관점에서 심지어 질료로부터 분리된 존재자들도 운동과 변화의 원리가 되는 한에서 자연의 사물(*res naturae*)이라 불릴 수 있다.[56] 한편 디트리히는 실체 외에 실체에 내재하는 것들 중에서

53) De origine 1 (9).
54) De origine 1 (18). 이에 대해서는 이상섭 (2006), 220-223 참조.
55) De origine 1 (13).
56) Ibid.

'양'과 '성질'이 변화와 운동의 원리가 된다고 말한다.[57] 따라서 양과 성질은 실체에 내재하는 존재자로서 자신의 존재, 즉 '타자 안에 있음'은 실체로부터 취하게 되지만, 운동과 변화의 원리로서의 존재성은 자연에 의해 야기된다. 그런데 디트리히에 따르면 실체와 양, 그리고 성질을 제외한 나머지 범주들과 초월범주들은 모두 변화의 원리가 아니며 따라서 자연에 의해서 야기되지 않는다. 오히려 지성이 이것들의 존재성의 원인이다. "이러한 존재자들은 … 지성의 작용에 의해 존재한다. 지성이 자연적 사물과 관련해서 일종의 형상과 양태로서 이러한 존재자들을 규정한다."[58] 지성이 어떤 특정한 범주적 규정성을 실체 안에다 야기한다는 것이다. 이와 같이 디트리히의 주장에 따르면 비록 전부는 아니더라도 적어도 몇몇 범주들은 그 기원을 자연이 아니라 지성으로부터 갖게 된다.

양과 성질 및 실체를 제외한 나머지 범주들, 즉 관계나 장소, 시간과 같은 범주들이 지성에 의해 야기되었다는 말을 어떻게 이해해야만 할 것인가? 그러한 범주들이 자연에서는 발견되지 않는 순수한 주관적 구성물이라는 것을 의미하는가? 그러나 만일 디트리히가 지성에 의한 범주의 구성을 그러한 의미에서 이해했다면 사실 예를 들어 오캄의 윌리엄(William of Ockham)과의 차이가 드러나지 않게 될 것이다. 왜냐하면 오캄에 따르면 오직 실체와 질만이 서로 구별되는 존재자의 양태를 지시할 뿐이며, 나머지 범주들의 구분은 실제의 구분에 기초하지 않은 오직 개념들 간의 구분이기 때문이다.[59] 개별자들로 이루어진 현실세계에

57) De origine 1 (16)-(17).

58) De origine 1 (20).

59) 이에 대해서는 Th. Kobusch, "Substanz und Qualität. Die Reduzierung der Kategorien nach Wilhelm von Ockham", in: D. Koch und K. Bort (ed.), *Kategorie und Kategorialität*, Würzburg 1990, 75-98, 여기에서는 81 참조.

서 예를 들어 '양'과 '관계'는 '실체'와 '실제로'(*realiter*) 구별되지 않는다. 물론 그렇다고 해서 우리가 개념상으로도 양과 관계를 구분할 수 없는 것은 아니다. 오캄에 따르면 그러한 구분들은 오직 지성작용의 결과일 뿐이며, 실제로 존재하며 실제로 구분되는 사태들을 재현한 것이 아니라는 것이다.[60] 그런 점에서 오캄에게 범주론은 일차적으로 언어적 표현들 및 그것들의 분류와 관계가 있으며, 범주들은 존재자들의 분류나 사물들의 존재론적 구조로서 이해될 수 없다.[61]

그러나 위에서 말했듯이 디트리히는 지성에 의해 야기된 범주들이 관념적 존재자들로 이해되는 것을 단호히 거부한다. 그는 지성에 의해 야기된 범주들은 이차지향의 사물들이 아니라 일차지향의 사물들이라고 강조한다. 스콜라철학자들에게 이차지향의 사물들은 자연적 존재자가 아니라 지성에 의해 산출된 지성안의 일종의 형상과 같은 것이다. 한편 일차지향이 무엇인지에 대해서는 매우 논란이 많지만 정신 외적인 사물 자체이거나 또는 적어도 그것에 직접적인 기초를 갖는 것이라는 것에는 논란이 여지가 없다.[62] 따라서 디트리히에 따르면 범주들은 비록 지성에 의해 산출된 것임에는 분명하지만 그럼에도 불구하고 관념적인 존재자가 아니라 정신 밖에 실재한다는 것 또한 분명한 사실이다. 실체와 양, 질을 제외한 나머지 범주들도 정신 밖에서, 자연의 세계에서 발견된다는 것이다. 디트리히의 주장은 다만 대상세계의 범주로서의 그것들의 '객관성'의 근거는 자연에서는 발견할 수 없고 오직 정신 안에서만 발견될 수 있다는 것이다. 이것과 유사한 생각을 우리는 디트리히의 제자인 마이스터 에크하르트(Meister Eckhart)의 시간 및 관계의 존재에 관한 논

60) Beckmann, 같은 책, 93 참조.
61) 같은 책, 95 참조.
62) 일차지향과 이차지향에 대해서는 이 글 I, 2 참조. 이에 대한 디트리히에 대한 견해는 De origine 5 (52)-(53) 참조.

의에서 발견할 수 있다. 즉, 에크하르트에 따르면 '관계'는 전체 존재를 영혼으로부터 갖게 되지만, 관념적 존재자가 아니라 그 자체로 실제적 범주에 속하는 것으로 파악된다. 또한 에크하르트는 이와 마찬가지로 시간도 자신의 존재를 영혼으로부터 갖게 되지만 그럼에도 불구하고 실제적 범주인 양의 한 종이라고 말한다.[63]

이와 같이 범주가 정신으로부터 그 기원을 갖는다는 말은 여러 가지 의미로 이해될 수 있다. 범주는 실재와 아무런 관계없는 순수한 관념적 존재일 뿐이라는 의미에서 이해될 수 있다. 즉 '보편개념'(*universale*)이 실재세계에서는 발견될 수 없는 순수한 사유의 산물(*fictum*)이라고 주장하는 소위 '유명론적 입장'에서 범주는 실재세계의 구조를 표현하는 것이 아니며 – 표현한다 하더라도 간접적으로만 그렇다 – 그런 의미에서 정신의 구성물이라고 할 수 있다. 반면에 디트리히에 따르면 범주는 실재 안에서 발견되는 것이면서도 그것의 기원이 실재가 아니라 사유에 있다는 의미에서 이해될 수 있다. 사실상 칸트도 후자의 의미에서 범주적 규정성들의 "선천적 · 관념적" 성격을 말하고 있다. 따라서 대상 세계에 대해 객관적 타당성을 갖는 규정성의 존재를 의심하고 범주를 순수한 사유의 규정, 즉 순수한 관념적 존재로 보는 유명론적 입장이나 회의론적인 입장들과, 범주들은 자연이 아니라 지성에 야기된 규정성이라고 주장하는 디트리히의 입장은 구별되어야만 한다.

객관적 타당성을 갖는 범주들의 존재에 있어서의 지성의존성을 주장하는 디트리히의 이러한 입장은 '원인(*causa*)'과 '원인에 의해 야기된 것(*causatum*)'이라는 규정성을 논할 때 보다 잘 드러난다. '원인'과 '원인에 의해 야기된 것'은 디트리히에 따르면 초월범주중의 하나로서 다른 사물과의 관계를 고려한 실체자체의 본성에 따라 도출된, "사물 자체

63) Meister Eckhart, Quaestio Parisiensis I n. 4 (LW 5, 40).

에게서(*in re*)" 발견되는 규정성들이다. 그렇지만 이러한 규정성들을 정립하고 존재자의 고유한 양태로 만드는 것, 즉 그것으로부터 이러한 규정성들의 본질을 이끌어 내는 바의 것, 다시 말해 이러한 규정성들의 원인은 자연이 아닌 지성이다.[64] 디트리히에 따르면 "어떤 한 주체 또는 그 주체 안에 있는 모든 형상은 어떤 다른 주체와의 관계에서만 … 어떤 사물의 작용인이 될 수 있다. 원인과 원인에 의해 야기된 것의 본질적 규정에는, 그것들이 규정성에서 (*ratione*) 서로 다른 것처럼, 주체에 있어서도(*subiecto*) 구분된다는 것이 포함되기 때문이다." 그런데 "자연은 주체(*rem subiectam*)와 그 주체의 본질적 규정(*rationem rei subiectae*)을 구분하지 않는다. 이러한 구분의 근원은 지성이다."[65] 원인과 원인에 의해 야기된 것의 관계가 성립하기 위한 필수적인 조건, 즉 (원인이 되는) 한 사물로부터 그 사물이 (원인에 의해 야기된) 다른 사물과 주체에 있어서 다르다는 본질적 규정을 구분하는 것은 자연이 하는 것이 아니라 오직 지성에 의해서 일어나는 일이다. 그러나 인과관계는 비록 지성에 근거를 둔 관계이지만 다른 사물과의 관계 하에서 고려된 어떤 한 사물의 본질적 규정에 속하는 것, 즉 - 관념적인 것이 아니란 의미에서 - 사물의 실제적인 규정성이 된다. 그렇기 때문에 디트리히는 인과 관계가 자연에 의해 야기되는 것이라는 사실을 부인하면서도, 14세기 유명론자인 Autrecourt의 Nicholaus나 근대 경험론의 D. Hume이 그러하듯이 형이상학의 비판이나 포기로 나아가지 않게 된다.[66]

범주의 기원에 대한 디트리히의 이론의 고유성은 그가 궁극적으로는 '실체'까지도 지성에 의해 구성된 것으로 파악한다는데 있다.[67] 왜냐하

---

64) De origine 2 (10).
65) De origine 2 (14).
66) 이에 대해서는 Flasch, Einleitung, lxvi 참조.

면 디트리히에 따르면 지성은 한 사물의 본질적 규정성을 구성하는 것이기 때문이다.[68] 지성은 '대상'(*obiectum*)에 대해 원인으로서 관계하며, 대상은 지성에 의해서 대상으로서의 고유한 규정성(*propria ratio obiecti*)을 얻게 된다.[69] 지성은 사물들이 '어떤 것'(*quid*)인 한에서 그리고 본질적 존재를 갖는 한에서 그것들의 존재자성을 야기한다. 이러한 방식으로 지성은 사물의 실체를 그것의 "본질적 존재(*esse quidditativum*)"에 따라 구성하게 된다.[70] 결과적으로 디트리히는 이러한 의미에서 실체와 양 및 질까지 포함하는 모든 범주들이 지성에 의해 산출된, 그러나 실재적인 규정성이라고 생각하게 된다.

디트리히에 따르면 지성은 정신 밖에 실제로 존재하는 사물들의 실제적 규정성으로서의 '범주'를 구성하고 산출한다. 이 때 범주의 구성이 허구적 존재자의 산출과는 다른 의미로 이해되어야만 하지만, 또한 그것이 마치 기술자가 물질적 대상을 산출하는 것과 같은 의미에서 이해될 수도 없다. 왜냐하면 한 사물을 범주적으로 규정하기 위해서 이미 자연적 사물자체를 전제하기 때문이다.[71] 예를 들어 '정신 밖에 실제로 하나의 물질적 사물, 예를 들어 나무가 있다'는 것은 우리의 지성에 의해 산출되는 것이 아니다. 그 나무는 자신의 내적인 본질적 규정성에 의해 '나무'이고 '푸른' 존재이다. 그러나 지성은 나무의 본질적 규정성을 구성하면서 나무를 '실체'로 규정하고, '푸름'을 실체에 내재하는 '성질'로 규정한다.[72] 그러나 비록 지성에 의해서 구성된 존재자가 자연 안에 기

67) 지성에 의한 '본질적 존재'의 구성에 대한 자세한 설명은 이상섭 (2006), 223-230 참조. 이에 대한 중요한 연구서들의 소개는 같은 글, 202, 각주 11을 참조.
68) De origine 2 (14): "intellectus est constituens rei rationem inquantum huiusmodi."
69) De origine 5 (26).
70) De origine 5 (47).
71) De origine 2 (51).

초를 갖고 있지만, 그렇다고 해서 지성에 의해 구성된 것이 결코 자연적 존재자에 더해진 한 부분만을 가리키는 것이 아니다. 디트리히에 따르면 지성에 의해서 구성된 것은 전체로서의 존재자인 것이다. 즉, 하나이고 동일한 사물이 전체로서 그러나 서로 다른 근거와 관점에서 그리고 다른 원인들에 의해서 구성되는 것이다.[73]

이러한 점에서 보자면 디트리히에게서 범주는 사물을 구성하는 형식성이나 개념이라기 보다는 사물 자체를, 물론 "본질적 존재"라는 관점에서 사물자체를 구성하는 사물의 규정성자체라고 말할 수 있다. 그리고 이 규정성이 자연이 아니라 지성의 작용에 의해 산출된다는 것이다. 물론 이 때의 지성이 개별적인 지성을 의미하지는 않는다. 그러나 이것이 자연을 고찰하는 인간의 지성이 아니라는 의미도 아니다. 디트리히에 따르면 인간의 지성은 자연적 존재로서 고찰했을 때에는 개별화된 유한한 지성이지만 지성 자체로서 고려되었을 때에는 무한한 지성과 동종성을 갖는 것으로 이해되기 때문이다. 유한한 지성은 무한한 지성의 모상(*imago*)으로서 "타자로서의 자기 자신 안에 있는" 무한한 지성 자체이기 때문이다.[74] 지성 자체는 "존재자인 한에서의 존재자의 범형"[75]으로서 모든 것의 규정성을 함의하고 있으며, 따라서 지성은 "자기 자신 밖에서는 아무것도 인식하지 않는다."[76] 지성의 산출성은 지성(능동지성)이 "존재자인 한에서의 존재자의 범형"으로서 존재자 자체의 모든 규정

72) Perler, 같은 책, 160이하 참조.
73) De origine 5 (36). 이에 대해서는 Aertsen, 같은 책, 38-39 참조.
74) Dietrich von Freiberg, De visione beatifica 1.2.1.1.(6). 이에 대해서는 K. Flasch, "Procedere ut imago", in: K. Ruh (ed.), *Abendländische Mystik im Mittelalter*, Stuttgart 1986, 125-134 참조. 디트리히의 지성론에 대한 상세한 설명을 위해서는 이상섭(2006), 206-216 참조.
75) De visione beatifica 1.1.4.
76) Dietrich von Freiberg, De intellectu et intelligibili II, 4 (1).

성을 함의하고 있기 때문이다. 이렇게 지성은 사물의 규정성을 밖으로부터 받아들이지 않고 오히려 자기 자신으로부터 이끌어내어 사물자체를 구성해내는 것이다.

Ⅳ. 맺음말

우리는 서론에 언급한 '범주'의 이해를 둘러싼 두 이해 방식의 대립이 단지 고대 또는 중세와 칸트 이후의 대립이 아니라 이미 중세에도 나타나고 있으며 심지어 한 이론 안에서도 이러한 대립과 긴장이 발견된다는 것을 본문을 통해서 확인하였다. 토마스 아퀴나스에게 범주는 - 기초(*fumdamentum*)에 있어서 - 외적인 존재자의 규정성이다. 그러나 모든 대상에 대한 이해의 결과인 개념은 전적으로 대상으로부터만 오지는 않는다. 모든 인식은 인식주체의 양태에 따른다. 대상을 매개 없이 그 자체로 이해하지 못하는 유한한 정신은 자신에게 고유한 인식양태에 따라 대상을 이해한다. 따라서 대상의 인식을 매개하는 개념은 인식주체의 고유한 인식양태에 따라 '*인식된* 대상 자체'(*res intellecta*)이다. 그런 한에서 범주에는 대상자체와 인식양태라는 이중적인 계기가 포함되어 있다. 그러므로 범주에 대한 이론은 인식양태의 관점에서 논리학에서 다뤄지며, 대상자체의 규정성이라는 점에서 형이상학의 대상이 된다. 이렇게 토마스 아퀴나스에게서 범주는 이중적인 기원을 갖는다. 이와 같은 방식으로 토마스는 범주의 기원에 있어서 지성의 능동적 역할을 간과하지 않는다. 그러나 그의 범주에 관한 논의가 13세기 스콜라철학의 문제의 틀 안에서 이루어지고 있다는 점도 간과할 수 없다.

디트리히는 범주의 기원을 지성에게서 찾는다. 실체를 비롯하여 모든 범주들이 지성의 작용에 의해 야기된 지성의 산물이라는 것이다. 그러나 범주가 주관적인 또는 자의적인 사유의 틀이라는 것을 의미하지는 않는다. 오히려 디트리히에게도 범주자체는 정신 밖에 존재하는 사물자체의 규정성이다. 그러나 외적 사물의 규정성으로서 범주는 자신의 존재성의 근거를 지성으로부터 취한다는 것이 디트리히의 생각이다. 즉 대상세계의 존재가 존재 그 자체의 범형(*exemplar*)으로서의 지성에 근거를 두고 있다는 것이다. 지성으로부터 존재의 규정성을 도출해내고 있다는 점에서 디트리히의 범주론은 그 근원에 있어서 신플라톤주의적 뿌리를 갖는다고 볼 수 있다.[77] 그러나 범주의 기원을 지성에 두고 있다는 점에서 그의 생각은 어떤 면에서 칸트의 근대적 주관성 개념을 선취하는 것으로 보이기도 한다.[78] 어느 경우에도 디트리히가 범주의 문제를 당대의 스콜라철학에 익숙한 방식으로 접근하지 않고, 존재론적인 관점에서 접근해 들어가면서 범주의 기원자체를 문제 삼았고 범주의 기원을 지성 자체에서 찾았다는 점, 그리고 그럼으로써 당대의 범주론과 긴장관계를 유지했다는 점은 간과할 수 없는 사실이다.

---

77) Perler, 같은 책, 169 참조.

78) K. Flasch는, “Kennt die mittelalterliche Philosophie die konstitutive Funktion des menschlichen Denkens?”, in: *Kant Studien* 63 (1972), 182-206에서 디트리히가 칸트의 “코페루니쿠스적 전환”을 선취하고 있다는 주장을 전개하고 있다.

참고 문헌

강상진, 아리스토텔레스 〈범주〉편 연구 -구성과 문제-」, 『철학사상』 10 (2000), 125-143.

이상섭, 「토마스 아퀴나스의 개념과 실재」, 『동서철학연구』 27(2003), 187-212.

_____, 「중세스콜라철학의 지향성, 지향의 대상 및 지향적 존재에 대한 연구」, 『철학과 현상학 연구』 26(2005), 159-206.

_____, 「근대적 주관성 개념의 중세철학적 기원에 관한 연구-프라이베르크의 디트리히의 지성론을 중심으로」, 『철학과 현상학 연구』 31(2006), 199-234.

J. 헤센, 『인식론(수정판)』, 이강조 옮김, 서광사: 1994

Aertsen, J., "Die Transzendentalienlehre bei Dietrich von Freiberg", in: K. Kandler, B. Mojsisch, F. Stammkötter, *Dietrich von Freiberg. Neue Perspektiven seiner Philosophie, Theologie und Naturwissenschaft. Freiberger Symposion: 10.-13. März 1997*, Amsterdam/Philadelphia 1999, 23-47.

Baumgartner, H. M. u. a., "Art.: Kategorie, Kategorienlehre", in: J. Ritter u. K. Gründer (ed.), *Historisches Wörterbuch der Philosophie* Bd. 4, Basel/Stuttgart 1976, 714-776.

Beckmann, J., *Wilhelm von Ockham*, München 1995.

Breton, S., "La déduction thomiste des catégories", in: *Revue philosophique de Louvain* 60(1962), 5-32.

Dietrich von Freiberg, *De visione beatifica*, ed. B. Mojsisch, Opera omnia t. 1, Hamburg 1977.

_____ , *De intellectu et intelligibili*, ed. B. Mojsisch, Opera omnia t. 1, Hamburg 1977.

_____ , *De origine rerum praedicamentalium*, ed. L. Sturlese, Opera omnia t. 3, Hamburg 1983.

Meister Eckhart, *Deutsche und Lateinische Werke*. Hrsg. im Auftrag der Deutschen Forschungsgemeinschaft. Abt. I: Die deutsche Werke. hrsg. von J. Quint (Stuttgart 1936ff.); Abt. II: Die lateinische Werke, hrsg. und übers. von K. Weiss u.a. (Stuttgart 1936ff.).

Flasch, K., *Einleitung* zu: Dietrich von Freiberg, Schriften zur Naturphilosophie und Metaphysik. hg. von J. Cavigioli u.a., Hamburg 1983.

_____ , "Procedere ut imago", in: K. Ruh (ed.), *Abendländische Mystik im Mittelalter*, Stuttgart 1986, 125-134.

_____ , "Kennt die mittelalterliche Philosophie die konstitutive Funktion des menschlichen Denkens", in : *Kant Studien* 63 (1972), 182-206.

Kobusch, Th., *Sein und Sprache. Historische Grundlegung einer Ontologie der Sprache*, Leiden-New York-København-Köln 1987.

_____ , "Substanz und Qualität. Die Reduzierung der Kategorien nach Wilhelm von Ockham", in: D. Koch und K. Bort (ed.), *Kategorie und Kategorialität*, Würzburg 1990, 75-98.

Perler, D., *Theorien der Intentionalität im Mittelalter*, Frankfurt a. M. 2002.

Pini, G., *Categories and Logic in Duns Scotus. An Interpretation of Aristotle's Categories in the Late Thirteenth Century*, Leiden-Boston-Köln 2002.

De Rijk, L., *Aristotle. Semantics and Ontology*, vol. 1, Leiden; Boston ; Köln 2002.

Thomas Aquinas, *Summa theologiae*, ed. Caramello, Rome-Turin

1952-1962.

_____, *Compendium Theologiae ad fratrem Reginaldum*, ed. Verardo, Rome-Turin 1954.

_____, *Quaestiones quodlibetales*, ed. R. M. Spiazzi, Rome-Turin 1956.

_____, *Quaestiones disputatae de veritate*, ed. R. Spiazzi, Rome-Turin 1964.

_____, *Quaestiones disputatae de potentia*, ed. P. Bazzi, Rome-Turin 1965.

_____, *Quaestiones disputatae de spiritualibus creaturis*, ed. P. Bazzi, Rome-Turin 1965.

_____, *In duodecim libris metaphysicorum Aristotelis expositio*, ed. R.M. Spiazzi, Rome-Turin 1964.

_____, Thomas Aquinas, *In Aristotelis libros per hermeneias et posteriorum analyticorum*, ed. R. Spiazzi, Rome-Turin 1964.

Zwei Theorien vom Ursprung der Kategorien in der Scholastik

Lee, Sang-Sup

Abstrakt

Die Kategorie bezeichnet den Rahmen oder die Ordnung, in der die verschiedenen Sachen betrachtet werden. Es ist im allgemeinen angenommen, dass nach der aristotelischen Tradition die Kategorien als objektive Bestimmtheiten des Objekts angesehen werden, während sie seit Kant nicht für die Bestimmtheiten des Dinges, sondern die Formen des Denkens betrachtet werden, und dass durch diese zwei Betrachtungsweise der Kategorien die Differenz zwischen der Kategorienlehre in der Antike sowie im Mittelalter und der in der Neuzeit zum Ausdruck gebracht wird. Aber die Spannung zwischen diesen zwei Lehrmeinungen kommt nicht nur in der Opposition zwischen der traditionellen und neuzeitlichen Kategorienlehre zu Erscheinung. Sie findet sich auch bereits in der aristotelischen Lehrmeinung ansatzhaft und kommt häufig in der Wirkungsgeschichte der aristotelischen Kategorienlehre vor. Dies durch den Vergleich zwischen zwei Kategorienlehre in der Scholastik zu bestätigen, das ist Ziel dieser Arbeit. Thomas von Aquin thematisiert den doppelten Aspekt der Kategorie mittels der zwei Betrachtungsweise der Kategorien. Für die Scholastiker werden die Kategorien als die

Modi des extramental Seienden in der Perspektive der Metaphysik einerseits und auch als Objekt der Logik anderseits aufgefasst. Dietrich von Freiberg aber nährt sich der Frage nach Kategorien nicht in der grammtisch-logischen Hinsicht, sondern in der ontologischen Hinsicht. Er stellet sich die Frage nach ihrem Ursprung selbst und behauptet, dass sie sogar einschließlich der Substanz vom Intellekt Ursprung nehmen. Er sagt aber zugleich, dass die Kategorien, zwar vom Intellekt konstituiert, aber dennoch nicht Gedankending sind, sondern extramental existieren.

Key words: Bestimmtheit des Seienden, Form des Denkens, Intellekt, Intention, Kategorie, Prädikation, Transzendentalien.

안셀무스의 존재론적 신 존재증명과 무로부터의 창조

양 태 범

I. 들어가는 말
II. 안셀무스의 이른바 '존재론적' 신 존재증명
III. 존재론적 신 존재증명의 일반화와 무로부터의 창조
IV. 나가는 말

요약문

안셀무스는 『탈출기』 3장 14절의 계시내용, "존재하는 자"에 대한 신앙을 바탕으로 그것을 이해하고자 함으로써 '존재론적' 신 존재증명을 시도한다. 그런데 그는 "우리가 믿는 바대로" 그렇게 "있는" 신을 "그것보다 더 큰 것이 어떠한 것도 생각될 수 없는 어떤 것"이란 정식을 통해 표현한다. 비교급의 형식으로 최상급을 표현하는 이 정식은 처음부터 최고의 존재 이외의 다른 모든 유한한 존재를 넘어서도록 프로그램 되어있다. 그로부터 그것은 우리의 지성을 넘어서고, 또한 모든 유한한 존재를 넘어선다. 그런데 그것이 우리의 지성을 넘어서고, 또한 모든 유한한 존재를 넘어간다는 것은, 그와 같은 유한한 존재가

자기 자신 안에 함축하고 있는 비존재의 가능성을 넘어간다는 말이다. 그로부터 그것은 "비존재가 생각될 수 없는 어떤 것"으로 이해된다. 그러므로 그 정식에는 처음부터 최고의 존재 이외의 다른 유한한 존재는 모두 무로부터 창조되었다는 무로부터의 창조설이 전제되어 있으며, 안셀무스의 신 존재증명은 바로 이러한 무로부터의 창조를 분명히 하는 과정 이외에 다름이 아니다. 그리고 이것이 안셀무스가 서론에서 "자기 자신을 증명하는데 단지 자기 이외에 어떤 다른 것도 필요로 하지 않으며", 또한 "신이 참으로 있고, 그는 다른 어떠한 것도 필요로 하지 않으며 그리고 모든 것들이 있고 또한 선하게 있기 위하여 그것을 필요로 하는 최고선이라는 것을 증명하는데 단지 충분한", "단 하나의 논증"에 대해 말할 수 있었던 근거이다.

● **주요어 : 안셀무스, 합리적인 계시신학, 존재론적 신 존재증명, 무로부터의 창조, 삼위일체**

I. 들어가는 말

본 논문에서 필자는 『프로슬로기온』 II-IV장에 전개되어 있는 안셀무스의 이른바 '존재론적 신 존재증명'과 이미 교부들로부터 정립된 기독교의 '무로부터의 창조'설 사이의 관계를 해명하고자 한다. 이 논문을 통해 필자는 안셀무스의 신 존재증명에는 무로부터의 창조설이 전제되어 있으며, 그의 신 존재증명은 바로 '신이 자기 이외의 모든 것을 무로부터 만들었다'는 생각을 명시적으로 드러내는 것 이외에 다른 것이 아니라는 것을 밝히고자 한다. 다른 기독교 사상가들과 마찬가지로 안셀무스도 신과 이 세계의 관계를 "창조주"(creator)와 "피조물"(creatura)의 관계로 파악하며,[1] 이 관계를 그는 성부, 성자, 성령의 삼위일체 가운데 무엇보다도 "성령"(spiritus sanctus)에 의한 것으로 생각한다.[2] 왜냐하면 신이 이 세상과 관계를 맺는 것은 그 자신의 선의지에 따른 자유로운 창조에 의해서이기 때문이다. 그렇기 때문에 안셀무스는 『모놀로기온』 I장에서 존재, 진리, 선 가운데 무엇보다도 먼저 "선"(bonitas)을 통해서 신과 피조물을 연결시켰다.[3] 물론 창조는 피조물에게 존재를 부여하는 것이며, 그것은 말씀에 의한 것이다. 그러나 이 세상의 모든 피조물은 그 자신의 존재에서 참된 선을 추구함으로써 신과 관계를 맺는다.

그런데 '존재론적 신 존재증명'이란 말은 안셀무스가 자신의 신 존재증명을 지칭하기 위하여 쓴 말이 아니라, 칸트가 『순수이성비판』에서 데

---

1) 예컨대, Anselmus, Proslogion, I, III, V장을 보라.

2) 같은 책, XXII-XXIII장을 보라. unum et summum bonum … quo omnia indigent ut sint, et ut bene sint. (XXII) … Hoc ipsum est amor unus et communis tibi et filio tuo, id est sanctus spiritus ab utroque procedens. (XXIII).

3) Anselmus, Monologion, I장을 보라, Si quis unam naturam, summum omnium quae sunt, solam sibi in aeterna sua beatitudine sufficientem, *omnibusque rebus aliis hoc ipsum, quod aliquid sunt aut quod aliquomodo bene sunt, per omnipotentem bonitatem suam dantem et facientem,* … Quod cum multis modis facere possit, unum ponam, quem illi aestimo esse promptissimum. Etenim cum *omnes frui solis iis appetant, quae bona putant*: in promptu est, ut aliquando mentis oculum convertat ad investigandum illud, unde sunt bona ea ipsa, quae non appetit, nisi quia iudicat esse bona, ut deinde ratione ducente et illo prosequente ad ea quae irrationabiliter ignorat, rationabiliter proficiat. In quo tamen, si quid dixero, quod maior non monstret auctoritas: sic volo accipi ut, quamvis ex rationibus, quae mihi videbuntur, quasi necessarium concludatur, non ob hoc tamen omnino necessarium, sed tantum sic interim videri posse dicatur. Facile est igitur ut aliquis sic secum tacitus dicat: *Cum tam innumerabilia bona sint, quorum tam multam diversitatem et sensibus corporeis experimur et ratione mentis discernimus: estne credendum esse unum aliquid, per quod unum sint bona quaecunque bona sunt, an sunt alia per aliud?*(이탤릭체 강조는 필자에 의한 것임.)

카르트류의 이른바 '존재론적' 신 존재증명을 비판하기 위해서 처음으로 사용한 말이다.[4] 그러므로 안셀무스의 신 존재증명이 칸트가 말하는 의미에서 '존재론적' 신 존재증명인지, 그렇다고 한다면 어떤 맥락에서 그러한지가 문제로 제기될 수 있다. 칸트에 의하면 존재론적 신 존재증명이란 데카르트가 그러했듯 신의 관념으로부터 신의 존재로 넘어가는 증명이다. 그러나 칸트에 따르면 "존재는 명백히 실제적인 술어가 아니다."[5] 이 말은, 우리가 신의 개념에 '존재'라는 술어를 덧붙인다고 해서 신이 실제로 존재하게 되는 것은 아니라는 말이다. 그러므로 신의 개념에서 신의 존재로 넘어가는 이른바 '존재론적' 신 존재증명은 불가능하다는 것이 칸트의 입장이다. 그러나 안셀무스의 신 존재증명은 이러한 의미에서 '존재론적' 신 존재증명인가? 그리고 그렇다고 한다면, 그것은 어떤 맥락에서 그러한 증명인가?

II. 안셀무스의 이른바 '존재론적'신 존재증명

그런데 안셀무스의 이른바 '존재론적' 신 존재증명은, 안셀무스 자신이 하는 말에 따르면 "우리가 믿는 바대로 그렇게 당신이 있다"(es, sicut credimus)는 것을 "이해"(intelligere)하려고 하는 것 이외에 다른 것이 아니다. 그러므로 안셀무스의 신 존재증명은 신에 대한 믿음에 기초해

---

4) Schrimpf, G., Anselm von Canterbury Proslogion II-IV; Gottesbeweis oder Widerlegung des Toren? p. 9를 보라. Kant, Kritik der reinen Vernunft, B 620-630(=A 592-602) 참조.

5) Kant, Kritik der reinen Vernunft B 626(=A 598). Sein ist offenbar kein reales Prädikat, d. i. ein Begriff von irgend etwas, was zu dem Begriffe eines Dinges hinzukommen könne.

있고, 증명이란 그러한 신에 대한 믿음을 이해하는 것 이외에 다른 것이 아니다. 그런데 그와 같은 신에 대한 믿음은 신이 자기 자신을 밝히는 계시에 근거해 있으며, 우리의 "지성"(intellectus)을 넘어가는 것이다. 그렇다면 우리는 어떻게 믿음의 대상이 되는 신의 자기 자신에 대한 계시를 이해할 수 있을 것인가? 안셀무스의 말을 들어보면, 그는 우리가 비록 자기 자신을 밝히는 신의 계시를 그 자체로 알 수 없다고 하더라도, 우리를 지배하는 "주"(Dominus) 하느님이 우리의 지성에 유용하다고 허락하신 만큼, 즉 "이롭다고 아시는 만큼"(quantum scis expedire) 그것을 이해할 수 있다는 입장이다. "그러므로 신앙에 이해를 주시는 주님, 당신이 이롭다고 아시는 만큼, 우리가 믿는 바대로 그렇게 당신이 있다는 것을 이해할 수 있도록 나에게 이해를 주십시오."[6] 이와 같이 믿음의 대상이 되는 계시된 신에 대한 합리적인 이해는 단순히 변증법이나 변증법적인 철학[7] 내지 신학[8]이 아니라, 그렇다고 단순히 신비신학[9]도 아닌 일종의 합리적인 계시신학[10]이다. 그렇기 때문에 안셀무스는 "이해하기 위해서 믿습니다"[11](credo ut intelligam)라고 말하며, 그것은 "이해를 추

---

6) Anselmus, Proslogion. II장, Ergo, Domine, qui das fidei intellectum, da mihi, ut, quantum scis expedire, intelligam,, quia es sicut credimus, …

7) 이런 입장으로는, Schurr, A., Die Begründung der Philosophie durch Anselm von Canterbury. Eine Erörterung des ontologischen Gottesbeweises, Stuttgart, 1966을 보라.

8) 이런 입장으로는, Söhngen, G., "Die Einheit der Theologie in Anselms Proslogion", in: Die Einheit in der Theologie. Gesammelte Abhandlungen, Aufsätze, Vorträge, München, 1952, pp. 24-62와 Schufreider, G., Confessions of a Rational Mystic, Purdue, 1994, pp. 240 아래를 보라. 만약 슈프라이더처럼 안셀무스에게 있어서 계시가 단지 "신으로부터 그리고 신에 대한 일종의 지속적인 역사적 계시"(a kind of continuous historical revelation of and from God, p. 242)라고 한다면, 그것은 계시신학이라기보다는 변증법적 신학에 가깝다.

9) 이런 입장으로는, Stolz, A., "Zur Theologie Anselms im Proslogion?", in: Catholica 2, 1933, pp. 1-24를 보라.

구하는 신앙"[12](Fides quaerens intellectum)인 것이다.

그런데 안셀무스에게 있어서 "우리가 믿는 바대로" 그렇게 "있는" 신이란 무엇인가? 안셀무스에 따르면, "우리는 당신이 그것보다 더 큰 것이 어떠한 것도 생각될 수 없는 어떤 것이라고 믿는다"[13]고 한다. 그러나 "그것보다 더 큰 것이 어떠한 것도 생각될 수 없는 어떤 것"(aliquid quo nihil maius cogitari possit), 바로 이것이 "우리가 믿는 바대로" 그렇게 "있는" 신인가? 그렇다면 그것은 어떻게 해서 그러한가? 이와 유사한 표현은 이미 키케로나 세네카에게 나타난다고 한다.[14] 그렇지만 안셀무스가 이와 같은 이교도들의 신을 자신을 포함하여 그가 '우리'라고 하는 기독교인들이 믿는 신으로 인정하였을 것이라고는 도저히 생각할 수 없다. 만일 그가 그런 표현을 어디로부터 받아들였다고 한다면, 그것은 아

---

10) 이런 입장으로는, Scholz, H., "Der Anselmische Gottesbeweis (1950/1)", in: Heinrich Scholz, Mathesis Universalis. Abhandlung zur Philosophie als strenger Wissenschaft, hrsg. v. H. Hermes/F. Kambartel/J. Ritter, Darmstadt, 1961, pp. 62-74를 보라. Charlesworth, M. J., St. Anselm's Proslogion, Introduction, *3. Faith and Reason in the Cur Deus Homo*, pp. 30-40 참조.

11) Anselmus, Proslogion. I장.

12) 같은 책, Prooemium.

13) 같은 책, I장. Et quidem credimus te esse aliquid quo nihil maius cogitari possit.

14) Cicero, De natura deorum. II 7. n. 18 Plasberg-Ax 65, 18-21: atqui certe *nihil omnium rerum melius est mundo nihil praestabilius nihil pulchrius*, nec solum nihil est sed *ne cogitari quidem quicquam melius potest*. Flasch, K., Das philosophische Denken im Mittelalter; Von Augustin zu Machiavelli, p. 691에서 재인용. 여기서 mundus와 deus는 동일한 것이다. Cicero, De natura deorum. II 8. n. 21 Plasberg-Ax 57, 20: esse mundum deum을 보라. Seneca, Naturales Quaestiones, I praef., 5: quid est deus? quod vides totum et quod non vides totum. sic demum *magnitudo sua* illi redditur, *qua nihil maius cogitari potest, si solus est omnia*, si opus suum et intra et extra tenet. Schrimpf, G., Anselm von Canterbury Proslogion II-IV; Gottesbeweis oder Widerlegung des Toren? p. 7, Anm. 2에서 재인용.

우구스티누스나 보에티우스에게서였을 것이다.[15] K. 플라쉬는 안셀무스의 정식화된 표현이 '보에티우스적'으로 들린다고 한다. 이 말은 안셀무스의 정식이 아우구스티누스보다 보에티우스의 변증법적 엄밀성에 더 친화적이라는 말이다.[16] 그러나 "그것보다 더 큰 것이 어떠한 것도 생각될 수 없는 어떤 것"이 어떻게 해서 "우리가 믿는 바대로" 그렇게 "있

15) Boethius, De consolatione philosophiae, 1, III, prosa X: Deum rerum omnium principem, bonum esse, communis humanorum conceptio probat animorum. Nam cum nihil Deo melius excogitari queat, *id, quo melius nihil est*, bonum esse quis dubitet? … Quare quod a summo bono diversum est sui natura, id summum bonum non est: *quod* nefas est de Deo cogitare, *quo nihil constat esse praestantius*. Omnino enim nullius rei natura suo principio melior poterit existere, … Augustinus, De libero arbitrio, II, 6, 14: Non continuo, si quid melius quam id quod in mea natura optimum est, invenire potuero, Deum esse dixerim. Non enim mihi placet Deum appellare, quo mea ratio est inferior, sed *quo nullus est superior*. … *Hunc* plane fatebor Deum, *quo nihil superius esse constiterit*. De moribus Manichaeorum, II, 11: , 24, De doctrina Christiana, I, 7: Nam cum ille *unus* cogitatur *deorum Deus*, ab his etiam qui alios et suspicantur et vocant et colunt deos sive in coelo sive in terra, ita cogitatur, ut *aliquid quo nihil melius sit atque sublimius* illa cogitatio conetur attingere. Riesenbuber, K., Die Selbsttranszendenz des Denkens zum Sein. Intentionalitätsanalyse als Gottesbeweis in >>Proslogion<<, Kap. 2, in: Philosophie im Mittelalter. Entwicklungslinie und Paradigma hrsg. v. J. P. Beckmann/L. Honnefelder/G. Schrimpf/G. Wieland, Hamburg 1987, 39-59를 보라.

16) Flasch, K., Das philosophische Denken im Mittelalter; Von Augustin zu Machiavelli, p. 202를 보라. 그러나 이러한 변증법적인 성격과 관계해서 그는 안셀무스의 직접적인 선구자로 베렌가리우스를 지적하며, 안셀무스가 변증법을 기독교교리 전반에 적용하였다고 한다. 그리고 베렌가리우스의 계보를 추적해, 베렌가리우스의 스승이 사르트르학파의 창시자인 플루베르투스이며, 플루베르투스의 스승이 라임의 게르베르투스라는 것을 밝히며, 전통의 연관관계가 생각보다 밀접하다는 것을 보여준다. 그러나 필자가 보기에 최소한 위의 정식에서 보이는 변증법적인 성격은 아우구스티누스와 보에티우스를 매개로 하는 신플라톤주의의 직접적인 영향에서 기인하는 듯이 보인다. 이에 대해서는, Monologion, I, II, III, IV장과 예컨대, Proclus, Commentaria in Platonis Parmenidem, 1096 아래를 비교하시오.

는" 신이라는 것인가? "우리가 믿는 바대로" 그렇게 "있는" 신이란 도대체 무엇을 의미하는 것인가? 여기서 우리는, 비록 비교급의 형식으로 표현되었지만, "그것보다 더 큰 것이 어떠한 것도 생각될 수 없는 어떤 것"이란 표현이, 이미 『모놀로기온』 I장에서 존재와 완전성의 등급에 따라 언급된 바와 같이 "최대"(summum magnum 또는 maximum), "최선"(summum bonum 또는 optimum), "모든 존재하는 것들의 최고"(summum omnium quae sunt)와 같은 최상급들이 의미하는 "하나의 어떤 것"[17](unum aliquid), 바로 『프로슬로기온』 V장에서 말하는 최상급의 "유일하게 자기 자신을 통해 실존하는, 모든 것들의 최고"(summum omnium solum existens per seipsum)를 지시한다는 데 주목할 필요가 있다. 그리고 이와 같은 "최고의 존재"(summa essentia)를 가지고 아우구스티누스가, 『출애굽기』 3장 14절에서 신 자신이 모세에게 자신이 누구인지를 천사를 통해 알려주었다고 하는 신의 이름, "나는 존재하는 자이다"(ego sum qui sum)를 의미한다는 것은 너무나 명백하다.[18] 그러므로 안셀무스가 "우리가 믿는 바대로 그렇게 당신이 있다"고 고백할 때, 그가 말하는 신은 바로 『출애굽기』의 "존재하는 자"(qui est)이다.

그런데 안셀무스가 말하는 "우리가 믿는 바대로" 그렇게 "있는" 신이 바로 성서가 말하는 "존재하는 자"라고 한다면, 그리고 우리가 그와 같이 "존재하는 자"를 신앙에 근거해서 이해한다고 한다면, 증명은 이미 수행된 것이 아닌가? 왜냐하면 우리는 그와 같은 자가 "있다"는 것을, 비록 신앙에 근거해서이기는 하지만, "이해"(intelligere)하였기 때문이다. 그러나 안셀무스는 왜 그와 같이 존재하는 자를 "그것보다 더 큰 것이 어떠한 것도 생각될 수 없는 어떤 것"이란 정식을 가지고 표현하는가? 『출애굽기』에서 말하는 "존재하는 자"가 이 세상에 존재하는 모든 것들

17) Anselmus, Monologion. I장.

과는 구분되는 "최고의 존재"라는 것은 분명하다. 그런데 안셀무스가 그와 같은 최고의 존재자를 "그것보다 더 큰 것이 어떠한 것도 생각될 수 없는 어떤 것"이란 비교급의 형식으로 표현한다면, 그것은 그가 그와 같은 최고의 존재를 비교의 대상이 되는 다른 존재들과 비교하여 표현하기 때문이다. 그리고 이런 비교의 대상에는 최고의 존재와 구분되는 다른 모든 존재들뿐만이 아니라, 또한 동시에 이 모든 존재를 비교하고 "생각"(cogitare)하는 우리 자신이 속한다. 그런데 여기서 안셀무스가 제기하는 문제는, "무지한 자는 자기 자신의 마음속에서 '신은 있지 않다'고 말하였다"(dixit insipiens in corde suo: non est Deus)고 하는 『시

18) Augustinus, De doctrina Christiana, I, 32, 5, De civitate Dei, XII, 2를 보라. 신적인 '본질'(essentialitas)에 관한 학설의 유래에 대해서는, Gilson, E., The Christian Philosophy of St. Thomas Aquinas, p. 87을 참조. 여기서 Gilson은 성 안셀무스를 거쳐 성 빅토르의 리하르두스, 헤일스의 알렉산더, 성 보나벤투라로 이어지는 신적인 '본질'에 관한 학설의 기원을 아우구스티누스에서 밝힌다. De doctrina Christiana, I, 32, 5: Ille enim summe ac primitus est, qui omnino incommutabilis est, et qui plenissime dicere potuit: Ego sum qui sum; et, Dices eis, Qui est, misit me ad vos (Exod. III, 14); De civitate Dei, XII, 2: Cujus erroris impietate tanto quisque carebit expeditius et facilius, quanto perspicacius intelligere potuerit, quod per angelum dixit Deus, quando Moysen mittebat ad filios Israel: *Ego sum, qui sum* (Exod. III, 14). Cum enim *Deus summa essentia sit*, hoc est *summe sit*, et ideo immutabilis sit; rebus quas ex nihilo creavit, esse dedit, sed non summe esse, sicut ipse est; et aliis dedit esse amplius, aliis minus; atque ita naturas essentiarum gradibus ordinavit. Sicut enim ab eo quod est sapere, vocatur sapientia; sic *ab eo quod est esse, vocatur essentia: novo quidem nomine, quo usi veteres non sunt latini sermonis auctores, sed jam nostris temporibus usitato, ne deesset etiam linguae nostrae, quod Graeci appellant oujsivan.* Hoc enim verbum e verbo expressum est, ut diceretur *essentia*. Ac per hoc ei naturae, quae summe est, qua faciente sunt quaecumque sunt, contraria natura non est, nisi quae non est. Ei quippe quod est, non esse contrarium est. Et propterea Deo, id est summae essentiae, et auctori omnium qualiumcumque essentiarum, essentia nulla contraria est.

편』 13장 1절의 말씀처럼, 우리는 "신이 있지 않다"(non est deus)고 말할 수 있다는 것이다. 물론 안셀무스는 신이 있지 않다거나 신이 있다는 것을 이해하지 못한다거나 하는 입장이 아니다. 하지만 그는 여기서 최소한 "신이 있지 않다"는 말이 어떻게 가능한지를 설명하여야할 입장에 놓여있다. 그러나 신이 "존재하는 자"라고 한다면, 그와 같은 "신"이 "있지 않다"는 것은 어떻게 가능한가? 그것은, 그와 같은 신이 있다는 것을 알지 못하는 "무지한 자"(insipiens)가 신을 바로 "자기 자신의 마음속에서"(in corde suo)만 말하기 때문이다. 그렇기 때문에 신은 우리의 "마음속에서"(in corde)는 있지 않을 수 있는 것이다. 그리고 그로부터 신에 대한 이른바 '존재론적' 신 존재 증명의 문제 상황이 발생한다.[19)]

이와 같은 문제 상황으로부터 안셀무스의 존재론적 신 존재증명은 두 단계에 걸쳐 전개된다. 그런데 안셀무스는 그와 같은 존재론적 신 존재증명을 마치 성서의 말씀을 듣고 이해하는 자가 성서를 대변하여 신을

---

19) 그 다음에 이어지는 화가의 예는 단지, "사물이 지성 안에 존재한다는 것"(rem esse in intellectu)과 "사물이 존재한다는 것을 이해한다는 것"(intelligere rem esse)이 서로 다른 것이라는 것을 보여주는 예에 불과할 뿐이다. 말하자면, 화가가 자기가 만들 것을 미리 생각할 때, 그는 그것을 지성 안에 갖고 있지만, 아직 만들지 않은 것을 존재한다고는 이해하지 않는다는 것이다. 그러나 그림을 그린 다음에는 그는 그것을 지성 안에 갖고 있을 뿐만 아니라, 또한 이미 만든 것이 존재한다고 이해한다는 것이다. 이에 대해 가우닐로는, "이해한다는 것"(intelligere)이 "지식에 의해 사물 자체에 따라 그것이 실존한다는 것을 파악하는 것"(scientia comprehendere re ipsa illud existere)이라고 한다면, 앞서 "사물을 지성 안에 갖는다는 것"과 뒤에 "사물이 존재한다는 것을 이해하는 것"은 서로 다르지 않다고 비판한다. Gaunilo, Quid ad haec respondeat quidem pro insipiente(이하 pro insipente), 〔2〕를 보라. 그러나 그 자신이 인정하듯 "참된 것"(verum illud)과 "지성 자체"(intellectus ipse)는 서로 다른 것이며(pro insipiente, 〔3〕을 보라), 안셀무스는 여기서 단지 다음 단계에서 현재 "단지 지성 안에 존재"(in solo intellectu)하는 것이 "또한 사물에도 존재"(esse et in re)한다는 것을 증명할 목적으로 "지성 안에 존재"(esse in intellectu)하는 것과 사물 안에 "존재"(esse)하는 것을 구분할 따름이다. Anselmus, Quid ad haec respondeat editor ipsius libelli, 〔8〕을 보라.

알지 못하는 자에게 신이 무엇인지를 설명해주면서 무지한 자를 설득하는 방식으로 전개한다. 그로부터 그는 첫 번째 단계에서, 자신이 말하는 신, 즉 "그것보다 더 큰 것이 어떠한 것도 생각될 수 없는 어떤 것"을 무지한 자가 듣고 이해한다면, 그가 이해한 것은, 비록 그가 그것이 존재한다는 것을 이해하지 못한다고 하더라도, 그의 지성 안에 있다는 것을 주장한다. 그런데 여기서 "이해"(intelligere)한다는 것은, 안셀무스가 IV장에서 설명하듯이, "사물이 그러한바 그것 자체"(id ipsum quod res est)를 이해한다는 것이다. 그런데 그렇지 않고, 그것이 단지 "그것(즉, 사물)을 의미하는 말"(vox eam significans)만을 "생각"(cogitare)하는 것이라고 한다면, 그것은 이해되어진 것이 "단지 지성 안에만 존재"(esse in solo intellectu)하는 것이 아니라, "또한 사물 안에도 존재"(esse et in re)한다 것을 논증하는 두 번째 단계의 논증에 어떠한 타당성도 보장해주지 않을 것이다.[20] 그러나 안셀무스가 이해한다는 것을 그것이 그러한바 그것 자체를 이해한다는 뜻으로 사용한다고 하더라도, 그것은 그것을 듣고 이해하였을 때, 그것이 지성 안에 있다는 것을 부정하는 것은 아니다. 그로부터 그것을 듣고 이해하였을 때, 비록 그것이 존재한다는 것을 이해하지 못한다고 하더라고, 그것이 지성 안에 있다고 하는 존재론적 신 존재증명의 첫 단계가 마련되었다.

그리고는 두 번째 단계에서 안셀무스는 "단지 지성 안에만 존재"하는

20) 이러한 이유에서 필자는 토마스 아퀴나스의 안셀무스의 신 존재증명에 대한 비판이 정당하다고 생각한다. Thomas, Sth. I, q. 2, a. 1, ad 2를 보라. 안셀무스의 신 존재증명에는 토마스가 말하는 대로 '신이 무엇인가에 대한 이해'가 전제되어있다. Proslogion, IV를 보라. intelligens id quod deus est. 만약 그렇지 않았다고 한다면, 안셀무스의 신 존재증명은, 비록 "한 개념이 내포하고 있는 내용을 논리적인 추론을 통해 밝힘으로써"(박승찬, 모놀로기온 & 프로슬로기온, 역자해제, p. 366) 증명한다고 하더라도, 부당한 논증이 될 것이다. 이와 같은 증명은, 흔히 존재론적 신 존재증명이 비판받는 바, 바로 논리적인 질서에서 실제적인 질서에로의 비약을 시도하는 증명이기 때문이다.

신의 "의미"(significatio)에서 "또한 사물 안에도 존재" 하는 신의 "존재"(esse)로 이행하는, 이른바 고유한 의미에서의 '존재론적' 신 존재증명을 수행한다. 그는 "그것보다 더 큰 것이 어떠한 것도 생각될 수 없는 어떤 것" 이 "단지 지성 안에만 존재" 할 수 없고, "또한 사물 안에도 존재" 하여야 한다는 것을 "단지 지성 안에만 존재" 하는 것보다 "또한 사물 안에 존재" 하는 것이 더 크다는 것을 근거로 논증한다. 그는 이것을 귀류법을 통해 다음과 같이 논증한다. "그러고 확실히 '그것보다 더 큰 것이 어떠한 것도 생각될 수 없는 어떤 것'은 단지 지성 안에만 존재할 수 없다. 왜냐하면 만약 '그것보다 더 큰 것이 생각될 수 없는 그것'이 단지 지성 안에만 존재한다고 한다면, 또한 사물 안에도 존재하는 것이 생각될 수 있고, 이것이 더 큰 것이기 때문이다. 그러므로 만약 '그것보다 더 큰 것이 생각될 수 없는 그것'이 단지 지성 안에만 있다고 한다면, '그것보다 더 큰 것이 생각될 수 없는 그것' 자체는 그것보다 더 큰 것이 생각될 수 있는 것이다. 그러나 이것은 불가능하다. 그러므로 의심의 여지없이 '그것보다 더 큰 것이 생각될 수 없는 어떤 것'은 지성 안에도 사물 안에도 실존한다."[21)]

그런데 여기서 "그것보다 더 큰 것이 생각될 수 없는 어떤 것" 이 "단지 지성 안에만 존재" 한다고 할 때, 그것이 지성으로 존재하는 것이 아닌 것과 같이, "또한 사물 안에도 존재" 한다고 할 때, 그것은 사물로 존재하는 것은 아니다. 도리어 "그것보다 더 큰 것이 생각될 수 없는 어떤 것" 은 지성이나 사물을 넘어서 있는 것으로 지성이나 사물 안에 존재하는

---

21) Anselmus, Proslogion, II장. Et certe id, quo majus cogitari nequit, non potest esse in solo intellectu. Si enim vel in solo intellectu est, potest cogitari esse et in re; quod majus est. Si ergo id quo majus cogitari non potest, est in solo intellectu: id ipsum, quo majus cogitari non potest, est quo majus cogitari potest. Sed certe hoc esse non potest. Existit ergo procul dubio aliquid, quo majus cogitari non valet, et in intellectu, et in re.

것이다. 그런데 '그것보다 더 큰 것이 어떠한 것도 생각될 수 없는 어떤 것'이란 정식은 바로 이와 같이 유한한 지성이나 사물을 넘어가도록 프로그램 되어진 정식이다.[22] 그러므로 "그것보다 더 큰 것이 어떠한 것도 생각될 수 없는 어떤 것"이 단지 지성이나 사물 안에만 존재한다고 한다면, 그것은 자기 자신과 모순되게 "그것보다 더 큰 것이 생각될 수 있는 것"이 되어 부조리에 빠지게 되도록 되어있는 것이다. 그런데 비교급의 형식으로 표현되었지만 최상급을 지시하는, "그것보다 더 큰 것이 어떠한 것도 생각될 수 없는 어떤 것", 말하자면 "최고의 존재"가 모든 유한한 존재를 넘어설 수 있는 이유는, 유한한 존재가 최고의 존재처럼 순수한 존재 자체가 아니라 자체 내에 "비존재"(non esse)의 가능성을 함축하고 있기 때문이다. 그렇기 때문에 안셀무스는 지금까지 "그것보다 더 큰 것이 어떠한 것도 생각될 수 없는 어떤 것"이라고 했던 것을 III장에서 "그것은 단적으로 그렇게 참으로 있어서, 그래서 그것은 또한 비존재가 생각될 수 없는"[23](Quod utique sic vere est, ut nec cogitari possit non esse) 것이라고 파악한다.

III. 존재론적 신 존재증명의 일반화와 무로부터의 창조

그러므로 이어지는 III장의 안셀무스의 신 존재증명은 II장의 존재론적 신 존재증명의 연장이며 일반화이다.[24] 여기서 안셀무스는 앞선 논의의 결과로 "지성 안에도"(et in intellectu) "사물 안에도"(et in re) "실존

---

22) 이 정식이 "기능적 개념"(operationaler Begriff)이라고 하는 것에 대해서는, Schrimpf, G., Anselm von Canterbury Proslogion II-IV; Gottesbeweis oder Widerlegung des Toren?을 보라.

23) Anselmus, Proslogion, III 장.

한다"(existit)고 하는 신, 말하자면 "그것보다 더 큰 것이 어떠한 것도 생각될 수 없는 어떤 것"을, "단적으로 그렇게 참으로 있는"(quod utique sic vere est) 것으로 이해하며, 그로부터 그것을 "또한 비존재가 생각될 수 없는"(ut nec cogitari possit non esse) 바 '필연적 존재'(esse necessarium)로 파악한다. 그런데 그것이 "비존재가 생각될 수 없는 바" '필연적 존재'라는 것을, "비존재가 생각될 수 없는 어떤 것"(aliquid quod non possit cogitari non esse)이 "비존재가 생각될 수 있는 것"(quod non esse cogitari potest)보다 "더 크다"(maius)는 것에 근거해서 논증한다. "왜냐하면 비존재가 생각될 수 없는 어떤 것이 존재한다고 생각될 수 있기 때문이며, 이것은 비존재가 생각될 수 있는 것보다 더 큰 것이기 때문이다."[25] 여기서 "더 크다"(maius)는 말은 명백히 존재의 등급에 있어서 더 크다는 말이다.[26] 그리고 앞서와 마찬가지로 여기서도

24) K, 플라쉬는 "제3장이 제2장의 기초를 만들고 이런 의미에서 제2장과 함께 바로 그 안셀무스의 논증자체를 구성한다는 가정이 옳은 것처럼 보이지 않는"다고 비판한다. "만일 제2장이 독립적으로 유효한 논증을 포함하고 있지 못한다면 제3장을 통해서도 지지될 수 없기 때문"이라는 것이다. 그에게 제2장의 논증은 "사실상의de facto 실존"에 대한 논증이며, 제3장은 "실존의 증명이 완성된 후에 이 증명의 양태가 필연적인 것으로써 증명된다는 점에서 제2장과 밀접하게 연관되어 있다"고 한다. 그럼에도 불구하고 그는 "제3장은 제2장의 논의를 완성시키는 것이 아니라", "제2장에서 증명된 실존이 더 이상 <사실상의de facto 실존>만으로 오인되지 않도록 확인함으로써 증명을 앞으로 더 이끌어가는 것"이라고 한다. 그로부터 "제3장은 필연적으로 존재하는 것이 동시에 실제적으로 존재하는 것이지, 거꾸로가 아니라는 의미에서 앞서 나오는 장을 포괄한다는 것이다." 플라쉬의 논의는, 박승찬, 모놀로기온 & 프로슬로기온, 역자해제, 각주 26)에 따라 재구성되었음. 플라쉬가 지적하는 대로 II장의 논의가 사실상의 실존증명이라는 것은 맞다. 그러나 그는 II장의 증명이 사실상의 증명이라고 하더라도, 그것이 III장에 의해서 비로소 원리적으로 정초되어지고 완성되어진다는 것을 간과하는 것 같다. "그것보다 더 큰 것이 어떠한 것도 생각될 수 없는 어떤 것"이, "단지 지성 안에만" 존재할 뿐 아니라 "또한 사물 안에도" 존재하고, 심지어는 모든 유한한 사물도 넘어서는 근거는, 지성이나 사물이 자체 내에 함축하는 비존재의 가능성을 넘어가기 때문이다.

25) Anselmus, Proslogion, II장.

논의의 주어가 되는 "그것보다 더 큰 것이 어떠한 것도 생각될 수 없는 어떤 것"이라는 정식은 그 자신과 다른 모든 존재의 등급에서 하위인 유한한 존재를 넘어가도록 프로그램 되어있는 정식이다. 다만 여기서 그 자신과 다른 모든 존재의 등급에서 하위인 유한한 존재를 안셀무스는 명시적으로 비존재가 생각될 수 있는 것으로 이해한다. 그래서 이와 같이 지성이나 사물이 비존재가 생각될 수 있는 것으로 이해되는 한에서 "그것보다 더 큰 것이 생각될 수 없는 어떤 것"이란 정식은 지성과 사물을 포함해서 일반적으로 모든 자기 자신과 다른 존재의 등급에서 하위인 유한한 존재를 넘어가도록 되어있다. 그렇게 해서 "그것보다 더 큰 것이 어떠한 것도 생각될 수 없는 어떤 것"은, 그것이 자기 자신과는 다른 모든 존재의 등급에서 하위인 유한한 존재의 비존재의 가능성을 넘어가는 한에서 비존재가 생각될 수 없는 어떤 것으로 이해된다.

그로부터 안셀무스는 "그것보다 더 큰 것이 생각될 수 없는 그것"이 "비존재가 생각될 수 없는" '필연적 존재'라고 하는 것을 다음과 같은 귀류법을 통해 논증한다. "그 때문에, 만약 그것보다 더 큰 것이 생각될 수 없는 그것이 비존재가 생각될 수 있다고 한다면, 그것보다 더 큰 것이 생각될 수 없는 그것 자체는 그것보다 더 큰 것이 생각될 수 없는 그것이 아니다. 이것은 합리적일 수 없다. 그러므로 그것보다 더 큰 것이 생각될

26) Anselmus, Monologion II장 참조. Dico autem non magnum spatio, ut est corpus aliquod; sed quod quanto majus tanto melius est aut dignius; ut est sapientia. Et quoniam non potest esse summe magnum nisi id quod est summe bonum, necesse est aliquid esse maximum et optimum, id est summum omnium quae sunt. 그러나 하트숀은 프로슬로기온 II장에서 사용된 maius가 "어찌할 수 없을 정도로 모호하다"(impossibly vague)고 하고 "완전성"(perfection)이란 개념으로 대체한다. Hartshorne, Ch., The Logic of Perfection, p. 35를 보라. 그러나 이렇게 달리 이해하면, 와이크가 지적하듯, 그에 대한 새로운 이해를 지시하게 된다. Wike, F. E., Anselm's "Proslogion" Argument: A Metaphysics of Creation, p. 90 아래를 보라.

수 없는 어떤 것이 그렇게 참으로 있으며, 그래서 그것은 또한 비존재가 생각될 수 없다."[27] 여기서 "그것보다 더 큰 것이 생각될 수 없는 그것"이라는 정식은 비교의 형식으로 표현된 최상급으로서 존재의 등급에서 최고의 존재를 지시하기 때문에 비존재의 가능성을 자체 내에 함축할 수 없다. 그래서 그 자체 내에 비존재의 가능성을 가정한다고 한다면, 자기 자신과 모순에 빠지게 되어있다. 그로부터 안셀무스는 "그것보다 더 큰 것이 생각될 수 없는 그것"이 최고의 존재로서 "그렇게 참으로 있다"(sic vere est)는 것을 보여주며, "비존재가 생각될 수 없는바" 필연적으로 존재한다는 것을 증명한다. 이 증명에서 안셀무스는 "그것보다 더 큰 것이 생각될 수 없는 그것 자체"라는 최고 존재의 자기 동일성의 진리에 근거하여 필연적 존재를 논증하며, 이 때문에 이 논증이 성자에 근거한 논증이라는 것이 명백하다.

그런데 안셀무스는 이렇게 최고 존재의 자기 동일성의 진리에 근거해서 드러난 존재를 우리가 믿고 이해하고자 했던 바로 "우리가 믿는 바대로" 그렇게 "있는" 계시된 하느님의 존재라고 이해한다. "그리고 이것이, 우리 주 하느님, 당신입니다."[28](Et hoc es tu, Domine Deus noster.) 여기서 안셀무스는 이렇게 이해된 존재를 "우리 주 하느님"(Domine Deus noster) 성부로 이해한다. 그런데 그렇게 이해된 주 하느님 성부는 그의 진리이신 성자와 하나이다. "그러므로, 나의 주 하느님, 당신은 그렇게 참으로 있습니다, 그래서 또한 비존재가 생각될 수 없습니다. 그것

27) Anselmus, Proslogion. III장. Quare si id quo majus nequit cogitari, potest cogitari non esse: id ipsum quo majus cogitari nequit, non est id quo majus cogitari nequit; quod convenire non potest. Sic ergo vere est aliquid quo majus cogitari non potest, ut nec cogitari possit non esse.

28) 같은 책, III장.

29) 같은 책, III장.

도 정당하게."[29](Sic ergo vere es, Domine, Deus meus, ut nec cogitari possis non esse. Et merito.) 그런데 그렇게 이해된 주 하느님 성부와 그의 진리이신 성자와 그 자신의 선이신 성령은 하나이다. 그로부터 안셀무스는 "어떤 정신"(aliqua mens)도 하느님보다 "더 좋은 어떤 것"(aliquid melius)을 생각할 수 없다는 것을 다음과 같은 귀류법을 통해 논증한다. "왜냐하면 만약 어떤 정신이 당신보다 더 좋은 어떤 것을 생각할 수 있었더라면, 피조물이 창조주를 넘어섰었을 것이며, 창조주에 대해 평가하였을 것인데, 이것은 매우 부조리하기 때문입니다."[30] 여기서 하느님 "당신"은 최고선으로 이해되어져 있다. 그런데 이 최고선은 피조물과의 관계에서 비교급의 형식으로 '그것보다 더 좋은 것이 생각될 수 없는 어떤 것'으로 이해되어진다. 여기서 비교급 "더 좋은 것"(melius)이 가치에서의 등급을 나타낸다는 것은 명백하다. 그리고 이러한 가치의 등급에서 최고선과 그 밖의 어떤 것의 관계를 여기서 안셀무스는 명백히 "창조주"(creator)와 "피조물"(creatura)의 관계로 이해한다. 그리고 창조주와 피조물을 가치의 등급에서 비교하는 것은 어떤 "정신"(mens)이다. 이러한 전제하에서 안셀무스는 '그것보다 더 좋은 것이 생각될 수 없는' 최고선에 대해, 어떤 정신이 그보다 더 좋은 어떤 것을 생각할 수 있다고 가정한다면, 피조물이 창조주를 넘어서고 창조주에 대해 평가하는 그런 부조리한 결론이 도출된다고 논증한다. 그리고 그로부터 그는 "창조주"는 어떤 피조물과 비교해도 '그것보다 더 좋은 것이 생각될 수 없는' 최고선이라는 결론에 이른다.

그러나 다른 한편, 이러한 창조주와 피조물의 관계에서 안셀무스는 창

30) 같은 책, III장. Si enim aliqua mens posset cogitare aliquid melius te, ascenderet creatura super creatorem et judicaret de creatore; quod valde est absurdum.

조주가 아닌 피조물을 단적으로 비존재가 생각될 수 있는 것으로 이해한다. "그리고 확실히 오직 당신 이외에 다른 것은 어떤 것이든 간에 비존재가 생각될 수 있습니다."[31](Et quidem quidquid est aliud praeter te solum, potest cogitari non esse.) 이 언명과 함께 안셀무스는 일단 오직 창조주 하느님만이 모든 것들 가운데 가장 참된, 그리고 모든 것들 가운데 가장 큰 존재를 갖는다는 결론에 이른다. "그러므로 오직 당신만이 모든 것들 가운데 가장 참으로, 그리고 그 때문에 모든 것들 가운데 최대로 존재를 갖습니다."[32](Solus igitur verissime omnium et ideo maxime omnium habes esse.) 그러나 그가 여기서 이러한 결론에 이르는 근거는, "다른 것은 무엇이든 간에 그렇게 참으로 있지 않으며, 또한 그 때문에 보다 작은 존재를 갖기 때문"[33](quia quidquid aliud est, non sic vere est, et idcirco minus habet esse)이라는 것이다. 그런데 그가 이러한 근거로 창조주 하느님은 모든 것들 가운데 가장 참되며, 또한 그렇기 때문에 가장 큰 존재를 갖는다고 하는 결론에 이를 수 있었던 것은, 그가 창조주 하느님을 피조물과의 비교 속에서 "정신"(mens)을 통해 "그렇게 참으로 있는" 것으로 이해하기 때문이다. 그래서 이와 같이 정신을 통해서 그렇게 참으로 있는 것으로 이해된 창조주 하느님은, 모든 것들 가운데 가장 참된, 또한 그 때문에 모든 것들 가운데 가장 큰 존재이다. 그런데 이것이 다른 한편에서 말하고자 하는 것은, 창조주 하느님 이외의 다른 모든 피조물은 그 자신의 존재에 있어서 비존재의 가능성이 생각될 수 있다는 것이다. "그리고 확실히 오직 당신 이외에 다른 것은 어떤 것이든 간에 비존재가 생각될 수 있습니다." "왜냐하면 다른 것은 무엇이

31) 같은 책, III장.
32) 같은 책, III장.
33) 같은 책, III장.

든 간에 그렇게 참으로 있지 않으며, 또한 그 때문에 보다 작은 존재를 갖기 때문입니다."

그러나 일반적으로 피조물의 존재에 있어서 비존재는 어떻게 가능한가? 이 문제의 대답에 앞서 안셀무스는 합리적인 정신에게 신이 모든 것들 가운데 가장 큰 존재라는 것이 그렇게 명백함에도 불구하고 어째서 무지한 자는 자기 자신의 마음속에서 신은 있지 않다고 말하는지의 문제를 제기한다. 안셀무스가 시사하는 대답은, 그가 "어리석고 무지하기"(stultus et insipiens) 때문이라는 것이다. "그러면 모든 것들 가운데 당신이 가장 큰 정도로 존재함이 합리적인 정신에게 그렇게 명백한데, 왜 무지한 자는 자기 자신의 마음속에서 신은 있지 않다고 말했습니까? 그가 어리석고 무지하기 때문이 아니라고 한다면 왜 그렇겠습니까?"[34] 이렇게 제기된 문제를 해명하기 위하여 안셀무스는 IV장에서 "마음속에서 말하는" 내지는 "생각하는" 두 가지 방식을 구분한다. 이미 앞서 소개하였듯이, 하나는 사물 "그것을 의미하는 말"(vox eam significans)을 "생각"하는 것이고, 다른 하나는 "사물이 그러한바 그것 자체"(id ipsum quod res est)를 "이해"하는 것이다.[35] 이 두 가지 방식의 생각은

34) 같은 책, III장. Cur itaque *dixit insipiens in corde suo: non est Deus*, cum tam in promptu sit rationali menti, te maxime omnium esse? Cur, nisi quia stultus et insipiens?

35) 이 구분에 근거하여 사람들은 안셀무스가 프레게의 '의미와 지시'(Sinn und Bedeutung)를 앞서 말했다고 평가한다. Pinborg, J., Logik und Semantik im Mittelalter, frommann-holzboog, Stuttgart 1972, p. 41 참조. 박승찬, 모놀로기온 & 프로슬로기온, 역자해제, 각주 27)를 보라. 물론 안셀무스가 "사물이 그러한바 그것 자체"(id ipsum quod res est)로 지시하는 대상이 감각적인 대상에 국한되지 않는다. 그렇기 때문에 안셀무스는 이 정식을 신에 대해서도 적용한다. intelligens id quod deus est. Proslogion, IV장. 그리고 그럴 때에만 감각적인 대상을 넘어서 있는 신에 대한 존재증명이 정당성을 확보할 수 있다. Malcolm, N., "Anselm's Ontological Arguments", in: Philosophical Review 69, 1960, pp. 41-62(The Existence of God, ed. J. Hick, London, 1964, pp. 48-70에 재수록)를

보라. 그런데 Ch. 하트숀처럼 존재론적 신 존재증명이 가능존재인 본질에서 실제존재인 실존으로 넘어가는 증명이라고 하고, II장에서의 증명은 실패하고 III장과 IV장의 증명은 성공하였다고 한다면, 파일린이 칸트에 따라 반박한대로 개념에 부여된 필연적 실존이란 특징은 실제적 실존을 포함하고 있지 않다고 말할 수 있다. Hartshorne, Ch., Man's Vision of God and the Logic of Theism, Chicago, 1941, Anselm's Discovery. A Reexamination of the Ontological Proof for the Existence of God, La Salle, 1965, Pailin, "An Introductory Survey of Charles Hartshorne's Work on the Ontological Argument", in: Analecta Anselmiana, 1, 1969, pp. 195-221를 보라. 그리고 안셀무스의 논증에 대한 하트숀의 해석과 관련된 논쟁에 대해서는, Hubbeling, H. G., Principles of the Philosophy of Religion, Assen/Maastricht, 1987, pp. 200-9 참조. 그러나 안셀무스의 존재론적 신 존재증명이 타당성을 획득하게 되는 것은 단순히 가능존재로부터 출발해서가 아니고, 처음부터 필연존재로부터 시작하였기 때문이다. 물론 이러한 존재론적 증명은 먼저 있다는 것을 전제하고 그것을 증명하는 순환논법에 따른 증명이다. 그러나 증명이란 바로 그것이 그렇다는 것을 증명하는 것이다. 그러므로 안셀무스의 존재론적 신 존재증명은 '단지 이성에 따른'(sola ratione) 증명이 아니라 계시에 근거한 신앙에 따른 이성의 증명이다. 그렇기 때문에 안셀무스는 창조와 함께 주어지는 존재의 빛에 조명됨으로써 신 존재증명을 하였다. "선하신 주님, 당신께 감사드립니다. 나는 이전에 당신이 주심으로써 믿었던 것을 이제 당신이 비추어주심으로써 이해하게 되었습니다. 그리하여 내가 당신이 존재한다는 것을 믿지 않으려 해도 이해하지 않을 수 없습니다." Gratias tibi, bone Domine, gratias tibi, quia quod prius credidi te donante, iam sic intelligere te illuminante, ut, si te esse nolim credere, non possim non intelligere. Proslogion, IV장. A. 플란팅가와 같은 사람은 Ch. 하트숀이 개척한 '신고전주의적'(neoclassical)인 노선을 간 사람이다. 이 노선은 대체로 라이프니츠의 신 존재증명에 근접한다. Leibniz, G. W., Monadologie, 44-45를 참조. 44. Car il faut bien que, s'il y a une realité dans les Essences ou possibiltés, ou bien dans les verités éternelles, cette realité soit fondée en quelque chose d'existence et d'Actuel; et par consequent dans l'Existence de l'Etre necessaire, dans lequel l'Essence renferme l'Existence, ou dans lequel il suffit d'être possible pour être Actuel. 45. Ainsi Dieu seul (ou l'Etre Necessaire) a ce privilege, qu'il faut qu'il existe s'il est possible. Et comme rien ne peut empecher la possibilité de ce qui n'enferme aucunes bornes, aucune négation, et par consequent aucune contradiction, cela seul suffit pour connoître l'Existence de Dieu à priori. Nous l'avons prouvée aussi par le realité des verités éternelles. Mais nous venons de la prouver aussi à posteriori puisque des êtres contingens existent, lesquels ne sçauroient avoir leur raison derniere ou suffisante que dans l'être nécessaire, qui a la raison de son existence en luy-même.

동일한 생각의 두 가지 "방식"(modus)일 뿐, 둘 다 마음속의 생각이라고 하는 데에는 차이가 없다. 다만 첫 번째 방식으로는 "신이 있지 않다"는 것이 생각될 수 있지만, 두 번째 방식으로는 "신이 있지 않다"는 것이 생각될 수 없다는 차이가 있을 뿐이다. 그런데 첫 번째 방식으로 "신이 있지 않다"고 할 때, 실상 "있지 않은" 것은 신이 아니다. 왜냐하면 안셀무스가 앞장에서 증명하였듯이, 신은 비존재가 생각될 수 없는 어떤 것이기 때문이다. 그렇다면 여기서 비존재는 어디로부터 기인하는가? 여기서 비존재는 단지 우리 자신의 마음속에만 존재하는 "신"(Deus)이라는 "말"(vox)이나 "의미"(significatio)가 "비존재가 생각될 수 없는" 참으로 존재하는 신이 아니라는 데 기인한다. 그러므로 여기서 비존재가 기인하는 것은, "비존재가 생각될 수 없는" 참으로 존재하는 신으로부터가 아니라, 유한한 우리 사유 존재로부터이다.

그러나 두 번째 방식으로 "신이 그러한바 그것"(id quod Deus est)을 이해하는 합리적인 정신에게는 신이 있지 않다는 것은 생각될 수 없다. 오직 "사물이 그러한바 그것 자체"를 이해하는 합리적인 정신에게 있어서만, 사물이 단지 지성 안에만 존재할 뿐만 아니라, 또한 사물이 존재한다는 것을 이해할 수 있다는 것은 옳다. 그러나 자기 자신의 존재 안에 비존재의 가능성을 갖고 있는 사물과 신의 경우는 다르다. 왜냐하면 이미 앞서 안셀무스가 증명하였듯이, "그것보다 더 큰 것이 생각될 수 없는" 신은, 우리의 지성이 그 자신을 그렇게 존재한다고 이해하는 바, "또한 비존재가 생각될 수 없는" 자이기 때문이다. 그런데 이와 같이 "그것보다 더 큰 것이 생각될 수 없는" 신이 "또한 비존재가 생각될 수 없는" 자로 이해되는 것은, "그것보다 더 큰 것이 생각될 수 없는 그것"이 유한한 우리의 지성을 포함하여 모든 유한한 존재의 비존재를 넘어가도록 프로그램 되어있기 때문이다. 그로부터 "그것보다 더 큰 것이 생각될 수 없는 그것"은 "또한 비존재가 생각될 수 없는 그것"이며, 그 밖의 다른 모든 유한한 존재는 자기 자신의 존재 안에 비존재의 가능성을 지니고 있는 존재이다. 그런데 자기 자신의 존재 안에 비존재의 가능성을 지니고 있는 모든 유한한 존재와 비교하여 그 자신 "비존재가 생각될 수 없는" 신은 결국 어떠한 신이겠으며, 그리고 그 밖의 모든 유한한 존재가 자기 자신의 존재 안에 지니고 있는 비존재는 어떻게 가능하겠는가? 이와 같은 질문을 V장에서 안셀무스는 스스로 묻고, 그러한 신은 "유일하게 자기 자신을 통해 실존하는, 모든 것들의 최고로서 다른 모든 것들을 무로부터 만든 그것"(id quod summum omnium solum existens per seipsum, omnia alia fecit de nihilo), 즉 '창조주'이며, 모든 유한한 존재가 자기 자신의 존재 안에 지니고 있는 비존재의 가능성은 '무로부터의 창조'에서 기인한다고 대답한다.

> "그러므로 그것보다 더 큰 것이 어떠한 것도 생각될 수 없는, 주 하느님, 당신은 무엇입니까? 그러나 당신은, 유일하게 자기 자신을 통해 실존하는, 모든 것들의 최고로서 다른 모든 것들을 무로부터 만든 그것이 아니라면 무엇입니까?"[36)]

여기서 "그것보다 더 큰 것이 어떠한 것도 생각될 수 없는" 것인 "주

---

36) Anselmus, Proslogion, V장. Quid igitur es, Domine Deus, quo nil maius valet cogitari? Sed quid es, nisi id quod summum omnium solum existens per seipsum, omnia alia fecit de nihilo? 이와 같은 안셀무스의 무로부터의 창조설은, 신이 자기 이외의 어떤 것을 자신과 대등하게 만들지 않았다고 한다면, 무로부터 만들었다는 아우구스티누스의 사상을 이어받은 것이다. Augustinus, Confessiones. XII, 7을 보라. fecisti aliquid et de nihilo. Fecisti enim coelum et terram; non de te: nam esset aequale Unigenito tuo, ac per hoc et tibi; et nullo modo justum esset, ut aequale tibi esset, quod de te non esset. Et aliud praeter te non erat unde faceres ea, Deus una Trinitas, et trina Unitas: et ideo de nihilo fecisti coelum et terram, magnum quiddam et parvum quiddam.

하느님 당신"이 "유일하게 자기 자신을 통해 실존하는, 모든 것들의 최고로서 다른 모든 것들을 무로부터 만든 그것"인 바 '창조주'(creator)로 이해되는 이유는, "그것보다 더 큰 것이 어떠한 것도 생각될 수 없는 어떤 것"이란 정식이 자기와는 다른 지성을 포함하여 모든 유한한 존재들이 자기 자신의 존재 안에 지니고 있는 비존재의 가능성을 처음부터 넘어가도록 프로그램 되어있기 때문이다. 그러므로 II장과 III장 두 단계에 걸쳐 전개되는 안셀무스의 존재론적 신 존재증명에는 처음부터 '무로부터의 창조'설이 전제되어 있고, 두 단계에 걸쳐 전개되는 안셀무스의 존재론적 신 존재증명은 바로 '신 이외에 다른 모든 것들은 무로부터 창조되었다'는 무로부터의 창조설을 분명히 하는 과정 이외에 다른 것이 아니다.[37)]

Ⅳ. 나가는 말

안셀무스는 『출애굽기』 3장 14절의 계시내용, 즉 "존재하는 자"에 대한 신앙을 바탕으로 그것을 이해하고자 함으로써 이른바 '존재론적' 신 존재증명을 시도한다. 그런데 그는 "우리가 믿는 바대로" 그렇게 "있는" 신을 "그것보다 더 큰 것이 어떠한 것도 생각될 수 없는 어떤 것"이란 정식을 통해 표현한다. 비교급의 형식으로 최상급을 표현하는 이 정식은 처음부터 최고의 존재 이외의 다른 모든 유한한 존재를 넘어서도록 프로그램 되어있다. 그로부터 그것은 먼저 우리의 지성을 넘어서고, 그런

37) 안셀무스의 존재론적 신 존재증명과 창조설의 관계에 대해서는, Wike, F. E., Anselm's "Proslogion" Argument: A Metaphysics of Creation, p. 90 아래를 보라.

다음에 또한 모든 유한한 존재를 넘어선다. 그런데 그것이 우리의 지성을 넘어서고, 또한 모든 유한한 존재를 넘어간다는 것은, 그와 같은 유한한 존재가 자기 자신 안에 함축하고 있는 비존재의 가능성을 넘어간다는 말이다. 그로부터 그것은 "비존재가 생각될 수 없는 어떤 것" 으로 이해된다. 그러므로 그 정식에는 처음부터 최고의 존재 이외의 다른 유한한 존재는 모두 무로부터 창조되었다는 무로부터의 창조설이 전제되어 있으며, 안셀무스의 신 존재증명은 바로 이러한 무로부터의 창조를 분명히 하는 과정 이외에 다름이 아니다. 그리고 이것이 안셀무스가 서론에서 "자기 자신을 증명하는데 단지 자기 이외에 어떤 다른 것도 필요로 하지 않으며", 또한 "신이 참으로 있고, 그는 다른 어떠한 것도 필요로 하지 않으며 그리고 모든 것들이 있고 또한 선하게 있기 위하여 그것을 필요로 하는 최고선이라는 것을 증명하는데 단지 충분한", "단 하나의 논증"[38](unum argumentum)에 대해 말할 수 있었던 근거이다.

그로부터 칸트에 따라 신의 개념으로부터 신의 존재로의 이행이라 규정될 수 있는 II장의 이른바 존재론적 신 존재증명은, "그것보다 더 큰 것이 어떠한 것도 생각될 수 없는 어떤 것" 이 또한 우리의 유한한 지성이 자기 안에 함축하고 있는 비존재의 가능성을 넘어간다는 점에서, 무로부터의 창조에 의해 맥락지워져 있다. 그리고 하느님은 "존재하는 자" 라는 신앙에 대한 이해가 곧바로 신 존재증명이 아닌 이유는, 신 존재증명은 이 세계의 유한한 존재와의 구체적인 맥락 속에 증명되어야하기 때문이다. "그것보다 더 큰 것이 어떠한 것도 생각될 수 없는 어떤

38) Anselmus, Proslogion, Prooemium. unum argumentum, quod nullo alio ad se probandum quam se solo indigeret, et solum ad astruendum quia Deus vere est, et quia est summum bonum nullo alio indigens, et quo omnia indigent ut sint et bene sint, et quaecunque credimus de divina substantia, sufficeret.

것" 이란 정식은 바로 그래서 이 세계의 유한한 존재와의 연관 속에서 신이 단지 지성 안에만이 아니라 또한 사물 안에도 존재하도록 그렇게 되어있는 정식이다. 플라쉬가 생각하는 대로 II장의 증명은 사실상의 증명이기도 하다. 그러나 그는 그 증명이 "그것보다 더 큰 것이 어떠한 것도 생각될 수 없는 어떤 것" 이 "그렇게 참으로 있어서, 또한 비존재가 생각될 수 없는 어떤 것" 이라고 하는 것에 원리적으로 정초되어있다는 사실을 간과하는 것 같다. 그리고 이 증명에는 토마스가 말하는바와 같이 신이 무엇인지에 대한 이해가 전제되어있다. 만약 그렇지 않고 그것이 단지 마음속의 말이거나 의미에 불과하다고 한다면 존재론적 신 존재증명은 가우닐로가 무지한 자를 위해 올바로 변호하였듯이 실패할 것이다. 그런데 안셀무스가 이해하는 신은 처음부터 "존재하는 자" 이며, 이 세계의 유한한 존재와의 연관 속에서는 유한한 존재에 존재를 부여하는 "창조주" 이다. 하지만 하트숀과 같은 신고전주의자는 우리가 이해하는 것은 단지 가능적인 것이며, 존재론적 신 존재증명이란 이와 같은 가능존재인 본질로부터 현실존재인 실존으로 이행하는 것이고, 이것은 오직 필연존재인 신의 경우에만 가능하다는 입장이다. 그러나 파일린이 비판하는 대로 논리적인 필연존재로부터 실재존재가 도출될 수도 없을 뿐더러, 또한 안셀무스가 말하는 "사물이 그러한바 그것 자체"(id ipsum quod res est)는 그 사물의 존재를 배제하는 것이 아니라 도리어 자체 내에 함축하고 있다. 그러나 안셀무스가 신이라고 하는 것은 비록 지성이나 사물 안에 존재한다고 하더라도 지성이나 사물로 존재하는 것이 아니라, 지성이나 사물과 같은 유한한 존재에 존재를 부여하는 창조주로서 지성이나 사물 안에 존재하는 것이다. 그러므로 안셀무스는 하트숀이 생각하는 것과는 달리 우리의 지성이 신을 창조와 함께 주어지는 존재의 빛에 의해 조명됨으로써 이해한다고 생각한다.

"선하신 주님, 당신께 감사드립니다. 나는 이전에 당신이 주심으로써 믿었던 것을 이제 당신이 비추어주심으로써 이해하게 되었습니다. 그리하여 내가 당신이 존재한다는 것을 믿지 않으려 해도 이해하지 않을 수 없습니다."[39)]

물론 이러한 신 존재증명은 앞서 신앙에 따라 신이 존재하는 자라는 것을 전제하고 그것이 존재한다는 것을 증명한다는 점에서 순환논법의 의혹을 떨쳐버릴 수 없다. 그러나 증명이란 원래 그것이 바로 그렇다는 것을 증명하는 것이다. 다만 안셀무스는 신을 처음부터 그것보다 더 큰 것이 생각될 수 없는 어떤 것이라고 규정하고, 그것이 유한한 존재와의 비교 속에서 비존재로 생각될 수 없다는 것을 증명하였을 따름이다. 그러나 이러한 증명에는 무로부터의 창조설이 전제되어있고, 안셀무스의 신 존재증명은 바로 이러한 무로부터의 창조를 분명히 하는 과정 이외에 다름이 아니다.

---

39) 같은 책, IV장.

참고 문헌

원문과 번역

Schmitt, F. S., Sancti Anselmi Opera Omnia, Nelson 1938-61 (reprinted Stuttgart: Frommann, 1968).

Charlesworth, M. J., St. Anselm's Proslogion, with A Reply on Behalf of the Fool by Gaunilo and The Author's Reply to Gaunilo, translated with an Introduction and Philosophical Commentary by M. J. Charlesworth, London, 1965, University of Notre Dame, 1979.

일차 저작

Augustinus, Confessiones, PL 32, Migne, Paris.

_____ , De libero arbitrio, PL 32, Migne, Paris.

_____ , De doctrina Christiana, PL 34, Migne, Paris.

_____ , De civitate Dei, PL 41, Migne, Paris.

Boethius, De consolatone philosophiae, PL 63, Migne, Paris.

Descartes, R., Meditationes de prima philosophia. Oevres de Descartes, publiées par Charles Adam & Paul Tannery. VII. Ouvrage publié avec le concours de centre national du livre. Librairie philosophique J. Vrin, Paris 1996.

Kant, I., Kritik der reinen Vernunft. Nach der ersten und zweiten Original-Ausgabe, neu hrsg. v. Raymund Schmidt. Felix Meiner, Hamburg 1956.

Leibniz, G. W., Vernunftprinzipien der Natur und der Gnade,

Monadologie. Französisch-Deutsch, Felix Meiner, Hamburg [2]1982.

Proclus, Commentarius in Platonis Parmenidem, ed. V. Cousin. Paris 1864 (Nachdruck Hildesheim 1961).

Thomae Aquinatis Summa Theologiae cura et studio sac, Petri Caramello cum textu ex recensione Leonina. Marietti, Roma.

우리말 번역

공성철, 프로슬로기온 신 존재 증명, 안셀름 지음, 공성철 역, 한·라틴어 대역, 한들, 2000.

박승찬, 모놀로기온 & 프로슬로기온, 캔터베리의 안셀무스, 대우고전총서 003, 아카넷 2002.

전경연, Proslogion 神 存在 證明, Anselm of Canterbury 지음, 전경연 옮김, 한들, 1997.

이차 저작

Flasch, K., "Die Bedeutung des Anselmischen Arguments bei Thomas von Aquin", in: Analecta Anselmiana IV, 1, 1975, pp. 111-25.

_____, "Anselm von Canterbury", in: Klassiker der Philosophie, hrsg. v. O. Höffe, Bd. 1, München, 1981, pp. 177-97.

_____, Das philosophische Denken im Mittelalter; Von Augustin zu Machiavelli, Stuttgart, 1986, pp. 187-93.

_____, Einführung in die Philosophie des Mittelalters, Darmstadt, 1987, pp. 50-61.

_____, Einleitung, in: Kann Gottes Nicht-Sein gedacht werden? Die Kontroverse zwischen Anselm von Canterbury and Gaunilo von Marmoutier, Lateinisch-Deutsch, besonders erläut. und hrsg. v. B. Mojsisch, excerpta classica Bd. IV, Mainz, 1989, pp. 7-48.

Gilson, E., The Christian Philosophy of St. Thomas Aquinas, translated by I. T. Eschmann, O. P. & L. K. Shook, C. S. B. Random

House, New York 1956.
Hartshorne, Ch., Hartshorne, Ch., Man's Vision of God and the Logic of Theism, Chicago, 1941.
_____, The Logic of Perfection. La Salle, 1962.
_____, Anselm's Discovery. A Reexamination of the Ontological Proof for the Existence of God, La Salle, 1965.
Hick, J., The Existence of God. Readings selected, edited, and furnished with an Introductory Essay by John Hick. Macmillian, NY, London 1964.
Hubbeling, H. G., Principles of the Philosophy of Religion, Assen/Maastricht, 1987.
Malcolm, N., "Anselm's Ontological Arguments", in: Philosophical Review 69, 1960, pp. 41-62(The Existence of God, ed. J. Hick, London, 1964, pp. 48-70에 재수록).
Pinborg, J., Logik und Semantik im Mittelalter, frommann-holzboog, Stuttgart 1972.
Plantianga, A., The Ontological Argument; From St. Anselm to Contemporary Philosophers, ed. by Alvin Plantinga with an Introduction by Richard Taylor. Anchor Books 1965.
Pailin, "An Introductory Survey of Charles Hartshorne's Work on the Ontological Argument", in: Analecta Anselmiana, 1, 1969, pp. 195-221.
Riesenbuber, K., Die Selbsttranszendenz des Denkens zum Sein. Intentionalitätsanalyse als Gottesbeweis in 〉〉Proslogion〈〈, Kap. 2, in: Philosophie im Mittelalter. Entwicklungslinie und Paradigma hrsg. v. J. P. Beckmann/L. Honnefelder/G. Schrimpf/G. Wieland, Hamburg 1987.
Scholz, H., "Der Anselmische Gottesbeweis (1950/1)", in: Heinrich Scholz, Mathesis Universalis. Abhandlung zur Philosophie als strenger Wissenschaft, hrsg. v. H. Hermes/F. Kambartel/J. Ritter, Darmstadt, 1961, pp. 62-74.

Schrimpf, G., Anselm von Canterbury Proslogion II-IV; Gottesbeweis oder Widerlegung des Toren? Unter Beifügung der Texte mit neuer Übersetzung, Knecht, Frankfurt a. M. 1994.

Schufreider, G., Confessions of a Rational Mystic; Anselm's Early Writings. Purdue, 1994.

Schurr, A., Die Begründung der Philosophie durch Anselm von Canterbury. Eine Erörterung des ontologischen Gottesbeweises, Stuttgart, 1966.

Söhngen, G., "Die Einheit der Theologie in Anselms Proslogion", in: Die Einheit in der Theologie. Gesammelte Abhandlungen, Aufsätze, Vorträge, München, 1952, pp. 24-62.

Stolz, A., "Zur Theologie Anselms im Proslogion?", in: Catholica 2, 1933, pp. 1-24.

Wike, F. E., Anselm's "Proslogion" Argument: A Metaphysics of Creation. The Pennsyvania State University, University Microfilms International 1980.

Anselms ontologischer Gottesbeweis und Schöpfung aus dem Nichts

Tai-Bum Yang

Zusammenfassung

Auf Grund der Offenbarung im *Exod.* III, 13, *ego sum qui sum*, versucht Anselm den sog. ontologischen Gottesbeweis im *Proslogion* II-IV, indem er im Glauben an *qui est*, ihn verstehen will. Er drückt aber Gott aus, der so ist wie wir glauben, in der Formulierung, *aliquid quo nihil maius cogitari possit*. Diese Formulierung, die in der Form des Vergleichs das höchste Seiende zum Ausdruck bringt, ist von Anfang an dazu programmiert, über alles endlich Seiende außer dem höchsten Seienden hinaus zu gehen. Daher geht es nicht nur über unseren Intellekt, sondern auch über alles endlich Seiende hinaus. Das bedeutet aber eben, dass es über die Möglichkeit des Nichtseins hinaus geht, die alles endlich Seiende in sich enthält. Daher versteht es sich auch als *aliquid, quod non possit cogitari non esse*. Für die Formulierung also ist von Anfang an vorausgesetzt, dass alles endlich Seiende außer dem höchsten Seienden aus dem Nichts erschaffen worden ist, und dabei ist Anselms ontologischer Gottesbeweis nichts anderes als die Erläuterung der Schöpfung aus dem Nichts. Diese ist eben der Grund davon, dass Anselm im *Proömium* von "einem Argument" redet, "das keines anderen bedarf und dessen alles bedarf, um zu sein und sich wohl zu befinden, und was immer wir von der göttlichen Wesenheit glauben."

Stichwörter: Anselm, rationale Offenbarungstheologie, ontologischer Gottesbeweis. Schöpfung aus dem Nichts, Trinität

니체의 사튀로스 예찬론 비판

윤 병 태

Ⅰ. 들어가는 말
Ⅱ. 진짜 인간이면서 진짜 신인 사튀로스
Ⅲ. 사튀로스의 신화적 정체
Ⅳ. 「바코스의 여신도들」에서 주인과 종으로서 디오니소스와 사튀로스
Ⅴ. 「퀴클롭스」에서 실레노스와 그의 아들 사튀로스
Ⅵ. 맺음말

요약문

이 글은 디오니시스적 광기와 광기의 문화가 그리스 민족의 정신적 건강성의 직접 증거라는 니체의 주장을 비판적으로 분석 검토하는 것을 목표로 한다. 이 분석과 검토에서 먼저 니체의 사튀로스 예찬론을 간략하게 살펴보고 이 예찬론이 아무 유보 조건 없이 진지하게 받아들여질 수 있으며 일반화될 수 있는지를 평가해보고자 한다.

사튀로스는, 니체에 의하면, "인간의 원형"이고 "진정한 인간"이며 "자연의 가장 깊은 가슴에서 나오는 지혜의 예언자"로서 "숭고한 어떤 것, 신적인 어떤 것"이다. 사튀로스의 가장 동물적인 특징은 어떤 꾸밈도 없는 솔직한 인간의 모습, 인간의 최고 지선의 감동적 표현,

"자연의 생식적 전능의 상징물"이다. 그것은 인간이 아직 문화화하기 이전, 옷을 입고 치장하는 허위와 가상의 모습 이전의 참모습이며 고통과 수난의 느낌을 내재한 디오니소스의 육화이다. 이 사튀로스야말로 신과 인간, 자연과 인간, 인간과 인간의 매개자이며 비극의 구체적 실현자이다.

이 관점에서 반신반수의 종합인 사튀로스야말로 진정한 인간의 참모습이며 가장 왕성한 그리스 청년기의 실체라고 평가할 수 있다. 동시에 사튀로스는 "근원적인 것과 자연적인 것을 향한 동경의 산물"로서 "현대 우리 시대(니체 시대: 필자)의 전원적 목동"이다. 고대 그리스와 니체 시대의 다른 점이 있다면, 그리스인들은 용감하고 적극적으로 사튀로스를 성취한 반면 현대인(니체 시대)은 부끄럽고 소심하게 그것을 잡으려 한다는 것에 있다.

이상의 사튀로스 예찬론이 얼마만큼 타당할 수 있는가를 밝히기 위해 사튀로스극의 특성과 에우리피데스의 「바코스의 여신도들」에서 디오니소스와 사튀로스가 어떻게 묘사되는지, 그리고 지금까지 유일하게 남아 있는 사튀로스극인 그의 「퀴클롭스」에서는 그 성격과 특징을 어떻게 그리고 있는지를 살펴보려고 한다.

● 주요어 : 공포와 연민, 도취, 디오니소스, 생, 실레노스, 사튀로스, 술, 비극, 아폴론, 예언자, 음악, 죽음, 꿈, 춤, 희극.

I. 들어가는 말

니체의 『비극의 탄생』은 전통적 의미의 문헌학이나 철학서도 아니고 그렇다고 미의 보편적 원리를 찾기 위한 논증적 예술론이나 미학서도 아니다. 이 책은 오히려 독일 문화계의 소수 전문적 취미 동아리를 위한 선언과 성명의 성격을 가진다고 보는 편이 타당한 듯하다. 요컨대 독특한 "음악의 세례를 받고 처음부터 희귀한 공통의 예술 경험들에 묶여 있는 사람들을 위한 음악"의 해설서이며 안내서이다.[1] 이 음악의 영혼과 정신을 니체는 디오니소스라 명명하고 지금까지 이러한 사실이 왜 은폐되어왔는지를 밝히는 것이 새로운 문헌학인 『비극의 탄생』이 밝혀야 할 과제로 설정한다.[2]

니체의 입론은 디오니소스는 생의 실존적 본래성인 고통의 예술적 상징 표현으로서 비극적인 것의 근원이라는 이해로부터 시작한다. 일찍이 이것을 갈파한 최초의 민족인 그리스인들은 축제와 오락과 아름다움의 추구를 통해 그 근원을 은유적으로 보여준다. 그들은 비극의 기원이 예술의 기원과 동향인 "디오니소스적 광기"라는 것을 파악하고 사튀로스를 만들어낸 것이다.[3] 이 사튀로스는 그리스 민족의 건강함의 징후 또는 그리스 민족의 청년기와 청년성의 자연스러운 징후의 상징이라는 것이다.[4]

이글은 디오니시스적 광기와 광기의 문화가 그리스 민족의 정신적 건강성의 직접 증거라는 니체의 주장을 비판적으로 분석 검토하는 것을 목표로 한다. 이 분석과 검토에서 먼저 니체의 사튀로스 예찬론을 간략

---

1) 니체전집 2. 자기비판 시도 3. 13쪽. 이 논문은 한국어 번역본 니체 전집을 주 대본으로 하나 의미의 중요성과 정확성을 되새겨야 할 부득이한 경우 독일어 니체 전집 KGA를 사용하였다.

2) 같은 곳 참조.

3) KGA. III-1, Versuch einer Selbstkritik, §4. 10쪽. 디오니소스적 광기=der dionysische Wahnsinn.

4) 니체의 표현은 보다 더 극적이다. Ist Wahnsinn vielleicht nicht notwendig das Symptom der Entartungs des Niedergangs, der überspäten Cultur? … Neurosen der Gesundheit der Volks-Jugend und-Jugendlichkeit? (광기가 아마도 퇴화의 쇠망과 노쇠한 문화의 필연적 징후는 아니지 않은가? … 건강함의 노이로제가 있지 않은가? 민족의 청년, 청년성의 노이로제가 있지 않은가? §4.)

하게 살펴보고 이 예찬론이 아무 유보 조건 없이 진지하게 받아들여질 수 있으며 일반화될 수 있는지를 평가해보고자 한다. 이를 위해 사튀로스극의 특성과 에우리피데스의 「바코스의 여신도들」에서 디오니소스와 사튀로스가 어떻게 묘사되는지, 그리고 지금까지 유일하게 남아 있는 사튀로스극인 그의 「퀴클롭스」에서는 그 성격과 특징을 어떻게 그리고 있는지를 살펴보려고 한다.

II. 진짜 인간이면서 진짜 신인 사튀로스

사튀로스는 본시 숲의 정령이다. 상반신은 사람이고 하반신은 염소로 묘사되는데, 무엇보다 성기의 힘찬 강조가 그리스 조각이나 그림 또는 항아리 채색에서 나타난다. 역사적 문헌학적 고증을 도외시하고서라도 알아차릴 수 있는 것은 사튀로스가 성욕을 상징하는 것이라는 점이다. 힘찬 성과 성욕은 일반적으로 사춘기의 특징으로, 이 시기 청년은 자신의 성적 파트너냐 아니냐의 가장 동물적 이원론으로 세계를 재단하는 강한 경향이 있다. 물론 이러한 이원론은 원숙한 합리적 인간이나 의사에게는 병의 징후로 보일 수도 있다. 세계는 성적 대상이냐 아니냐의 기준만이 아니라, 그 밖의 무수한 다른 기준들이 혼재한 공간이요 신적 무한이 거기에서 실재적으로 나타나고 현현되는 곳이기 때문이다. 이 사튀로스가 이제 니체에 의해 예언자요 진짜 인간, 진짜 신으로 격상 된다.[5)]

그는 사튀로스의 몸이 반인반수라기보다 반신반수로 되었다고 믿는

5) 사튀로스는 자연적 생산력의 상징이다. 헤겔 역시 사튀로스가 단지 방종과 동물성만이 아니라 사랑의 정신성을 뜻하기도 하나 이 상징성은 저열한 것에 속한다고 평가한다. Hegel, *Ästhetik II*, 45쪽 참조.

다.[6] 사튀로스를 통해 그리스인들이 우리에게 보여주려고 했던 것은 역사적으로 인간이 자연 동물에서 시작해서 인간으로 진화했다는 사실이 아니라, 인간성 그 자체가 인면수심의 모순적 통일을 내포하고 있다는 것이다. 반신반수의 종합인 사튀로스야말로 진정한 인간의 참모습이며 가장 왕성한 그리스 청년기의 실체이다.[7] 동시에 사튀로스는 "근원적인 것과 자연적인 것을 향한 동경의 산물"로서 "현대 우리 시대(니체 시대: 필자)의 전원적 목동"이다.[8] 고대 그리스와 니체 시대의 다른 점이 있다면, 그리스인들은 용감하고 적극적으로 사튀로스를 성취한 반면, 현대인(니체 시대)은 부끄럽고 소심하게 그것을 잡으려 한다는 것에 있다.

기형적으로 큰 남근과 산양의 하체를 가진 사튀로스는, 니체에 의하면, 보고 웃기 위한 이야기 대상이거나 오직 거시기(남근)만을 강조하는 덜떨어진 동물이 아니라 "인간의 원형"이고 "진정한 인간"이며 "자연의 가장 깊은 가슴에서 나오는 지혜의 예언자"로서 "숭고한 어떤 것, 신적인 어떤 것"이다.[9] 사튀로스의 가장 동물적인 특징은 어떤 꾸밈도 없는 솔직한 인간의 모습, 인간의 최고 지선의 감동적 표현, "자연의 생식적 전능의 상징물" 이다.[10] 그것은 인간이 아직 문화화 하기 이전, 옷을 입고

---

6) 니체전집 2, 자기비판의 시도, 4, 15쪽. 반신반인의 성격을 가진 것, 다시 말해 "인간으로 가장한 신이요 신으로 가장한 인간"은 실은 사튀로스가 아니라 디오니소스이다. E. R. Dodds, *Euripides: Baccae*, Oxford, University Press 1960, xiix 쪽.

7) 니체전집 2, 자기비판의 시도, 4, 15쪽.

8) KGA III~I, §8, 53쪽 이하. '근원적인 것과 자연적인 것을 향한 동경의 산물' =Ausgeburten einer auf das Ursprüngliche und Natürliche gerichteten Sehnsucht, '현대 우리 시대(니체 시대: 필자)의 전원적 목동'=der idyllische Schäfer unserer neueren Zeit.

9) 같은 곳, 54쪽. '인간의 원형'=das Urbild des Menschen, '진정한 인간'=der wahre Mensch, '자연의 가장 깊은 가슴에서 나오는 지혜의 예언자'=der Weisheitsverkünder aus der tiefsten Brust der Natur. '숭고한 어떤 것, 신적인 어떤 것'=etwas Erhabenes und Göttliches.

10) 같은 곳, 54쪽. '자연의 생식적 전능의 상징물'=Sinnbild der geschlechtlichen Allgewalt der Natur.

치장하는 허위와 가상의 모습 이전의 참모습이며 고통과 수난의 느낌을 내재한 디오니소스의 육화이다. 이 사튀로스야말로 신과 인간, 자연과 인간, 인간과 인간의 매개자이며 비극의 구체적 실현자이다.

그리스 비극이 어디에서 어떻게 시작되었는지를 역사적으로 밝히는 것은 쉽지 않으나 연극사적으로는 "디튀람보스의 지휘자"로부터 유래된다는 것이 정설이다.[11] '디튀람보스'가 어원상 무슨 뜻인지는 모르지만 니체가 그렇게도 칭찬한 기원전 1세기 서정시인 아르킬로코스가 "나는 술을 마시면 디오니소스의 노래인 디튀람보스를 지휘할 수가 있다."는 말에 처음 나타난다.[12] 그때부터 그 말은 자연스럽게 디오니소스 찬송 합창가라는 의미로 지금까지 이해된다. 하여간에 초기의 디튀람보스 합창은 사튀로스로 분장한 디오니소스 종자들이 신바람나게 춤추고 노래하며 온갖 잡짓을 다하여 흥을 돋우는 것으로 시작한다. 그러면서 때가 무르익으면 상스럽고 괴상한 언사를 절제하면서 위엄을 갖추고 대화를 도입하면서 비극의 모습을 갖추어나간다.[13] 니체는 바로 아리스토텔레스의 이 설명에 주목한 듯하다. 그리스의 다른 문헌들이나 고대극 연구자들에 의하면 사튀로스는 비극이 아니라 희극의 기원이거나, 비극은 디오니소스나 사튀로스극에서가 아니라 고대 그리스의 영웅 설화에서

11) 아리스토텔레스, 『시학』, 천병희 역, 4장.
12) 디오니소스 주신 찬가로서 디튀람보스는 도리스(Doris) 지역에서 발흥하여 페이시스트라토스(Peisistratos)와 그의 아들이 통치하던 아테네에서 거행되던 디오니소스 제전과 연관된다. 기원전 509년경 아테네에서 최초의 디튀람보스 경연대회가 열렸고 그 후 40여 년 동안 시모니데스(Simonides), 핀다로스(Pindaros), 바킬리데스(Bakchylides) 등의 저명 시인들이 디튀람보스를 썼다고 하는데 지금 남아 있는 불완전한 단편들에 의하면 디오니소스 신과의 직접적 연관은 묘사되어 있지 않다. 남은 것은 바킬리데스의 드라마 형식인 한 편의 시를 제외하고 모두 서술체로 되어 있다. 아리스토텔레스,『시학』, 천병희 역, 1장, 역주 2 참조. '아르킬로코스'=Archilochos.
13) 아리스토텔레스, 『시학』, 천병희 역, 4장 참조.

기원을 찾기도 하기 때문이다.

니체는 그리스 지배 문화는 일종의 거짓말이며 이 "문화 거짓말"을 폭로하고 진실을 있는 그대로 보여주어야 할 과제를 사튀로스 합창이 충실히 수행한다고 역설한다.[14] 디오니소스적 인간은 그 자신이 활기찬 자연이며 인간의 자연성의 적나라한 노출로서 사튀로스에 열광한다. 사튀로스 합창단 자리는 객석과 무대의 구분이 불분명한 둥근 반원형으로 되어 있으며 그 안에서 합창단원이나 관객이나 모두 다 디오니소스 신도들이어서 관객이 합창단원이고 합창단원이 관객이 된다.

> "아티케 비극의 관객은 극장 주인석의 합창단에게서 자신을 재발견하고, 결국 근본적으로 청중과 합창단 사이의 대립이 없었다는 것을 항상 염두에 두어야 한다. 왜냐 하면 모든 것이 춤추고 노래하는 사튀로스 사람들로 이루어지거나 혹은 이 사튀로스에 의해 대변되는 사람들로 구성된 거대하고 숭고한 합창단이기 때문이다. 슐레겔의 말은 여기서 우리에게 심오한 의미로 해명되어야 한다. 합창단은, 그것이 유일한 관객, 즉 무대의 환상 세계의 관객인 한에서 "이상적 관객"인 것이다. 우리가 아는 바로는, 관객으로서의 청중은 그리스인들에게 알려져 있지 않았다 …… 이러한 통찰에 따라 우리는 원시 비극의 원시적 한계의 합창단을 디오니소스적 인간의 자기 반영이라고 불러도 좋을 것이다 …… 사튀로스 합창단은 무엇보다도 디오니소스적 대중의 환영이며, 무대 위의 세계는 다시금 사튀로스 합창단의 환영이다."[15]

이처럼 합창단원이면서 관객이고 관객이면서 합창단원의 역을 하는 디오니소스적 인간, 디오니소스적 시인은 복잡하고 난삽한 은유나 상징에 사로잡히지 않는다. 직접적이고 구체적인 현실을 즉자적이고 구체적

14) KGA, III-1, §8, 55쪽. '문화 거짓말'=Culturlüge.
15) 니체 전집 2, §8, 79쪽.

으로 표현하고 그려내는 이에게 은유나 상징은 수사학적 추상이 아니라 개념을 대신하는 "대표적 그림"일 뿐이며 이것이야말로 현실의 진실성을 그대로 보여준다.[16] 현실의 진리성을 이처럼 구체적이고 직접적으로 보여주는 이를 "진짜 시인"이라 부른다면, 반대로 가짜 시인, 나쁜 시인은 세상과 현실을 추상과 은유와 상징으로 도배하는 이들이다.[17] 그들은 매사를 실재하는 현상에서가 아니라 사유의 추상 속에서 온갖 기교와 재주로 재단하고 단순한 미적 근원에 대한 체험을 상상의 짜깁기적 합성 그림으로 그려내고 있다. 지속적으로 생을 이어가는 개별적 생명체들의 내면에 춤추고 있는 사튀로스적 놀이에 무아경으로 빠져들고 그 무아적 체험을 아무 가식 없이 있는 그대로 그려내는 이들은 진짜 시인들이다. 이 진짜 시인들이 바로 사튀로스이며 동시에 사튀로스의 영혼이다. 이들은 자기 자신의 근원성이며 동시에 타자성의 근원으로서 "디오니소스적 격정"으로 세계를 관찰하고 묘사한다.[18] 서정시에서 찾아낸 개체의 개별성을 보편성에 뒤섞어버릴 때 바코스적 술기운은 절정에 달하고 너와 나, 말과 소의 구분은 하찮은 분별로 종지부를 찍는다. 여기서 그들의 시민적 신분이나 사회적 지위나 과거지사나 미래지사는 혼합되고 사라지는 마술이 연출된다. "모든 극예술의 전체"인 이 "마술" 속에서 "디오니소스적 몽상가"는 저 자신을 사튀로스로 보고, 또 사튀로스로서 그는 다시 신을 보게 된다.[19] 이러한 변전에서 자기 밖의 새로운 지평이 열리고 이 새 지평에서 "연극"은 비로소 "완성"된다.[20]

---

16) KGA, III~I, §8, 56쪽. '대표적 그림'=ein stellvertretendes Bild.

17) '진짜 시인'=der echte Gedichter, '가짜 시인, 나쁜 시인'=der schlechte Gedichter.

18) KGA, III~I, §8, 57쪽. '디오니소스적 격정'=die dionysische Erregung.

19) 같은 곳, 58쪽. '모든 극예술의 전체'=die Voraussetzung aller dramatischen Kunst. '마술'=Verzauberung.

20) 같은 곳. '변전' = Verwandlung, '연극' = Drama.

비극이 드라마인 한 그것은 아폴론적이다. 음성언어든 몸짓언어든 상관없이 대화를 필요로 하고 대화는 묘사와 형상화를 본성으로 하기 때문이다. 다시 말해 드라마는 꿈의 세계를 그리고 묘사한다는 점에서 아폴론적 서사성과 전체성을 윤곽으로 가지지만 그 내적 구조는 개체 파괴의 디오니소스적 분위기와 효과로 되어 있다는 점에서 디오니소스적 합창의 객관화로 이해할 수 있다.[21] 가장 미천한 무리인 산양 사튀로스, 춤과 음악과 성욕의 상징인 사튀로스가 생과 문화의 새로운 지평을 보여주는 합창을 통해 디오니소스 신을 느끼고 보고 말하고 설파한다.[22]

> "합창단은 환영 속에서 자신들의 주인이며 스승인 디오니소스를 바라본다 …… 합창단은 이 신이 어떤 고통을 겪는지, 어떤 영광을 누리는지를 본다. 그래서 그 스스로는 행동하지 않는다. 신에게 봉사하는 위치에 있는 합창단이 바로 자연의 가장 숭고한 표현, 즉 자연의 디오니소스적 표현인 것이다. 그러므로 합창단은 자연처럼 도취 상태에서 신탁과 지혜를 말한다. 그는 함께 고통을 겪는 자로서 동시에 현자이며, 세상의 심장으로부터 널리 진리를 전하는 자이다. 그렇게 하여 현명하고 열광적인 사튀로스라는 환상적이지만 혐오스러운 모습의 인물이 탄생한 것이다. 그는 신과는 반대로 "말 못하는 인간"인 것이다. 그는 자연의 묘사이며 자연의 강력한 충동의 모사이다. 그렇다. 그는 자연의 상징인 동시에 자연의 지혜와 예술의 선포자이다. 음악가와 시인, 무용가와 예언자가 합쳐 한 사람이 된 것이다."[23]

신과 인간, 디오니소스와 비극의 매개를 담당한 사튀로스가 인간의 원

---

21) 니체 전집 2, 73쪽.
22) '자유분방하게 춤추는 신, 존재하는 모든 것을 긍정하는 신'을 '비초월적 신적 특징의 본질로서 디오니소스'라 한다면 이 역을 진정 연기하는 자는 사튀로스이다. 백승영, 『니체 – 디오니소스적 긍정의 철학』, 책세상, 2005쪽, 231쪽과 비교.
23) 니체 전집 2, §8, 74쪽.

형이며 또한 진정한 예술가의 원형이기도 하다고 니체가 주장하는 저의는 이로 보아 자명하다. 디오니소스의 존재는 관념성에 있는 것이 아니라 실재성에 있는데 그 실재성을 담보하는 것이 사튀로스이기 때문이다.[24] 사튀로스는 그 몸과 마음이 한결같이 인간과 산양의 결합체이며 그 결합을 표현하는 추진력은 디오니소스로 상징되는 술, 즉 포도주이다. 경험 실재론의 관점에서 디오니소스가 먼저 있고 그 정신인 술이 있는 것이 아니라, 술이 먼저 있고 그것을 마셨을 때 술의 성분과는 전혀 다른 생명성, 특히 의식의 도취를 통해 술의 정신을 유추하게 된다. 무아의 도취 속에서 그 도취를 주재하는 정령을 찾아 그에게 기도하고 춤추며 노래하는 것은 인간의 자연스러운 상상력의 드러냄일 수 있다. 그러나 도취의 합창이 증대하고 문화적 또는 사회적으로 합창단이 조직되고 축제가 제도화되면서 상상의 산물은 실재적 현존물로 물화(物化)된다. 또 이것은 깨고 나면 사라지는 꿈이 아니라 현실을 통제하기도 하고 규제하기도 하는 위력을 가진 꿈이며 따라서 곧바로 실재의 조형이다. 사튀로스는 바로 디오니소스의 재림과 현현을 축복하고 그것을 세계에 알리는 전령들이다. 신의 수난과 고통과 부활을 자신의 수난과 고통과 부활로 느끼는 사튀로스 합창단은 사실은 잘 꾸며진 무대의 오페라 가수들의 노래 같은 것이 아니라 도시 축제 또는 신전 축제에 나타나는 무아의 종교의식 같은 것이다. 이 광란의 종교의식 또는 문화 축제가 시간이 흐르면서 아폴론적 드라마에 수용되며 서사적 형상화 과정을 거치게 된다. 물론 이 드라마의 내면을 흐르고 있는 것은 디오니소스 본래적인 것, 즉 사튀로스의 격정과 활화산 같은 삶의 격정과 욕망이다.

---

24) 헤겔은 디오니소스의 본질을 포도주와 놀이의 극적 연출 등에 열광하는 자연적 위력(die begeitirende Naturgewald des Weins, Spiele, dramatischen Aufführungen usf.)으로 본다. Hegel, *Ästhetik II*, 91쪽.

이 "도취와의 유희"는 단순히 예술로서의 연극이 아니라 생의 본래성이다.[25] 생은 더 이상 절제 있는 합리적 질서가 아니라 최면에 걸린 흥분 상태에서 영혼의 모든 음계가 광란하는 노래판이면서 춤판 같은 것이다.[26] 디오니소스 축제의 노래는 아름다운 음률이나 화음이 아니라 그야말로 발광의 범벅음이요, 춤 또한 미적 조형성이 아니라 만취 속의 막춤 같은 것임이 틀림없다. 이 관점에서 디오니소스적 "몸짓언어와 음성언어의 의미"가 불꽃처럼 사튀로스에게서 연주되는 것이 생생하게 보인다.[27]

III. 사튀로스의 신화적 정체

"인간의 원형", "진정한 인간"으로 니체가 격찬하고 있는 사튀로스는 신화상으로는 디오니소스의 종자이다. 제우스 신과 테바이 나라 시조인 카드모스의 딸 세멜레 사이에서 태어난, 말하자면 인간적 신으로서 디오니소스는 "두 번 태어난 자"라는 뜻을 가진다. 알려진 바대로 헤라의 질투 때문에 어머니 세멜레는 제우스의 번갯불에 타 죽고 아직 죽지 않은 6개월 된 갓난애를 제우스가 넓적다리에 넣고 꿰매 달을 채운 뒤 낳았으나 스스로 키우지 못하고 세멜레의 언니 이노와 그 남편 오르코메노스 왕 아타마스에게 양육해줄 것을 은밀히 당부하면서 여자애의 옷을 입혀 헤라의 눈을 피할 것을 부탁한다.[28] 그러나 헤라가 이 사실을 알게

25) Nietzsche, Die Dionische Weltanschaaung, KGA. III-2, 47쪽. '도취와의 유희'=das Spiel mit dem Rausche.

26) 같은 곳, 49쪽.

27) 같은 곳, 67쪽. Die Geburt des tragischen Gedankens, KGA.III-2, 86쪽과 비교. '몸짓언어와 음성언어의 의미'=die Bedeutung von Geberdensprache und Tonsprache.

되어 이노 부부를 미쳐 서로 죽이도록 한다. 제우스는 그리스에서 멀리 떨어진 뉘사로 디오니소스를 데리고 가서 새끼 염소(양)로 변신시켜 이 숲의 정령들에게 양육을 맡기는데 후일 "새끼 염소"는 디오니소스를 지칭하는 "의식적 표현들 중 하나"가 된다.[29] 결국 두 번 태어난 디오니소스는 포도 재배와 포도주 만드는 법을 배워 술 마시는 재미로 살지만 그 역시 헤라에게 발견되고 헤라는 그를 역시 미치게 한다. 디오니소스는 술과 광기로 이리저리 정처 없이 떠돌게 되고 이 와중에 추종하는 무리가 생기는데 실레노스와 그를 양육해준 요정들과 반인반수의 사튀로스가 그중 유명하다.[30]

디오니소스는 사회의 억압받는 소외 계층에 의해 신앙의 대상으로 숭배되지만 사회의 상류 귀족층에는 혐오감을 주는 인물로 묘사된다. 디오니소스와 그 추종자들이 그리스 북부 여행을 할 때 트라키아 왕 리쿠로고스는 자신이 통치하는 지역에 풍기문란을 퍼뜨린다는 죄로 그 일행을 잡아 가두려 한다.[31] 디오니소스는 간신히 도망치고 그 추종자들은 잡혀 투옥된다. 그러나 신비롭게도 이적이 일어나 디오니소스와 그 추종자들은 자유로워지고 리쿠로고스는 미치광이가 되어 자기의 백성들에게 잔혹하게 살해된다. 그 후 이오니아 지방으로 항해할 때는 선장과 그 선원들이 디오니소스를 노예로 팔려 했으나 오히려 자신들이 광증에 사로잡혀 바다에 뛰어들어 돌고래로 변한다. 프리기아 지방에서 자연의 여신이면서 신들의 어머니인 키벨레가 디오니소스의 미친병을 고쳐주게 되는데 이때부터 그는 '자유로운 아버지'이며 '해방자'로 숭배된다.[32] 그 후 그리스 전역을 돌아다니다가 테세우스에게 버림받은 아리아

28) '이노'=Ino, '오르코메노스'=Orchomenos, '아타마스'=Atamas.
29) 이진성, 『그리스 신화의 이해』, 아카넷, 2004, 213쪽. '뉘사'=Nysa.
30) '실레노스'=Silenos.
31) '리쿠로고스'=Lykourgos.

드네를 낙소스 섬에서 만나 결혼하여 올림포스로 돌아와 명실상부하게 신으로 등극한다. 아리아드네와 사이에서 포도밭을 뜻하는 암펠로스, 포도나무덩굴을 뜻하는 스타퓔로스, 술 마시는 사람을 뜻하는 오이노피온의 3형제를 두고 있다.[33] 디오니소스 축제에서는 남근 숭배의 외설스러운 노래인 코모스와 산양을 제물로 바치며 부르는 노래인 트라고스가 있었으며 전자는 희극의, 후자는 비극의 유래가 되고 있다.[34] 아울러 디오니소스 찬가인 사튀로스 합창은 곧바로 풍자극의 모태가 된다. 이 셋이 후에는 서로 다른 독립 장르로 발전하지만 초기에는 그 구분이 명확하지 아니하다. 현재는 희·비극 사튀로스 합창 모두가 인간의 자연성과 생기를 실질적으로 나타내고 있다는 것만 확인할 수 있다.

아리스토텔레스가 비극의 기원으로 사튀로스극을 든 것은 후자가 비극적 이야기 전개의 내용을 가진다는 말이 아니라, 그 극이 비극의 형식을 구성하고 있다는 의미이다.[35] 본시 사튀로스극은 소재나 내용으로 신화나 전설 중 기괴하고 이상한 부분을 취하거나 그로테스크한 방식으로 이야기를 전개하는 특징을 가진다.[36] 이 극은 합창 코로스에서 단원들이 반인반수의 사튀로스로 분장한 데서 사튀로스극이라 이름 붙여졌으며, 고전시대의 비극 경연대회에서 한 작가당 세 편의 비극과 한 편의 사튀로스극이 무대에 올려져 제4부를 이루었으나 후기에는 비극 경연 전체를 통틀어 단 한 편의 사튀로스극만이 허용되었다고 전한다.[37]

---

32) 이진성, 앞의 책, 214쪽 이하 참조. '키벨레'=Kybele.

33) 같은 곳, 216쪽. '아리아드네'=Ariadne, '낙소스'=Naxos, '암펠로스'=Ampelos, '스타퓔로스'=Staphylos, '오이노피온'=Oinopion.

34) 같은 곳. '코모스'=Comos, '트라고스'=Tragos.

35) 사튀로스극은 단지 비극이 끝난 후 뒤풀이 익살극으로만 이해해서는 안 된다. 이런 태도로는 사튀로스가 디오니소스 육화임을 설명할 수 없다. 헤겔은 사튀로스극이 비극과 희극의 진지한 중간 형태, 즉 "비희극(Tragiködie)"으로 본다. Hegel, *Ästhetik III*, 531쪽.

36) 천병희, 『그리스 비극의 이해』, 문예출판사, 2002, 4쪽.

사튀로스극은 결코 비극적이지 않다. 그것은 위트와 유머로 채워진 일종의 희극이다. 그 운율과 음악의 내용이야 지금으로서는 알 수 없으나 스토리 전개와 구성에 대해 거의 완전하게 남아 있는 에우리피데스의 사튀로스극 「퀴글롭스」를 보면 비극과 직접적 관련성이 의문을 일으킨다. 심지어 에우리피데스의 대표적 비극중 하나인 「바코스의 여신도들(Bakchai)」에서 조차 사튀로스 합창이나 사튀로스 묘사 어디에도 비극적 요소는 보이지 않는다.[38] 그들은 일하는 법이 없이 흥청망청 마시고 음탕한 데다 비겁하기조차 한 게으른 속물 무리로 묘사된다.

비극은 본시 극 주인공 속에서 '공포와 연민' 또는 '두려움과 가엾음'을 봄으로써 우리 자신을 짓누르는 불안의 무게에서 벗어나기 위한 카타르시스적 목적을 가진다.[39] 한 평범한 인간이 행복에서 불행으로 떨어지는 것이 운명의 소행이라면 이 운명은 필연성의 위력이어야 한다. 이 필연성의 역할을 사튀로스가 맡을 때 공포는 역겨움으로, 가엾음은 우스움으로 다가온다.

---

37) 같은 곳, 15쪽. 사튀로스극의 창안자는 펠로폰네소스 반도의 북동 지방 도시 플레우스(Phleious) 출신의 프라티나스(Pratinas)로서 그에 의해 비극 3부작 다음에 제4부로 부가 되었다는 것이다. 역사가 헤로도토스에 의하면 기원전 2세기 레스보스 섬 출신 아리온(Arion)이 처음 디튀림보스를 쓰고 코린토스에서 공연했으며 처음으로 비극적 선율(tragikos tropos)를 짓고 디튀람보스를 노래하고 운율로 말하는 사튀로스를 도입했다고 한다(Histonia apodexis I, 23참조). 천병희, 앞의 책 재인용. 이 디튀림보스의 노래와 운율을 사튀로스들이 합창하고 이것이 비극 형식에 자연스럽게 수용되었다 하겠다.

38) 바코스의 여신도들은 '미친 여자들'이라는 뜻의 마이나데스(Mainades)로 불린다. 디오니소스 신에 홀려 소란을 피우며 숲속을 헤매는 이 여자들은 후에는 바카이와 동의어로 사용된다.

39) 이에 대해서는, 조우현 외, 『희랍비극 1』, 현암사, 1995, 453쪽 참조.

Ⅳ. 「바코스의 여신도들」에서 주인과 종으로서 디오니소스와 사튀로스

사튀로스는 디오니소스의 육화이며 그 종이요 노예이다. 디오니소스제에서 그를 예배하고 따르는 신도들 중 일부가 사튀로스로 분장하여 춤과 노래, 외설스러운 행동 등으로 축제의 흥과 분위기를 돋운다. 겉으로 그들은 디오니소스의 종이지만 실은 디오니소스의 의지와 뜻의 현실화된 모습이라는 점에서 디오니소스 자신이기도 하고 디오니소스의 주인이기도 하다. 디오니소스가 철두철미 사튀로스에 의해 양육되고 차려지고 선포되고 물화된다는 점에서 그러하다. 이것은 반대로 디오니소스 없는 사튀로스는 존재할 수 없음을 뜻한다. 그는 사튀로스의 영혼이며 진정한 고향이기 때문이다. 그러므로 사튀로스의 전모를 제대로 파악하기 위해서는 그 주인인 디오니소스의 신화적 본질을 이해하는 것이 필요하다. 여기서는 에우리피데스의 「바코스의 여신도들」에 나타난 디오니소스의 특징을 제시함으로서 사튀로스의 중요한 한 면모를 보이려고 한다.[40)]

「바코스의 여신도들」은 디오니소스가 자신의 신성을 증거하기 위해 각지를 여행하다가 들른 외가 테바이에서 생긴 갈등을 다룬 에우리피데스의 비극이다. 당시 테바이는 디오니소스의 외할아버지, 즉 세멜레의 아버지인 카드모스가 왕위를 넷째 딸 아가우에의 아들 펜테우스에게 넘겨준 상태였고 펜테우스는 자신의 이종인 디오니소스와 디오니소스의 숭배 세력에 의해 나라가 타락해가는 것을 몹시 걱정하고 그 대책을 세

40) 『바코스의 여신도들』은 에우리피데스 비극 중 마지막 작품이다. 그리스 비극에서 디오니소스 신이 무대의 주연으로 설정된 것은 이 작품뿐이다. 임철규, 『그리스 비극 – 인간과 역사에 바치는 애도의 노래』, 한길사, 2007, 588쪽.

우고 있었다.[41] 그는 디오니소스가 결코 신이 아닌 난봉꾼이거나 허랑방탕과 색욕을 부추기는 인물로 생각한다.[42]

> “나는 이 도시를 떠나 있다가 이제야
> 이 도시에 일어난 재앙에 관해서 들었는데,
> 우리 여인들이 조작된 바코스제(祭)를 좇아
> 집을 나가서는 우거진 산속을 쏘다니며
> 디오니소스인가 뭔가 하는 신출내기 신을
> 춤으로 공경하고 있다는 것이었소.
> 축제에 참가한 우리들의 한가운데에는 철철 넘치는 술 섞는 동이들이 놓여 있고,
> 여인들은 사내들과 사랑을 즐기기 위하여 저마다 다른 은밀한 곳으로 살금살금 스며드니,
> 그들은 자신들이 바코스에게 제물을 바치고 마이나데스들이라고 주장하나
> 그들은 사실은 바코스보다는 아프로디테를 더 공경한다는 것이었소.

---

41) 카드모스(Kadmos)는 테바이의 건설자로 페니키아 지방의 튀로스(Tyros)왕 아게노르(Agenor)의 아들이다. 아게노르는 딸 에우로페(Europe)가 황소로 변한 제우스에게 유괴되자 아들 카드모스에게 누이를 구해 올 것을 명한다. 카드모스가 누이를 찾기 위해 길을 떠났을 때 아폴론이 나타나 누이를 찾는 것을 단념하고 암소를 만나거든 그 암소가 거닐다 눕는 곳에 도시를 세우라고 일러준다. 과연 암소가 눕는 곳을 발견하고 그곳에 제사 지내기 위해 근처 우물에서 제수를 떠오려 하나 그 우물을 지키는 용이 부하들을 죽이매 카드모스가 복수하여 용을 죽인다. 아테네 여신의 명을 받아 그 용의 이빨들을 땅에 뿌리자 갑자기 전사로 변해 나타나 서로 싸워 죽고 5명만이 살아나 카드모스를 도와 테바이 왕국을 건설한다. 제우스에 의해 카드모스는 아레스와 아프로디테 사이에 난 딸 하르모니아(Harmonia)와 결혼하고 그녀에게 예물로 헤파이스토스가 만든 목걸이를 선물한다. 그런데 이 선물을 가진 이들이 재앙을 맞게 되어 카드모스와 하르모니아 사이의 딸들인 이노(Ino)와 세멜레(Semele), 아우토노에(Autonoe), 아가우에(Agaue) 모두가 비극을 당한다. 카드모스는 그리스에 문자를 전했다고 한다.

42) 여기서 디오니소스는 여성적 모습으로 생을 상징하기도 하지만, 포도주 핏빛은 폭력을 통한 죽음을 표상하기도 한다. 임철규, 『그리스 비극』, 591쪽.

그래서 내가 그들을 잡는 족족,
내 시종들이 손에 수갑을 채워 공공 감옥에다 안전하게 가두었소.
아직 잡지 못한 여인들은 산에서 잡아올 것이오.
이노, 에키온에게 나를 낳아주신 아가우에, 아크타이온의 어머니 아우토노에 말이요.
내가 그들을 무쇠 그물로 꼭꼭 묶으면
이 해로운 바코스제도 곧 끝나게 되겠지요.
사람들 말로는, 어떤 이방인이 이곳에 왔다고 하는데,
그 자는 뤼디아 출신의 요술사 겸 마술사로
향기로운 긴 고수머리 금발에
두 눈에는 아프로디테의 포도주 빛 매력이 넘친다고 하며,
밤낮으로 젊은 여인들과 함께 지내며
자신의 환희의 비의로 그들을 유혹한다는 것이오.
내가 그자를 여기 이 집안에서 붙잡게 되면
그자의 목을 몸뚱이에서 떼어 놓아 그자가 다시는
튀르소스를 치고 머리털을 흔들리지 못하게 할 것이오.
그자의 주장인즉 디오니소스는 신이며, 제우스께서
디오니소스를 자신의 넓적다리에 넣고 봉합하셨다는 것이오.
디오니소스 모자(母子)는 사실은 그의 어머니가 자신이 제우스의 사랑을 받았다고 거짓말을 한 죄로 번갯불에 타 죽었는데도 말이오.
그 이방인이 누구든지 간에 감히 그런 건방진 짓을 하다니
고를 맺은 밧줄로 교수형을 당해 마땅하지 않은가? ……"[43]

이 비극의 합창단원은 모두 디오니소스를 믿는 신도들로 신의 비의(秘儀)를 알고 찬미하며 나라 전체가 춤추도록 브로미오스〔'떠들썩한 자'라

---

43) 「바코스의 여신도들」, 『에우리피데스 비극』, 천병희 역, 단국대 출판부, 2005, 497쪽 이하, (215~245).

는 뜻으로, '아이고', '맙소사', '신난다' 등의 환호성의 의미를 가진 '에우오이(Euoi)' 또는 에우이오스(Euios)와 함께 디오니소스의 또 다른 이름]에게 기원한다. 그리하여 이 땅의 여인들이 집 안에서 일하고 베틀에서 베를 짜는 대신 산으로 올라가 광란하는 사튀로스와 함께 춤출 것을 부추기며 선동한다.[44] 이들은 또한 이런 노래도 합창한다.

> "얼마나 아름다운 광경인가, 그분께서
> 새끼 사슴들의 신성한 옷을 입고 질주하시다가 땅바닥에 쓰러지실 때면,
> 손수 잡은 염소의 피를 마시고
> 날고기를 먹기를 갈망하며 프뤼기아와 뤼디아의
> 산들을 쏘다니시다가.
> 우리의 선창자, 브로미오스여, 에우오이! 에우오이!
> 들판에는 젖이 흐르고 포도주가 흐르고
> 벌들의 넥타르가 흐른다네 ……"[45]

디오니소스는 포도주와 젖과 꿀이 흐르는 곳으로 신도들을 안내할 뿐 아니라 그 자신이 포도주와 젖과 꿀이 흐르는 이적을 보이기도 한다.[46]

펜테우스는 나라의 기강을 어지럽힌다는 이유로 디오니소스와 그 숭배자들을 제지하려 하지만 실패하고 만다. 디오니소스를 믿지 않던 세멜레의 여형제들, 즉 디오니소스의 이모들은 디오니소스의 복수에 의해 모두 미치광이가 되어 마이나데스로 되어 산속을 헤메다 그 실상을 관

---

44) 같은 곳, 493~494, (105~130).

45) 같은 곳, 494쪽, (135~140).

46) 같은 곳, 519, (704ff.). 이것은 그리스도와 디오니소스의 동질성을 뜻하기도 한다. 니체가 그리스도 대신 디오니소스를 주신(主神)으로 섬길 것을 제안하는 데 중요한 단서가 된다.『비극의 탄생』 전체는 그리스도 대신 디오니소스의 이름을 불러내어 칭송하는 일종의 찬송가라 할 수 있다. 카를 뢰비트,『헤겔에서 니체로』, 강학철 역, 민음사, 2006, 240쪽 참조.

찰하려는 펜테우스를 발견하고 찢어 죽이는데 이때 앞장을 선 이가 그의 어머니 아가우에이다.[47] 결국 비극은 어머니 아가우에가 자신도 알지 못하는 사이에 디오니소스의 저주에 의해 자기 자식을 죽이고 광란하다 뒤에 깨닫고 슬퍼한다는 데서 끝난다. 물론 이 슬픔은 디오니소스에 대한 무기력한 저주를 함축할 뿐이다. 이 복수의 비극은 전반적으로 비극적이지 않다. 바카이의 합창 내용 역시 결코 비극적이지도 슬프지도 않으며 오히려 디오니소스의 수난과 고통과 저주를 위대함으로 바꾸어 노래하고 있을 뿐이다.

V. 「퀴클롭스」에서 실레노스와 그의 아들 사튀로스

사튀로스극 「퀴클롭스」는 사튀로스의 아버지이기도 하고 디오니소스의 양부이기도 하고 그 시종이기도 하고 신도이기도 한 실레노스의 독백에서 시작한다.[48] 그는 처음부터 디오니소스와 고난을 같이했고 또 고난으로부터 그를 구했으며 지금 또한 해적이 그를 노예로 팔았다는 소식을 접하고 아들들인 사튀로스와 함께 그를 구하기 위해 항해에 나섰다가 포세이돈의 아들 퀴클롭스들에게 잡혀 그중 외눈박이 폴리페모스의 종노릇을 하고 있음을 한탄한다.[49] 아비 실레노스의 넋두리에 이어 그 아들들인 사튀로스로 구성된 합창단은 자신들이 강제로 돌보는 양들

47) '마이나데스'=Mainades.

48) 실레노스는 상반산은 인간이고 하반신은 말과 같다는 점에서 켄타우로스(Kentauros)와 유사하다. 그러나 후자는 몸통과 다리는 말이고 머리와 가슴은 사람이나, 실레노스는 전체적으로 사람 형상이지만 말귀와 또 가끔은 말다리와 말발굽을 가진 것으로 묘사된다. 몸에는 털이 많고, 큰 입, 들창코와 둥근 눈을 가졌으며 고전시대 작가들은 사튀로스와 혼동하는 경향이 있었다고 한다. 천병희, 『에우리피데스 비극』, 555쪽.

이 말을 듣지 않는 것을 욕하는 노래를 부르며 디오니소스 없음을, 즉 술도 향연도 여자도 없음을 한탄하는 노래를 부른다.[50] 이때 먹을 양식도 마실 물도 다 떨어지고 오직 가죽 통에는 포도주만 풍부하게 있는 오디세우스가 부하들과 함께 표류하다 섬에 도착하여 실레노스에게 접근한다. 자기들의 포도주와 실레노스가 가진 양식과 음료수를 바꾸기 위해서이다. 물론 양식과 마실 물은 실레노스의 것이 아니라 실레노스의 주인, 즉 지금은 출타 중이나 반드시 돌아올 퀴클롭스의 소유이다. 그러나 오디세우스가 맛보기 한잔 술로 유혹하면서 가축들의 새끼와 우유, 치즈 등의 먹을 것을 가져오라고 하자 술맛과 그 향기에 취한 실레노스는 이렇게 노래한다.

> "그렇게 하리다. 나는 주인 같은 것은 안중에도 없으니까.
> 나는 단 한 잔이라도 좋으니 그것을 마시고 싶어 미칠 지경이오.
> 그것을 위해서라면 나는 전 퀴클롭스족의 가축들을 내주겠소.
> 그리고 나는 한번 술에 취해 눈이 거슴츠레해질 수만 있다면
> 레우카스 바위에서 바닷물 속으로 뛰어내릴 용의도 있소.
> 술 마시기를 좋아하지 않는 자는 바보지요.
> (자신의 남근을 가리키며) 그래야만 여기 이놈도 꼿꼿이 설 수 있고,
> 젖가슴을 만지며 울타리를 친 풀밭 속으로 더듬고,
> 춤도 추고, 온갖 고통도 잊어버릴 수 있으니까요.
> 그런데도 나더러
> 그런 음료에 입 맞추지 말란 말이오? 설사 내가 외눈박이

49) 여기서 퀴클롭스는 호메로스의 『오디세이아』에 나오는 외눈박이로 헤시오도스 『신통기』의 우라노스와 가이아 사이에 태어난 3형제 퀴클롭스와는 다르다. 후자의 퀴클롭스는 제우스가 티탄 신족과 싸울 때 번개를 만들어 그에게 주고, 헤파이스토스의 심부름도 하며 고대의 뮈케나이 성벽 축조도 했다고 한다.

50) 「퀴클롭스」, 『에우리피데스 비극』, 557쪽 이하, (40~80).

무식한 퀴클롭스를 표효하게 만든다 하더라도! ……"[51)]

이 노래에 이어 사튀로스 코로스장은 트로이가 함락될 때 이런 일이 있지 않았겠느냐고 너스레 조로 오디세우스를 보면서 노래한다.

"그런데 그대들은 그 젊은 여인을 수중에 넣었을 때
모두들 번갈아가며 그녀와 재미 보지 않았소?
그녀는 여러 남자들과 놀아나는 것을 좋아하니 말이오.
배신자 같으니라고, 그녀는 넓적다리를 싸고 있는
알록달록한 헐렁바지와 그자가 목에 두르고 있던
황금 목걸이를 보자마자 애욕에 사로잡혀
가장 착한 사람인 메넬라오스 곁을 떠나고 말았던 것이오.
여자란 족속은 태어나지 말았으면 좋았을텐데
-나 혼자만을 위해서라면 몰라도."[52)]

실레노스는 퀴클롭스가 나타나자 태도를 싹 바꾸어 오디세우스가 자신을 두들겨 힘을 못 쓰게 하고는 양식과 고기를 빼앗아 갔으며 퀴클롭스조차 묶어두었다가 노 젓는 하인으로 쓰겠다고 협박했다는 거짓말을 한다. 주인의 물건을 팔아먹다 들키자 오디세우스를 옭아 넣기 위한 계략을 꾸민 것이다. 그 와중에 오디세우스의 두 부하 중 한 명은 불에 구어져서, 한명은 솥에 쪄져서 퀴클롭스의 술안주 고기가 되고 만다. 오디세우스가 포도주로 유혹하여 모두 다 취해갈 때 퀴클롭스가 오디세우스에게 바코스가 어떤 신인지 묻는다. '그는 삶의 즐거움이라는 관점에서 인간들에게 가장 위대한 신으로 간주된다'고 답하자 '그렇게도 위대한

51) 같은 곳, 565쪽, (164~174).
52) 같은 곳, 566쪽, (179~187).

신이 도대체 왜 가죽부대(술통) 안에 살기를 좋아하는지' 다시 조롱한다.[53)]

그가 있는 곳이 술통 항아리이냐 술병이냐 술바가지냐 술잔이냐에 따라 그 모양은 변하니 분명 디오니소스는 변신의 신이다. 그의 향과 맛에 취한 이가 왕후장상이냐 거지이냐 미친 이냐 남자냐 여자냐 가릴 것 없이 똑같은 즐거움과 도취를 준다는 점에서 평등의 신이요 자유의 신이다. 속이려는 이나 속는 이나, 잡아먹으려는 자나 잡아먹히는 자 모두가 바코스 앞에 평등 신민이다. 오디세우스는 주연(술과 잔치)은 참여자들을 즐겁게도 하고 그들에게 주먹질과 욕지거리와 말다툼을 제공하기도 한다는 점을 아는 자는 혼자서 조용히 마시거나 마시고 나서 밖에 나가지를 않는 것이 현명하다는 지혜를 주위에 가르친다. 술은 결코 맛과 향으로만 마시는 것이 아니라 바코스의 신기가 온몸에 퍼져 노골노골 도취되는 데 본질이 있으니 먹다 죽어도 여한이 없도록 마셔야 한다고 그는 주장한다. 취기가 돈 퀴클롭스의 황홀경은 절정에 올라 노래하기 시작한다.

> "얼씨구 절씨구
> 이제 겨우 물 위에 떠올랐구나! 얼마나 순수한 기쁨인가!
> 내게는 하늘이 대지와 뒤섞여 춤추며 다가오는 것 같고,
> 저기 제우스 왕좌와
> 신들의 온갖 신성한 영광이 또렷이 보이는구나!
> (사튀로스들이 그의 주위에서 음탕하게 춤을 춘다)
> 아니야. 키스는 하고 싶지 않아.
> 카리스 여신들이 나를 유혹하려드는구나
> (실레노스를 붙잡으며) 여기 이 가뉘메데스면 충분해,

---

53) 같은 곳.

그의 곁에서 쉬는 것이 가장 편하니까.
얼마나 매력적인가!
카리스 여신들의 이름으로 말하노니,
나는 여자들보다는 소년들이 더 재미있어!"[54]

이 노래와 함께 퀴클롭스는 자기의 늙은 남자 노예 실레노스를 섹스 파트너로 삼을 요량으로 동굴 안으로 마구잡이로 끌고 들어가고 실레노스는 "아아, 나는 술이 얼마나 쓴 것인지 보게 될 것 같구나!" 하는 비명을 지르며 질질 끌려간다.[55] 퀴클롭스가 만취되어 잠에 곯아떨어졌을 것이라고 생각한 오디세우스가 실레노스의 아들들인 사튀로스들에게 함께 퀴클롭스의 눈을 빼고 실레노스를 구하자고 하자, 사튀로스들은 '팔다리가 굳어진다, 다리에 쥐가 난다, 눈에 먼지가 들어갔다' 등등의 온갖 핑계를 대고 비겁하게 꽁무니를 뺀다. 오디세우스는 그들에게 행동을 보여주지 못하면 노래로 박자라도 맞추어서 자기와 자기 부하들의 용기나 북돋우어 달라고 한다. 마침내 오디세우스는 퀴클롭스의 눈을 빼고 자기와 동료들을 구원하는 것으로 극의 끝을 맺는다.

이 극의 줄거리 전체에서나, 극의 사튀로스 합창에서나 비극적인 것보다 희극적 분위기가 더 지배적이라는 것은 자명하다. 또 여기서 사튀로스는 인간적이기보다는 비인간적 · 비도덕적 · 비사회적 인격으로 그려진다.[56] 따라서 앞서 본 니체의 주장은 매우 의심스러운 것이다.

54) 같은 곳, 584쪽, (575~584).
55) 같은 곳, 585쪽, (585~589). 이 술의 쓴 맛은 디오니소스가 가진 죽음의 상징성을 의미한다.
56) 여기서 보이는 사튀로스의 성격은 비겁하고 비열하다. '비겁함과 비열함'은 '사악함'만큼이나 '역겨운 것'이다. Hegel, *Ästhetik III*, 288쪽.

VI. 맺음말

니체의 저작에 나타난 사상을 미감적으로 이해하는 것은 어렵지 않다. 어려운 것은 그의 저술에 나타난 철학의 내용을 앞뒤가 맞도록 논증해서 상식에 맞도록 변호하거나 비판하는 것이다. 그의 글과 사유는 어떤 이론이나 철학 체계를 논리적으로 세우고 확립하는 것과는 상관없이 섬세한 시적 감수성과 직관으로 파악한 순간의 세계를 문화와 고전의 프리즘적 왜곡을 통해 묘사한 것이기 때문이다. 물론 이 왜곡은 오늘날 현대적 세계관의 강렬한 포스터 그림판으로 칭송한다.

『비극의 탄생』은 비록 서술 방식에서 시적이지는 않으나 그 내용은 하나의 시, 그리스 비극과 신화의 사튀로스와 디오니소스의 이야기의 서사적 조형성을 추상하고 그 내면적 분위기만 정감화한 하나의 서정시이다. 시에서 주장과 주장 근거의 정합성 논증은 문제조차 되지 않는다. 보다 중요한 것은 그의 시대 문화계, 특히 음악계의 특수 분위기에 함몰되어 그 시각과 감수성으로 사튀로스와 디오니소스의 의미를 생의 활력으로 부활시키고 있다는 점이다. 이것이 그의 사유를 비판적으로 검토하려는 시도를 방해하는 근본적 난점이다.

그러나 만일 우리가 니체의 사유, 특히 사튀로스 예찬론에 시적 깨달음의 감수성이 아니라 상식 수준의 비판적 합리성만 동원해도 그 이론은 금방 와해된다. 즉 그의 이 사상은 고도의 논증으로도, 속된 상식적 합리성으로도 이론이 아니라는 점이 드러난다. 이론은 정합적 논리성을 내적으로 함축해야 하기 때문이다. 그러나 이론으로서는 사산아인 사튀로스 예찬론은 모든 차이 나는 존재들, 모든 적대적인 힘들의 신바람 춤

---

57) 신화의 상징성에 대한 18세기 이해해 대해서는, F. Creuzer, *Symbolik und Mythologie der alten Völker*, Leipzig 1823 참조.

판의 생기 있는 잔치로 이해하는 순간, 하나의 새로운 신화로 부활한다. 이 새로운 신화는 현대성의 전형에 대한 지워지지 않는 상징주의 낙서인 것이다.[57]

참고 문헌

1. 일차 문헌

니체 전집, 정동호, 이진우, 김정현, 백승영외 역, 21권, 책세상, 2003.

아리스토텔레스, 『시학』, 천병희 역, 문예출판사. 2002.

에우리피데스, 『에우리피데스 비극』, 천병희 역, 단국대 출판부, 2005.

헤시오도스, 『신통기』, 천병희 역, 한길사, 2004.

Colli, G. & Montinari, M. M. (hrsg), *Nietzsche Weke*, Kritische Gesamtausgabe, Berlin/New York 1973. (=KGA)

Hegel, *Vorlesungen über die Ästhetik*, 3Bde., in: Georg Wilhelm Friedrig Hegel, Werke in 20 Bänden, auf der Grundlage der Werke von 1832~1845, neu editierte Ausgabe, Redaktion von Eva Moldenhauer und Karl Marcus Michel, Theorie Ausgabe, Bd. 13~15, Frankfurt a. Main. (=*Ästhetik I. II, III*)

Herodotus, *Historien*, hrsg./bearg./übers. von Josef Felix, Düsseldorf 2004.

Homer, *Ilias-Odyssee*, Deutsch von Johann Heinrich Voss, Köln 2000.

Nietzsche, *Die Geburt der Tragödie aus dem Geiste der Musik*, KGA. III-1.

Unzeitmäßige Betrachtungen, KGA. III-1.

Das griechische Musikgrama, KGA. III-2.

Die Dionische Weltanschaaung, KGA. III-2.

Die Geburt des tragischen Gedankens, KGA. III-2.

2. 이차 문헌
백승영, 『니체 - 디오니소스적 긍정의 철학』, 책세상, 2005.
이진성, 『그리스 신화의 이해』, 아카넷, 2004.
임철규, 『그리스 비극 - 인간과 역사에 바치는 애도의 노래』, 한길사, 2007.
조우현 외, 『희랍비극 1』, 현암사, 1995.
천병희, 『그리스 비극의 이해』, 문예출판사, 2002.
카를 뢰비트, 『헤겔에서 니체로』, 강학철 역, 민음사, 2006.
E. R. Dodds, *Euripides: Baccae*, Oxford, University Press 1960.

Kritik zur Nietzsches Würdigung der Satyren

Yoon, Byoeng Tae

Zusammenfassung

Das Ziel dieser Ausarbeitung ist die Analyse und Prüfung von Nietzsches Aussage, daß der dionysosche Wahnsinn und Kultur des Wahnsinns der direkte Beweis der mentalen Gesundheit des griechischen Volkes ist. Im Voraus dieser Arbeit werden wir Nietzsches Würdigung der Satyren zusammenfassend betrachten, um eine kritische Betrachtung durchzuführen ob diese Würdigung ohne jeden Vorbehalt angenommen und verallgemeiniert werden kann.

Satyre ist, nach Nietzsche, “das Urbild des Menschen” und “der wahre Mensch” und “der Weisheitverkünder aus der tiefsten Brust der Natur” und somit etwas Erhabenes und Göttliches. Die tierliche Besonderheit der Satyre ist die ungeschmückte und ehrliche Gestalt des Menschen, der berührende Ausdruck des höchsten Gut des Menschen, das Sinnbild der geschlechtlichen Allgewalt der Natur. Dies ist das wahre Wesen des Menschen noch vor der Kultuvierung und Tragen von Trug und Schein und des Weiteren die dionysosche Verkörperung von Leid und Not. Wahrlich ist die Satyre die Verbindung zwischen Gott und Menschen, Natur und Mensch, Mensch und Mensch, und letzendlich der konkrete Umsetzer der Tragödie.

Um die Gültigkeit der Würdigung der Satyre aus Licht zu bringen, wird ebenfalls die Besonderheit der Satyre und die Darstellrung von Dionysos und Satyre in Euripides' "Bakchai" betrachtet. Zuletzt wird der Charakter und die Besonderheit der einzig bisher bestehende Satyre "Kyklops" analysiert.

Schlagwörter: Frucht und Mitleid, Rausch, Dionysos, Leben, Silenos, Satyre(Satyros), Wein, Tragödie, Apolon, Musik, Tod, Traum, Tanz, Komödie.

하버마스에 있어서 탈형이상학적인 이성 기획으로서의 담론적 이성(diskursive Vernunft) 기획

정 현 철

요약문

사실성과 타당성을 매개하는 이성 개념으로 하버마스가 제시하는 것은 탈형이상학적인 이성 개념인 '담론적 이성'이다. 이성이 사실성에 함몰되어 타당성 차원을 폐기해 버리든지 아니면 반대로 사실성을 타당성에 부차적인 영역으로 간주해 버리든 이는 모두 형이상학적인 사유방식을 드러내는 것이다. 하버마스는 사실성과 타당성을 매개하기 위해 담론적 이성을 도입하면서 지금까지의 철학이 어느 한 쪽으로 편향된 사유 곧 형이상학적 사유를 수행해왔음을 비판한다.

그리고 그는 사실성과 타당성의 매개를 위한 패러다임으로 언어적 전회를 통한 언어적 상호이해를 도입한다. 곧 언어적 상호이해 속에서만 주체들은 사실성과 타당성을 매개할 수 있는 틀을 가지게 된다. 그리고 그 근거는 하버마스에 따르면 언어의 두 가지 이상성 곧 의미의 이상성과 타당성의 이상성에서 마련된다. 다시 말해 주체들이 바로 언어의 두 가지 이상화하는 힘에 이끌려 상호주관적 인정관계 속에서 상호 간에 타당성의 근거를 교환하며 이를 수락 가능한 것으로 인정하는 경우 타당성은 사실성의 영역으로 받아들여지게 된다.

따라서 언어적 능력을 가지며 행위 할 수 있는 주체들은 상호이해에 도달하는 것을 목적(Telos)으로 하는 언어에 의해 상호주관적 인정관계를 형성하게 된다. 이렇게 형성된 인정관계를 기반으로 해서만 담론적 이성은 사실성을 타당성과 매개시키는 역할을 수행할 수 있게 된다. 그리고 여기서 담론적 이성이 수행하는 역할은 그 양자 곧 사실성과 타당성의 이성적인 매개를 위한 담론적 조건을 확정하는 것이다. 이러한 방식으로 담론적 이성은 사실성과 타당성 어느 한 쪽의 희생을 요구하지 않고서도 양자를 매개할 수 있다.

그런데 하버마스는 이러한 매개를 담지하는 범주적 영역으로 생활세계를 제시한다. 그에 따르면 생활세계 속에는 사실성이 깃들어 있다. 이는 의사소통적 행위를 하는 주체들의 상호작용을 가능케 하는 근거가 된다. 그러나 때때로 생활세계 속에서 이러한 사실성이 주체들 간의 의사소통적 상호작용을 통해 문제시되기도 한다. 곧 그 타당성이 의심되는 사태가 초래되기도 한다. 바로 이 상황에서 담론적 이성은 사실성과 타당성을 매개하기 위한 담론적 조건을 확정함으로써 그 매개를 수행한다. 따라서 담론적 이성은 생활세계의 영역을 벗어날 수 없고 오히려 이 영역을 더 합리화하는 쪽으로 분절시켜나가야만 하는 과제를 부여 받는다.

그러나 만일 우리가 하버마스의 이러한 기획을 좀 더 적극적으로 그 기획의 이념인 상호주관적인 인정의 관점에서 고찰하게 되면 우리에게는 몇 가지 유의미한 결과가 주어질 것으로 보인다.

● 주요어 : 담론적 이성, 이성적 담론, 생활 세계, 탈형이상학적 사유, 언어적 전회.

I

비판이론을 정초하려는 철학자들은 하나의 공통된 확신을 가지고 있는 것처럼 보인다. 곧 그것은 사적 이익을 추구하는 개별자들이 가지는 자유가 서로 간에 보장되기 위해서는 그 자유의 확정이 개별적 자유에 의해 허락되는 사적 이익들 간의 조정을 넘어 공동체의 연대적 실천에 연계되어 있어야만 한다는 것이다. 다시 말해 비판이론가들은 자유를 개별자들의 사적 이익의 차원에서가 아니라 이들을 묶고 있는 공동체의 상호주관적인 연계망 속에서 파악하고 이 연계망을 보호하는데 기여하도록 설정한다.[1)] 또한 그들에 따르면 이 같은 공동체 구성원들의 이성적 실천(vernünftige Praxis) – 사회적인 연대적 실천 – 은 그 편에서 볼 때 공동체의 구성원들이 자신들의 개별적 이익 추구 배후에서 그들 모두에 의해 공유되고 있다고 간주하는 공통의 가치 확신(Wertüberzeugung)을 인식하고 이를 그들 모두의 규범적 이상으로 삼는 경우에만 가능하다. 이것은 거꾸로 말해 이 같은 협력적 자기실현(kooperative Selbstverwirklichung)이라는 규범적 표상에로의 정향이 공동체 구성원들 가운데서 실질적으로 자리를 잡지 못하게 되는 경우 개별자들의 자유는 성공적으로 확정될 수도 또한 보장될 수도 없다는 것을 의미한다. 호르크하이머가 정형화한 "자유로운 인간의 공동체(Gemeinschaft freier Menschen)"[2)]라는 이념은 이와 같은 비판이론의 이론적 발상을 명확히

---

1) 하버마스는 이 같은 연관성을 개인의 정체성이 결코 자신의 결단만으로 형성될 수 없으며 사회적인 역할 인식과 타자로부터의 내적 자율에 대한 인정에 의존한다는 것을 지적함으로써 입증하고자 한다. 참조, J. Habermas, Nachmetaphisches Denken(이하 ND), Suhrkamp, F/m, 1988, 187쪽 이하.

2) Max Horkheimer, Traditionelle und kritische Theorie, in 그의 전집, Gesammelte Schriften, Bd 4, F/m, 1988, 191쪽.

제시하고 있다.

하버마스는 한편에서는 그 보다 앞선 비판이론가들과 이러한 이념을 공유하고 있으면서 다른 한편으로는 이들과 구별되는 자신만의 통찰을 덧 붙여 비판이론을 발전시키고 있다. 곧 그에 따르면 협력적 자기실현과 공유된 가치라는 보편자 속에는 합리적인 특성이 깃들어 있어야 한다는 것이다. 곧 공동체를 구성하고 발전시켜 갈 수 있는 추동력은 구성원들의 공동체에 대한 귀속성의 감정이나 정서적 결합 내지 심미적인 체험에서 마련되기 보다는 구성원들 각 각의 합리적 통찰에서 제공되고 형성될 수 있다.[3] 하버마스는 이 같은 합리적 통찰의 가능성을 바로 사실성과 대비되는 타당성의 차원에서 마련하고자 한다.[4] 그리고 그는 이 타당성의 차원에서 개별자의 합리적 통찰의 근거설정(Begründung)을 위한 보편적 척도들(universielle Maßstäbe)을 발굴하고 확립함으로써 공동체가 단순히 공통의 정서나 감정 내지 관습 혹은 전통에 의거하지 않는 합리적(이성적) 통합을 실현해 낼 수 있다고 주장한다.[5] 그가 의사소통행위이론을 통해 제시하고자 했던 실천과 매개된 이론의 가능성이 바로 이 같은 목표에 기여하고 있다.

하버마스는 이미 알려진 바대로 이러한 가능성 – 사회의 사회적 통합(soziale Integration) – 을 합리적으로 근거 짓는 이성적(합리적) 기획을

---

3) 하버마스가 자신보다 앞선 비판이론가들의 이론을 비판하는 내용에 대해서는 다음을 참조하시오, J. Habermas, Theorie des kommunikativen Handelns, Bd 1, F/m, 1988, 489 쪽 이하. 보편자에 대한 심미적인 고찰은 잘 알려진 바대로 아도르노의 미학적인 이론에 의해 수행되었다. 참조, Th. Adorno, Ästhetische Theorie, in Gesammelte Schriften Bd 7, 2003.

4) 하버마스는 사실성과 타당성이 그의 담론이론 속에서 어떻게 긴장관계를 형성하는지를 다음의 책에서 자세히 서술하고 있다. J. Habermas, Faktizität und Geltung(이하 FG), F/m, 1992. 이 책은 이 글에서 논의되고 있는 탈형이상학적 타당성의 심급이 어떻게 사실성과 관계하면서 그 사실성을 변혁해나가는지에 대해 법이론과 법치국가이론의 관점에서 서술하고 있다.

위해 구성원들의 행위 양식을 사회적 상호작용 곧 의사소통적 행위라는 실천형식으로 해석해 들인다. 그로 인해 사회는 더 이상 노동이라는 거대 담론에 의해 뒷받침되는 행위 모델에 입각해 발전하지 않으며 구성원들의 사회적 상호작용이라는 실천형식에 의해 통합된다. 즉 하버마스에게서 해방적 이성을 구현하는 노동이라는 행위 양식은 마르크스에게서와 같은 그러한 실천적 유효성을 상실한다. 이것은 자연주의적으로 해석될 위험성을 안고 있는 노동이라는 행위 양식이 사회적 상호작용 속에 깃드는 타당성의 차원을 고사시키고 이를 아예 불필요하게 만들어 버린다는 인식으로부터 추론된 그의 통찰이었다.[6] 어쨌든 사회적 상호작용이라는 실천형식을 통해 하버마스는 사실성에 함몰되지 않는 또한 사실성을 비판할 수 있는 타당성의 차원이 열려 있는 사회적인(sozial) 영역의 범주적 개척에 성공한다. 노동 뿐 아니라 그 어떤 실천형식이든지 만일 구성원들 간의 협력적 자기실현을 가능하게 하는 공유된 가치

---

5) 하버마스는 타당성 차원이 갖는 이 같은 합리성의 계기를 제시함으로써 비판이론의 토대를 이론적으로 발전시킨 아도르노의 미학적인 이론을 비판하고 넘어선다. 참조, J. Habermas, ""Ich selber bin ja ein Stück Natur" - Adorno über die Naturverflochtenheit der Vernunft. Überlegungen zum Verhältnis von Freiheit und Unverfügbarkeit." in A. Honneth (Hg.), >> Dialektik der Freiheit <<, F/m, 2005. 그리고 이러한 이론적 발달사를 추적한 호네트의 글은 이 두 비판이론가들 사이의 관계를 비판이론 내부의 발달 과정 속에서 파악하는데 큰 도움이 된다. 참조, A. Honneth, Kritik der Macht, F/m, 1986, 70쪽 이하.

6) 하버마스가 노동을 해방적 실천의 행위 모델로 삼을 수 없다고 비판하는 내용에 대해서는 다음을 참조하시오. J. Habermas, "Arbeit und Interaktion", in, J. Habermas, Technik und Wissenschaft als 'Ideologie', F/m, 1968, 또 하버마스는 노동을 객관적인 자연과 주관적인 자연을 매개하는 행위로서 이 노동을 선행적으로 구조화하는 제 관계들이 마르크스에게 있어서는 자연이라는 개념에로 환원될 수 있음을 지적한다. 따라서 마르크스에게서는 인간의 자연의 인식에 있어서의 선험적인 자발성도 결국 자연으로 환원되어 버린다. 하버마스는 마르크스의 사적 유물론에서 이 '자연'이 차지하는 위상이 칸트의 비판철학에서 '물자체'가 차지하고 있던 위상과 유사한 것으로 보고 있다. 이에 대해서는 다음을 참조하시오, 참조, J. Habermas, Wahrheit und Rechtfertigung(이하 WR), F/m, 1999, 31쪽.

확신과 관련해 상호주관적으로 제기될 수 있는 타당성 주장을 억압하거나 혹은 이를 배제한다면 그 실천형식은 더 이상 그 실천성 곧 유효성을 주장할 수 없게 된다. 이것은 하버마스가 사회의 사회적 재생산을 더 이상 구성원들 너머에서 혹은 그 배후에서 이루어지는 것으로 볼 수 없다는 점을 분명히 하는 것이다. 사회의 재생산은 이제 구성원들의 공유된 도덕적 확신에 연계되고 그 같은 확신이 구성원들에 의해 실천되는 정도에 따라 그 성공여부가 결정되는 사실적 실행이 된다.

II

그런데 우리는 여기서 하버마스가 타당성의 차원과 그것에서의 이성적 척도를 단순히 직관적으로 확정해서 제시하는 것이 아님에 유의해야 한다. 이미 그가 타당성(Geltung) 차원을 사실성(Faktizität)과 관련해서 마련하고자 하고 있다는 점이 함의하고 있는 것처럼 그의 이성 기획은 타당성 차원의 근거를 직관적이 아니라 논증적으로 확보하고자 한다. 하버마스는 자신의 이러한 이성 기획을 이미 알려진 바대로 탈형이상학적(nachmetaphysisch)이라고 명명한 바 있는데 이 명칭이 암시하듯이 우리는 이 타당성의 차원을 확보하기 위해 그가 어떤 형이상학적 사유들과 어떠한 방식으로 철학사적 논쟁을 벌이고 있는지를 살펴봄으로써 그 타당성 차원이 갖는 특성을 고찰해 볼 수 있을 것이다. 그는 여러 글에서 이 논쟁을 전개시키고 있지만 필자의 생각으로는 그의 글 「탈형이상학적인 사유의 계기(Motive nachmetaphysischen Denkens)」[7]가 가장 분명하게 그의 논지를 전달하고 있다고 보여 진다.[8] 우리는 이 글에서

7) J. Habermas, "Motive nachmetaphysischen Denkens(이하 MnD)", in ND.

하버마스가 형이상학적 사유와 벌이는 논쟁을 따라가 봄으로써 그가 제시하는 탈형이상학적 사유 지평과 또한 그 지평에 내재하는 타당성 차원을 파악할 수 있을 것이다.

그는 가장 먼저 다음과 같은 선언적 결론을 내린다. 곧 형이상학을 극복하고자 하는 오늘날의 철학에서도 형이상학적 사유를 극복할 수 있는 가능성을 찾을 수 없다. 왜냐하면 그 철학들이 형이상학에 대한 태도를 불분명하게 함으로써 탈형이상학적인 타당성 차원에 대한 그들의 입장 역시 애매해져버렸기 때문이다.[9] 하버마스는 여기서 사실성에 함몰된 실증주의와 그 후계자들은 예외로 취급 한다. 왜냐하면 이들은 타당성의 차원을 아예 제거해 버리고 오로지 사실성에만 배타적으로 관심을 집중시킴으로써 형이상학에 대한 그들의 입장을 분명히 드러내기 때문이다.[10] 그러나 하버마스에 따르면 이들을 배제하고 형이상학을 극복하고자 했던 니체의 시도는 말할 것도 없고 형이상학의 역사를 해체하고자 했던 하이데거와 근대적 근원철학-형이상학-의 은폐된 형식을 이데올로기적으로 비판했던 아도르노 역시 이 타당성의 차원에 대해서 명확한 입장을 보여주지 못하고 있다. 하버마스가 이 세 철학자들을 지목하고 있는 것은 그 철학자들의 작업의 지향점이 바로 형이상학의 극복이

8) 하버마스는 이러한 타당성의 차원을 직관이 아니라 주체들이 참여하는 논증을 통해 확립되는 것으로서 입증하기 위해 그의 담론이론을 제시한다. 곧 이 이론에 따르면 이미 의사소통하고 있는 주체들이 참여하는 담론을 통해 사실성을 초월하는 타당성 차원은 다시금 주체들의 이 사실적인 의사소통적 관계 속에서 내재적이면서 초월적으로 확립될 수 있다. 이에 관해서는 다음을 참조하시오. 참조, J. Habermas, Erläuterung zur Diskursethik, F/m, 1991. 그리고 J. Habermas, Moralbewußtsein und kommunikatives Handeln(이하 MkH), F/m, 1991.

9) MnD, 35 쪽.

10) 하버마스는 실증주의의 선구자격으로 홉스를 지적하고 그 현대적인 변형을 게임이론으로 예시한다. 이들은 타당성 차원을 사실성의 차원 속에서 해소시켜버리고 주체들의 규범적인 지향 자체를 부정한다. 이에 관해서는 다음을 참조하시오, 참조, FG, 118쪽 이하.

었기 때문일 것이다. 결론적으로 말해 이들은 사실성을 초월하고자 하는 형이상학적 이성중심주의(Logozentrismus)로부터 벗어나서 사실성과의 관련을 잃어버리지 않는 타당성의 차원을 설정하고자 했지만 결국 실패하고 만다.[11)]

그렇다면 하버마스가 형이상학적이라는 특징을 부여하는 사유의 기본적 특성은 무엇인가? 그리고 왜 그는 그러한 특성을 가진 형이상학적 사유를 비판하지 않을 수 없는가? 우선 첫 번째 질문과 관련해서 하버마스는 그의 글에서 네 가지 측면을 언급한다. 그리고 이 측면들은 왜 그가 '형이상학적'이라고 통칭되는 사유를 비판할 수밖에 없는가를 간접적으로 암시한다. 결론적으로 말해서 하버마스는 이러한 네 가지 측면을 갖는 사유가 타당성의 지평을 미리 선규정해 버림으로써 실천과의 연관을 불필요하게 만들어 버린다는 것이다. 하버마스의 주장을 따라가 보기로 하자. 우선 그가 형이상학적 사유의 네 가지 특성 가운데 첫 번째로 꼽는 것은 바로 동일성 사유(Identitätsdenken)이다.[12)] 그에 따르면 고대 철학은 – 일단 아리스토텔레스 철학을 제외하고 – 신화로부터 전체에 대한 조망을 상속하고 난 뒤 신화적 세계상의 구체화와 결별한다. 그리고 고대철학은 그 대신 일자와 다자 – 추상적으로는 동일성과 차이의 관계로 파악되는 – 를 존재와 사유의 근본관계로 규정한다. 이 관계는 "논리적(logisch)이면서 동시에 존재론적(ontologisch)" 이다. 여기서 일자는 "원

---

11) 하버마스가 이 세 철학자들의 기획에 대해 비판하는 글로는 다음을 참조하시오. 우선 니체에 대해서는 J. Habermas, Der philosophische Diskurs der Moderne(이하 PDM), F/m, 1989, 104쪽 이하. 그리고 아도르노에 대해서는 PDM, 130쪽 이하. 그리고 J. Habermas, ""Ich selber bin ja ein Stück Natur"-Adorno über die Naturverflochtenheit der Vernunft. Überlegungen zum Verhältnis von Freiheit und Unverfügbarkeit." in A. Honneth (Hg.), >> Dialektik der Freiheit <<, F/m 2005. 하이데거에 대해서는 MnD, 49쪽 이하와 PDM 158쪽 이하.

12) MnD, 36-37 쪽. 인용부호는 이곳에서 인용된 내용을 가리킨다.

칙이며 존재근거이고 원리이며 근원"이며 다자는 이로부터 생성되고 또한 일자에 근거해 "질서를 부여받는(필자 강조) 다양성"으로서 재생산된다.[13] 여기서 하버마스는 다양성 곧 그에게서는 사실성에 해당하는 구체적 사태가 바로 일자에 의해 질서를 부여 받고 있다는 점을 지적한다. 이렇게 되면 사실성의 지위 자체가 허약해진다.[14] 그런데 이것이 바로 형이상학적 사유의 첫 번째 측면이다.

두 번째 측면은 이상주의(Idealismus)이다.[15] 하버마스에 따르면 플라톤의 존재의 개념은 "이야기(Erzählung)의 문법적 형식과 개념적 수준에서 기하학의 모범에 따른 연역적 설명(Erklärung)으로 이행"하면서 생성된다. 그에 따르면 플라톤에게서는 추상화하는 사유와 존재 사이에 내적 관계가 형성되고 통일성을 산출하는 질서는 사유의 개념적 본성 자체에 속해 있게 된다. 존재와 사유에 이 같은 내적 관계가 필연적인 방식으로 설정되고 나면 이데아의 개념적 본성으로부터 다른 속성들 곧 "보편성, 필연성, 초시간성"도 이끌어 내지고 이것은 곧 존재의 모습이 된다. 그런데 이렇게 될 경우 하버마스가 우려하는 것은 모든 타당성의 근거가 오로지 이성적으로 사유하는 주관의 내적 성찰을 통해 확립되고

---

13) 하버마스는 '일자와 다자(Einheit und Vielheit)'라는 테마를 철학사적으로 다음 글에서 자세히 고찰해 놓았다. J. Habermas, "Die Einheit der Vernunft in der Vielfalt ihrer Stimmen", in ND, 153쪽 이하.

14) 하버마스는 타당성의 차원을 강조하지만 사실성의 지위를 무시하거나 타당성에 종속될 수 있는 것으로 보지 않는다. 하버마스가 인식을 매개하는 지평으로서 제시하는 생활세계는 사실성에 기초해 있으며 또한 그 곳에서 주체들의 논증을 통해 확정되는 타당성 주장들은 다시금 사실성으로 그 위상을 전환하여 생활세계의 사실성 속에 보존된다. 만일 타당성을 통해 곧 사유와 존재의 불변하는 원리를 통해 사실성이 질서 지워 진다면 철학의 주변 학문들은 그 존립 근거를 상실하게 된다. 하버마스는 자신의 이론적 동지인 아펠의 선험적 화용론조차도 이러한 가능성을 내포하고 있다고 비판한다. 이에 관해서는 다음을 참조하시오. 참조, ED, 185쪽 이하. 그리고 MkH, 93쪽 이하.

15) MnD, 37-38 쪽.

주체들 간의 의사소통적 관계는 불필요하게 되어 그 타당성의 근거를 검증하는 지위를 상실하게 되어 버리고 만다는 것이다. 주관은 존재의 질서를 통찰할 수 있는 자신의 이성적 능력을 이미 지니고 있기 때문에 어떤 방식으로든 자신 내부로의 반성적 성찰을 통해서 곧 독백적인 방식으로 이 질서를 확정할 수가 있다.

형이상학의 세 번째 측면은 하버마스에 따르면 위와 같은 모순을 인식한 유명론과 경험론이 급진적 결론을 도출한 이후 의식철학이 수행한 대응으로부터 주어진다.[16] 곧 하버마스에 따르면 유명론과 경험론은 "실체의 형상(formae rerum)"을 "실체의 기호(signa rerum)"로 약화시킴으로써 존재를 사유로부터 독립시킨다. 더 나아가 흄은 유명론이 남겨놓은 탈실체화된 개별사물을 인지 주체가 사물에 대해 표상을 형성하는 감각인상으로 해소시켜 버린다. 그런데 하버마스는 이러한 반(Anti)형이상학적 사유 역시 형이상학적 사유가능성의 지평 속에 남아 있다고 본다. 왜냐하면 이들 역시 존재와 사유의 대립적 구도 속에서 사유하고 있기 때문이다. 이 구도 속에서도 주체들은 마치 자신의 감각인상이 인식의 절대적인 확실성을 담보하는 것처럼 이것에 최종적인 권위를 부여하며 자신의 주관 속에 갇혀 있다. 그러나 이러한 감각인상은 직접적으로 인식 주관에 주어지는 것이 아니라 매개되어 주어진다. 인식의 무매개성을 주장하는 것은 자기 속에 갇혀 있는 주관이 결코 입증할 수 없는 또 다른 형이상학적인 가정일 뿐이다.[17] 따라서 이러한 사유 역시 탈형이상학적 지평을 개척하지 못한다.[18] 이 운동에 대한 대응으로 관념론

---

16) MnD, 38-39 쪽.

17) 인식이 직접적으로 주어질 수 없고 무언가에 매개되어 주어진다는 것은 테일러가 명확히 지적하고 있다. 그는 하이데거, 비트겐슈타인, 메를로-뽕티등을 예시하면서 이러한 인식의 매개성을 보여주고자 한다. 이에 관해서는 다음을 참조하시오. 참조, Ch. Taylor, Philosophical Arguments, Harvard University Press, 1995, 특히 61쪽 이하.

철학은 다시금 앞서 언급된 형이상학적인 사유의 두 가지 유산 곧 동일성 사유와 이데아론을 되살린다. 그러나 이제 패러다임은 존재론에서 정신주의(Mentalismus)로 바뀌고 주관성이 그 철학의 토대로 설정된다. 그 결과 하버마스에 따르면 이성은 두 가지 방식으로 설정된다. 곧 한 편으로 이성은 토대주의적으로(fundamentalistisch) 설정되어서 세계 전체를 가능하게 하는 주관성에 근거하거나 다른 한 편으로 변증법적으로(dialektisch) 설정되어서 자연과 역사를 관통하면서 자기를 드러내는 정신으로 파악된다. 그런데 양자 모두의 공통점이 존재하는데 그것은 이성이 "총체화하며 동시에 자기관계적인 반성"으로서 활동한다는 점이다. 하버마스는 바로 이성의 이러한 "총체화하면서 자기관계적인 작동"을 비판한다. 왜냐하면 이러한 활동 방식은 앞선 형이상학적 사유의 특성으로 지목된 두 가지 곧 "동일성의 차이에 대한 우위성"과 "물질에 대한 이념의 우위성"을 보장해 주기 때문이다. 데카르트와 칸트, 헤겔 그리고 후설에 이르기까지 의식철학의 흐름에 선 철학자들은 새로운 패러다임인 정신 속으로 앞선 형이상학의 특성들 곧 동일성 사유와 이데아론을 끌어들인다. 주관 속에 절대적인 인식의 토대를 마련하고자 하는 이들의 기획은 따라서 이 토대를 위한 근거를 증명하기 위해 다양한 이론적 시도를 전개한다. 그러나 이 기획은 항상 또 다시 그것이 입증하지 못하는 형이상학적인 전제를 수용해야 하는 근거설정상의 무한순환에 빠지게 된다.[19)]

하버마스는 마지막으로 형이상학적 사유의 네 번째 특성으로서 강한

---

18) 하버마스가 유명론과 경험론을 비판하는 내용에 대해서는 다음을 참조하시오. 그는 이러한 사유의 가장 최근의 변형태를 게임이론과 체계이론으로 보고 있다. FG, 16쪽, 119쪽 이하. 그리고 J. Habermas, Theorie und Praxis, F/m, 1971.

19) 이 같은 근거설정 상의 형이상학적인 가정들은 이 기획이 단지 요청하는 것일 뿐 결코 증명해 낼 수 없는 것들이다. 이에 관해서는 다음을 참조하시오. 참조, K.-O. Apel, Transformation der Philosophie, Bd II, F/m, 1973, 96~127쪽.

이론 개념(Der starke Theoriebegriff)을 지목한다.[20] 이 계기의 내용은 진리가 이론으로서 오직 소수에게만 특권적인 접근을 허용한다는 것이다. 이것은 고대에서 삶의 양식의 정점에 서 있었던 "이론적 삶(bios theoretikos)"이 구원에 이르는 유일한 길이 된다는 점을 지시했었고 근대 이후에는 대학전통에서 실천보다 이론의 우위로 근거 설정되어 나타났다.[21] 그런데 이렇게 이론이 실천보다 우위에 설정되게 되면 일상적인 실천의 주체들은 진리의 접근에서 소외되고 또한 이로 인해 주체들은 이론에 더 침잠하기 위해 일상적인 실천으로부터 추상해야 한다. 이것이 바로 이론과 실천을 매개하고자 하는 의식철학자들의 딜레마이다.[22]

하버마스는 이러한 형이상학적 사유 형식이 이제 더 이상 타당성을 주장할 수 없게 되었다고 주장하면서 이 같은 형이상학적 사유의 네 가지 특성을 문제 삼는 각 각에 대항하는 역사적 발전 네 가지를 지목한다. 이 네 가지 발전을 발판으로 그는 새로운 이성 개념 곧 담론적(의사소통적) 이성 개념을 정초하고자 한다. 따라서 우리는 여기서 하버마스가 이

---

20) MnD, 39-40쪽.

21) 형이상학적 전통에서 그나마 자유로 왔던 아리스토텔레스에게서도 이론의 우위는 관철되고 있다. Aristotle, Nicomachean Ehtics, tras. by T. Irwin, Hackett Publishing Company, Inc, 1999, 19쪽.

22) 후설은 이러한 고민을 적극적으로 자신의 이론에 반영한다. 그러나 그 역시 이론의 우위를 포기하지 못하고 실천으로부터 추상하고 만다. 이것을 반영하고 있는 그의 방법론이 바로 현상학적 환원이다. 그는 주관을 선험적 주관이면서 동시에 경험적 주관으로 설정함으로써 실천을 더 긴밀하게 이론과 매개시키려 하지만 현상학적 환원을 통해 다시금 실천으로부터 추상해서 주관의 내면으로 반성적 성찰을 감행한다. 이로 인해 주관은 타 주관과의 실천적인 연계를 상실하고 독백적이 될 위험을 스스로 떠 안는다. 이에 관해서는 다음을 참조하시오, E. Husserl, Cartesianische Meditation und Pariser Vorträge, Kluwer Academic Publishers, 1988. 이에 대해 하버마스가 하고 있는 비판에 관해서는 다음을 참조하시오. J. Habermas, "Edmund Husserl ueber Lebenswelt, Philosophie und Wissenschaft", in J. Habermas, Texte und Kontexte, F/m, 1991, 36쪽 이하.

러한 계기들을 어떻게 결합해 내고 또한 이를 통해 탈형이상학적인 타당성 지평을 근거 짓는 이론적 작업을 어떻게 수행하는지 살펴볼 수 있을 것이다. 이것은 일상적인 실천의 주체들이 이론을 담보하는 타당성의 차원을 그들 서로 간의 상호작용적인 실천을 통해 설정하는 것이다. 우선 그가 지목한 첫 번째 역사적인 발전은 바로 새로운 유형의 절차합리성(Verfahrensrationalität)의 등장이다.[23] 그에 따르면 이 유형의 합리성은 17세기 이후로 경험과학적인 방법과 18세기 이후로는 도덕이론과 법이론 그리고 헌법국가의 제도에 있어서 형식주의와 더불어 관철되었으며 그 결과 철학적 인식특권을 흔들어 놓는다. 이것은 철학에 의해 내용적으로 파악되던 합리성 곧 "세계내용을 조직하고 이로부터 자신을 읽어 내던" 이성을 절차의 합리성 곧 형식적 합리성으로 전환하여 현상의 다양성에 선행하는 통일을 더 이상 보장할 수 없게 한다. 하버마스에 따르면 이와 더불어 형이상학이 현상과 본질을 구별하던 유일한 전망은 무너지고 그 대신 그 자리에 자연과학과 정신과학의 방법론적 분리와 함께 외부와 내부라는 전망 상의 차이가 나타난다. 곧 그는 현상과 본질이 관계가 절차적으로 매개될 수 있으며 이러한 절차성은 본질의 규정 곧 현상을 지배할 수 있는 힘을 파괴하는 것으로 본다. 따라서 이제 과학적 이론들이 방법적으로 산출한 지식들은 마치 본질이 가진 것으로 간주되던 자족성(Autarkie)을 상실하고 이로 인해 그것들이 출발점으로 삼는 모든 전제들은 단순히 가설로 간주되고 결과로써 근거 지워져야만 할 상황에 놓이게 된다.

하버마스는 이러한 상황 속에서 형이상학적 사유가 택할 수 있는 대응을 세 가지로 요약한다. 그리고 그는 이러한 대응이 불충분함을 지적하면서 자신이 바람직하다고 생각하는 절차합리성에 대한 철학의 대응

23) MnD, 42쪽 이하.

을 그 지적 속에 투영시킨다. 하버마스에 따르면 그 가운데 우선 한 가지 대응은 철학을 자연과학 혹은 정신과학 아니면 논리학과 수학에 동일시하는 것이었다. 그러나 그에 따르면 이 경우 철학의 고유성 곧 전체의 인식은 각 모델에 선택된 과학들과 진지하게 대결할 수 있는 능력을 마련하지 못한 채 포기되고 만다. 그런데 이에 대한 대안으로서 나타난 현상학과 분석 철학에서는 철학이 고유한 대상영역에 그에 따른 고유한 방법을 부여하는 방식으로 분업을 처방한다. 그러나 하버마스에 따르면 인류학, 심리학, 사회학과 인문과학들은 이러한 분업적 경계설정을 존중하지 않는다. 마지막으로 철학은 이제 비합리성의 영역으로의 방향전환을 도피수단으로 삼을 수 있다. 그러나 이렇게 되면 철학은 자신의 자산과 총체성과의 연관을 지켜낼 수 있지만 경쟁능력을 갖춘 인식을 포기해야만 한다. - 이 마지막 대응에 하버마스는 야스퍼스(실존해명과 철학적 신앙), 콜라코프스키(학문들을 대체하는 신화), 하이데거(신비적인 존재사유), 비트겐슈타인(치료적인 언어작업), 데리다(해체하는 활동), 아도르노(부정의 변증법)와 같은 철학자들을 거명한다.[24]

우리는 이러한 철학의 대응방식의 분류와 그에 대한 비판으로부터 하버마스의 규범적 논지를 읽어 낼 수 있다. 곧 철학은 이제 오류가능성을 허용하는 자기 이해와 경험과학의 절차합리성을 수용하고 그럼에도 형이상학적 사유가 추구했던 전체와의 관련을 포기하지 말아야 한다. 다시 말해 그는 한편으로는 철학이 총체성과의 관련을 포기하지 말아야 할 것을 주문하면서 그러나 다른 한편으로 철학이 이 총체성과의 관련을 추후 구성이 가능한 인식주장과 더불어 유지해야 한다고 생각한다. 곧 철학이 개별 학문으로 동화되거나 환원되지 않는 한 그것은 총체성

24) 위 철학자들에 대한 하버마스의 비판은 다음을 참조하시오. 참조, PDM, 130쪽 이하와 158쪽 이하, 그리고 191쪽 이하와 279쪽 이하.

곧 보편주의적인 문제설정과의 관련을 유지해야 하며 또한 합리적인 추후 구성의 절차를 수용해 들여야 한다는 것이다. 그리고 하버마스는 철학의 이러한 방향정위를 통해 철학이 이 두 가지 요건 모두를 만족시킬 수 있는 범주적 영역으로서 생활세계 곧 공동체의 구성원들의 사회적 상호작용 연관에 주목한다.[25] 이점에서 우리는 이제 왜 하버마스가 탈형이상학적 사유의 지평에서 생활세계를 그 토록 중시하는지를 이해할 수가 있다. 그는 생활세계를 탈형이상학적 내지 담론적 이성이 총체성과의 관련을 유지할 수 있는 유일한 영역으로 보고 있기 때문에 그런 것이었다. 즉 하버마스는 생활세계 곧 사회적 상호작용의 연관이 "대상화되지 않는 선-이론적인 전체로서 우리에게 항상 미리 앞서 직관적으로 현재화되어 있다"[26]고 보고 있다. 그리고 철학은 이 범위 안에서 활동하면서 타당성을 검증하는 반성과 비판적인 분석의 혁명적인 힘을 통해 이미 그 안에 주어져 있는 사실성을 이어가거나 부수는 곧 굴절시키는 매개적 역할을 수행해야 한다. 즉 이를 종합하면 철학은 이 생활세계와의 관련을 통해 모든 학문과 사회적 상호작용 곧 의사소통적인 일상의 실

---

25) 생활세계 개념에 대한 좀 더 자세한 이해를 위해서는 다음을 참조하시오. J. Habermas, TkH, Bd 2, F/m, 1988, 173쪽 이하, 하버마스와 담론윤리를 공동으로 발전시킨 K. O. Apel은 생활세계의 위상에 대해 회의적이다. 아펠은 타당성의 토대로서 생활세계를 인정하는 대신 경험적으로 검증 가능한 가설과 그 검증의 전제와 관한 진술 간의 선험적 차이에 의거해 타당성의 최후 근거설정이 가능한 것으로 보고 있다. K. O. Apel, "Normatively Grounding "Critical Theory" through Recourse to the Lifeworld? A Transcendental-Pragmatic Attempt to Think with Habermas against Habermas", in J. Habermas Vol. 3, Sage Publication, 2002. 이에 대한 하버마스의 비판은 다음을 참조하시오. 참조, ED, 사실 생활세계의 문제는 철학사적인 문맥에 있어서 인식론적인 논쟁의 관점에서 볼 때 매우 중요한 위상을 차지하고 있다. 이 개념에는 아펠이 이를 간단히 비판해 버리고 말 수 없을 중요성이 부여되어 있다. 이에 관해서는 다음을 참조하시오. 참조, WR, 특히 18쪽 이하.

26) MnD, 46쪽.

천을 매개하는 해석자의 역할을 수행하게 된다. 따라서 이러한 이론적 규정을 통해 이제 사회의 사회적 내지 도덕적 재생산은 철학이 담당하는 매개적 역할을 통해 구성원들의 실천과 맞물리게 되고 그 결과 구성원들의 도덕적 실천은 사회의 도덕적 재생산 곧 사회의 사회적 통합의 핵심적 토대가 된다.

III

하버마스는 철학이 이렇게 총체성을 확보하는 범주적 공간으로서 생활세계를 확정한 후에 이 범주적 공간에 적합한 패러다임 모델을 제시하기 위해 두 번째 탈형상학적 사유의 계기 곧 이성의 상황화 (Situierung der Vernunft)를 언급한다.[27] 결론적으로 말해 그가 사회적 상호작용 공간인 생활세계에 적합한 패러다임으로 간주하는 것은 상호이해 (Verständigung)이다. 이 패러다임을 설정하지 않고 이성을 탈선험화 내지 상황화 하려는 시도는 하버마스에 따르면 모두 실패하고 만다. 그렇다면 왜 하버마스는 상호이해를 상황화된 이성의 패러다임으로 설정하려 하는가? 우선 그 한 가지 이유는 탈형이상학적 사유의 지평에서 상호이해의 패러다임이 사실성과 타당성의 긴장을 내재화할 수 있는 적합성을 가지기 때문이다.

하버마스에 따르면 탈형이상학적으로 이성을 설정하기 위해서는 단순히 보편성과 초시간성, 필연성의 특수성, 가변성 그리고 우연성에 대한 우위성을 비판하는 것만으로는 부족하다. 왜냐하면 그러한 비판을 개진하는 이들은 - 하버마스에 따르면 특히 청년헤겔학파 - 정신의 자기

27) MnD, 47쪽 이하.

관계적으로 총체화하는 변증법의 사유를 거부하고 정신의 유한성을 주장하지만 이성 대신 자연, 사회, 역사를 즉자적인 것으로 실체화하고 그 결과 전비판적 사유로 되돌아갈 위험에 빠지기 때문이다. 이렇게 되면 하버마스가 탈형이상학적 이성이 담당해야할 것으로 지목한 타당성 검증을 위한 차원은 다시금 사실성에 매몰되어 버린다. 동시에 이러한 비판은 그 비판을 넘어서서 아예 특수성, 가변성 그리고 우연성만을 주장하는 급진적 이성비판에로의 발전 가능성을 내포한다.[28)]

그러나 상호이해의 패러다임은 이와 달리 사실성과 타당성의 긴장을 보존한다. 상호이해를 지향하는 언어능력과 행위능력을 가진 주체들은 언어를 매개로 서로에 대해 의존적일 뿐 아니라 – 행위의 사실적 부분을 지시 한다 – 자율적으로 행위 한다 – 행위의 타당성 부분을 지시 한다. – 곧 한편으로 그들은 자신들의 실천을 가능하게 하는 문법적 규칙에 의존해야 하지만 다른 한 편으로 그 규칙을 자신의 목적에 맞게 사용함으로써 자율적인 공간을 창출할 수가 있다. 다시 말해 그들은 주어진 언어를 사실적으로 선행하며 객관적인 무엇으로 받아들여야 하지만 동시에 그들은 생활세계와 매개되어 상호이해를 지향하는 실천 속에서 그들이 제기하는 타당성 주장을 통해 이 사실적인 것으로 받아들인 무언가를 상호주관적인 타당성 검증과정에 이끌어 들일 수 있다. 그렇게 함으로써 생활세계 속에 사실적인 것으로 주어져 있던 것들은 상호이해를

28) 오늘날의 프랑스 해체주의자들은 가변성, 특수성, 우연성에 집착하는 모습을 보이고 있다. 그들은 이를 통해 이성의 총체화하는 힘을 비판할 수 있을 것으로 본다. 그러나 이러한 비판은 이성의 이 같은 힘을 과소평가하고 있는 것처럼 보인다. 또한 그들이 이성적 계기를 이와 같이 해체하고 또 그 상태로 유지함으로써 총체화하는 이성의 힘을 해체할 수 있다고 여기는 것은 다른 한 편으로 복잡성과 분화된 관계성을 가진 현 사회를 그렇게 분화된 상태를 전제로 연계하는 시도를 방해하는 것일 수 있다는 것을 무시한다. 이에 관해서는 다음을 참조하시오. 참조, A. Honneth, Kritik der Macht, F/m, 1986, 168쪽 이하.

지향하는 의사소통 참여자들의 실천을 통해 타당성의 심급과 끊임없이 연계될 수가 있다. 결국 이러한 방식으로 상호이해 패러다임은 생활세계를 언어적 합의 형성에 의해 마련되는 타당성 차원을 통해 구성원들 각 각의 실천들과 매개시킴으로써 이성이 실천적 측면에서 상황적이게 될 수 있는 가능성을 열어준다. 따라서 이성은 이제 탈선험화되고 또한 상호이해로 정향된 의사소통적 행위 속으로 체화되어 들어간다. 그런데 이로 인해 곧 상호이해라는 패러다임을 수용함을 통해 의사소통적(담론적) 이성은 언어적 전회(linguistische Wende)[29]라는 탈형이상학적인 사유의 세 번째 계기를 선취하고 있기도 하다.

이 계기의 수용은 하버마스에게서 핵심적으로는 주체철학의 비판과 연계되어 있다.[30] 하버마스는 이제 더 이상 주체철학에서와 같이 자의식(Selbstbewußtsein)을 분석의 출발점으로 삼을 수 없다고 판단한다. 그는 자의식이 더 이상 근원현상으로 간주될 수 없다는 사실을 삶의 자발성(Spontanität)이 대상화될 수 없음을 통해 입증하고자 한다. 곧 주체는 자발성을 가지고 있으며 따라서 대상화하려는 타자의 직접적인 경험으로부터 언제나 벗어난다. 이로써 주체는 이러한 자발성을 포섭함으로써 대상화되는 자의식을 내적 성찰을 통해 대상으로 손에 넣으려 하는 순간 자발성을 상실하는 모순에 빠지게 된다.[31] 그리고 이러한 사태를 하

29) 하버마스의 언어적 전회에 따른 상호이해 정향적 행위에 대한 자세한 설명은 다음을 참조하시오. J. Habermas, TkH, Bd 1, F/m, 1988, 385 쪽 이하.

30) MnD, 52쪽 이하.

31) 후설 역시 이러한 역설을 고민한 것처럼 보인다. 그는 의식의 자발성을 보장하기 위해 주체들의 실천을 매개하는 생활세계 지평을 도입하지만 현상학적 환원을 통해 타자를 구성하려는 시도를 포기하지 않기 때문에 다른 주체들에게 이 자발성을 어떻게 보장해야 할 지 고민하면서 이를 역설이라고 표현하고 있다. 이에 관해서는 다음을 참조하시오, 참조, E. Husserl, Die Krise der europäischen Wissenschaften und die transzendentale Phänomenologie, Haag, Martinus Nijhoff, 1976.

버마스는 프레게 이후에 논리학과 의미론이 의식철학적 대상이론에 일격을 가한 사건과 연계시킨다.[32] 곧 표상 속에는 대상만이 주어지지만 의도되고 발언된 사태와 사상은 이 표상의 세계로 직접 이식될 수 없으며 오히려 표상을 운반하는 표상 주체의 의식의 경계를 넘어서서 그것의 동일성을 보존한다. 그리고 이러한 사상의 동일성 곧 이상성을 보장하는 것은 바로 언어의 기호와 문법적 규칙의 이상성이다. 이것이 하버마스로 하여금 더 이상 의식철학의 패러다임 안에 머물지 못하도록 만들고 있는 사태이다. 물론 하버마스는 이러한 의미론주의적 한계 안에 머물러 있지 않는다. 그는 곧 바로 사상의 일반성이 갖는 이러한 이상성에 그 사상을 평가하는 타당성 차원의 이상성을 연계시킨다.[33] 다시 말해 이제 언어분석은 단순히 의미의 일반성이 갖는 이상성을 분석하는데 그치지 않고 진리 타당성의 이상성을 분석하는 단계로까지 나아간다.[34]

32) J. Habermas, FG, 25쪽 이하.

33) 위의 책, 27쪽 이하. 하버마스는 이 타당성 차원의 이상성을 설명하기 위해 다음과 같은 예를 들고 있다. 곧 "Dieser Ball ist rot(이 공이 붉다)" 라는 단언적 명제는 하버마스에 따르면 "Es gibt mindestens einen Gegenstand, der ein Ball ist, und von dem gilt, daß er rot ist.(적어도 공인 대상이 하나 있으며 그 대상에 관해 그것이 붉다라는 말이 타당하다)" 로 확장될 수 있다는 것이다. 이로 인해 앞의 문장은 붉은 공이라는 하나의 사물에 대한 개별적 표상만을 표현하는 것이 아니라 이에 상응하는 한 사태의 존립을 지시하는 것이 된다. 이렇게 될 경우 화자는 청자의 타당성과 관련된 평가행위에도 열려있게 된다.

34) 이와 관련해서 Ch. 테일러의 언어 분석을 참조해 보는 것은 아주 흥미롭다. 그는 한편으로 하버마스와 같이 언어적 전회에 가담하는 것처럼 보이면서도 다른 한편으로는 하버마스와 다른 독자적인 언어 분석을 전개한다. 간략히 요약하면 그는 하버마스와 마찬가지로 의미의 일반성이 가지는 이상성에 관한 비트겐슈타인의 주장에 공감하지만 하버마스가 제시하는 타당성 주장이 가지는 이상성에 대해서는 달리 접근하고 다른 근거설정을 추구한다. 이를 통해 그는 하버마스가 언어 이론적 관점에서 나타나는 유명론적 전통을 극복하는 방식과는 다른 방식으로 이러한 전통을 극복한다. 이 둘이 프랑스 구조주의에 대해 취하는 입장에도 유사성과 차이가 목격된다. 흥미로운 비교가 아닐 수 없다. Ch. Taylor, "Irreducibly Social Goods", in his, Philosophical Arguments, Harvard University Press, 1995, 127쪽 이하.

그리고 하버마스는 이러한 후속 작업을 통해 의식철학에 대한 언어적 전회에 기반 한 비판이 가져온 탈형이항적 기획이 가지는 패러다임상의 장점도 부각시키려 한다. 곧 상호이해의 패러다임은 의식철학이 제대로 해명할 수 없었던 대리할 수 없고(unvertretbar) 혼동될 수 없는(unverwechselbar) 인격적 존재들 간의 상호주관적 관계를 언어적 매개를 통해 구성해 낼 수 있다는 것이다.[35)]

이제 끝으로 하버마스가 주목한 마지막 탈형이상학적 계기는 앞서 형이상학적 사유의 마지막 측면 곧 이론의 실천에 대한 우위성에 도전하는 것이다. 이를 하버마스는 비일상적인 것의 평가절하(Deflationierung des Außeralltäglichen)로 요약한다.[36)] 이제 철학은 일반 지식 체계 속으로 내려와서 자신이 누리던 진리에로의 특권적 접근권한을 포기해야 한다. 그렇지만 하버마스에 따르면 철학은 앞서도 살펴보았던 것처럼 생활세계의 총체성과 관련을 맺고 있으면서 그 관련을 통해 전문적인 지식이 가져오는 사실성을 반성해야 하는 역할을 수행해야 한다. 그런데 그는 이러한 통찰을 잘못 이해하는 경우 이는 자칫 철학에서 이론적 차원을 포기하고 실천의 영역에 매몰되는 사태를 불러일으키기도 한다는 점을 지적한다. 곧 현대적 유형의 회의주의와 로티에서와 같은 문맥주의는 상황화된 이성으로부터 보편주의적 주장을 논란거리로 만들어 버린다. 이는 하버마스에 따르면 철학이 단지 과학적으로 처리 가능한 진리문제에만 시야를 고정시킨 나머지 그 결과 이성중심주의로부터 그것의 이면으로 나타난 귀결점일 뿐이다. 그러나 철학은 이와 달리 실천의

35) 이 논의는 개별화와 사회화가 어떻게 동근원적일 수 있는지에 관한 것으로 하버마스는 G. H. 미드의 주관성 이론과 연계해서 이 논의를 더 발전시킨다. 이데 대해서는 다음을 참조하시오, J. Habermas, “Individuierung durch Vergesellschaftung. Zu Geroge Herbert Meads Theorie der Subjektivität”, in 그의 책, ND, 187쪽 이하.

36) MnD, 57쪽 이하.

우위를 이론과 더불어 확립해야 한다. 즉 철학은 생활세계와의 관계에 힘입어 형이상학적 사유에서처럼 진리문제의 방법적인 처리에 갇히지 않고 다양한 타당성 주장을 인식할 수 있어야 하고 또 그 타당성 주장을 검증할 수 있는, 생활세계의 일상적 실천 속에 작동하는 이론적 계기로서의 이성을 발견해 내야 한다. 그러나 그렇다고 철학은 이전처럼 올바른 삶에 대한 확정적 이론을 제공할 수는 없다. 왜냐하면 앞서도 언급했듯이 생활세계는 대상화되지 않는 전체이어서 이론적인 대상화에서는 항상 벗어나 있기 때문이다. 철학은 올바른 삶을 확정하는 모범을 제시할 수는 없으며 오직 비판적 심급으로서만 이 대상화되지 않는 구체적 생활세계를 왜곡으로부터 막아낼 수 있다. 철학은 바로 이것으로부터 자신의 역할을 발견할 수 있다.

Ⅳ

이상에서 살펴본 것처럼 하버마스는 탈형이상학적인 계기의 비판적 수용을 통해 철학의 역할과 위상을 재설정하였다. 이 과정에서 그는 이성을 대상화될 수 없지만 총체성을 담보하는 생활세계 속에 자리 잡게 하였고 의식철학에서의 주체성이 아니라 언어적 상호이해를 그것의 패러다임으로 설정하였다. 이와 더불어 이성은 그에 의해 의사소통 참여자들이 제기하는 다양한 타당성 주장의 상호주관적 검증을 가능하게 함으로써 의사소통 참여자들의 실천을 상호주관적으로 조율해 내는 의사소통적(담론적) 합리성으로 설정된다. 이를 달리 표현하면 담론적 이성은 이제 생활세계를 배후로 삼아 행위 하는 공동체 구성원들 간의 형성되는 억압 없는 상호주관적 상호작용 영역을 유지하고 재생산하는 역할을 담당한다. 그리고 이를 수행하기 위해 담론적 이성은 사실성으로부터 주어지는 근거들을 타당성의 차원과 연계해 검증하고 그 결과 역으로 이미 형성되어 있는 타당성 영역을 분화시켜나간다. 이렇게 분화된 타당성 영역은 사회의 사회적 통합의 규범적 준거로 주어지고 상호작용 참여자들의 연대적 실천을 가능하게 하는 매개가 된다.

우리가 담론적 이성이 수행하는 이 과정을 다른 각도로 곧 생활세계와 관련해서 고찰하면 다음과 같은 언명을 추론할 수 있다. 곧 생활세계는 구성원들의 억압 없는 합의에 의해 산출된 타당성을 확보한 사실적 근거들이 밀려들어가는 장소가 되며 동시에 역으로 이렇게 총체성을 담보하고 있는 생활세계는 사실적인 근거들을 – 비록 그 사실성이 갖는 타당성의 잠정성에도 불구하고 – 구성원들 간의 자유로운 상호작용이 가능하도록 그리고 그 결과 억압에서 자유로운 상호주관적 관계가 형성되게끔 구성원들에게 제공한다. 담론적 이성은 생활세계가 의사소통적 상호작용의 산물이면서 동시에 원천 내지 지평이 되는 바로 이러한 순환과정에 개입해 들어가 타당성 주장의 상호주관적 비판적 검증이라는 절차를 통해 이 과정을 합리적으로 매개하는 역할을 담당한다.

그렇다면 이를 행위 주체의 관점에서 고찰한다면 담론적 이성과 행위주체 사이에는 어떠한 관계가 설정되는가? 이렇게 구성되는 상호이해를 지향하는 의사소통 공동체에는 이미 언급된 바와 같이 의식철학에서 설정된 선험적 주체 대신 언어 능력을 가지며 행위 할 수 있는 주체(die sprach- und handlungsfähigen Subjekte)가 그 구성원으로 설정된다. 그 결과 이 공동체의 구성원들 사이에는 상호이해를 목적(telos)로 하는 언어를 매개로 상호주관적 상호작용 관계가 형성되고 그 결과 이 관계 속에서 이들은 단순히 사적 개인으로 고립된 상태로 남지 않고 항상 다른 상호작용 파트너와의 상호주관적 관계망 속에 자리를 잡는다. 이 관계망 속에는 이들을 고립된 사적 개인으로 남게 만드는 어떠한 틈도 발생할 수가 없다. 왜냐하면 공동체 구성원들은 담론적 이성에 따라 언어적 상호이해의 패러다임을 전제로 행동해야 하기 때문이다. 곧 그들은 그들의 행위를 단순한 사적 이익의 조정을 넘어서 일반적이고 합리적으로 동기 부여된 억압되지 않은 동의(allegmeine, rational motivierte und damit ungezwungene Zustimmung)에 기초해 조정해야 한다. 그리고 그러한 조정의 성공은 궁극적으로 이제 언어 자체의 두 가지 이상성 곧 의미의 일반성이 가지는 이상성 – 의사소통적 행위 자체를 가능하게 하는 – 과 타당성이 가지는 이상성 – 반사실적 전제로서 사회적 실재의 상호주관적 구성을 규정하는 – 에 의해 보증을 받는다.

그렇다면 이제 우리는 이상의 고찰을 토대로 하버마스가 사실성의 영역으로 흡수되지 않는, 담론적 이성의 계기로 간주한 타당성의 영역을 좀 더 자세히 살펴보기로 하자. 이것은 이 둘 간에 형성되는 긴장관계와 그 긴장을 유지시키는 담론적 이성의 역할에 대한 고찰과 밀접히 연관되어 있다. 앞선 형이상학적 사유의 비판에서 보았듯이 하버마스는 이 양자 곧 사실성과 타당성 - 형이상학적 용어로 표현하면 존재와 사유 - 사이의 긴장은 해소될 수 없는 것으로 보고 있다. 하버마스는 이 긴장을 어느 한 쪽으로 해소시켜 버리는 사유를 형이상학적이라 규정한 바 있다. 이를 종합적으로 고찰하면 그가 형이상학적 사유의 비판을 통해 이 긴장관계를 다음과 같이 설정하고 있음을 알 수 있다. 곧 그는 우선 생활세계를 철학의 범주적 영역으로 설정해 들이고 그리고 언어적 전회를 수용함으로써 이 사실성과 타당성의 해소되지 않는 긴장관계를 언어적 상호이해의 패러다임 속으로 끌어들인다.

그런데 이 담론적 이성의 기획에서 우선 명백한 것은 하버마스가 이상성을 가진 타당성 주장의 차원을 언어 자체에 내재하고 있는 것으로 보고 있다는 사실이다. 앞서 언어적 전회를 설명하는 부분에서 이것이 확인되었다. 그렇다면 이제 다음과 같은 문제가 제기된다. 곧 이렇게 언어 속에 내재하고 있으면서 사실성과 긴장관계를 형성하는 타당성 주장이 가지는 이상성(Idealität) 곧 무제약성(Unbedingtheit)은 어떻게 사회적 실천 속에 개시되는가? 이는 다음과 같이 설명된다. 곧 사실성의 영역은 생활세계 속에 아무런 문제없이 자리하고 있다가 언술행위를 통과하면서 어느 순간 그 타당성을 의심받게 된다. 즉 사회적 상호작용에 참여한 주체들은 서로에 대해 객관화하는 태도를 포기 내지 유보하고 2인칭 관점에서 수행적 태도를 유지하며 상호주관적으로 상호이해에 도달하고자 한다. 그런데 그 때 그들에게 사실적 영역의 타당성이 의심되는 순간이 발생하게 된다. 그러면 그들은 그 사실적 영역에 대해 타당성 문제를 제기하게 된다. 타당성에 대해 문제가 제기된 그러한 상황에서 이제 비로소 언어 자체에 내재해 있던 타당성 주장의 이상성이 개시된다. 여기서 타당성 주장이 가지는 이상성은 구체적으로는 현실적으로 확립되어 있는 규준이나 관습의 사회적 효력(soziale Geltung)을 넘어서서 보편성에 근거하는, 담론에 참여하는 모든 이들의 합리적 수락 가능성(rationale Akzeptabilität)의 요구로 이해될 수도 있다.[37]

그리고 여기서 담론적 이성은 앞서 간략히 언급한 바와 같이 이렇게 제기된 타당성 주장의 보편적이고 합리적인 수락 가능성 여부 즉 이렇게 제기된 타당성 주장이 모든 공동체 구성원들로부터 일반적이고 합리적으로 동기 부여된 억압되지 않은 동의(allegmeine, rational motivierte und damit ungezwungene Zustimmung)를 받을 수 있는 지를 검증하는 과정을 담론원리[38]에 따라 관장하게 된다. 담론적 이성은 따라서 개별 행위자 혹은 국가나 사회 같은 거대 주체의 행위 규범을 지시하는 원천으로서 이 사실성과 타당성의 긴장을 조정하는 것이 아니라 이제 의사소통 행위자들이 반사실적 유형의 화용론적 전제를 받아들인다는 상황

37) 하버마스는 이 개념을 Ch. S. 퍼스로부터 빌어 와서 의사사통행위이론에 맞게 변형시켜 사용하고 있다. 이에 대해서는 다음을 참조하시오. FG, 30쪽.

에 기초해서 곧 담론원리에 준거해서 그 긴장을 조정한다.[39] 그 결과 담론적 이성의 규범성은 담론 참여자들에게 담론의 전제와 관련된 구속력을 선험적으로 부여하는 사태와 관련해서 드러나게 되고 담론적 이성의 역할은 실천적 과제를 해결하기 위한 내용적 처방을 제공하는 데서 주어지는 것이 아니라 담론 참여자들이 타당성 주장에로 정향되도록 만드는데서 주어지게 된다. 결국 담론적 이성은 이러한 규범성과 그에 따라 규정된 역할을 통해 사실성을 담지하고 있는 담론 참여자들 사이에 사실성과 타당성의 긴장이 어느 한 쪽으로 해소되지 않고 끊임없이 유지될 수 있도록 만들어 준다.[40]

이제 사실성과 타당성이 담론적 이성에 의해 어떻게 유지될 수 있는가에 대해 대략적으로 고찰해 보았다. 그런데 우리는 여기서 이러한 사실성과 타당성의 긴장이 실제로 유지되기 위해서 하버마스가 취하고 있는 방법적 접근방식의 특징에 유의할 필요가 있다. 그것은 하버마스가 타당성과 사실성의 긴장을 유지시키기 위해 이처럼 타당성 검증의 기준

---

38) 하버마스가 담론적 이성의 원리로 규정하는 담론원리는 다음과 같이 정식화된다. "daß nur diejenigen Normen Geltung beanspruchen dürfen, die die Zustimmung aller Betroffenen als Teilnehmer eines praktischen Diskurses finden können.(실천적 담론의 참여자들로서 모든 관련된 자들의 동의를 얻을 수 있는 규범만이 타당성을 가질 수 있다)". J. Habermas, "Treffen Hegels Einwände gegen Kant auch auf die Diskursethik zu?", in ED, 12쪽.

39) 이 화용론적 전제가 어떻게 기능하는지에 대해서는 다음을 참조하시오. J. Habermas, "Handlungen, Sprechakte, sprachlich vermittelte Interaktionen und Lebenswelt", in ND, F/m, 1988, 63쪽 이하.

40) 하버마스는 이러한 관점에서 곧 사실성과 타당성이 끊임없이 긴장을 유지해야 한다는 관점에서 롤즈의 원초적 상황에 있어서 무지의 장막이라는 개념적 장치를 비판한다. 이에 대해서는 하버마스의 다음 글을 참조하시오. J. Habermas, 'Reconciliation through the Public Use of Reason: Remarks on John Rawls's Political Liberalism', in The Journal of Philosophy, Vol. XCII, Number 3, 1995, 109쪽 이하. 그리고 하버마스의 비판에 대해서 롤즈가 대응한 것에 대해서는 같은 잡지에 실린 그의 글을 참조하시오. J. Rawls, 'Reply to Habermas', 위 잡지, 132쪽 이하.

을 보편적인 합리적 수락가능성 내지 보편적인 합리적 동의가능성으로 형식화시키고 있다는 사실에서 발견된다. 곧 하버마스는 이러한 타당성 검증의 형식화 - 그리고 절차화 - 를 통해 타당성의 차원이 사실성에 흡수되지 않고 그것과 긴장관계를 유지할 수 있는 이론적 계기를 만들고 있다. 그리고 이것은 담론 참여자들의 관점에서 볼 때 다음과 같은 함의를 읽어내게 한다. 곧 담론 참여자들 곧 억압되지 않은 합의를 추구하기 위한 반성적 논증에 참여하는 이들은 어떤 규범적인 내용적 선의 표상에 호소함으로써가 아니라 공평무사한 판단이라는 형식적 관점을 수용함으로써만 담론적 이성의 절차적 합리성을 충족시킬 수 있다.[41)]

그런데 여기서 우리는 하버마스의 한 가지 통찰을 읽어 낼 수 있다. 곧 담론 참여자들에게 요구되는 이러한 형식적 합리성의 수용은 역으로 다음과 같은 추론을 가능하게도 한다는 것이다. 즉 담론 참여자들은 담론 속에서 그들 자신의 사실성과의 관계를 견지하면서도 타자 일반으로부터 형식화된 보편적 관점의 수용을 통해 타당성의 원천에 접근할 수 있는 권리를 얻게 된다. 이 권리는 하버마스에게서 바로 공동체 구성원들이 행사할 수 있는 개별적인 자율(Autonomie)을 의미한다.[42)] 타당성 차

41) 하버마스가 선의 표상을 담론 이론 속에 수용해 들이는 것과 관련한 주장에 대해서는 다음을 참조하시오. J. Habermas, "Gerechtigkeit und Solidarität. Zur Diskussion über 'Stufe 6'", in 그의 책, Erläuterungen zur Diskursethik, F/m, 1991, 62 쪽 이하. 하버마스는 이 선의 표상의 규범적 위상을 놓고서 공동체주의자들 특히 Ch. 테일러와 M. 월저, A. 맥킨타이어과 논쟁을 벌이고 있다. 이에 대해서는 다음을 참조하시오. J. Habermas, "Erläuterungen zur Diskursethik", in 그의 책, Erläuterungen zur Diskursethik, F/m, 1991, 119 쪽 이하. 이외에도 인정투쟁이란 제목으로 Ch. 테일러와 논쟁을 벌이는 부분에 대해서는 다음을 참조하시오. A. Gutmann(편집), Multiculturalism, Princeton University Press, NJ, 1994, 107쪽 이하.

42) 이 자율 개념은 사적자율 뿐 아니라 공적자율도 포함하고 있는 개념이다. 하버마스는 이 양자의 관계 설정을 통해 그의 책 「Fatizität und Geltung」에서 그의 법 이론과 법치국가 이론을 정초하고 있다.

원은 사실성과 긴장 관계를 형성하면서 공동체 구성원들이 사실적으로 그들에게 주어진 것 속에 매몰되지 않으면서 자율적으로 행위 할 수 있는 곧 자신의 진정성(Authentizität)[43]을 실현해 갈 수 있는 가능성을 제공하고 있는 것이다. 사회적 타당성 영역은 이렇게 형식화된 절차적 합리성에 의해 규제될 뿐 어떤 규범적 선의 표상에 의해서도 선행적으로 각인되지 않기 때문에 모든 공동체 구성원들은 합리적 동의 가능성을 가지지 못하는 그 어떤 규범적 선의 표상에 의해서도 그들의 자율적 자기실현을 제약받지 않을 수 있다. 다시 말해 사회적 타당성 영역 - 달리 표현하면 사회적인 공통의 가치 확신 - 은 공동체 구성원들의 자율적 자기실현을 통해 발생하는 검증요구에 노출되어 합리적으로 더 분절되어 감으로써 역으로 구성원들의 개별화에 기여하는 일종의 순환과정에 편입된다. 이 과정에서 구성원들의 자율적 자기실현의 전망은 구성원들의 억압되지 않는 합의라는 담론의 이념에 의거해 담론 속으로 흘러들어가게 되고 그 결과 구성원들의 자기실현의 전망이 사회적 타당성의 구성 자체를 변화시킬 수 있게 된다.

따라서 우리는 이성적 담론이 하버마스에게서 단순히 도덕적 담론만으로 규정될 수 없음을 인식할 수 있게 된다. 합리적으로 동기 부여된 합의에로의 지향이라는 담론의 이념은 이미 담론을 그 이념이 실현되게 하기 위해 동의를 구해야 하는 모든 담론 참여자들의 상호주관적 관계망 속으로 깊이 침투하게 만든다. 이로 인해 이성적 담론의 이상은 단순히 모든 사람의 이익의 공평한 조정만으로는 실현될 수가 없다. 오히려 그 이념은 담론이 공동체 구성원들의 상호주관적 인정 관계에 근거하고

---

43) 이 진정성 개념에 대해서는 Ch. 테일러의 다음 책이 많은 도움을 준다. Ch. Taylor, The Ethics of Authenticity, Harvard University Press, 1992. 그는 이 책에서 현대의 이기주의적-개인주의적 삶의 전망에 대해 비판하면서 그 대안으로 진정성의 이상을 제시한다.

그 뿌리를 내리도록 규정할 뿐만 아니라 이를 실천적으로도 요구한다. 하버마스는 담론이 그 이념상 의존해야만 이러한 상호주관적 인정 관계에 담론이 충실해지도록 하기 위해 이성적 담론의 유형을 분화시킨다. 이러한 이론적 작업을 통해 – 물론 이성적 담론의 유형을 분화시키는 것은 단순히 이론적 작업이 아니며 사회학적 고찰에 기초한 그의 통찰이 반영된 작업이기도 하다.[44] – 하버마스는 사회의 사회적 통합의 규범적 핵심이 되는 상호주관적 인정관계를 포괄적으로 담론 속에 수용해 들인다. 이성적 담론은 따라서 도덕적 담론이외에도 실용적 담론과 윤리적 담론으로 분화되어 공동체 구성원들의 상호작용에 관여한다.

이 가운데서 윤리적 담론은 바로 공동체 구성원들의 자율적 자기실현의 전망과 연계되어 설정되는 선의 표상과 관련된 담론이다. 하버마스는 이 윤리적 담론을 한 단계 더 분화시킨다. 곧 그는 이 윤리적 담론을 개별자의 자기실현 전망과 관련되는 경우 윤리적-실존적 담론(ethisch-existentielle Diskurse)으로 공동체의 우리-정체성의 전망과 관련되는 경우에는 윤리적-정치적 담론(ethisch-politische Diskurse)으로 세분화시킨다.[45] 하버마스에게서 이렇게 분화된 윤리적 담론은 결과적으로 공동체 구성원들의 자율적인 자기실현의 전망을 공동체의 공통의 가치 확신에 연계시켜 더욱 섬세하게 수용해 들일 수 있게 한다. 그러나 하버마스에게서는 이러한 이성적 담론의 분화를 통해 협력적 자기실현을 공동체

44) 하버마스가 이성적 담론의 유형을 세분화해서 그 내용을 규정하는 것에 대해서는 다음을 참조하시오. J. Habermas, FG, 124쪽 이하 & 195 쪽 이하. 여기서 윤리적 담론과 관련해서 하버마스의 분석은 흥미롭다. 하버마스는 윤리적-실존적 담론이 그 기원을 아리스토텔레스의 윤리학에 설정하고 그 발전과정을 루소와 키에르케고르를 거쳐 사르트르에 이르는 것으로 분석하고 있다. 그리고 하이데거의 'geworfenen Entwurf(내던져진 상황에서의 기투)' 역시 이러한 담론의 반영이라고 보고 있다. 윤리적-정치적 담론은 하버마스에게서 슐라이어마허에서 출발해서 드로이젠, 딜타이를 거쳐 가다머에로 이르는 것으로 보고 있다.

구성원들의 내용적으로 풍부한 상호주관적 인정 연관에 뿌리내리게 하는 데에는 한 가지 제약이 가해진다. 곧 하버마스는 담론의 위계를 도덕적 담론을 정점으로 구성함으로써 그가 이성적 담론 속으로 수용해 들이고자 하는 상호주관적 인정 연관을 다소간 형식화시킨다.

V

그런데 우리는 위에서 고찰한 바를 토대로 이성적 담론의 이념을 좀 더 적극적으로 다음과 같이 해석해 볼 수 있다. 곧 이성적 담론은 그 이념적 관점에서 자유로운 -자율적인 - 공동체 구성원들 간의 억압되지 않는 상호주관적 인정관계의 형성을 지향한다. 실제로 하버마스는 상호주관적 인정관계의 보호를 지향하는 연대(Solidarität)가 이성적 담론의 절차적 합리성을 보장하는 정의(Gerechtigkeit)와 결코 분리할 수 없는 관계를 형성하고 있다고 보고 이는 마치 동전의 앞 뒤 면을 이루는 것과 같다고 말하고 있다. 이에 대해 그가 제시하는 이유는 개별자의 존엄성(Würde)을 보호하는 것으로 정향된 정의는 그 개별자가 성장해 나오는 공동체의 상호주관적으로 공유된 생활세계(eine intersubjektiv geteilte Lebenswelt)를 보호하는 것에로 정향된 연대와 사실상 동일한 지향점을 가진다는 것이다. 만일 이 둘 가운데 하나가 상처를 입는 다면 그것은 동

45) 하버마스에게서 담론은 그 성격 상 항상 상호주관적 관계를 전제하는데 개별자의 자기실현 전망과 관련된 윤리적-실존적 담론이 담론의 한 유형으로 분류되는 것이 이상해 보일 수 있다. 그러나 이 담론에서는 개별자의 자기실현 전망이 타자에 의한 권고라는 유형으로 치료적(klinisch) 관점을 형성하면서 상호주관적 일 수 있다는 점에서 담론의 요건이 충족되고 있다. 이에 대해서는 다음을 참조하시오. J. Habermas, FG, 199쪽.

시에 다른 하나에도 그와 동일한 정도로 상처를 입히는 것이 될 것이다.[46] 그렇다면 이제 우리는 이러한 해석을 토대로 이 글의 모두에서 비판이론가들에게서 공통적으로 제기되었던 협력적 자기실현의 표상이 하버마스에게 와서 어떻게 구성원들의 합리적 통찰과 구성적으로 결합되는지 그리고 그렇게 구성원들의 합리적 통찰과 결합된 협력적 자기실현의 표상이 어떻게 그들 가운데 실질적으로 자리 잡고 분절되어 나가는지에 대해 좀 더 명확한 고찰을 할 수 있게 될 것이다.

여기서 우리는 일차적으로 이 양자의 결합이 어떻게 이루어지고 있는지에 대해 하버마스가 이성적 담론을 매개로 모든 공동체 구성원들에게 부여된 것으로 간주하는 존중(Achtung)의 성격을 통해 이해의 실마리를 얻을 수 있다. 우선 공동체 구성원들 모두는 일차적으로 이성적 담론의 참여자로서의 자격을 규범적으로 부여 받는다. 곧 그들은 담론적 실천을 통해 자신들이 공동체의 일원으로서 공동체의 규범적 정체성의 형성에 참여할 수 있는 침해될 수 없는 권리를 가지고 있음을 인식한다. 그리고 더 나아가 그들은 규범적으로 승인된 이러한 권리에 대한 인식을 통해 그들이 공동체 내에서 상호간에 부여되어야 하는 더 포괄적인 실질적 존중의 대상임을 인식한다. 왜냐하면 이성적 - 일반적이고 합리적으로 동기 부여된 억압되지 않은 동의를 지향하는 - 담론의 참여자로서 그들의 동의는 공동체를 규범적으로 지탱하는 사회적 타당성의 영역을 사실적으로 구성하고 분절시키는데 필수적 요건이 되기 때문이다. 이는

---

46) 하버마스는 이를 다음과 같이 표현하고 있다. "Sie(Moralen) bringen die Unantasbarkeit der Individuen zur Geltung, indem sie gleichmäßige Achtung vor der Würde eines Jeden fordern, im selben Maße schützen sie aber auch die intersubjektiven Beziehungen reziproker Anerkennung, durch die sich die Individuen als Angehörige einer Gemeinschaft erhalten." J. Habermas, "Treffen Hegels Einwände gegen Kant auch auf die Diskursethik zu?", in ED, 16쪽.

구체적인 공동체의 이성적 담론의 절차 속에서의 규범적 사태로서 끊임없이 확인되는 바이다. 따라서 이제 이성적 담론의 참여자이면서 동시에 사실적 공동체의 구성원이기도 한 주체들은 이러한 규범적 확신에 근거해서 자신들에게 부여된 포괄적인 사회적 존중을 이념적인 차원에서 뿐 아니라 구체적인 공동체 속에서도 실질적으로 실현되게끔 요구해 나갈 것이다.[47]

따라서 이제 우리는 하버마스가 규범적으로 설정한 이러한 담론에의 참여권리라는 사회적 존중의 이면에서 좀 더 근원적인 상호주관적 인정관계를 확인하게 된다. 곧 담론에 참여할 수 있는 자격으로서의 이러한 사회적 존중은 다른 한편에서는 서로 서로의 존중의 대상인 구성원들이 이미 선행적으로 사회에 의해 받아들여지고 인정되고 있음을 함축한다. 왜냐하면 위에서 살펴본 것처럼 이러한 근원적 인정관계가 형성되지 않는 상황에서는 구성원들에게 담론에 참여할 수 있는 권리가 부여될 수 있는 규범적 토대가 마련될 수 없기 때문이다. 만일 단순히 이 권리가 위로부터 규범적으로 부여된다 해도 그 권리는 실질적으로는 행사될 수 없는 명목상의 형식적 권리에 지나지 않을 것이다. 하버마스는 이와 관련해 다음과 같이 주장을 개진하고 있다. "담론원리 자체는 의사소통적으로 구조화된 삶의 형식의 대칭적 상호주관적 인정관계(die symme-

47) 하버마스는 위의 내용을 함축하는, A. Gutmann이 제시한 존중(Achtung)의 두 가지 유형에 대해 동의한 바 있다. 이 두 유형은 위에서 언급된 정의와 연대에 각각 상응한다. 이에 대해서는 다음을 참조하시오. J. Habermas, Anerkennungskämpfe im demokratischen Rechtsstaat, 150쪽. 하버마스는 공동체주의자들과의 논쟁에서 이 두 유형의 존중이 담론이론적 인정투쟁 개념 속에 착근됨으로써 공동체 속에서 드러나는 차이들을 개별자의 차원에서는 물론이고 집단의 차원에서도 인정연관 속으로 수용해 들일 수 있다고 보고 있다. 그러나 이러한 주장에 대해 공동체주의자들은 그 불충분성을 비판한다. 이와 별개로 존중(Respekt)의 개념에 대한 좀 더 많은 통찰을 주는 글로는 다음을 참조하시오. S. L. Darwall, Two Kinds of Respect, in Ethics, 88:1, 1977.

trischen Anerkennungsverhältnisse kommunikativ strukturierter Lebensformen) 속에 그 기초를 두고 있다."[48] 이것은 하버마스에 의해 탈형이상학적 사유의 패러다임으로 채용된 상호이해가 이미 그 패러다임에 앞서 선행하는 상호주관적인 인정관계에 기초해 있지 않을 수 없다는 것을 지시하는 것이다. 그리고 우리는 그 이유의 일단을 담론참여자들의 규범적으로 수용해야 하는 수행적 태도의 유지에서 엿 볼 수 있다. 곧 상호이해를 추구하는 담론 참여자들은 자신의 행위를 상호주관적으로 설정된 타당성 근거에 예속시키려는 수행적 태도를 견지해야만 하는데 그러한 태도는 그가 이미 자신의 개인적 전망의 이기주의를 무너뜨리는 특정한 가치를 상호작용의 참여자에게 부여하고 있음을 보여준다. 이렇게 상호작용 참여자의 이기적 전망을 무너뜨리는 공통의 합리적 가치 확신은 이미 사실적으로 진행되는 사회적 상호작용에 앞서 논리적으로 시간적으로 선행하는 상호주관적 인정관계가 있음을 지시하고 있다.

우리는 또한 상호이해에 논리적으로 그리고 시간적으로 선행하는 이러한 근원적 상호주관적 인정관계가 담론 참여자들의 담론에로의 참여에 대한 동기화를 가능케 한다는 점을 알 수가 있다. 즉 상호주관적 인정관계가 선행하지 않는 경우에는 주체들이 이성적 담론의 이념 상 궁극적으로 이 인정관계의 성격을 규정하게 될 실천에로 동기화 될 것인지 의문이 생겨난다. 그렇지만 그와 반대로 공동체 구성원들이 자신들의 자율적인 자기실현 전망을 선행하는 상호주관적 인정관계에 의존하고 있는 경우 그들이 이 전망이 위협되거나 혹은 위축되는 것을 인식할 때

48) 하버마스는 이성적 담론의 원리를 도출하는 대목에서 항상 그 연원을 근원적인 상호주관적 인정관계에 돌리고 있다. FG, 140쪽. 담론원리의 도출과 관련해서는 FG 138쪽을 참조하시오.

그 상호주관적 인정관계를 함께 형성하고 있는 다른 구성원들과의 합리적 담론에 동기화되는 것은 쉽게 이해될 수가 있다. 게다가 만일 이러한 출발적인 상황의 동기 문제를 배제 할 수 있다 해도 상호주관적 인정관계가 미리 앞서 형성되어 있지 않다면 비록 담론이 사회적 상호 작용에 관여해 들어간다 해도 담론에서 인정되는 통화[49] 곧 타당성의 근거는 지극히 형식화될 것이고 그로 인해 담론의 참여자들은 담론으로부터 자기실현의 욕구를 합리적으로 인정받게 될 것이라는 기대를 충분히 가질 수 없게 된다.

따라서 우리는 이제 다음과 같은 결론을 도출할 수 있다. 곧 탈형이상학적인 지평에서 담론적 이성의 패러다임인 상호이해는 공동체의 실천적 상호주관적 인정관계 속에 뿌리를 내리고 있고 또 항상 그래야만 한다. 다시 말해 상호이해에로의 지향이라는 이념은 공동체의 상호주관적 인정 연관 속으로 깊이 침투해 들어가야 하며 바로 그 착종을 기반으로 해서만 이성적 담론은 공동체 구성원들 간의 실질적인 협력적 자기실현을 구성원들의 합리적 통찰에 근거해 조정하고 매개할 수가 있다. 이 양자 중 어느 하나가 배제되거나 위축되는 경우 구성원들 간의 합리적 통찰에 근거한 협력적 자기실현의 이상은 왜곡되거나 실현될 수가 없다.[50] 공동체 구성원들 간의 억압 없는 자율적 자기실현을 위한 규범적 토대 곧 그들 간의 공통의 가치 확신은 항상 이 양자 사이의 순환을 통해 비판적으로 그리고 합리적(이성적)으로 재구성되어 나와야 한다. 이것은 사회적 실천의 지평에서 고찰하면 다음과 같은 결과를 함의한다. 곧 이성

49) 하버마스는 담론에서 상호간에 교환될 수 있는 타당성 근거들을 통화(die Währung)로 묘사하고 있다. FG, 54쪽.

50) 이러한 관점에서 우리는 하버마스가 사회적 병리현상에 대해 말하는 내용을 이해할 수 있다. 이것에 대해서는 다음을 참조하시오. J. Habermas, “Was macht eine Lebensform ‘rational’?”, in ED, 31쪽 이하.

적 담론의 참여자들이자 동시에 사실적 공동체의 구성원들인 주체들이 만일 자신들의 인정 욕구가 타당하지 않은 것으로 간주되는 사회적 제약들로 인해 억압되고 있다는 것을 인식하게 되면 이는 그들로 하여금 이미 의사소통적으로 구조화된 삶의 형식의 대칭적 상호주관적 인정관계 속에 반영되어 있는 담론원리에 대한 합리적(이성적) 통찰에 입각해 다시금 새로이 왜곡되지 않은 곧 병리적 현상에 빠지지 않는 인정관계의 형성을 지향하는 투쟁을 전개시키도록 만든다는 것이다.[51)]

그러나 우리는 하버마스의 탈형이상학적인 이성 기획이 이렇게 독해될 수 있다고 인정하고 나서 한 가지 문제에 직면하게 된다. 곧 그가 형이상학적 사유와의 논쟁을 통해 철학의 범주적 영역으로 설정한 생활세계가 위와 같은 상호주관적 인정 관계의 사회적 통합력을 실제로 확보하고 있는가하는 의문이다. 일단 이 의문에 대한 대답은 다음으로 미루어 두기로 하겠다.

51) 공동체 구성원들이 수행하는 합리적 통찰에 기초한 인정투쟁에 대해서는 다음을 참조하시오. A. Honneth, Kampf um Anerkennung, F/m, 1994.

참고 문헌

1. 일차 문헌

Habermas, J., Technik und Wissenschaft als 'Ideologie', Suhrkamp, F/m, 1968.

_____, Theorie und Praxis, Suhrkamp, F/m, 1971.

_____, Theorie des kommunikativen Handelns, Bd 1 & 2, F/m, Suhrkamp, 1988.

_____, Nachmetaphysisches Denken, Suhrkamp, F/m, 1988.

_____, Der philosophische Diskurs der Moderne, Suhrkamp, F/m, 1989.

_____, Erläuterungen zur Diskursethik, Suhrkamp, F/m, 1991.

_____, Faktizität und Geltung, Suhrkamp, F/m, 1992.

_____, "Reconciliation through the Public Use of Reason: Remarks on John Rawls's Political Liberalism", in: The Journal of Philosophy, Vol. XCII, Number 3, 1995.

_____, ""Ich selber bin ja ein Stück Natur"-Adorno über die Naturverflochtenheit der Vernunft. Überlegungen zum Verhältnis von Freiheit und Unverfügbarkeit." in: A. Honneth (Hg.), 》Dialektik der Freiheit《, F/m, 2005.

2. 이차 문헌

Adorno, Th., Ästhetische Theorie, in Gesammelte Schriften Bd 7, 2003.

Apel, K. O., Transformation der Philosophie, Suhrkamp, F/m, 1973.

_____ , Diskurs und Verantwortung, Suhrkamp, F/m, 1990.

_____ , "Normatively Grounding "Critical Theory" through Recourse to the Lifeworld? A Transcendental-Pragmatic Attempt to Think with Habermas against Habermas", in J. Habermas Vol. 3, Sage Publication, 2002.

Aristotle, Nicomachean Ehtics, tras. by T. Irwin, Hackett Publishing Company, Inc, Indianapolis, 1999.

Darwall, S. L., "Two Kinds of Respect", in Ethics, 88:1, 1977.

Gutmann(편집), A., Multiculturalism, Princeton University Press, NJ, 1994.

Honneth, A., Kritik der Macht, Suhrkamp, F/m, 1986.

_____ , Kampf um Anerkennung, Suhrkamp, F/m, 1994.

_____ , (Hg.), Dialektik der Freiheit, Suhrkamp, F/m, 2005.

Horkheimer, M., Traditionelle und kritische Theorie, in Gesammelte Schriften, Bd 4, F/m, 1988.

Husserl, E., Cartesianische Meditation und Pariser Vorträge, Kluwer Academic Publishers, 1988.

_____ , Die Krise der europäischen Wissenschaften und die transze-ndentale Phänomenologie, Haag, Martinus Nijhoff, 1976.

Rawls, J., "Reply to Habermas", in The Journal of Philosophy, Vol. XCII, Number 3, 1995.

Taylor, Ch., The Ethics of Authenticity, Harvard University Press, 1992.

_____ , "Irreducibly Social Goods", in his, Philosophical Arguments, Harvard University Press, 1995.

_____ , "The Politics of Recognition", in his, Philosophical Arguments, Harvard University Press, 1995.

Walzer, M., "Was heisst zivile Gesllschaft?", in Zivile Gesellschaft und Amerikanische Demokratie, Berlin, 1992.

Diskursive Vernunft als nachmetaphysische Vernunft bei J. Habermas

Chung, Hyun Chul

Zusammenfassung

Der Begriff der Vernunft ist bei Habermas die diskursive Vernunft, die Faktizitaet und Geltung auf der nachmetaphysischen Ebene vermittelt. Ihm zufolge ist die Vernunft insofern metaphysisch, als sie Geltung zugunsten von Faktizitaet ignoriert, oder, als sie Faktizitaet unter Geltung subsumiert. Habermas kritisiert solchen 'metaphysischen' Vernunftsbegriff, indem er die diskursive Vernunft, die Faktizitaet und Geltung vermittelt, ohne dass dabei keine davon preisgegeben wird, eingefuehrt hat.

Dafuer einrichtet er die sprachliche Verstaendigung als das Paradigma, in dem die diskursive Vernunft Faktizitaet und Geltung vermitteln kann. Das impliziert, dass die sprach-und handlungsfaehige Subjekte den Bezugsrahmen, in dem sie sich Faktizitaet und Geltung vermitteln lassen, in der sprachlichen Verstaendigung bereit stellen koennen. Habermas sieht den Grund dafuer in zwei Arten von idealisierender Kraft der Sprache: d.h., die Idealitaet der Bedeutung und die der Geltung. Anders gesagt, werden die Subjekte durch die idealisierende Kraft der Sprache in die intersubjektiven Anerkennungsverhaeltnisse einbezogen, wo sie die gueltigen Gruende freiwillig austauschen und die intersubjektiv anerkannten Gruende in den Bereich von Faktizitaet aufnehmen koennen.

Die sprach-und handlungsfaehigen Subjekte koennen damit die intersubjketiven Anerkennungsverhaeltnisse, die durch die sprachliche Vermittlung von Faktizitaet und Geltung gesichert werden, bilden. Die diskursive Vernunft kann gerade hier die Rolle, Faktizitaet und Geltung zu vermitteln, spielen, indem sie die diskursive Bedingung fuer die Vermittlung von beiden feststellt. Dadurch brauchen sie keine von beiden preiszugeben, oder, genauer gesagt, dafeur darf sie keine preisgeben.

Habermas fuehrt auf der anderen Seite die Lebenswelt als den kategriale Gebiet ein, in dem die sprach-und handlungsfaehige Subjekte die problematisierte Geltungsfrage behandeln koennen. Die Subjekte koennen ohne Problem in der Lebenswelt intersubjektiv kommunizieren. Aber, alsbald eine Geltungsfrage gestellt wird, kann ein Diskurs von den Beteiligten verlangt werden. Dabei stellt die diskursive Vernunft die Bedingung fuer den Diskurs fest, in dem die Geltung wieder hergestellt werden soll. Damit kann die diskursive Vernunft die Lebenswelt niemals verlassen und vielmehr soll sie sie in der Richtung arikulieren, in der sie immer noch rationaler wird.

Aber wenn wir diesen habermaschen Entwurf noch strikter unter der Anerkennungsperspektive, an die er sich orientiert, betrachten sollen, koennen wir meines Erachtens einige signifikante Konsequenzen kriegen.

Schlagwoerter: Diskursive Vernunft, vernuenftige Diskurse, Lebenswelt, nachmetaphysisches Denken, linguistische Wende.

동양의 초(超)합리주의와 접경(接境)의 문명론

유 헌 식

I. 흔들리는 서구중심의 문명론
II. 의심받는 서구의 합리성
III. '합리적 인간(homo rationalis)' 너머의 인간 : 주체의 유동성 또는 모호성
IV. 타자 조건적인 존재로서의 인간의 초(超)합리성
V. 주체 혁신의 초합리주의적인 근거와 방법
VI. 불확정적인 접경(接境)과 문명의 혁신
VII. 서양적 합리성의 평면적 혼돈에서 동양적 초합리성의 입체적 질서로

요약문

서구의 합리성 자체는 사태에 대한 이성적인 판단을 근간으로 한다는 명목 아래, 실제에서 그 합리성은 자기중심적 이성의 확산과 지배로 나타난데 반하여, 동양의 초(超)합리성은 서양의 합리성이 지닌 평면적인 적용을 극복하여 자-타 중심적인 수평적 인간관계를 정립하는 입체적 구상에 기여할 수 있다. 서구의 합리성이 지닌 당위적 윤리성은 사실적 비윤리성로 판명되고 있는 지금 동양적인 초합리성은 서구

적 합리성의 비윤리성을 넘어서 새로운 차원의 윤리를 정립하면서도 그것이 자기중심적이지 않은, 그럼으로써 그것의 객관적인 타당성을 인정받을 수 있는 길을 열어야 한다. 디지털 시대의 가속화와 더불어 상호 평등과 균등의 민주주의적 가치가 확산되고 있는 지금 이 추세에 반하는 비윤리적인 합리주의는 점차 설 땅을 잃게 될 것이고 이에 상응하는 대안을 아시아적 사유는 마련해야 하고 또 마련할 수 있다고 본다.

중심도 아니고 주변도 아니지만 또한 중심이면서 주변이기도 한 그러한 중간 구역에서 문명 전환의 실마리를 찾을 수 있다. 그런 한에서 이 지역은 변화와 혁신이 가능한 경계구역이다. 경계구역에서는 다양한 중심들이 서로 접한다. 그래서 경계구역은 이것도 저것도 아니면서 또한 이것도 저것도 되는 활동적인 유동체이다. 중심들의 주변이 만나서 경계를 이루고 경계에서 접점(接點)이 생긴다. 바로 이 접점이 문제다. 접점은 모호한 영역으로서 불확실과 혼돈이 지배하지만 이는 새로운 나의 형성을 위한 필수조건이다.

요컨대, 새로운 문명은 인간을 타자 조건적인 유동적인 존재 그리고 시간적으로 연속적이면서도 불연속적인 존재로 이해하는데, 인간의 이러한 초합리주의적 특성에는 스스로 새로워질 수 있는 가능성이 담겨 있다. 하지만 이 가능성이 현실성으로 전환되기 위해서는 역사 속에 잠재된 타자적 가능성을 현재로 끌어들이는 한 편, 역사와 사회를 넘어서 있는 인간 자신의 초월적 특성을 능동적으로 발휘해야 한다. 여기서 역사 속의 익숙한 타자와 초월적인 자기의 만남이 가능하기 위해서는 현실적인 대상을 필요로 하는데, 그 대상은 어느 중심에도 속하지 않은 제 3 지역으로서의 접경구역이다. 한반도는 바로 이 접경구역의 성격을 띠고 있어서 새로운 문명의 발현이 가능한 땅이다. 하지만 접경에서의 혼돈은 지양되어야 하며, 지양의 방향은 평면에서 충돌하는 욕구들을 입체적으로 해결하는 데 있다. 원효의 화쟁 개념은 비록 과거에 불가적 지성계에서만 부분적으로 수용되었을 뿐 아직까지 그 개념적 효용성이 현실화되지 않고 있는데, 이 화쟁 사상을 되살려 오늘날 복합적이고 중첩적인 한반도의 초합리주의적인 현실을 진단하고 그것이 직면한 질곡에서 벗어날 수 있는 출구를 마련하도록 해야 할 것이다. 그럼으로써 한반도에서 새로운 문명의 서장이 열릴 수 있기를 기대한다.

● 주요어 : 문화철학, 논리, 합리주의, 초합리주의, 접경, 타자조건성, 불확정성, 화쟁.

I. 흔들리는 서구중심의 문명론

19세기 초 슈펭글러는 『서구의 몰락』에서 서구중심의 세계관을 "프톨레마이오스적 체계"로 규정하고 자신의 연구 작업을 "코페르니쿠스적 발견"으로 간주한 바 있다.[1)] 태양-서구를 유성(遊星) - 비서구가 돌고 있다. 하지만 세계는 변하였다. "오늘날 우리는 모든 대륙에 걸쳐 생각한다. 다만 우리의 철학자와 역사가만이 이것을 모를 뿐이다. 보편적 타당성을 요구하며 나타나고 있으면서도 실은 그 시야가 서유럽인의 지적 환경을 넘어서지 못하고 있는 개념적 이해와 전망은 우리에게 어떤 의

---

1) O. Spengler, Der Untergang des Abendlandes, Bd. I, München, 1965, S. 28. "서유럽의 대지가 부동의 극(極)을 형성하고 … 수천 년에 걸친 큰 역사와, 멀리 펼쳐진 거대한 변화가 조심스레 극 주변을 돌고 있다. 이것은 지극히 자의적인 발상에서 비롯한 유성(遊星) 조직이다. 어느 한 지방을 한 역사 체계의 자연적인 중심으로 선택한 셈이다. 그곳이 태양의 중심이다. 역사상의 일체의 사건은 거기에서 참된 빛을 받는다. 역사상의 의의도 그곳에서 원근법적으로 판단된다"(26f.).

미가 있을까."[2)]

슈펭글러의 진단은 옳았다. 20세기 후반에 들어 헌팅턴의 『문명의 충돌』은 슈펭글러의 진단이 현실화되고 있음을 알린다. 그는 비서구의 8개 문명권이 서구 보편주의에 반기를 들면서 세계는 지금 보이지 않는 문명의 갈등과 대결의 시대에 들어서고 있다고 진단한다. 특히 1990년대에 들어 전체성의 위기 현상이 범세계적으로 폭발하여 "우리는 누구인가?, 우리는 어디에 속하는가?, 우리가 아닌 쪽은 누구인가? 하고 묻는 사람들이 도처에서 목격된다."[3)] 헌팅턴은 이 저작에서 결론적으로 특히 미국이 세계사의 주도권을 놓치지 않기 위해서는 태평양 방향이 아니라 대서양 방향의 국가들과 유대를 강화해야 한다고 권고하여 은연중에 서구중심적 세계의 지속을 정당화하지만, 그가 서술한 분석의 내용은 사태가 서구에게 그다지 낙관적으로만 진행되지는 않으리라는 전망이다. 거대한 용 중국이 날쌘 독수리 미국에 맞서 세계시장에 도전장을 내놓은 지 오래고 NGO의 활동이 두드러지고 있으며 유럽 공동체에 맞서는 아시아 공동체에 대한 구상이 가시화되면서 서구 자본주의 위주의 신자유주의적인 현실을 정당화하는 기득권 세력과 서구중심적인 문명에 대한 회의와 반성의 목소리가 학계뿐만 아니라 시민단체들 사이에서 점점 커지고 있다.

여기서 문명의 대전환이 화두로 등장하면서 일군의 지식인들은 문명전환의 내용과 방법에 대해 숙고하고 있다. 하지만 아직도 팍스-아메리카나 굳건하게 가동 중이고 이를 뒷받침하는 세계열강들의 세력 또한

---

2) 같은 책, S. 34.
3) 새뮤얼 헌팅턴, 『문명의 충돌』, 이희재 역, 김영사, 1999, 164쪽.

기세가 꺾일 기미를 보이지 않고 있는 이 시점에서, 〈문명의 전환〉을 둘러싼 담론은 열등감에 사로잡힌 민족이나 국가의 자기 위로책 이상으로 크게 진전하지 못하고 있는 듯하다. 그러나 '문명은 흐른다'는 사실을 세계사는 가르치고 있다. 흘러야 할 문명에 물꼬를 트는 일은 지금 우리의 몫이다. 변화의 조짐이 안 보이면 씨앗을 심어야 하고, 보이면 그 경향을 가속화시켜야 한다. 그리하여 인간의 능동성을 최대한 발휘해야 할 시점이다. 문명 전환의 문제는 전적으로 인간적인 문제이다. '인간적인'의 이유는 문명 또는 문화란 인간이 세계 또는 자연과 '매개'되는 방식과 관련되는 사항으로서 문명/문화라는 매개항은 철저하게 인간에 의해 주도되기 때문이다.[4] 그런 한에서 문명은 동시대인들이 무엇을 결심하고 어떻게 행위하느냐에 따라 전환의 가능성과 내용이 결정된다. 문명은 인간의 소산이기 때문에 인간의 힘으로 바꿀 수 있다.

문명 창출의 주체가 인간이라는 사실에 못지않게 '문명은 인간에 대한 이해에 토대를 둔다'는 사실이 또한 중요하다. 인간에 대한 이해의 방식과 내용에 따라 인간에게 부여되는 문명의 성질이 달라지기 때문이다. 따라서 문명의 전환 문제는 인간에 대한 세계관의 전환 문제와 밀접하게 관련되어 있으며, 이는 이제 인간을 새롭게 이해하는 작업으로 이어진다. 그래서 문명의 전환은 인간 이해의 혁신과 떼어 놓고 생각할 수 없다. 인간에 대한 서구중심적 이해의 특징은 적어도 소위 근대에 이를 때까지 '합리적인 인간(homo rationalis)'을 근간으로 한다고 볼 수 있

4) 문화/문명의 매개성은 캇시러E.Cassirer의 문화철학적 이해에 기초한다. 그는 문화를 상징체계로 이해하고 이 상징의 형식을 매개로 하여 인간은 세계 또는 자연과 관계한다고 밝힌다. 이에 따라 문화/문명의 발달은 이 매개항 자체의 변화를 뜻한다. E. Cassirer, Zur Logik der Kulturwissenschften, Darmstadt, 1994, S. 56ff. 참조.

다. 19세기 말 니체의 반(反)합리주의가 일련의 지적인 동요를 선보였지만 별다른 반향을 얻지 못했으며 '합리성'에 대한 반성은 20세기에 두 차례의 세계대전을 겪으면서 본격화된다. '합리성'을 둘러 싼 다양한 영역에서 시비가 붙었지만 거기에는 항상 '합리성'이 인간에 대한 이해에서 얼마나 발견적(heuristic)일 수 있는가 하는 사항이 관건이었다. 합리성에 대한 비판은 단순히 인간에 대한 서구의 전통적인 이해에 대한 반성을 촉구하는 데 그치지 않고 서구의 세계 지배의 정당성을 묻는데 따라 정치-경제적 성격을 띠게 됨으로써 초미의 공통적인 관심사가 아닐 수 없게 된다.

'합리적인 인간'을 넘어서 인간을 어떻게 새롭게 볼 수 있을까? 현대 문명의 질곡 속에서 인류에게는 그 밖의 어떤 새로운 길이 열려 있을까? '합리적 인간' 너머의 새로운 인간은 새롭게 창출된 인간이 아니라 새로운 시각에서 이해된 인간을 뜻한다. 인간이 이미 그렇게 움직이고 있는데도 그 실상을 우리가 아직 충분히 제대로 드러내지 않은, 그렇지만 본질적인 의미를 지니는 인간의 측면을 새롭게 부각시키고자 한다. 그런 한에서 이 문명론적 시론(試論)은 새로운 인간의 존재론이라기보다는 인간에 대한 새로운 존재론이다. 이를 바탕으로 인류 문명의 새로운 가능성을 타진해 보고자 한다. 서구의 '합리적 인간'은 인간 존재가 이미 그렇게 되어 있는 실상을 간과함으로써 불행한 문명적 사태를 빚어냈다고 진단하고 그 혁신의 출구를 동양의 초(超)합리주의적 사유에서 모색하고자 한다.[5] 인간의 실상과 가능성에 대한 합리주의적인 이해로 인해

---

5) '초(超)합리주의적(trans-rationalistic)'은 필자가 창안해 낸 용어로서 'trans'의 라틴어 어원을 그대도 살려 '합리적인 것을 뛰어 넘어 그것을 꿰뚫는'이라는 의미이다. 그러니까 동양은 서양에 대하여 비(非)합리성(irrationality)이 아니라 '합리성을 능가하는 합리성'을 추구한다는 것이다.

사태가 왜곡되어 오늘날의 문명적인 파행이 야기되었다면 이제야말로 인간에 대한 새로운 조명을 통하여 사태의 혼미와 혼돈에서 벗어나야 할 때이다. 좁게는 한반도, 넓게는 인류 문명에게 희망이 있다면 그 길은 어디에서 어떻게 마련되어야 할 것인가?

II. 의심받는 서구의 합리성

그런데 합리성 개념은 왜 서구의 지적 전통에서 항상 중심에 위치해 왔을까? 합리성 문제는 이제 두 가지 방향에서 비판적으로 검토될 수 있다. 1) 합리성이 데카르트의 코기토 철학 이후로 사유의 기본원리로 간주되어 온 것에 대하여 재고되어야 하며, 이와 관련하여 2) '논리'를 '경험적 현실'에 적용할 경우 그 타당성이 검토되어야 한다.

1) 합리성은 대상의 성질이나 맥락의 특성에 상관없이 항상 보편타당한 것으로 통용되기를 바란다. 데카르트가 'cogito ergo sum'을 "que, pour penser, il faut être"로 해석할 때[6] 여기에서 사유는 나의 존재의 징표가 된다. 내가 존재한다는 사실은 나의 사유 현상을 근간으로 해서만 인정된다. "실체로서의 나는 그 본질과 본성을 사유에 두고 있기 때문에 자신의 존재를 위하여 장소를 필요로 하지 않을 뿐만 아니라 어떤 물질적인 사물에 의존하지 않는다. 따라서 나는, 정신으로서, 정신을 통

6) R. Descartes, Discours de la Méthode, Hamburg, 1960, 54. 이 구절은 다시 "daß, man, um zu denken, sein muß"로 독역되고 있는데 이를 우리말로 옮길 경우 "생각하기 위해서는 존재해야한다" 하면 틀리고, "생각하기 위해 존재해야한다"가 옳은데 이때도 강조는 '생각하기 위해'에 있지 '존재해야'에 있지 않다. 그러니까 이를테면 '먹기 위해 존재한다'처럼 '생각하기 위해 존재한다'는 뜻이다.

하여 나는 나인 것으로 존재한다는 점에서 신체와 전적으로 구별된다" (같은 곳). 사유가 나의 존재성을 보장하기 때문에 나는 이제 물질적이고 외적인 조건에서 자유로워진 사유의 활동을 따라가기만 하면 올바른 길에서 벗어나지 않을 수 있게 된다. 정신의 활동성이 곧 자연에서 부여된 이성의 활동이고 이성은 합리성을 기초짓는다.

합리성에 대한 이러한 해석의 단초는 철학사에서 이미 있어 왔다. '합리성'의 라틴어 어원인 rationalitas를 아우구스티누스가 rationalis와 rationablis로 구분하면서 전자를 "이성에 봉사할 수 있는 것", 후자를 "이성으로 행해지고 말해진 것"으로 규정할 때, 합리성은 '이성에 부여된 본질적인 속성'으로 인식되어 왔다. 그런데 여기서 합리성의 ratio는 그리스어의 retos에 근간을 두고 있는데 retos는 '계산하다'는 의미로서 고대의 피타고라스와 이후의 유클리드에게서 '합리적'은 곧 '계산가능한' 또는 '정방형으로 나누어 측정가능한'이라는 수학적 의미를 띠게 된다. 이성-합리성-계산가능성이라는 일련의 진행이 여기에서는 물론 사태의 객관적인 질서와 관련되어 있기는 하지만 나중에 데카르트를 지나 칸트에게서 합리성(ratio)이 intelligentia로서 주관의 능력을 뜻하고 헤겔에게서 '자기의식적인 자유의 지속적인 매개'를 의미하며, 퍼어스에게서 '주어진 목적에 따라 자유롭게 수단을 강구할 수 있는 실재적인 가능성'을 의미할 때도, 합리성은 항상 대상의 성질이나 주위의 조건에서 독립하여 철저하게 사유 고유의 판단의 원리에 입각하여 작동한다는 점에 주목해야 한다.[7] '합리성'을 대상의 특성에 상관없이 무차별적으로 적용시키는 태도는 대상의 질료적인 특성을 무시한 보편적 방법의 만용이 아닐 수 없다.

---

7) Th. S. Hoffmann, "Rationalität" 편 in: Historisches Wörterbuch der Philosophie, hrg. v. J. Ritter & K. Gründer, Basel 1992, S. 51f.

2) 서구의 근대 합리론자들은 '사유의 형식'과 '사유의 내용'을 구별하지 않았다. 그보다는 오히려 사유의 형식이 그 내용을 지배하는 것으로 간주했다. 그러나 사유의 내용까지를 고려하면 사유의 형식은 한낱 껍데기에 지나지 않을뿐더러 형식은 오히려 내용에 수반되는 양상을 띤다.[8] 아리스토텔레스는 삼단논법의 결론과 객관적 실재간의 일치보다는 삼단논법을 사유의 과정으로만 파악하는데, 이렇게 실재에서 괴리된 순수한 형식은 쓸모없는 도구에 지나지 않는다.[9] 형식논리적으로 사유의 순수한 형식성에 근거할 경우 모순율을 위반할 수 없지만 사유의 실질적인 내용을 고려하면 모순율을 저버릴 수 있다. 헤겔의 존재논리는 이 사실을 이미 밝혀냈고 나가르쥬나의 중관론도 이 점에서는 차이가 없다. 사유의 순수한 형식성을 벗어나 '존재'와 만나려는 순간 불가피하게 이율배반에 빠진다는 사실을 칸트가 지적했고 이 점을 헤겔은 자신의 존재논리로 확장한 바 있다. 사유는 반드시 내용을 지니기 마련이어서 사유의 불가피한 내용 상관성을 고려할 경우 합리주의적인 모순율은 바로 비현실적이라는 사실이 드러난다. '사유'와 '사유하는 것'은 다르다. 실제의 사유는 합리주의자들이 생각하는 방식으로 진행하지 않는다. 또한 인도 불교의 대표적인 논리인 중관론(中觀論)에 의하면, "대상체에 관하여 조리 있는, 즉 합리적인 그 어떤 설명을 제시할 경우 우리는 논리적인 모순을 범하지 않을 수 없으며, 그렇지 않을 경우 우리는 그것의 독립적인 존재 가능성을 가정함으로써 결국 그것이 우리의 경험과 상충하게 되는 모종의 부조리한 결과에 봉착하게 될 것이다."[10] 이러한

8) 이러한 사정을 가장 분명하게 드러낸 인물은 헤겔이다. 그의 사변 논리 speculative logic는 사유의 형식이 아니라 그 내용에 따라 생성된다. 그래서 '방법'(Methode)은 사유 규정(Denkbestimmung), 즉 사유의 질료적 특성에 의해 결정된다. Hegel, Die Wissenschaft der Logik I, Frankfurt/M. 1986 Einleitung 참조.

9) J. Goody, The East in the West, Cambridge Uni. Press, 1996. p. 20.

식견은 경험적인 것과 선험적인 것을 분리하여 생각하거나 선험적인 것을 경험적인 것에 선행시키는 통념에서 빚어지는 오류가 아닐 수 없다. 경험적 사실에 대한 합리적인 언명은 불가피하게 모순에 빠진다는 사실이 동서양 모두에게서 발견되기는 하지만 이를 존재 자체의 특성으로 파악하는 데에는 서양보다 동양이 더 우세한 양상을 보인다. 특히 불가의 공(空)사상은 존재의 내재적인 모순성을 극명하게 보여주는 모범적인 예가 아닐 수 없다.

하지만 합리성 개념에 대한 회의적인 눈초리는 서구 자체에서 생겨난다. 근대의 합리주의에 맞선 근대 경험주의를 '합리성'에 대한 일차적인 비판세력으로 규정할 수 있겠지만, 결과적으로 볼 때 '합리성'과 '경험'의 인식론적인 대립은 '합리성' 자체의 거부라기보다는 그것을 보완하는 방향으로 나아간다. 수학적인 연역과 과학적인 귀납의 상호보완적인 조화는 급기야 이를테면 포퍼K. Popper의 비판적 합리주의(critical rationalism)를 낳음으로써 양자가 결코 대립적이지 않다는 사실을 공인하기에 이른다. 그들이 의존하고 있는 수학과 과학의 모델에서는 인간을 객관적인 사실(fact)로 규정하는 하는 것 이상으로 나아가지 못한다. 물론 해석학과 현상학을 바탕으로 한 소위 질적 방법론(qualitative method)이 이후에 등장하기는 하지만 이들이 인간에 대한 합리적인 이해에서 얼마나 벗어날 수 있는지는 여전히 의문이다. '서구의 합리성'에 대해 본질적인 반성은 철학보다는 – 그렇다고 해서 니체 류의 반성을 간과해서는 안 되지만 그 흐름은 한참 후에나 빛을 보게 되기 때문에 여기에서는 일단 언급을 보류한다 – 문화인류학적인 연구 성과에 빚을 지고 있다.

---

10) B.K. 마티랄, 고전인도 논리철학, 박태섭 역주, 고려원, 1993. 245쪽.

'합리성'은 '논리성'과 분리시켜 생각할 수 없다. 논리적인 추론이 합당하다고 판명될 경우 '합리적'이라고 말할 수 있기 때문이다. 그런데 당연해 보이는 이 사항에 제동이 걸리게 된다. 문화인류학에서 브륄L.Bruhl이 '논리적인(logical)' 서구인과 '前-논리적인(pre-logical)' 원시인류를 구분하는 데 대하여 에반스-프리쳐드Evans-Prichard와 말리노프스키Malinowski가 반발하면서 원시인류도 그들 나름의 독자적인 논리를 가지고 있다고 맞선다. 모든 문화는 자기 고유의 논리 체계를 보유하고 있어서 서구의 합리주의적인 논리체계를 바탕으로 그들의 행위를 함부로 재단해서는 안 된다는 것이다. 이러한 견해에 따를 경우 합리성을 토대로 하는 서구의 아리스토텔스적인 형식논리를 무제한적으로 확장하여 적용하는 것은 문화의 특수성과 이에 따른 논리체계의 독자성을 무시하는 처사가 아닐 수 없다.[11] 더구나 '서구인의 논리'를 곧 과학적 사유와 동일시하면서 원시인류에게는 과학이 결여되어 있는 미개한 사유라는 견해도 구조주의 인류학자 레비-스트로스C. Lévi-Strauss에 의해서 거부된다. 그는 특히 원시인류의 신화적 사유를 옹호하면서 "과학은 '구조'를 바탕으로 그 수단과 성과를 '사건'으로 만들어내는 데 반하여 신화적 사유는 '사건'이나 그 잔재를 바탕으로 '구조'를 만든다는 사실을 밝힘으로써 소위 서구적 합리성에 입각한 문화 인식의 부조리를 지적한다.[12]

합리성을 바탕으로 인간의 행위를 설명하는 태도는 철학에만 국한되지 않았다. 콩트A. Comte의 실증주의가 근대의 정치/경제적 상황을 배

11) J. Goody, 앞의 책, 15f.
12) C. Lévi-Strauss, 「Die Wissenschaft vom Konkreten」, in; 『Das wilde Denken』, Frankfurt/M. 1973, 35f. 참조.

경으로 출현하면서 합리성 개념은 특히 사회학의 필수항목으로 자리 잡기에 이른다. 특히 베버M.Weber는 〈목적 합리성Zweckrationalität〉 개념을 사회적 행위를 설명하는 데 끌어들임으로써 합리성 개념을 사회과학적으로 정착시킨다. 베버는 "사회적 행위의 영역에서 '합리적'이라는 증거는 해당 의미연관을 남김없이 투명하게 지적으로 이해"시킬 때 인정된다. 여기서 "합리적이라고 이해되는 것은 직접적이고 분명하게 지적으로 의미있게sinnhaft 파악할 수 있는 것으로서 … 수학적이거나 논리적인 진술들의 관계에서 서로 마주보고 있는 의미연관들이다."[13] "목적- 합리적으로 행위하는 자는 자신의 행위가 목적과 수단 그리고 결과를 지향하도록 해야 하는데 이때 수단이 목적에 대하여, 목적이 결과에 대하여 그리고 다양한 가능한 목적들이 서로에 대하여 어긋나지 않는지 합리적으로 숙고해야 한다."[14] 수단은 목적에 적합하게 사용해야 하며 수단은 논리적으로 목적과 결합하여 조화를 이루어야 한다.

합리성이 수학과 논리의 성격을 띠면서도 '지적으로 의미있게 파악 가능한 것'이어야 한다는 점이 일차적으로 주목을 끈다. 소위 합리화(Rationalisierung)는 이제 수학적-논리적인 것을 이해가능한 것으로 탈바꿈시켜야 하는 과제를 짊어지게 된다. 신칸트 학파의 후예로서 베버는 방법론적으로 '이해의 방법'을 제창하고 합리성에 기초한 정치경제적 현실이 비인간적이고 비효율적인 관료제를 초래한다고, 목적-합리적인 행위가 지닌 난점을 지적하였다. 하지만 그 이후의 마르크스주의자들은 관념에 기초한 합리성 자체에 비판의 초점을 맞추어 합리성이 결과적으로 수치화 또는 계량화를 유발하여 물상화(Verdinglichung)와 물

13) M. Weber, Wirtschaft und Gesellschaft, Tübingen, 1972, S. 2.
14) 같은 책, S. 13.

신성(Fetischismus)을 야기함으로써 급기야는 인간소외의 원천으로 공격받기에 이른다. 특히 아도르노는 서구의 합리주의에 감추어진 계몽의 미몽을 고발한다.

아도르노는 소위 계몽주의가 합리주의의 형태를 띠든 경험주의의 형태를 띠든 사태를 통일적인 체계로 파악하려 하는 한에서 사태 자체와 만날 수 없다고 역설한다. 그 점에서 베이컨의 보편과학이나 라이프니츠의 보편학은 다를 게 없다는 것이다. 사태를 통일적인 체계로 구성하는 데에서 절대적으로 기여하는 것은 역시 형식논리적인 사유방식이다. "형식논리는 통일시키기를 위한 최고의 학습장이었다. 그러면서 형식논리는 계몽주의자들에게 세계의 계산가능성을 제시하였다. … 이에 따라 숫자는 계몽주의의 경전이 되었다."[15] 개별적인 사태를 계산가능성과 유용성의 척도로 판단하는 것은 주관의 형식을 객관에 덮어씌움으로써 주관적인 욕구를 반복적으로 객관에게 강요하는 부조리이다. 이러한 반복은 개별적인 현존재의 특성을 묵살할뿐더러 기존의 형식적인 체계에 반하는 어떠한 새로운 사실도 출현하지 못하게 하는 지적인 폭력이 아닐 수 없다. "철학적 판단은 이성이 이미 항상 대상에 부여한 것을 반복하는 한에서 어떤 새로운 것도 인식하지 못한다."[16] 현대의 문화산업에 대한 아도르노의 비판의 핵심도 소위 이성과 합리의 이름으로 행해지는 사물화와 획일화에 초점이 맞추어지고 있다.

---

15) M. Horkheimer · Th. Adorno, Dialektik der Aufklärung, Frankfurt/M, 1978, S. 10.
16) 같은 책 S. 27.

III. '합리적 인간(homo rationalis)' 너머의 인간 : 주체의 유동성 또는 모호성

아도르노와 호르크하이머의 이성/합리성/계몽에 대한 비판은 그들의 형식주의가 개별적 사태를 살아 있는 주체로 파악하지 않고 굳어버린 사물로 취급하며, 이미 주어진 형식적인 틀에 맞지 않는 것은 무의미한 것으로 배제하고 그들이 그어놓은 선 밖으로 내쫓음으로써 경험적 사태들의 고유성을 거부하고 이들을 합리적 판단의 주변부로 밀어냈다는 데 있다. 그럼으로써 결과적으로 중심에 대하여 이들 주변 또는 잉여의 영역에서 '새로운 것(the new)'이 출현할 수 있는 여지를 원천적으로 봉쇄하게 된다. 이러한 사정은 서구의 보편적인 합리성이 인간의 사유 활동의 특성을 드러내는 데 불충분했을 뿐만 아니라 그 합리성이 개별적 사태가 지닌 경우특수적인 합리성(die fallspezifische Rationalität)을 포괄하지 못하고 있음을 지적한 것이기도 하다.

그렇다면 서양인과 달리 동양인은 인간의 사유 활동을 어떻게 규정하고 있는가. 이들은 인간의 사유와 행위에 대한 획일적이고 절대적인 규정을 거부한다. 이들은 우선 무엇보다 서구 합리주의의 실체론적 사유에서 벗어나 나와 너, 이것과 그것의 구별이 아니라 양자의 상호 의존성 또는 관계성에 주목한다. 이들에게서는 실체성을 대신하여 관계성이, 통약 가능성을 대신하여 통약 불가능성이, 그리하여 확실성을 대신하여 모호성이, 보편성을 대신하여 특수성이, 중심과 주변이라는 차별적 주체의 수직적 구조를 대신하여 중심-주변의 구별이 상쇄된 동등한 주체 간의 수평적 구조가 세계 인식의 바탕이 된다. 이에 따르면 서구의 합리성 개념은 인간의 행위와 사태를 측정 가능한 것으로 전환시킴으로써 모든 개인적-사회적 사태를 자로 재듯이 '구획'짓기에 이른다. 사태를 구획지음으로써 분석과 분할과 투명성과 정확성이 근대의 모토로 작용하게 되었다. 이에 반해 동양은 인간과 세계의 '관계'에 초점을 맞추고 '관계'에서 나타나는 실질적인 현상에 착안한다. 여기에서는 세계에 대한 정당한 이해는 반드시 서구적일 필요가 없게 된다. 인간과 세계가 만나는 현장의 모습을 있는 그대로 드러낸다. 이 사실은 인간에 대한 동양인의 이해방식에서 다음과 같이 나타난다.

동양인에게 인간으로서의 〈나〉는 이미 항상 세계 속에서 형성되는 존재이다. 나는 규정된 존재가 아니라 활동하는 생성이다. 〈나〉라는 것은 없고 다만 〈무엇을 하고 있는 나〉, 〈어떻게 되고 있는 나〉가 있을 뿐이다.[17] 나는 고정된 명사가 아니고 움직이는 동사이다. 나 그 자체는 공허한 시니피앙일 따름이다. 민족도 마찬가지다. 〈나〉와 민족은 실체가 아니다. 무언가를 지향하고 있는 〈나〉가 있을 따름이다. 사유하는 나, 행위하는 나가 있을 뿐이지 나 자체의 고유한 실체성은 없다. 나는 오직 활동하고 있는 나를 의미한다. 이러한 자아의 활동성에서 나 그 자체가 독자적으로 설 수 있는 땅은 없다. 이렇게 나(주체)의 실체성이 거부되고 나면 〈나〉라는 말 자체가 거북해진다. 나 또는 주체는 편의상 그렇게 이름을 붙이는 것일 뿐 그에 해당하는 실재와 실체는 존재하지 않는다.

17) '행위'를 주체의 존재적인 지표로 삼는 전통은 유가적 사유의 기본이다. 이를테면 양명학의 '지행합일(知行合一)'은 단순히 지식과 행위의 통일에 대한 윤리적인 언명 이전에 지식이 이미 행위와 통해 있다는 점을 존재론적으로 함축한다. 따라서 내가 세계와 관계하는 데에서 지식은 하나의 방편에 지나지 않을 뿐이어서 지식의 정당성은 부단히 행위에 의해 검증받아야 한다. 그래서 언어행위의 목적도 "정보를 제대로 제공하는 일이 아니라 행위에 영향을 미치는 일"이다(M. G.ranet, Das Chinesische Denken, Frankfurt/M. 1985, 12). 이는 인간이 원초적으로 지식과 언어에 앞서 이미 항상 행동하고 있다는 사실을 전제한다.

〈나〉가 고정된 실체가 아니며, 그 자체로는 아무런 내용을 지니지 않은 빈껍데기라고 하지만, 그렇다고 해서 내가 무(無)는 아니다. 나의 무실성(無實性)이 곧 나의 무성(無性)을 의미하지는 않는다. 나의 실체성이 부정될 때 부정되는 것은 나의 존재성이 아니라 나의 고정성이기 때문이다. 움직이는 활동성으로서 나는 대상을 향해 열려 있다. 그런 한에서 나는 이미 항상 대상 지향적이다. 따라서 나는 내가 지향하는 타자를 필요로 한다. 이렇게 말하면 다시 〈나〉와 〈타자〉가 서로 다른 실체로서 대립하는 것 같지만 이는 다만 설명을 위한 언어의 한계에서 비롯한 것일 뿐 실제로 나와 타자는 대립항 또는 대립적 실체가 아니다. 실재하는 것은 오직 상호 긴밀한 의존성 또는 관련성뿐이다. 이러한 실상은 불가의 연기(緣起)설 그리고 유가의 반구(反求)의 논리에서 찾을 수 있다. "나가르쥬나는 원시불교의 교리인 연기설을 잘 활용하여 모든 개념들의 상대성, 즉 상호의존성을 드러내면서 그것들이 실재한다고 간주할 수 없다고 주장한다."[18] 또한 박동환은 공자의 논리를 분석하여 "반구는 자기의 모습과 자기의 할 바를 타자의 소리에서 찾는 것이다. 말하자면, 자기로부터 타자에게 요구되는 것이 아니라 타자에게서 자기에게 요구되는 것을 찾는 것이다."[19] 나는 타자와 관계하는 한에서만 나다. 그래서 나의 정체성 규정은 곧 나의 타자 관계의 성격 규정과 동치이다. 타자 관계의 규명을 떠나 나를 말할 수 없다. 타자는 나를 형성하는 울타리이다. 울타리는 내가 타자와 구별되는 경계선이지만 또한 타자와 소통하는 창구이다. 울타리는 타자의 존재를 전제할 경우에만 성립하며 타자와의 구별과 소통의 가능성 속에서만 형성된다. 그런 한에서 나의 울타리는 가변적이고 잠정적이다. 울타리의 유동성이 여기서 성립한다.[20]

18) 마티랄, 앞의 책, 244f.
19) 박동환, 『안티호모에렉투스』, 강릉 2001, 36쪽.

나의 울타리는 타자 관계의 성격에 따라 끊임없이 그 경계가 재조정된다. 울타리는 나의 잠정적인 정체성을 유지시키는 경계를 뜻하면서, 타자와 소통하기 위한 조건이다. 따라서 울타리는 부단한 생성 속에 있다. 타자관계 속의 나는 생성되고 소멸하는 일종의 주름이다. 타자관계란 타자에 대한 경험을 뜻하는데 이 경험은 다양하고 복합적이기 때문에 타자관계에서 형성되는 내 안에는 다양한 요소들이 복합적으로 공존하며 활동한다. 그런 한에서 나는 복합적인 융합작용이다.[21] 융합작용이라고 하더라도 내 안의 다양한 요소들 가운데 서로 친화적인 것들끼리는 화합하지만 서로 배타적인 것들끼리는 반목한다. 또한 배타적인 것이라고 해서 반드시 나의 구성에 역기능만 하지 않고 길항작용을 하기도 한다. 갈등의 순기능을 말하는 것이다. 여기서 나를 향한 구심력에 우호적인 타자의 힘과 적대적인 타자의 힘을 구분할 수 있는데, 무엇이 생산적인 비판의 힘이고 파괴적인 비판의 힘인지를 구별하기는 쉽지 않다. 하지만 중요한 것은 유동적인 울타리로 감싸여 있는 내 안에는 서로간에 양립할 수 없는 요소들도 특정한 연결고리 없이 병존하고 있다는 사실이다. 나의 타자 경험은 나의 의지적이고 의식적인 선택 사항에만 국한되지 않기 때문이다. 그런 한에서 나는 정합적인 통일체(coherent identity)가 아니다. 나는 나이면서 또한 내가 아니다. 내 안에는 나에게

20) 자타(自他)관계의 필연성은 동양에서 '사회적인 것(the social)'의 의미가 발달하게 된 이유이기도 하다. 동양에서는 서양과 달리 "시간적인 지속과 공간적인 연장도 그것들이 '사회적인 질서'를 충족시킬 때에만 현실적 가치를 지닐"(M. Granet, 『Das chinesische Denken』, Frankfurt. M. 83) 만큼 자기의 타자 관계성은 자연적인 사태 인식에서도 중시된다.

21) 복합적인 융합작용으로서의 '나'는 엘리아스가 말하는 '융합체Figuration'에서 빌어 왔다. 그의 융합체는 물론 개인이 아니라 사회이다. 그가 사회대신에 융합체라는 용어를 사용하는데, '사회'에 비해 '융합체'가 "개인들로 구성된 상호의존적인 그물망"이라는 유동적이고 가변적인 현상을 더 잘 형상화한다고 보기 때문이다(N. Elias, Über den Prozeß der Zivilisation, Frankfurt/M. 1995, LXVIII).

낯익은 나뿐만 아니라 나에게 낯선 나도 끼어들어 있다.

울타리가 유동적이기는 하지만 울타리 안을 〈나〉라고 부를 수 없는 것은 아니다. 그 이유는 울타리 안의 요소들이 특정한 결합을 통하여 비록 잠정적이기는 하지만 보이지 않는 중심을 형성하기 때문이다. 이 중심은 울타리 밖의 타자의 중심과 구별되는 〈나〉 고유의 속성을 지닌다. 이때 〈나〉에게는 나를 구성하는 주도적인 힘과 그 힘에 의해 주변으로 밀리는 요소들이 생기는데, 나의 의식은 그 주도적인 힘을 나로 믿지만 실제의 나는 주변으로 밀리는 요소까지를 포함한다. 따라서 나 속에는 상호배타적인, 나에게 낯선 요소들까지 잠입해 있어 그것들이 내 안에서 동요하면서 나를 유동적이고 활동적인 존재로 몰아간다. 그러니까 나의 동일성을 확보해주는 요소 못지않게 나의 비동일성을 야기하는 요소 또한 나의 울타리를 형성하는 힘으로 작용한다. 타자와의 경험적인 관계에서 형성된 나의 요소들 사이의 친화성과 배타성으로 인해 나는 한 편으로 구성되면서 다른 한 편으로 해체된다. 구성과 해체의 이중성으로 인해 나는 끊임없이 활동하는 유동체가 된다.

이상의 서술은 인간을 합리적인 척도에 따라 측정한다는 일이 얼마나 부당한지를 드러낸다. 인간은 이미 항상 경계인이다. 경계에서 오락가락하는 유동체로서의 인간을 구획짓고 분할하는 태도는 인간의 실상에 대한 그릇된 이해에서 비롯하며 이는 결과적으로 자기를 타자에게서 분리시켜 타자를 자기에게 종속시키고 폄하하는 불평등의 구조를 고착시킨다. 동양의 양자부정과 양자긍정의 논리에 나타난 경계불확정의 세계관은 '오락가락'과 '긴가민가'하는 식의 모호한 태도를 일상에 파급시킴으로써 합리성을 근간하는 서구식의 근대화 과정에서 파행성을 면치 못했지만, 이를 이제 거꾸로 사태에 대한 올바른 인식에서 비롯한 태도로 이해할 경우 새로운 문명의 돌파구를 마련할 수 있는 초석으로 작용할 수 있다. 그러한 태도가 아직까지는 새로운 질서의 창출로 이어지지 못하여 빛을 보지 못하고 있지만, 그 안에 담긴 입체적인 의미를 발굴할 경우 서구적인 합리성이 부딪친 난관을 극복할 수 있는 단초를 마련하는데 기여할 수 있다. 서구의 합리성 자체는 사태에 대한 이성적인 판단을 근간으로 한다는 명목 아래, 실제에서 그 합리성은 자기중심적 이성의 확산과 지배로 나타난데 반하여, 동양의 초(超)합리성은 서양의 합리성이 지닌 평면적인 적용을 극복하여 자-타 중심적인 수평적 인간관계를 정립하는 입체적 구상에 기여할 수 있다. 서구의 합리성이 지닌 당위적 윤리성은 사실적 비윤리성로 판명되고 있는 지금 동양적인 초합리성은 서구적 합리성의 비윤리성을 넘어서 새로운 차원의 윤리를 정립하면서도 그것이 자기중심적이지 않은, 그럼으로써 그것의 객관적인 타당성을 인정받을 수 있는 길을 열어야 한다. 디지털 시대의 가속화와 더불어 상호 평등과 균등의 민주주의적 가치가 확산되고 있는 지금 이 추세에 반하는 비윤리적인 합리주의는 점차 설 땅을 잃게 될 것이고 이에 상응하는 대안을 아시아적 사유는 마련해야 하고 또 마련할 수 있다고 본다.

Ⅳ. 타자 조건적인 존재로서의 인간의 초(超)합리성

인간 사유는 합리적인 사유 안에만 갇히지 않을 뿐더러 존재론적으로도 합리의 영역 이상을 내포한다. 동양의 논리에 따르면 “합리성과 비합리성은 나란히 존속한다.”[22] 여기서 비합리성은 이제 단순히 이성적인 것에 대한 감성적인 것을 뜻하지 않는다. 합리성이 인식 주체인 ‘자기’

22) J. Goody, 앞의 책, 14쪽.

에 의해 구성되고 구획지어진 것인 한에서 합리성은 자기의 울타리를 벗어나지 못하는 데 반하여 이제 비합리성은 타자적 관계를 고려해야 하는 한에서 주관적 합리성을 넘어 이를 포괄하는 초합리성을 띠게 된다.[23)]

이제 나를 나로서 유지시키는 힘을 내가 의식하는 합리적인 요소에만 국한시킬 수 없게 된다. 내가 의식하지 못하는 타자적 요소가 초합리적인 것으로 나에게 작용한다. 합리성이 수학적 논리를 바탕으로 한 예측가능성에 의존하는 반면, 초합리성은 예측불가능성을 특징으로 한다. 나의 구성요소의 다양성은 나의 타자 접촉 또는 타자 경험에서 비롯한다고 할 때, 타자는 기존의 내가 예상하지 못했던 또는 예상할 수 없는 방향과 내용을 가지고 나에게 침투한다. 타자의 침투에 나는 선택적으로 반응할 수도 있지만 무방비 상태로 – 의식적이든 무의식적이든 – 수용해야 하는 경우도 있다. 그래서 타자 경험에서 비롯되는 나의 형성 요소들은 나의 통일적인 구성력에 의해 의식적으로만 구성되지는 않으며, 타자 경험의 무차별적인 다양성은 나의 통일적인 구성을 불가능하게 만든다. 그렇다고 해서 내가 관계하는 타자가 무한정 다양하지는 않다. 내가 처한 시공간적인 한계 안에서 접하는 타자하고만 나는 관계할 수 있기 때문이다. 이렇게 한정적인 자타(自他) 관계는 나의 능력의 문제라기보다는 나의 욕구와 필연의 문제이다. 내가 나의 위치에서 만나는 타자에 대해서만 나의 욕구를 표현할 수 있다. 그래서 자타 관계는 상대 타자의 특성, 특히 그의 욕구와 상응해야 한다는 점에서 타자 고려적인 성격을 띨 수밖에 없다. 자기의 자율성 못지않게 타자 의존적인 타율성이 요

---

23) 동양인의 시(詩)적, 정감(情感)적 성향은 합리성에 대립한다기보다는 타자관계에서 형성되는 자기의 유동적인 상황을 초합리적으로 표현한 것으로 볼 수 있다.

구되는 것이다. 나의 주위에 어떤 타자가 위치하고 있으며 그 타자가 어떤 성향을 지니고 있느냐에 따라 나의 타자 경험은 달라진다. 그런 한에서 나의 타자 관계는 조건적(conditional)이며, 따라서 자타 관계의 영역은 무한정 열려 있지 않다. 공자가 인(仁)과 예(禮)에 대하여 보편적인 언명을 피하고 다양한 방식으로 설명한 것은 그것들이 특정한 조건 속에서 경우에 따라 달리 해석되기 때문이다. 예를 들면, 공자는 제자 자로와 염유가 각각 "들으면 곧 행해야 합니까(聞斯行諸)"라고 묻는 데 대하여, 자로에게는 "부모 형제가 살아 있으니 들으면 곧 행해서는 안 된다."고 답하고 염유에 대해서는 "들으면 곧 행하라."고 답한다.[24] 공자는 여기서 이들 각자의 상황과 성향을 고려하여 이에 합당한 대안을 제시하고 있다. 하나의 사태는 이렇게 상황과 문맥에 따라 달리 해석되고 있어서 그것에 대해 일괄적이고 보편적인 규정을 내릴 수 없다. 어떤 사태에 대한 설명과 처방은 '조건'에 따라 달라져야 한다. '조건'은 내가 처한 타자관계의 맥락이다. 이 타자적 맥락을 간과할 경우 자기를 포함하여 사태에 대한 본질적인 이해가 불가능하다.

유가의 시각에서 볼 때 이제 나의 자유는 이성이 지향하는 획일적인 자유가 아니며 타자관계의 조건 속에서의 자유가 된다. 나는 자유롭게 사유할 수는 있으나, 나의 사유를 자유롭게 실현할 수는 없다. 사유의 실현은 조건의 영향을 받기 때문이다. 나의 자유의 표현은 특정한 타자적 조건 밖으로 나아갈 수 없으며, 내가 접근 가능한 자연적이고 인위적인 조건 속에서만 활동할 수 있다. 따라서 나의 한계는 곧 타자 관계의 한계이며, 그런 한에서 나의 존재는 전적으로 타자관계에 의존적이다. 타자관계를 통한 자기 정립은 자기의 타자 의존성 그 이상의 의미를 내포한

24) 논어, 선진편, 22장.

다. 그것은 새로운 나를 만날/만들 수 있는 가능성이 타자 관계에 포함되어 있다는 사실이다. 나의 유동적인 울타리 안에는 자신이 의식하든 못하든 자신에게 낯선 요소들이 포함되어 있다. 이 요소들 때문에 나를 둘러싼 조건 밖의 타자를 나는 수용할 수 있는 가능성을 지닌다. 내가 의식하고 있는 내 안의 낯선 것은 그것과 호응하는 타자가 밖에서 침투할 경우 그것을 내가 이미 가지고 있다는 이유에서 친밀감을 느껴 수용할 수 있는 일종의 충격흡수장치 역할을 수행한다. 이렇게 외부의 낯선 타자가 반복적으로 나에게 침투할 경우 나는 내 안의 잠재된 타자를 더 이상 나에게 낯선 것으로 대하지 않고 차츰 친밀감을 가지고 내 것으로 삼기에 이른다. 하지만 반대의 경우도 가능하다. 내 안의 잠재된 타자에 대해 내가 강도 높게 거부감을 느낄 경우 외부에서 침투한 타자는 내 안에 잠재된 타자의 타자성을 강화시켜 오히려 나의 거부감을 증폭시킨다. 그러니까 내 안의 타자는 한 편으로는 외부의 타자와 호응/공명하여 상호친화력을 가지고 나에게 익숙한 것으로 전환함으로써 기존의 나와는 다른 새로운 나를 구성하는 계기가 될 수 있지만, 다른 한 편으로 외부의 타자에 영향을 받아 내 안의 거부감/저항력을 강화시킴으로써 현재의 나의 진행을 가로막는 걸림돌이 되기도 한다. 내 안의 타자가 나에 대하여 이렇게 인력(引力)과 척력(斥力)의 이중적인 의미로 작용하는 중심에 나는 서 있다.

〈지금 여기의 나〉를 중심으로 볼 때 나는 이제 이중의 이중성으로 얽힌 복잡한 구조 속에 있다.[25] 유동적인 울타리로서의 나는, 현재의 나에게 익숙한 내 안의 구심적인 요소들, 그 나에게 친근한 내 밖의 타자적인 요소들, 나에게 낯선 내 안의 타자에게 친근한 요소들 그리고 그 타자에게 낯선 요소들로 구성된다. 하지만 이러한 나의 구성 요소들에 대해 전적으로 낯선 타자도 생각할 수 있다. 이 타자는 (무의식적인) 경험 요소

가운데 잠재되어 있는 내 안의 타자에게조차 낯선 타자이다. 이 타자는 내가 익숙한 요소로든 낯선 요소로든 경험한 적이 없는 전적으로 낯선 것이다. 그런데 내가 무의식적으로라도 경험한 적이 없는 이 타자를 나는 수용할 수 있을까? 선천적으로 무엇이든지 수용할 수 있는 가능성을 내가 이미 잠재하고 있다고 전제하지 않을 경우 낯선 타자의 수용은 불가능하게 보인다. 아니면 내가 경험하지 않은 낯선 것이 나에게 밀려 올 때 나는 이미 경험한 것을 바탕으로 이를 변형시켜 수용하는가? 이를테면 한국어가 모국어인 이에게 영어는 어떤 형태로든 변형되어 습득되지 않는가? 모국어에 익숙하여 영어를 전혀 접한 적이 없는 이들에게 영어는 타자성 그 자체로서가 아니라 어떤 식으로든 변형되어 습득되기 마련이다. 이에 대해 한국인 2세의 미국 아이는 영어를 모국어처럼 능숙하게 구사할 수 있다는 사실을 들어, 나는 전적으로 낯선 타자를 무한히 수용할 수 있다고 반론을 제기할 수 있다. 하지만 이는 어디까지나 언어능력을 통하여 자기구심적인 힘이 자기를 형성하기 이전 단계의 이야기이다. 신생아의 언어적 능력은 무한정 열려 있다. 하지만 가능성이 곧 현실성은 아니다. 가능적으로 무한히 열려 있다고 해도 최초의 타자 접촉의 내용과 방식에 따라 이미 특정한 자기구심적인 기제가 형성되며 이에 따라 가능성은 현실적으로 다른 가능성들이 배제되면서 일정한 현실태로 닫히기 마련이다. 따라서 어떤 형태로든 초기의 경험이 결정적으로 중요하며, 이후의 타자 수용은 이러한 초기 경험에 의한 해석과 변형에 의존하지 않을 수 없다. 첫 단추를 어떻게 끼우느냐에 따라 그 이후의 경

---

25) 이러한 양상은 헤겔의 사변의 논리에 나타난 이중의 이중성을 떠올리게 하는데, 헤겔 철학은 기독교 문명권을 정당화한다고 일반적으로 평가되고 있지만 그 실상에서는 동양적 요소를 다분히 지니고 있다. 특히 그의 유무한(有無限) 동일성 논리는 기독교적이라기보다는 불교적이라고 보인다. 왜냐하면 이는 기독교적 '초월'의 원리가 아니라 불교적 '내재'의 원리와 상통하기 때문이다.

험 내용은 정도의 차이는 있지만 서로 다르게 나타난다. 아무리 새로운 타자가 나에게 주어진다고 해도 내 속에 의식적 또는 무의식적으로 이미 지니고 있는 경험적인 내용을 바탕으로 재구성하여 수용하기 때문에 타자 자체를 그대로 수용할 수 없다.[26)]

타자 경험의 자기 변형과 관련하여 타자의 실상, 정확히 말하면 나에 대한 타자의 의미를 검토할 필요가 있다. 실제의 현실에서 문제가 되는 것은 타자가 아니라 자기가 타자와 만나는 접점이다. 타자 그 자체는 공허하다. 나는 사물과 타자의 〈속〉이 아니라 단지 그들의 〈겉〉과 관계할 따름이어서, 타자는 나에게 이미지로서만 의식될 뿐 타자 자체를 있는 그대로 체험할 수 없다. 나는 타자를 상상할 수는 있어도 경험할 수는 없다. 타자는 〈나의 부정태〉로서 나에게 어떤 상(像)으로 다가올 뿐 나 자신처럼 살아 있는 긍정태로 감지되지 않는다. 그래서 문제는 한계(限界)가 아니라 관계(關係)이며 타자(他者)가 아니라 매개(媒介)이다. 한계나 타자 자체가 아니라 한계/타자와의 접점이 문제이며 이 접점에서의 관계/매개의 방식과 내용이 현실적 사태의 실상이다. 타자나 한계 그 자체는 객관적으로 실재하지만 나에 대하여 그것은 가상에 지나지 않으며, 한계의 안과 밖 그리고 자기와 타자의 접촉점만이 인식과 행위의 실질적인 의미체로 주어진다. 동양에서는 서양과 달리 초월적인 존재를 요청하지 않고도 순전히 내재적인 방식으로 사태를 설명하는데 이러한 태도는 동양이 '한계'와 '타자' 대신에 '관계'와 '매개'를 사태의 본래적인 성향으로 파악하기 때문이다.

---

26) 이러한 생각은 가다머 류의 해석학에서 말하는 선(先)이해의 불가피성을 떠올릴 수 있지만 이러한 발상은 동양의 내재적 방법론의 특징이기도 하다.

내가 타자의 속에 들어갈 수 없고 단지 이미지로서만 타자를 표상할 수 있다는 사실은 실천적인 맥락에서 대단히 중요한 의미를 지닌다. 자기와 타자 그리고 주관과 객관의 동일성을 말하지만 실제에서 그것은 양자의 합일이 아니라 양자의 관계 양상을 뜻할 따름이다. 이 부분이 충분히 검토되고 활용되어야 한다. 동양의 존재논리에서는 엄밀한 의미에서 양자의 동일성이란 없으며 양자가 관계하는 동일적 지평만이 있을 뿐이다. 동일성이 실체적 성격을 띠고 존재하지 않는다. 타자가 어떤 실체적인 내용을 지니고 자기와 관계하지 않는다. 자기 또한 타자에게 마찬가지 의미를 지닌다. 각자에 대해 타자적 관계는 자기의 운명이다. 각자는 타자의 굴레를 벗어날 수 없기 때문이다. 그래서 동양의 윤리학은 타자를 향한 윤리가 대단히 발달하였다. 이러한 경향이 실제생활에서 허례허식이라든지 체면치레 그리고 표리부동이라는 부정적인 태도를 낳았지만 그 본래의 취지는 타인을 자기처럼 사랑하고(仁), 타인에게 정성을 다하여 섬기는(禮) 데 있다. 유가의 주객동일성이나 불가의 자타불이(自他不二)는 모두 타자중심적 세계관에 입각해 있지만 이때 타자는 자기가 의존하고 지향하는 하나의 항(項) 또는 시니피앙일 뿐 내용을 지닌 시니피에가 아니다.

따라서 타자의존적 또는 타자지향적 세계관에서 타자와의 '관계'가 중시되지만 그 관계의 의미는 서로의 속으로 파고들어 감이 아니라 글자 그대로의 의미에서 '접촉'일 뿐이다. 그래서 관계의 '저편'은 존재하지 않는다. 접촉을 한다면 접촉하는 각 주체의 속살을 생각하기 쉬운데 그 속살이 실은 허구라는 것이다. 주체의 속 내용을 상정하고 이를 자기와 타자 각자에게 담긴 미지(未知) 또는 불확정의 영역으로 상상할 수 없다. 접촉의 메커니즘에 이미 서로의 실상이 그대로 드러나고 있기 때문이다. 접촉 그 바깥은 없다. 그 바깥은 비어 있다. 하지만 앞에서 이중의 이중으로 얽힌 자타관계에서 드러나듯이 그 접촉의 실상은 평면적이지 않고 복합적이라는 점이 고려되어야 한다. 이 점 때문에 동양에서는 논리적인 합리성보다는 감성적인 직관이 더 상위의 인식능력으로 평가하는 경향을 보였던 것이다. 이는 행위이론에서도 서구적인 목적 합리성이 지향하는 '실용성'에 반하여 동양에서는 모호성에 토대를 둔 '미학성'이 강조되는 이유이기도 하다.[27] 중층적인 관계 그리고 복합적인 조건 안에서 발생하는 '사건으로의 나'는 항상 유동적이고 잠정적일 수밖에 없으며, 따라서 그 나에 대한 규정은 이미 정해진 틀로 환원될 수 없다. 동양의 초합리주의는 이러한 맥락에서 사태의 본래적인 면모를 만나기 위한 대안이었다. 이는 경험적 합리주의(empirical rationalism)가 아니라 초합리적 경험주의(trans-rational empiricism)의 태도라 부를 수 있다. 이 태도에는 한 편으로 서구적 합리의 구획짓기를 거부하여 그 밖으로 나아가면서도 다른 한 편으로 구체적인 경험적 관계와 조건이 사태 판단에 고려되기 때문이다.

V. 주체 혁신의 초합리주의적인 근거와 방법

서양의 합리성 논리와는 달리 동양의 초합리성의 논리에서는 '새로운 것'이 출현할 수 있는 근거가 마련되어 있다는 사실에 이제 주목하자. 서양의 합리성 논리는 기존의 선험적 틀을 대상의 특성이나 조건에 관계없이 무차별적으로 반복해서 적용한다는 점에서 본성상 새로운 것을 설

27) 이 '미학성'이 한국의 경우는 '틀 깨기', 일본의 경우는 '텅 빈 공간' 또는 '틈' 그리고 중국의 경우 '여백'으로 나타난다고 보인다. 최준식, 『한국미, 그 자유분방함의 미학』, 효형출판, 2000. 그리고 R. 바르트, 『기호의 제국』, 김주환, 한은경 옮김, 민음사, 1993 참조.

명할 수 있는 근거가 없다.[28] 이에 반해 앞서 서술한 동양의 초합리적 경험주의에서는 새로운 것이 출현할 수 있다. 초합리적 경험주의는 타자-관계성과 타자-조건성을 토대로 삼으면서도 그 타자를 초월적으로 설정하지 않고 내재적인 방식으로 구하며, 그것도 선험적 형식을 전제하지 않고 구체적인 경험을 바탕으로 진행되는 한에서 거기에서는 끊임없이 새로운 것이 출현할 수 있게 된다. 타자성, 내재성, 경험성 등의 요소는 결정불가능성(모호성), 유동성, 개방성으로 이어진다. 동양적 초합리주의의 이러한 특성들은 이제 주체를 어떻게 혁신할 것인가 하는 문제에 대해 의미있는 실마리를 제공한다.

주체의 자기 혁신을 위해 취할 수 있는 선택지는 크게 보아 세 가지이다. 바로 앞의 나를 반복적으로 확대재생산하는 길, 이미 있었지만 잊고 있었던 과거의 힘을 되살리는 길, 그리고 아직 역사 속에 실현되지는 않았지만 실현가능성이 있는 미지의 영역을 개척하는 길이다. 이 세 가지 경우를 나는 각각 '관성적 현재의 가속화', '경험적 과거의 재발굴' 그리고 '지성적 과거의 현재화'라고 이름 붙인다.[29] 첫 번째 경우는 새로운 나의 현실적인 실현 가능성을 위해 고려해야 할 사항이기는 하지만 새로운 것의 출현의 준거점일 수는 없다. 세 번째 경우는 미지와 미답의 영역이어서 시도할 가치는 충분히 있지만, 자칫 잘못하여 비현실적인 메시아주의나 공허한 형이상학적 예언에 빠질 위험을 항상 경계해야 한다. 두 번째 경우는 실제 역사에서 가장 빈번하게 출현하고 또 역사 실천

28) 졸고, 「〈새로움〉에 대한 역사철학적 이해의 고비들」, in: 『진리를 찾아서』, 송병옥 교수 정년퇴임 기년논문집, 철학과 현실사, 2000, 42ff. 참조

29) 첫 번째 경우는 헤로도투스와 투키디데스에서 출발하는 고대의 역사철학이 취한 직선적인 역사관이며, 두 번째 경우에는 근현대 이후 벤야민 류의 불연속적 역사관이 속할 수 있겠다. 세 번째 경우는 역사철학에서 아직까지 표명되고 있지 않은 입장이다.

가들이 가장 애호하는 방식이다. 새로워지기 위하여 나는 내가 전혀 경험한 적이 없는 생소한 것을 – 여기에는 비단 내가 당대에 직접 경험한 사항만이 아니라 나의 선조들이 경험했던 역사적인 흔적도 포함된다 – 현재의 나에게 억지로 끼어 맞추기보다는 직접 간접으로 나에게 어느 정도 낯익은 것을 현재 안으로 끌어들이는 것이 무리를 줄이고 일리를 수반하기 때문이다.

과거의 경험적 사실에서 현재의 새로워지고자 하는 나의 의식과 행위의 근거를 마련하는 일은 국가의 경우 정치적 또는 역사적 '정당성'과 관련된 사항이다. 현재를 주도하는 역사적 관성에 거슬리는 대안을 제시하는 데 급급할 일이 아니라 그 대안을 정당화할 수 있는 뿌리를 찾는 일이 중요하며, 그래야만 그 대안이 설득력을 지닐 수 있기 때문이다. 그래서 역사 혁신의 주체는 현재의 자신의 욕구에 맞물릴 수 있는 과거에 눈을 돌리게 된다. 그러면서 현재 나에게서 쉽게 발견할 수 있는 가시적인 사항만이 아니라 나의 기억에서 희미해진 먼 과거의 사실까지도 점검하여 현재 속으로 끌어들일 필요가 있다. 여기서 자기 혁신의 주체가 어떠한 역사문화적 흔적을 현재의 나와 연결시킬 것인가 하는 문제가 생긴다. 과거를 현재로 끌어들이는 데에는 크게 두 방향이 있다고 할 수 있다. 하나는, 구체적으로 드러난 역사적 사실이며, 다른 하나는 구체적으로 실현된 적은 없지만 사상으로 전수되고 있는 내용이다. 나(우리)가 실제의 역사적 사실을 바탕으로 현재를 정당화할 경우 내 안에 과거의 실천적 잠재력을 담보하고 있기 때문에 그것은 현재의 나를 추진시키는 실천력을 강화한다. 이에 비해 과거의 사상적 내용을 현재에 되살리는 일은 그 사상이 현실과 접목되지 않았을 경우 전자만큼 현실적인 위력을 지니지는 않지만 사상적 방향전환을 시도하는 데에서는 전자보다 훨씬 강력할 수 있다. 지금까지 드러나지 않은 내 안의 가능성을 발굴하는

데 과거의 사상이 – 역사적 사실/사건이 아니라 – 도움이 된다면 그 사상을 적극적으로 계발하고 동원하여 현재의 나를 세우는 중심축으로 삼을 수 있다. 과거의 모든 사상이 당시의 현실과 직접적으로 호응해 온 것은 아니다. 어떤 사상은 당대에는 그 가치를 제대로 평가받지 못하여 현실이 그 사상을 뒷받침하지 못하다가 시대를 뛰어 넘어 후대에 이르러서야 그 사상에 걸 맞는 현실을 만날 수 있다. 사상과 현실의 이러한 불연속적인 접맥은 새로운 나를 구성하는 데 필수적이다. 과거에 비록 실현되지는 않았지만 인간과 세계에 대하여 주목할 만한 식견을 보여준 인물의 사상을 발굴하여 이를 현재에 되살리는 일은 그래서 중요하다.

하지만 사상 자체가 바로 현실과 접목될 수는 없다. 앞서 언급했듯이 현실의 등 뒤에는 역사의 관성이 작용하고 있다. 과거의 혁신사상을 오늘에 되살리려 해도 그것을 수용할 현실적인 여건이 숙성되어 있지 않으면 공염불이 되기 십상이다. 좋든 싫든 현실은 이미 그렇게 되었다는 사실만으로 항상 자기 존립과 주장의 근거를 충분히 지닌다. 하지만 현실에서 실현된 적이 없는 사상이라고 해서 그것이 앞으로도 실현될 수 없다고 말할 수는 없다. 그 사상을 현실에 적용시켜보기 전에는 누구도 그 실현가능성 여부를 예견할 수 없다. 역사는 결과적으로만 진실을 드러내기 때문이다. 새로운 역사적 사실은 역사 안에 이미 실현된 적이 있는 사실을 근거로 출현하기도 하지만, 사상으로만 있었을 뿐 실현된 적이 없는 사실(사상으로서의 史實)을 지향하는 데에서 나타나기도 한다. 나는 과거의 경험적인 나에게만 국한되어 있지 않기 때문이다. 나는 열려 있다. 나에게서 무엇이 가능할지는 아무도 모른다. 과거에 '이미 이루어진 나'가 있다면, '아직 되지 않은 나'가 있다.[30] 그런 한에서 나는 지금까지 한 번도 실현된 적이 없는 나를 찾아 나설 수 있고, 이 나를 사상적으로 뒷받침할 수 있는 근거를 과거에서 가져올 수 있다. 여기서 역사 속에 가능적으로 열려 있는 나와 구체적인 역사적 조건 속에 닫혀 있는 나 사이의 관계가 관건이 된다.

나는 타자에게 열려 있는 존재, 타자관계를 떠나서 존립할 수 없는 존재라고 할 때 타자 관계를 지금까지 타자 〈경험〉에 국한시켜 논의했다. 하지만 이는 어디까지나 인식론적이고 사회철학적인 맥락에서 통용될 수 있는 설명이다. 하지만 나를 타자에 대한 경험적 관계에만 환원시킬 수 없다.[31] 그렇다면 어떤 근거에서 나를 인식론적이고 사회철학적인 맥락 밖으로 끌어낼 수 있을까? 그것은 내가 이미 드러내고 있는 현상 가운데 내 자신이 짓지 않은 것들이 존재하기 때문이다. 이를테면 생각(思惟) 자체는 내가 만든 것이 아니다. 생각은 내가 지은 것이 아니어서 생각의 작용과 정지를 내 마음대로 정할 수 없다. 나에게서 생각은 그냥/그저 일어날 뿐이다. 사유는 그 원인을 자기 밖에 지니는 하나의 사건이다. 사건으로서의 사유는 나의 통제 영역 밖에 있으며, 따라서 그것을 야기하는 제 3의 힘을 설정하지 않을 수 없다. 하지만 제 3의 힘은 나의 인식 대상이 아니다. 그것은 나에게 일방적으로 다가와 사유라는 현상만을 드러낼 뿐이어서 현상 이전의 사유의 모습을 나의 사유는 접할 수 없다. 근원적인 타자라고 부를 수 있는 이 제 3의 힘을 나는 추측할 수는 있어도 추론할 수는 없다.

---

30) 블로흐의 희망의 철학에 서술된 '아직-아님의 존재(das Noch-Nicht-Sein)'를 필자는 염두에 두고 있다. E. Boch, Das Prinzip Hoffnung, Kapitel 1-32(Frankfurt/M. 1985)에서 특히 "Entdeckung des Noch-Nicht-Bewußten oder der Dämmerung nach Vorwärts" 참조.

31) 이 대목은 앞에서 필자의 입장을 '초월적 경험주의'라고 밝힌 것과 충돌하는 것으로 보인다. 그런데 동양의 경우특수적 사유에 나타난 경험주의는 용(用)의 영역에서 그런 것일 뿐 체(體)의 영역에서는 경험주의로 묶을 수 없다. 그러니까 유가의 본연지성(本然之性)의 성(性)과 리발기승(理發氣乘)의 리(理)는 형이상학적 사태로서 윤리적 초월성을 담고 있다. 이 점을 고려하여 필자는 이후의 논의를 전개한다.

여기서 중요한 점은 나의 사유에서 일어나는 현상들이 경험적인 것에 국한되지 않는다는 사실이다. 나의 사유는 주어진 사태의 인식이나 사회적 관계만으로 환원되지 않는다. 이를 사유의 초월성이라고 부를 수 있다. 역사적 현실 속의 나는 한정적이지만 초월적 존재로서의 나는 무한정적이다. 이 사실은 존재론과 윤리학의 두 측면에서 검토될 수 있다. 나 그 자체는 무한정적으로 열려 있는 존재이다. 역사와 사회는 나에게 덮어씌워진 일종의 굴레로서 특정한 역사와 사회의 틀 속에 있는 나는 그 틀 속의 나를 마치 나의 전부인 양 믿고 있지만 실제에서 나는 그 바깥의 사태와 얽혀 있는 형이상학적 존재이다. 나의 이러한 초월성은 내가 기존의 역사와 사회에 국한된 나에서 탈피할 수 있는 근거가 된다. 초월성으로 인해 나는 기존의 역사/사회적인 탈을 벗고 새로운 탈을 쓸 수 있다. 그러니까 초월성은 내가 새로운 나로 재탄생하기 위한 존재론적인 빌미로서 그 자체로는 내가 정형화할 수 없는 절대 타자의 특성을 지닌다. 여기서 나의 초월성은 나의 혁신을 위한 존재론적인 토대를 제공하는 데 그치지 않고 혁신의 방향을 제시하는 윤리적 근거와 관련된다는 사실이 중요하다. 초월성은 그 자체로는 아무런 내용을 지니지 않으면서 단지 내 존재의 자유자재를 보장하는 근거에 머물지 않고, 가능태로서의 자유자재인 내가 지향해야 할 당위적인 방향을 제시한다. 그리하여 초월성은 새로워질 나의 규범적인 근거와 상관된다. 이를테면 자유와 평등 그리고 인권과 양심 등은 초월적인 원리로서 경험적인 것에서 도출되지 않는다. 이들은 경험과 독립하여 순수한 사유 활동에서 비롯하지만 경험적인 사항들을 통제하고 조정한다. 자유와 평등과 인권이 제한받는 곳에서 내가 이들의 수호를 위해 투쟁할 수 있는 것은 순전히 내 사유의 초월성에 바탕을 둔다. 자유, 평등, 인권 등의 기본권은 더 이상 물러날 수 없는 최후의 윤리적인 보루이다. 이 사항들이 〈최후적〉인 것은 이들에 대해 우리는 그 이상의 〈왜〉를 물을 수 없기 때문이다. 이들은 지역과 시대의 특수성을 초월하여 그냥/그저 내 속에서 자연스럽게 솟아나오기 때문이다. 그런 한에서 초월성은 규범적이며, 규범성은 현재의 내가 새로워지기 위한 방향타 역할을 한다. 그래서 초월성 자체는 더 이상 물음의 대상일 수 없으며 다만 초월성에 어떻게 구체적인 내용을 부여하여 현실화시킬 것인가 하는 문제만 남는다.

나의 초월성에 내포된 내 존재의 개방성과 규범성은 이제 역사 현실 안에서 구체적인 대상을 찾아야 한다. 초월적인 무한정자로서의 내가 역사적인 한정자로서의 나를 찾는 장면이다. 여기서 주의해야 할 점은 나의 초월성을 마치 내 밖에 있는 어떤 성질이라고 생각해서는 안 된다는 점이다. 초월성은 내가 지닌 속성이어서 나의 사유와 행위 속에 이미 들어와 있다. 다만 내가 이미 내 안에 지니고 있으면서도 그것에 상응하는 구체적인 현실을 아직 만나지 못하고 있을 뿐이다. 따라서 초월성으로서의 나는 새로운 나를 만나기 위해 내 안의 타자에 관심을 돌리게 된다. 그 타자가 곧 앞서 서술한 내 안의 〈익숙한 타자〉이다. 익숙한 타자는 역사 속에 사상으로는 존재했지만 사실(史實)로서는 존재하지 않다가 이제야 현실에 모습을 드러낼 수 있게 된다는 점에서 새로운 사실의 출현과 관련된다.[32] 여기서 역사 속에 한정된 나는 초월적인 나와 상호 친화성을 띠고 결합하면서 새로운 내가 출현하는 계기가 마련된다.

역사 속의 나의 현실적인 가능성이 초월적인 나의 규범성과 결합함으로써 이제 자기 혁신의 구체적인 근거가 제시되었다. 하지만 나의 역사

32) 벤야민의 역사철학 테제에 나타난 '죽은 자 살려내기'도 이와 같은 맥락이다. W. Benjamin, "Über den Begriff der Geschichte, in: Abhandlungen, Frankfurt/M. 1991 참조.

성과 초월성의 결합이 무리 없이 진행되지는 않는다. 역사 속의 나의 입장에서 보면 초월성으로서의 나는 나에 대해 타자이며 그 반대의 경우도 마찬가지다. 양자가 무리 없이 관계를 맺기 위해서는 관계가 성립할 수 있는 우호적인 현재적 조건을 필요로 한다. 현재의 나의 실상을 고려하지 않을 경우 나의 초월적인 의지를 일방적으로 역사에서 실현시킬 수 없으며 또한 역사적 가능성을 무조건 현재 안으로 끌어올 수도 없다. 그래서 현재의 상황이 다시 초점이 된다.

VI. 불확정적인 접경(接境)과 문명의 혁신

초월적으로 열려 있는 무한정적인 나와 역사적으로 닫혀 있는 한정적인 나 사이의 다리 놓기가 이제 관건이다. 내가 원칙적으로는 열려 있다고 할 때 그 열려 있음이 새로운 나의 출현을 기약하기 위해서는 내 안의 타자적 사유를 현재에 되살려야 한다는 점을 앞에서 지적하였다. 새로운 나의 출현은 기존의 연속적인 진행과 단절을 보인다는 점에서 불연속적인 나의 출현을 뜻한다. 이러한 불연속성의 존재론적이고 당위적인 근거는 초월성으로서의 나이며, 불연속성의 사상적인 근거는 현재의 나에 대하여 타자인 과거의 실현되지 않은 사상이다. 이 타자적 사상은 현실성을 띠고 나타나지는 않았지만 내 안에 이미 들어 있었다는 점에서 나에게 〈익숙한 타자〉이다. 이 타자가 이제 현재 속으로 진입하기 위해서는 그것에 합당한 파트너를 구해야 한다. 그래야만 이 타자가 과거처럼 사장되지 않고 현실에서 호흡할 수 있기 때문이다. 그렇다면 이 타자는 현실의 파트너를 어디에서 어떻게 구할 것인가?

내 안의 타자와 소통하는 현실의 파트너를 구하는 문제는 현실을 무엇으로 규정할 것인가 하는 문제와 상관된다. 역사 속에 편입되어 있는 한정적인 나는 새로운 나의 창출을 위해 가능성으로 잠재해 있는 내 안의 타자적 사상을 복원시킬 때 그 사상에 상응하는 현실을 찾는 일이 관건이다. 하지만 새로운 나의 실상을 구현하는 현실은 특수한 사태를 설명하고 이해하는 데 그쳐서는 안 되고 모든 사태에 보편적으로 적용될 수 있는 특성을 지녀야 한다. 그래야만 문명적 차원에서 설득력을 지닐 수 있기 때문이다. 나(인간)의 문제가 문명사적인 맥락과 호흡을 같이 하기 위해서는 시대와 지역의 특수성을 넘어 인간의 보편적인 경험을 드러내야 한다. 어느 한 쪽으로 기울지 않고 양 극단의 요소를 모두 자기 안에 간직한 세력의 실상에서 현재의 나는 과거의 사상과 초월적인 나의 접합점을 구해야 한다. 따라서 기존의 질서를 주도하는 중심세력 또는 이를 추종하는 세력이나 이들에게서 격리 또는 분리되어 자기 고유의 영역을 고수하는 주변 세력이 아니라 양자를 아울러 자기 안에 지니고 있는 중간 세력을 문명 전환을 위한 현실의 파트너로 삼아야 한다.

중심도 아니고 주변도 아니지만 또한 중심이면서 주변이기도 한 그러한 중간 구역에서 문명 전환의 실마리를 찾을 수 있다. 그런 한에서 이 지역은 변화와 혁신이 가능한 경계구역이다. 경계구역에서는 다양한 중심들이 서로 접한다. 그래서 경계구역은 이것도 저것도 아니면서 또한 이것도 저것도 되는 활동적인 유동체이다. 중심들의 주변이 만나서 경계를 이루고 경계에서 접점(接點)이 생긴다. 바로 이 접점이 문제다. 접점은 모호한 영역으로서 불확실과 혼돈이 지배하지만 이는 새로운 나의 형성을 위한 필수조건이다.

앞에서 자기와 타자의 접점을 말했지만 정확히 말하면 그것은 〈점(點)〉이 아니라 〈면(面)〉이다. 자기와 타자의 〈사이〉는 비무장지대처럼 일정한 면적을 지니기 때문이다. 면적은 특정한 영역을 지니며 그 영역 안에는 양립 불가능한 요소들까지 혼재해 있기 때문에 이는 접점이 아니라 접경(구역)이다. 접경은 내가 타자와 만나서 이루는 일종의 불확정적인 구역이다. 이 구역에서 다양한 요소들은 양 방향의 자기와 타자를 향해 움직이는 경향성을 보이지만, 다른 한 편으로 자타 관계로 환원되지 않는 불확실의 영역이다. 그런 한에서 접경은 자기와 타자의 〈사이〉로서 이 사이는 서로에게는 회색지대로 다가오는 불안정의 영역이지만, 각자는 이 영역으로 인해 자유로울 수 있다. 그래서 이 영역에서는 전통적인 동양화처럼 여백의 미학이 작용한다. 이곳은 무정형의 혼돈이 지배한다. 접경을 구성하고 있는 요소들 간에는 상호소통하지 않기 때문에 각자 독립적으로 자기의 영역을 고수하고 있다. 그래서 자기와 타자 각각의 중심에서 보면 접경은 혼란스럽고 불안정하여 접근하기가 껄끄럽다. 하지만 그와 동일한 이유에서 접경은 자기 고유의 호흡을 가다듬을 수 있는 숨통이다. 하지만 접경의 혼돈은 불가결하다. 생물이 증류수에서 살 수 없듯이 인간의 삶에도 적당한 혼돈이 필요하다. 그래서 기존의 시각에서 볼 때 혼란스럽고 모호한 사항도 생명 활동에 지장을 주지 않는 범위 안에서 적당하게 허용할 필요가 있다. 기존의 관성적인 시각에서 비정상적이고 비도덕적이라고 평가되던 것이 나중에는 자기의 저항력을 키우고 미래를 주도하는 생산적인 것으로 재평가되는 경우를 인류의 문명사에서 흔히 볼 수 있기 때문이다.

혼돈과 여백의 허용은 더 중요한 사실을 시사한다. 불확실한 접경에서 새로운 것이 출현한다는 점이다. 접경이 없으면 변화도 없다. 따라서 자기중심적으로 접경을 제거할 경우 자기 혁신의 근거는 사라진다. 접경에는 이미 항상 새로운 상호 소통의 가능성이 담겨 있다. 접경에서 자기와 타자가 존립하는 방식은 다양하다. 접경이라는 〈사이〉의 스펙트럼에서는 양립, 작용, 의존, 침투 등의 사태가 나타난다. 이 가운데 무엇이 자기 관계로 선택될 것인지는 주위의 조건에 따라 달라진다. 그래서 접경에서의 자타 관계의 성격은 조건적이다. 하지만 관계의 선택 양상이 조건에 의해서만 좌우되지는 않는다. 관계하는 주체의 의지 또한 양상의 선택에 개입한다. 이 장면에서 앞서 기술한 '인간의 존재적 초월성'이 등장한다. 이는 조건에서 독립적인 '내활(內活)적 역량'으로서 외부의 조건에 대(對)하여 또는 반(反)하여 새로운 자기를 구성하는 힘이다. 그리하여 새로운 것은 자타 관계의 현실적인 조건과 초월적인 의지의 변증법에 의해 출현한다.

한반도의 역사적 경험을 새로운 인간과 문명의 창출에 결부시키는 이유가 여기에 있다. 한반도는 현대의 세계사에서 유래를 찾기 힘들 만큼 사회 전반에 걸쳐 복합적이고 중층적인 구조를 띠고 있다. 정치 경제적으로 자유주의적 자본주의와 통제적 사회주의가 대립하고 있고, 문화적으로는 전통과 현대가 마주하고 있으며, 종교에서도 한국은 종교 백화점이라고 불릴 만큼 각양각색의 종교가 군립하고 있고, 예술과 학문 분야에서도 서로 양립할 수 없는 분야들이 별다른 접촉과 갈등 없이 공존하고 있다. 공시적으로 볼 때 이렇게 비동시적인 것이 동시적으로 공존하는 사태와 더불어, 한반도의 현대 속에는 무차별적인 외래문화의 수입으로 인해 여러 세대간의 불완전한 소통에 기반을 둔 단층적인 중첩성이 형성되어 있다. 또한 역사적 경험에서도 한반도는 끊임없는 외세의 침략 속에서 타자의 의지에 자기의 운명을 맡겨야 했던 타율적인 불연속성을 보이면서도 자기의 보존과 수호를 위한 자율적인 노력의 연속성을 보인다. 이러한 와중에서 한민족은 이것도 저것도 아니며 이것도 저것도 되는 양자의 부정과 긍정의 모호한 생존 논리를 터득해 왔다. 이렇게 지금 한반도에서 드러나고 있는 비동시적인 것의 동시성, 단층적인 중첩성, 자율과 타율의 연속적인 불연속성 그리고 모호성의 미학 등은 앞에서 서술한 접경 지역의 인간에게 나타나는 표준적인 양상과 더불어 초합리적인 인간의 전형적인 양상을 단적으로 드러낸다. 이렇게 한반도는 유동적인 울타리로서의 접경성(接境性)과 혼돈적인 초합리성(超合理性)을 띠고 있어서, 서양의 합리주의적 문명이 직면한 한계를 극복하여 새로운 세계 문명을 창출할 수 있는 근거지가 될 소지가 있다.

우리는 스스로를 한민족이라 하여 우리 민족의 독자적인 실체가 있는 것처럼 말하지만 그런 실체는 없다. 지리적으로 우리라고 규정할 수 있는 울타리는 끊임없이 변경되어 왔으며, 언어생활에서도 글이 없이 말만 있던 시대, 신라처럼 이두문자를 쓰던 시대, 한자 전용 시대, 한자와 한글 혼용 시대, 한글 전용 시대, 한글 한자 영어 혼용 시대 등의 다양한 모습을 띠어 왔다. 혈통에서도 한민족의 순수 혈통을 내세울 증거는 희박하다. 특히 문화의 측면에서 한반도는 중국뿐만 아니라 서역과의 관계를 무시할 수 없으며 남방계와의 혼합도 간과할 수 없다. 언어, 혈통, 지리 어느 측면에서 보아도 한민족 고유의 울타리를 설정할 수 있는 길은 보이지 않는다. 그런 한에서 한민족은 '가정(假定)적이며 한정(限定)적이고 유동적인 과정체'이다. 한민족은 타자 관계에서 설정되는 불확정적인 영역, 그러니까 어떻게도 확정할 수 없는 유연한 울타리로 설정된 가상(假像)일 따름이다.

접경으로서의 한반도는 이렇게 볼 때 대단히 불확실하고 모호한 상태에 있다. 합리적인 규정을 넘어서는, 합리성으로 환원되지 않는 특성을 한반도는 고스란히 가지고 있다. 하지만 바로 이러한 특성이 한반도를 문명 전환의 중심지로 고려할 수 있게 만든다. 한반도는 지금 혼돈의 땅이다. 하지만 이 혼돈은 피해야 할 혼돈이다. 접경은 그 자체로는 문명일 수 없다. 혼돈이 질서로 전환되지 않으면 접경의 생산성이 사라진다. 접경 지역으로서의 한반도는 새로운 문명의 출발지일 수 있다. 그 가능성의 재료를 한반도는 역사적 경험 속에 풍부히 잠재하고 있기 때문이다. 그러나 출발지가 종착지는 아니다. 한반도는 새로운 문명의 발생 가능성을 타진하는 시험장이다. 이 시험을 어떻게 통과할지는 전적으로 한반도인 자신의 손에 달려 있다. 계속 이렇게 혼란과 혼미의 상태를 방관하거나 향유할 것인가, 아니면 새로운 나와 인류를 찾아 고뇌하면서 희망의 길을 열어 갈 것인가?

VII. 서양적 합리성의 평면적 혼돈에서 동양적 초합리성의 입체적 질서로

한반도를 새로운 문명의 진원지로 가정하는 것은 사실 대단히 모험적이고 위험한 발상일 수 있다. 자칫 잘못하면 소국의 열등감에서 비롯한 허세일 수 있고, 자민족 우월주의를 감춘 국수주의로 흐를 가능성이 있기 때문이다. 하지만 필자는 여기서 한반도의 국력을 문제 삼지 않았으며 또한 한민족의 우월성을 열거하지 않았다. 다만 한반도가 겪은 역사적 특수성을 상기시켰을 따름이다. 이 특수성이 보편성으로 승화될 수 있는 가능성을 한반도의 접경성과 그에 따른 초합리성에서 찾았다. 이 접경성과 초합리성이 어떤 점에서 문명 전환의 근거일 수 있는가 하는 물음은 앞에서 서술한 내용만으로는 충분치 않다. 하지만 현대 문명의 특성을 고려할 때 접경은 중심과 주변에 비하여 혁신의 주체로 활동할 여지가 상대적으로 크다는 점만은 확실하다.[33)]

접경으로서의 한반도는 혼돈 상태라고 볼 수 있다. 하지만 혼돈이 글자 그대로 무질서한 혼란 상태를 의미한다면 이는 신문명의 지향점일 수 없으며 또한 거기에서 새로운 문명의 싹이 돋아날 수 없다. 혼돈을 갈등과 무리에서 해방시키기 위해서는 혼돈 자체를 제거하는 일이 능사가 아니라 혼돈 속에 숨어 있는 질서를 읽어내어 밖으로 드러내야 한다. 그래서 겉으로는 혼란스러워 보여도 속에서는 일정한 질서가 작동하는 그러한 조화를 발견하고 또 실현시켜야 한다.[34] 이를 위해서는 사태를 평면적이 아니라 입체적으로 바라보는 눈이 요구된다. 평면에서는 서로 충돌하지만 변수를 하나 더 개입시켜 입체적으로 사태를 파악할 경우 거기에서는 지금까지 보이지 않던 새로운 조화의 출구를 발견할 수도 있기 때문이다. 앞에서 언급한 '과거의 사상' 가운데 어떤 것을 현재에 되살릴 것인가 하는 문제가 이 사항과 관련된다. 평면적인 사고가 아니라 입체적인 사고를 통하여 지금 한반도에 편재해 있는 갈등적 요소들을 해결할 수 있는 사상이 필요하다는 것이다. '입체적인 문제 해결'은 접경 구역에 혼재하는 다양한 이해관계들을 갈등과 대립 그리고 무관심에서 해방시킬 수 있는 유일한 대책으로 보인다. 여기서 동양의 경험론적 초(超)합리주의는 이제 단순히 합리성 저편의 원리라는 의미를 넘어서 새로운 차원의 합리성, 그러니까 서양의 평면적 합리성이 아니라 입체적 사유를 통하여 서로 충돌하지 않는 다양한 합리성을 창출하는 원리이어야 한다. 그런 의미에서 원효의 화쟁(和諍) 사상은 하나의 대안일 수 있다.[35] 화쟁은 문제 해결의 차원을 평면에서 입체로 끌어 올렸기 때

33) 문명의혁신이 접경에서 가능하다는 주장은 원칙적으로 변증법적 사유에 토대를 둔다. 변증법의 특징은 양립할 수 없는 요소들이 대립, 모순, 갈등하면서 새로운 것이 출현한다는 데 있다. 이때 대립, 모순, 갈등의 현장이 곧 접경이며 한반도는 접경의 이러한 특징을 보유하고 있다는 것이다.

34) 이러한 실상은 현대 물리학의 카오스 이론을 통하여 뒷받침될 수 있다.

문이다. 이는 상호 충돌하는 이해관계를, 비유컨대 신호등 방식에서 지하도 방식으로 전환시킨 것이다. 지상에서는 사람과 차량의 이해관계가 얽혀 양자가 차례로 서로의 욕구를 억제해야 하는 갈등적 양상을 보이지만 사람이 지하도를 이용하면 그러한 갈등 상황은 없어진다. 지하도라는 새로운 차원의 도입을 통하여 사람과 차량은 자신의 욕구를 억제하지 않고도 자유롭게 자기 길을 갈 수 있기 때문이다. 그래서 이제 발현(emergence)이 관건이다. 서로 다른 욕구들이 만나되 그것들이 충돌하지 않고 거기에서 하나의 새로운 형태가 발현될 수 있도록 해야 한다. 이는 분열을 극복하는 매개의 미학이다. 새로운 문명적 사유는 이러한 입체적 발상을 제도적으로 뒷받침할 수 있어야 한다.

고난과 혼돈의 땅 한반도는 지금 혼란스런 문제들을 입체적으로 해결하기 위한 출구를 모색 중이다. 이를 위해 상충하는 욕구들을 서로 억제하기보다는 욕구의 상호 충돌을 방지하고 조정하는 장치를 개발하는 일이 무엇보다 중요하다. 그리하여 필요에 따라, 현실에서 주목받지 못했던 과거의 사상도 과감히 살려내야 하며 살아 있는 과거와 현재도 제대로 살려야 한다. 특히 개인의 경우 타자는 단지 이미지로서만 수용된다는 사실을 고려하여, 새로운 문명의 개발과 실현은 개인 윤리의 차원에 못지않게 사회 제도의 개혁 차원에서 수행되어야 한다. 개인의 수준에서는 타자를 자기처럼 인식하고 감지할 수 없지만 제도의 수준에서는 타자를 자기와 동등하게 인정하도록 규정할 수 있기 때문이다. 개인과 달리 제도는 타자를 자기에 대한 이미지로 간주하지 않는다. 제도 속에

35) '和諍'을 사토 시게키(佐藤繁樹)는 '無二而不守一'(둘이 아니지만 하나를 고집하지 않는다)로 푼다.(佐藤繁樹, 『元曉의 和諍思想』, 민족사, 1996. 참조) 이는 '같은 길'을 가면서도 서로 '충돌하지 않는' 입체적 조화의 세계를 설파한 것으로 필자는 이해한다.

서 타자는 자기와 동등한 존재로 간주될 수 있다. 그래서 개인의 행위와 달리 제도는 당위를 실행에 옮길 수 있다. 문명 혁신의 요체는 제도의 혁신에 있다. 문제의 입체적인 해결을 위한 새로운 제도의 구상을 통하여, 정치적으로는 기존의 보수와 급진을 모두 수구로 돌릴 수 있어야 하며, 경제적으로는 자유와 평등이 양립할 수 있고, 문화적으로는 다양성과 통일성이 한데 어울릴 수 있는 지평을 열어야 한다. 그리하여 인간과 세계에 대한 잘못된 인식에서 비롯되는 소모적인 논쟁과 정쟁을 종식시키고 자유와 평등과 인권이 실질적으로 보장되는 사회를 건설하는 데 진력해야 한다.

요컨대, 새로운 문명은 인간을 타자 조건적인 유동적인 존재 그리고 시간적으로 연속적이면서도 불연속적인 존재로 이해하는데, 인간의 이러한 초합리주의적 특성에는 스스로 새로워질 수 있는 가능성이 담겨 있다. 하지만 이 가능성이 현실성으로 전환되기 위해서는 역사 속에 잠재된 타자적 가능성을 현재로 끌어들이는 한 편, 역사와 사회를 넘어서 있는 인간 자신의 초월적 특성을 능동적으로 발휘해야 한다. 여기서 역사 속의 익숙한 타자와 초월적인 자기의 만남이 가능하기 위해서는 현실적인 대상을 필요로 하는데, 그 대상은 어느 중심에도 속하지 않은 제3 지역으로서의 접경구역이다. 한반도는 바로 이 접경구역의 성격을 띠고 있어서 새로운 문명의 발현이 가능한 땅으로 필자는 진단한다. 하지만 접경에서의 혼돈은 지양되어야 하며, 지양의 방향은 평면에서 충돌하는 욕구들을 입체적으로 해결하는 데 있다. 원효의 화쟁 개념은 비록 과거에 불가적 지성(知性)계에서만 부분적으로 수용되었을 뿐 아직까지 그 개념적 효용성이 현실화되지 않고 있는데, 이 화쟁 사상을 되살려 오늘날 복합적이고 중첩적인 한반도의 초합리주의적인 현실을 진단하고 그것이 직면한 질곡에서 벗어날 수 있는 출구를 마련하도록 해야 할 것이다. 그럼으로써 한반도에서 새로운 문명의 서장이 열릴 수 있기를 기대한다.

참고 문헌

박동환, 안티 호모 에렉투스, 강릉 2001.
배종호, 한국 유학사, 연세대학교 출판부, 1974.
유헌식, "〈새로움〉에 대한 역사철학적 이해의 고비들", in: 진리를 찾아서, 철학과 현실사, 2000.
최준식, 한국미, 그 자유분방함의 미학, 효형출판, 2000.
佐藤繁樹, 元曉의 和諍思想, 민족사, 1996.

공자, 論語, 育文社, 1996.

Barth, R., 기호의 제국, 김주환/한은경 옮김, 민음사, 1993.
Benjamin, W., Abhandlungen, Frankfurt/M. 1991.
Bloch, E., Das Prinzio Hoffnung, Kapitel 1-32, Frankfurt/M. 1985.
Cassirer, E., Zur Logik der Kulturwissenschften, Darmstadt 1994.
Descartes, R., Discours de la Méthode, Hamburg 1960,
Elias, N., Über den Prozeß der Zivilisation, Frankfurt/M. 1995.
Goody, J., The East in the West, Cambridge Uni. Press, 1996.
Granet, M., Das chinesische Denken, Frankfurt/M. 1985.
Hegel, G. W. F., Wissenschft der Logik I, Frankfurt/M. 1986.
Hoffmann, Th. S., "Rationalität" 편 in: Historisches Wörterbuch der Philosophie, hrg. v. J. Ritter & K. Gründer, Basel 1992.
Horkheimer M., & Adorno, Th., Dialektik der Aufklärung, Frankfurt/M. 1978.
Huntington, S., 문명의 충돌, 이희재 역, 김영사 1999.

Levi-Strauss, C., Das wilde Denken, Frankfurt/M. 1973.
Matilal, B. K., 고전인도 논리철학, 박태섭 역주, 고려원 1993.
Negt, O., Modernisierung im Zeichen des Drachen, Frankfurt./M. 1988.
Spengler, O., Der Untergang des Abendlandes, München 1965.
Weber, M., Wirtschaft und Gesellschaft, Tübingen 1972.
Weggel, O., Die Asiaten, München 1994.

The Eastern Trans-Rationalism and the Emergence of New Civilization in the Border Area

Heon-Sik Yoo

Abstract

How do we look into the new human beings beyond rational beings? Is there any new way beyond the fetters of modern civilization? In this paper, it was provisionally concluded that the western rational human beings brought about an unfortunate result overlooking the fact that human beings were already so at the same time, the eastern trans-rationalism was presented to the breakthrough of innovation.

Rationality is based on logicality and formalistic logic is universally applied regardless of the characteristic of objects, with the result that it has so strong power. However, it is the very blind spot of rationality and there is a room for Eastern logic. Eastern logic basically orients toward material logic. Material logic gets accomplished considering the individual characteristic of facts and objects. Therefore, it considers whether a fact is reasonable or not, in addition to the rationality of facts. Eastern reasonability is fulfilled by considering relationality and conditionality.

The reason why Eastern seem irrational or emotional is not because they are wanting in rationality, but because they have trans-rationality. These facts have a thread of connection with what Nietzsche tried grafting a demigod's personal duality or obscurity on the actual state of things through artistic inspiration as he distinguished 'Dionysian' from 'Apollonian'.

In other-centered or other-oriented viewpoint, the interconnection of the relation between subject and object, i.e., the border area is only being and there is no anything beyond it. In other word, the border area is trans-rational scope, not transcendent scope. Transcendence is a metaphysical utopia, but trans-rationality points out the empirical complex of rationality. This complex is an incommensurable and indeterminable scope unaccepted in the single-lined rationality of the West. The border area is an unstable scope that functions as a gray zone between subject and object, each one cannot be free from due to such a scope.

Trans-rationalism sublimates rationalism rather than refuse it. Rationality itself is plane. Thus, the confrontation and dissension of interest are inevitable in rational viewpoint. In rationalistic solution, a universal criterion is already set and realistic power acts on it. For this reason, a party is obliged to put up with an unfair decision rather than mutual negotiation in case the interest is collided with each other. This aspect shows the unfairness and inequality arisen as Western rationalism was introduced into the East.

Western rationality resonates self-centered reason under the name of reasonable judgment on incidents. On the other hand, Eastern trans-rationality may contribute to multilateral conception that orients self and other-centered horizontal human relation, overcoming the parallel application of Western rationality. The reasonable ethicality shown in Western rationality had been found to be unethicality. Hence, Eastern trans-rationality should establish new ethics beyond the unethicality of Western rationality, and should open the new way to universal validity, not egocentrism.

Then, how does Eastern trans-rationality overcome the blind spot of Western rationalism? Such being the case, 'the Logic of Harmonization(和諍)' advocated by Wonhyo may be an alternative. It is because the ideology had lifted unidimensional solution up to multilateral level. Although various desires are congregated together, those should not be collided with each other as well as a new configuration should be emerged there. This is the aesthetics of medium sublimated by overcoming disunion. Such trans-rationalistic conceptions should be systematically established by the thought based on new civilization.

Key words: culture, logic, rationality, trans-rationality, other-conditionality, uncertainty, border-area, Hwa-jaeng

민족에 대한 변증법적 접근

허 정 수

I. 서론
II. 민족에 대한 변증법적 고찰
1. 민족에 대한 추상적 규정
2. 민족에 대한 변증법적 접근
III. 맺음말

요약문

이 글은 변증법의 관점에서 민족의 형성 과정의 형식을 재구성해 보는데 목적을 두었다. 필자는 민족 역시 그 자체 하나의 존재라는 점에서 헤겔이『논리학』에서 보여주는 존재 운동의 과정과 동일한 방식으로 그 형성 과정을 설명할 수 있으리라 생각한다. 그리하여 이 글에서 필자는 민족이 존재의 각 단계마다 어떠한 형식으로 자기를 정립하고 구성해나가는지 살펴볼 것이며, 맺는 글에서는 이러한 민족의 자기 운동에 있어 '자유' 개념이 가지는 의의와 역할을 간략하게 살펴봄으로써 민족의 차후 운동이 지양해야 할 바를 주장해 보고자 한다.

● 주요어 : 민족, 즉자적 존재, 대타적 존재, 대자적 존재, 즉자대자적 존재, 자유.

I. 서론

민족에 대한 관심과 열정은 근대 이후 지금까지, 다시 말해 그것에 대한 개념이 성립된 이래로 지금까지 끊임없이 제기 · 지속되어왔다.[1] 그러나 그렇게 지속될 것만 같은 민족에 대한 애정과 관심도 신자유주의의 확산과 더불어 과거와는 다른 형태를 보여주고 있다. 예컨대 오늘날 대부분의 사람들은 그 자신이 해당 기업과 직접적으로 관련되지 않은 이상 '민족기업'이란 단어에 크게 감흥을 받는 것 같진 않다.[2] '민족기업의 위기', '민족의 경제적 위기'라는 표어를 내세운 노동자들은 자신을 계급이 아닌 민족의 구성원으로 내세우며, 따라서 그들의 호소 역시 어떤 특정한 계급을 대상으로 하는 것이 아니라 민족을 대상으로 한다. 그러나 민족이란 타자를 취하려고 하는 즉자의 의도 자체가 과거와 달리 순수하지 않은 이상 그에 맞선 타자 역시 즉자에 의해 민족으로 규정받는 데는 거부감을 느낄 수밖에 없다고 하겠다. 요컨대 이 경우에 있어서는 즉자의 그러한 의도와 달리 타자가 더 이상 과거의 타자가 아니라는 점에, 다시 말해 그들이 호소하는 민족은 과거와 달리 그들의 '민족'에 대한 호소를 들어줄 준비가 되어 있지 않는다는 점에 약점이 존재

1) 맑시스트들에게 있어서도 이는 예외가 아니었는데, 맑시스트들이 국제적 차원에서의 혁명을 얘기하는 한, 민족문제는 그들에게도 피해갈 수 없는 화두일 수밖에 없었다. 그러나 맑스주의에 있어 민족은 넘어야 할 장애물이었지 목적 그 자체인 적은 없었다. 중요한 것은 일국 또는 민족의 노동자가 아니라 어디까지나 만국의 노동자였던 것이다. 하지만 만국의 노동자는 자신의 개념을 단 한 번도 현실화시키지 못했다. 급기야 1990년대 사회주의권 몰락 이후 그것은 이제 단지 유토피아적인 선언구로만 남아 있을 뿐이다.

2) 예컨대 오늘날 후발 산업국의 상대적으로 영세한 기업들은 선진국의 거대 금융 및 산업자본으로부터 자신을 보호하기 위해 '민족기업'이란 이름을 자주 이용한다. 한국의 경우 얼마 전 있었던 조흥은행이나 진로소주가 여기에 해당된다고 할 것이다.

한다.

오늘날 '민족'은 모든 계급이나 계층들의 이해관계를 초월할 수밖에 없는 추상적인 사안에 대해서만 상대적으로 높은 통일의 가능성을 지니고 있다. 민족은 여전히 감성적인 이데올로기로 존재하고 있지만, 그렇다고 예전처럼 이것이 무조건적인 형태로 나타나는 것은 아니다. 예컨대 지난 월드컵 때 우리는 분명 단일한 일자로서의 민족을 구성했었다. 하지만 월드컵 이후 일상생활 속에서 찾아볼 수 있는 것은 민족으로서의 단일자가 아니라 자본 또는 자본주의화에 의해 분열된 의식을 갖춘 그러면서도 동시에 자본주의에 의해 일자로 구성된 존재들일 뿐이다. 자본주의는 그 자신의 원리를 갖춘 후, 그 원리에 근거한 자기 재생산을 통해 모든 것을 자기화시켜 나갔다. 헤겔식으로 말하자면 모든 것은 자본주의라는 시대정신의 외화로 자신을 드러내는 셈이다. 굳이 생산관계를 언급하지 않더라도 결혼문화, 장례문화 등등. 오늘날 우리가 아침에 눈을 떠서 저녁에 잠자리에 들 때까지, 또는 출생에서부터 죽음에 이르기까지 자본주의화 되지 않은 무엇과 만난 적이 얼마나 있었던가?

'민족' 역시 마찬가지이다. 왜냐하면 자본주의가 하나의 자연 혹은 원리로서 자신을 드러내는데 반해, 민족은 바로 그 자연 속에서 살아가는 하나의 존재에 불과하기 때문이다. 물론 민족은 어디까지나 민족이다. 민족이 수많은 자연의 교체에도 불구하고 민족으로 살아남은 것은, 철기시대의 철이 오늘날에도 금이 아닌 철일 수 있는 것과 마찬가지이다. 하지만 철기시대의 철과 자본주의 시대의 철이 동일한 역사적 맥락 속에 놓여 있는 것이 아니듯이 민족 역시 마찬가지이다.

민족을 바라보는 데 있어 이와 같은 시대적 맥락, 혹은 하나의 존재를 주어진 시대의 현실적 실재로 만드는 역사성의 문제를 강조한다 하더라도, '민족'을 여타의 존재들과 같이 취급할 수 있는 것은 분명 아니다. 민족은 분명 사람들을 일시적이고 오성적이라 할지라도 하나로 묶을 수 있는 힘을 자기 안에 가지고 있다. 결국 누가, 어떠한 의도로, 어떤 시기에 사람들을 민족으로 묶는가 하는 것이 문제가 된다.

물론 "토지가 국가에 속하든 대지주에게 속하든 무관심한 차지농"[3]이 오늘날의 객관적 현실 및 원리임은 분명하다. 차지농이 관심을 가지는 것은 소유주가 '누구'인가가 아니라, 소유주가 제시하는 '조건'이다. 그러나 만약 차지농이 속해 있는 국가가 보다 나은 조건을 제시해주거나, 자본가가 자기 기업의 생존을 위해 노동자에게 보다 나은 조건을 약속한다면 혹은 기업이 자국의 소비자에게 보다 나은 조건을 제시한다면 사태는 달라진다. 그리하여 현실에 기반은 하지만, 엄밀하게 현실을 반영하지 않는 현실(조건의 현실)은 이데올로기적 기능을 하게 된다. 결국 현실은 현실이지만, 그 현실이 다른 외피를 가지고 현상화된다는 점, 그리고 그 현상화된 것이 또 하나의 현실이 되어 호소력을 갖는다는 것이 민족이란 이데올로기의 주된 특성이라고 할 수 있겠다.

그간 민족에 대한 연구는 맑스주의 내에서도 끊임없이 쏟아져 나왔다. 비단 스탈린이나 오토 바우어를 그 예로 들지 않더라도 사회주의자라고 한다면 어떤 식으로든 민족에 대해 언급하지 않을 순 없었다. 그리고 그 과정에서 민족에 대한 수많은 정의가 내려졌다. 혈연, 경제적 관계, 언어, 문화, 역사 등등이 민족의 본질로 규정되었다. 사실 이러한 작업 속에서 민족에 대해 내려질 수 있는 규정은 거의 다 내려졌다고 볼 수 있을 것이다. 따라서 이 글은 기존의 접근방식과는 다른 방법으로 민족문제[4]를 다루어 보고자 한다.

그렇다면 민족이란 도대체 무엇인가? 지금 말할 수 있는 것은 그 실체야 어찌했든 간에 '민족이라는 개념'은 분명 근대적인 자기의식의 산물

3) 엥겔스, "엥겔스가 런던에 있는 마르크스에게 1869. 11 .1일 보내는 편지", / 맑스 · 엥겔스, 김호균 역,『자본론에 관한 서한집』(서울: 중원문화, 1990). p.186.

이라는 점이다. 왜냐하면 하나의 역사적 실체에 대해 그것을 민족이라 규정하고 개념화한 것은 분명 근대의 일이기 때문이다. 그러나 한편 우리는 다음의 사실을 잊어서는 안 된다. 즉, 그것을 민족이라 부르기 위해서는 그것이 민족이라 불리기에 앞서 먼저 존재하고 있어야 한다는 사실을 말이다. 개념은 근대의 산물일지 모르나, 실체는 근대의 산물이 아닐 수도 있음이 여기서 도출되는 것이다.

물론 그것이 민족이라 불리기 이전에 존재하고 있었다고 한들, 그것이 오늘날의 관점에서 생각하는 민족의 형태로 존재하고 있었던 것이 아님은 분명하다. 나무를 가지고 책상을 만들 것인지 의자를 만들 것인지는 그 나무가 어떤 특정한 외적 조건에 노출, 또는 어떤 특정한 외적 조건과 결합되는 가에 달린 일이다. 물론 추상적으로 나무는 이미 책상으로 또는 의자로 존재하고 있었던 것이나 다름없다고 말할 수도 있겠다. 그러나 그러한 물자체적 규정이 역사에 있어 어떠한 의미를 갖는 것은 아니다. 역사에 앞서 그것이 어떻게 존재했든 간에 역사가 관심을 가지는 것은 오직 역사 속에서 내려진 역사적 규정일 수밖에 없다. 그렇다면 민족이 민족이란 개념 규정을 받기 전에 어떠한 실체를 가지고 있었다고 한

4) 본 글이 민족주의를 중심으로 문제를 접근하지 않는 이유는 다음과 같다. 민족주의는 그것이 어떤 내용을 지니든 간에 민족이란 실체에 근거한 것이다. 따라서 필자는 민족에 대한 근원적 접근이 이루어진다면 민족주의에 대한 이해는, 달리 말해 대상에 대한 근원적 접근이 이루어진다면 그것에 대한 해석 혹은 인식의 문제는 형식적이나마 자연적으로 도출될 것이라고 생각한다. 다만 부언하자면 민족주의는 민족의 현존재적 집착성을 나타내는 동시에 다른 한편으론 민족 구성원 중 일부의 자기 운동성의 끝없는 지속을 위한 하나의 계기 내지는 방편으로 작용하고 있다고 할 수 있겠다. 다시 말해 민족주의 속에는 오성(현존재성)과 이성(운동성)의 대립이 내포되어 있다. 이때의 오성(현존재성)은 일자로서의 민족의 오성(감성적 판단)인 반면, 이성(운동성)은 일자 속의 다양한 민족 구성원 중의 일부를 이루는 한 분파의 이성(이성적 의식)이다. 문제는 이러한 한 분파의 이성(운동성)이 민족의 이성(민족의 이성적 행위)으로, 즉 민족에 있어 합리적인 행위로 표면화된다는 점이다. 이 점에 있어 이성(한 분파의 운동성)과 오성(민족의 현존재성)은 서로를 배척하지 않는다.

들, 실상 그것은 그다지 중요한 것은 아니라고 볼 수도 있겠다. 하지만 그것은 한편 중요한 것이기도 하다. 왜냐하면 새끼 고양이는 결코 사냥개가 될 수 없기 때문이다. 다시 말해 강아지만이 설령 그것이 잡견이라 할지라도 나중에 훌륭한 사냥개로 성장할 수 있다. 그러나 강아지가 사냥개가 될지 안 될지는 모르는 일이다. 강아지는 단지 가능성만을 함축하고 있을 뿐, 현실적인 필연성을 직접적으로 드러내고 있는 것은 아니다.

이 글은 이런 관점에서 역사적 산물일 수밖에 없는 민족, 다시 말해 근대에 갑자기 출현 내지는 창조되어졌다고 볼 수 없는 민족이 어떤 식으로 오늘날의 자기규정에 도달해왔는지, 바로 그 역사를 변증법적으로(또한 원리적 수준에서) 살펴보고자 한다.[5)]

II. 민족에 대한 변증법적 고찰

1. 민족에 대한 추상적 규정

민족의 개념이 어떻게 형성되어 왔는지, 또는 민족이 어떤 식으로 자기 운동을 해왔는지를 밝히기 위해 우리는 우선 민족 개념 자체에 대한 규정부터 내려야 할 것이다. 이것은 추상적인 규정이어야 하며, 또 그럴 수밖에 없는 것이기도 하다. 물론 추상적 규정이라 할지라도 논의에 앞

5) 민족에 대해 올바로 고찰하기 위해서는 현실적이면서도 동시에 역사적인, 그러한 구체적 사실을 매개로 한 접근법을 취하는 것이 바람직 할 것이다. 그러나 이 글에선 수많은 사료들을 그 증거로 대면서 그것 하나하나를 증명하고자 시도하진 않을 것이다. 왜냐하면 이 작업의 목적 자체가 어디까지나 추상적인 수준에서의 민족을 다루는 데 있는 만큼, 그 재료 역시도 추상적인 수준의 역사적 사실이면 충분하다고 생각하기 때문이다.

선 선험적 규정은 자칫 논의 자체의 전개를 제한적인 틀 내에 묶어두는 기능을 할 수 있다. 그러나 어떤 대상에 대한 접근은 모름지기 그러한 대상이 "있다"는 사실에서부터 시작할 수밖에 없다는 점에서 그러한 추상적 규정 자체는 필요한 것이라고 할 수밖에 없겠다. 그리하여 여기선 다만 추상적인 표현으로 민족을 다음과 같이 규정한다.

첫째, 민족은 민족이기에 앞선 공동체 그 자체이다.

둘째, 민족은 현실적으로 존재하는 감성적 실체이다.

여기서 전자는 실체에 근거를 두었긴 하되 어디까지나 추상적인 그러한 개념이라고 할 것이다. 이에 반해 후자는 보다 구체적이고 현실적인 개념 규정이라고 할 것이다. 그러나 엄밀하게 따지자면 둘 사이의 구별은 무의미한 것이다. 왜냐하면 둘째의 규정이 있기 위해서는 첫째의 규정이 전제되어야 하며, 반대로 첫째의 규정이 현실성을 가지기 위해서는 어떠한 형식으로든 둘째의 규정을 필요로 하기 때문이다.

2. 민족에 대한 변증법적 접근

1) 외타적 존재[6] 로서의 민족: 순수민족 혹은 민족이기 이전의 자기 완성적 존재로서의 민족

이러한 추상적인 규정을 전제로 하여 이제 필자는 민족에 대해 살펴보고자 한다. 그런데 민족의 기원, 그것에 대한 명확한 규정을 내리기 위해선 결국 애초에 아무 존재도 아닌, 타자와의 아무런 연관성도 가지지 않은, 말 그대로의 순수존재적인 근원 자체로 거슬러 올라가야 할 것이다.[7] 왜냐하면 민족이란 개념 속에는 이미 배타성이라고도 할 그런 일종의 자기 고립성이 전제되어 있기 때문이다. 그런 까닭에 순수 근원적인 민족 집단에 대해 얘기하기 위해 우리는 어쩌면 인류 탄생의 비밀까지 캐야 되는지도 모른다. 그러나 여기서 우리가 알고자 하는 것은 개별적

인간의 자기운동이 아닌 집단을 형성한 인간집단 또는 인간집단으로서

---

6) 헤겔의 개념을 빌려 쓰기 위해선 그에 앞서 즉자적(외타적), 대타적, 대자적(즉자대자적) 등의 용어에 대한 개념 정의가 먼저 이루어져야 할 것이다. 물론 엄밀한 의미에서 외타적과 즉자적은 구분되어야 하며, 대자적과 즉자대자적도 구분되어야 한다. 그러나 여기서는 3가지 개념만을 중심으로 설명한다.
헤겔은『대논리학』(Hegel. G. W. F., 임석진 역,『대논리학』(서울: 벽호, 1997).「존재론」중 '제2장 존재자'(pp.106-112.)와 '제3장 대자적 존재'(pp.154-172.)에서 이 단어들에 대한 개념 정의를 내리고 있는데 이를 요약하자면 다음과 같다.
① 즉자적 존재(An-sich-sein)- 즉자적 존재란 하나의 질을 갖추고 있으되, 타자에 의존하지 않은 채 그 스스로 존립하는 존재라 하겠다. 그런데 즉자적 존재가 단지 순수한 상태에만 머물러 있다면 이는 곧 타자에 대해 무관심한 외타적 존재(Anders-sein)와 동일한 것이라 할 수 있을 것이다. 따라서 외타적인 한에서 즉자적인 존재란 오히려 피동적인 소극성을 내포하고 있는 그런 수동적 존재라고 하겠다. 그러나 다른 한편, 외타적인 한에서 즉자적인 존재란 타자와의 관계에 앞서 차후의 운동에 앞선 자기를 완성한 까닭에 진정한 '시원'으로서의 의미 또한 내포하고 있는 것이라고 할 수 있겠다.
②대타적 존재(Für-anders-sein)- 대타적 존재란, 자기를 정립한 즉자적 존재가 자기 외부의 타자를 통해 자기구별을 하는, 다시 말해 타자의존적인, 그러나 아직까지 자기 자신의 지양을 위해 적극적으로 관계에 관여하지 않은 존재라고 하겠다. 따라서 즉자적 존재가 대타성을 마련했다는 것은 즉자적 존재가 타자와 자기를 구별할 수 있는 계기를 그 스스로 마련했다는 점에서 현존재로서의 발판을 마련한 것이라 할 수 있으나, 이는 아직 대자적 존재로 발전하지는 않은 까닭에, 단지 그 가능성만을 자기 내부에 마련해 둔 그러한 존재라 하겠다.
③대자적 존재(Für-sich-sein)- 대자적 존재란 즉자적인 무관심에서 벗어난 즉자적 존재가 타자와의 자기구별의 필요성 속에서 타자를 인식하고 또한 그것과의 특정한 관계 속에서 타자를 자기의 부정으로 받아들이며 -단순하게 스스로 자기를 정립한 존재가 아니라- 더 나아가 자기의 부정이기도 한 타자를 재차 부정하여 자기 내부로 받아들임으로써 무한한 자기 관계 속에서 자기 자신을 정립한 그러한 존재라 할 수 있겠다. 이에 반해 즉자대자적(An-und-für-sich-sein)존재는 그러한 자신의 운동을 완료하여 다시금 즉자적 상태, 즉 일자 혹은 또 다른 새로운 운동에 앞선 '시원'의 상태로 복귀한 그러한 존재라 할 것이니, 즉자대자적 존재는 이런 점에서 진정한 일자라고 할 수 있을 것이다.
한편 헤겔의 위와 같은 개념들은 특정한 상태를 지시하는 개념인 동시에, 매순간마다 존재가 운동하는 존재의 운동 형식이기도 하다. 다시 말해 단계로서의 즉자, 대타, 대자 등이 있을 수 있지만, 그러한 단계 내에서 운동하는 존재의 운동 형식을 표현하는 데 있어서도 위의 개념들은 이용 가능하다고 여겨진다. 이런 구분 하에서 보자면 이 글은 이러한 헤겔의 존재 개념들을 단계의 측면에서 이용하고 있음을 밝혀둔다.

의 민족의 자기운동인바, 지금으로서는 도저히 근원을 알 수 없는 아득한 과거사를 여기서 굳이 캐낼 필요까진 없다고 하겠다.

그런데 우리가 이처럼 개별자가 아닌 집단을 민족운동의 시발점으로 상정한 이상, 최초의 집단[8] 이 순수한 혈연을 형성[9] 한 집단임은 굳이 역사적 사료를 들지 않아도 짐작할 수 있는 바이다. 왜냐하면 움직일 수 있는 동선이 제한되어 있고, 따라서 서로 이질적인 집단 간의 접촉이 제한되어 있었다면, 그들 집단의 구성원은 자연스럽게 하나의 순수한 혈통을 구성해갈 수밖에 없기 때문이다. 물론 단순히 혈연만으로 이 집단의 특성을 얘기할 수는 없다. 지적 능력의 발달을 가정한다면 이들 사이에는 언어는 물론이요 제문화적 요소 역시 공유되고 있었을 것이다. 그런데 언어나 문화적 계기라는 것은 모름지기 – 그것이 다른 누구 혹은 개별자의 언어나 문화가 아닌 바로 그 어떠한 특정한 집단의 완성된 언어이자 문화라는 점에서 – 집단의 틀이 일정하게 갖추어진 이후 완성된 인

7) 여기서 '시원' 개념이 아닌 '외타적 존재'를 민족의 출발점으로 삼는 것은, '시원'이란 개념이 '무규정적인 직접성'임에는 분명하지만, '시원적 존재'란 모름지기 특정한 無가 아닌 무규정적인 순수한 존재를 의미하기 때문이다.(G. W. F. Hegel. 같은 책, pp.61-63)./유헌식, "헤겔의 존재논리에 나타난 부정과 타자개념",『헤겔 연구』제3호,(서울: 중원문화, 1985). p.74.) 이에 반해 민족이란 어디까지나 특정한 無에 대립된 현존재라고 할 수 있는 까닭에 필자는 민족의 출발점을 '시원' 개념이 아닌 '외타적 존재' 개념에서 찾고자 한다.(G. W. F. Hegel. 같은 책, pp.106-108.)

8) 여기서 말하는 최초의 집단이란 것 자체도 애매한 것이 사실이다. 왜냐하면 태초에 설령 아담 혼자 있었다고 한들 아담 역시도 집단이라고 할 수 있기 때문이다. 다만 최초의 집단의 규모가 어떠했는지 혹은 그들이 언제 형성되었는지는 정확히 알 수 없는 바이기에, 여기서는 단지 추상적이나마 타집단과 교류가 거의 없는 상황에서 하나의 완성된 자립적 생활체계를 갖춘 집단으로 자신을 유지하고 있다는 점에서는 최초의 집단이며, 동시에 집단 내부에 어떠한 지배 · 피지배관계가 없다는 점에서는 최후의 집단을 뜻하는 그러한 것이라는 점만을 밝혀둔다.

9) 여기서 혈연을 형성하고 있다는 말은 그 집단이 혈연을 통해 자신의 생을 유지한다는 의미가 아니라 그 집단이 혈연적 집단이라는 현상 내지 형식으로서 자신을 드러내고 있다는 의미이다.

간집단의 사후적 · 부차적 존재의 계기이자, 집단 유지를 위한 운동의 계기로 등장한다는 점에서 그것이 집단 존재 자체의 선차적 형성조건이었다고 말할 순 없겠다. 이 점에서 보자면 혈연 역시 한낱 사후적인 특성(혹은 이후의 자기운동에 있어 타자와 자기와의 구별의 계기)에 지나지 않는다고 해야 할 것이다. 그럼에도 불구하고 여기서 이러한 집단을 혈연적 집단으로 명명하는 이유는(여기에 대해선 차차 설명할 기회를 가지게 될 것이나 우선 간략히 언급하자면) 첫째, 민족을 혈연적인 무엇으로 생각하는 경향이 강한 지금까지의 해석에 대한 연속성의 차원이자, 한편으론 이러한 집단을 혈연적 집단이라고 규정한 후에 이 집단의 앞으로의 운동의 과정을 전개한다고 한들 큰 무리는 없기 때문이다.

그런데 우리가 최초의 인간집단을 상정한 이상 순수성이란 측면을 혈족만큼 잘 드러내주는 계기가 없는 것 또한 사실이다. 물론 혈연이라는 것 자체가 어찌 보면 무규정적인 그러한 것인 까닭에, 혈연으로부터 어떤 순수성을 도출해낸다고 한들, 그것이 어떤 의미를 지닐 수 있을 지는 의심스러울 수밖에 없다. 왜냐하면 아무리 순수한 혈족이라고 해도 그것 역시 어떤 상호 간에 이질적인 피와 피가 섞여서 만들어진 것인 만큼 혈족의 본성상 그것은 이질적인 피를 거부할 하등의 권리가 없기 때문이다. 또한 순수한 혈족이 순수할 수 있었던 것은 순수한 피 때문이 아니라 당시 인간집단의 동선을 제한시켰을 일정한 자연적 조건에 큰 영향을 받았음을 우리는 짐작할 수 있다(물론 나중에까지 혈연이 민족의 순수성을 보존하는데 아무런 역할을 하지 못한다는 것은 아니다).

그런데 혈연이 인간집단의 규정적 요소라고 한들, 이 단계의 민족에 있어 그것은 어디까지나 내재되어 있는 계기일 뿐 혈연이 그 집단의 자기운동의 현실적 계기로 기능했다고 볼 순 없을 것 같다. 왜냐하면 여기서 상정된 외타적 존재란 아직까지 자신의 혈연적 구별성을 인식할 수 있는 특정한 타자를 만나지 못한 그러한 존재에 다름 아니기 때문이다.

이런 점에서 이러한 상태에 머물고 있는 외타적 집단을 마냥 민족이라 칭할 수 없는 것도 사실이다. 하지만 민족이란 개념 자체에 내포되어 있는 어떠한 순수성, 다시 말해 배타성을 가정한다면 우리는 타자와의 접촉 자체를 개념적으로만 아니라 실제적으로도 배제하고 있었을 그러한 당시의 민족을 민족 중의 민족, 즉 참된 민족이라고 말할 수도 있을 것이다. 또한 무엇보다 민족이란 개념 속에, 민족 구성원 간의 평등성이 내재되어 있는 만큼 원시 공동체로 상정할 수 있는 이 외타적 단계의 집단 혹은 민족을 참된 민족이라 부르는 데 큰 어려움은 없을 듯하다. 물론 이러한 순수 민족이 말 그대로의 순수한 집단이 아니었음은 분명하다. 왜냐하면 여기서 언명되는 순수성이란 어디까지나 다른 인간집단과의 관계 속에서 내려진 규정에 불과하기 때문이다. 따라서 그것은 민족이기 이전에 즉자적 존재 혹은 즉자대자적 존재로서 자기완성을 이룬 존재인 동시에 민족으로서의 자기외화에 앞선 외타적 존재로 자신을 정립한 그러한 것이라 하겠다.

어쨌든 원시 시대에는 이러한 인간집단과의 관계를 배제한 순수성이 개념적으로뿐만 아니라 실재적으로도 가능했을 것이다. 그러나 그와 같은 순수성을 지킬 수 있었던 기간은 – 상대적으로 차이는 있겠지만 – 매우 짧았다고 봐야 할 것이다. 물론 오늘날에도 어느 오지의 고립된 산골에서 여타 세계와의 접촉을 거부한 채 살아가고 있는 그러한 인간 집단이 없는 것은 아니겠지만, 그렇다고 하여 그러한 인간집단이 오늘날의 세계 현실에 있어 어떠한 커다란 의의를 가진다거나 영향력을 행사하는 것은 아니다. 이런 점에서 원시 시대에나 가능했을 그러한 순수 혈족 개념이 오늘날의 대부분의 민족에게 있어 개념적으로(오성적으로는 그렇게 작동할 수 있다) 부합한다고 보기는 어려울 것이다. 왜냐하면 오늘날 현존하고 있는 무수한 민족들은 결국 이미 그러한 혈연적 배타성으로부터 자의적이든 타의적이든 간에 자신을 소외시킨 그러한 민족일 수밖에 없기 때문이다.

그럼에도 불구하고 우리는 외타적 존재로서의 민족을 그 자체 하나의 보편자로 파악할 수 있는데, 왜냐하면 쉽게 말해 그들에게 있어 세계는 곧 그들만의 세계였을 것이기 때문이다.[10] 이 점에서 그들은 그 자체로서 보편자로서의 의미를 지닌다. 여기에는 개별자와 특수자로서의 의미는 철저히 배제되어 있는데, 그것은 그들을 인간집단으로서의 특수자로 만들고 또한 개별자로 만드는 타자가 여기서 배제되고 있기 때문이다.

이제 우리는 이러한 외타적 존재로서의 인간 집단이 그 역시 하나의 외타적 존재였을 또 다른 인간집단을 만나게 되는 과정을 살펴볼 것이다. 타자와의 관계 속에서 보편자로서의 자신을 지위를 박탈당할 수밖에 없는 민족은 아직까지는 그 정체를 알 수 없는 추상적인 보편성 속에서의 하나의 개별자로서 자신을 운동을 전개해나가기 시작한다. 그리고 그 과정 속에서 인간집단은 기존의 인간집단으로서 자기가 누렸던 본질을 고수하면서도 또한 자기를 구체적인 시대 속에서 새롭게 재정립해나갈 것이다.

2) 대타적 존재로서의 민족 – 타자와의 구별로 인한 순수성(다른 무엇도 아닌 민족으로서의 혹은 특정한 인간집단으로서의 자기 순수성)의 자기 인식

지금까지 살펴본 외타적 존재로서의 민족은 그것이 외타적이라는 점에서 민족이 아닌 단순한 인간 집단에 불과했다. 쉽게 말해 이것은 특정한 '이것'이 아니라, 단순한 '이것'이었던 셈이다. 민족이 민족이기 위해서는 자신을 민족이게끔 하는 타자가 전제되어 있어야 한다. 따라서 위

10) 물론 그러한 자기들만의 보편성을 마련하지도 못한 채 사라져버린 민족도 많을 것이다.

에서와 같은 그런 순수한 혈족 내지는 순수 집단은 인간집단이라고 할 수는 있을지언정 흔한 의미의 민족이라고 할 수는 없다. 그러나 그 역시 하나의 자립적 존재였음은, 그 자체에 있어서는 자기 완성적 존재였음은 분명한 사실일 것이다.[11)]

그런데 이러한 순수한 인간집단으로서의 공동체가 민족 공동체로서의 자신을 구별하기 시작했다는 것은 그 공동체가 이전에 지녔을 즉자적인 자립성이 소멸하고 있음을 의미하는 것이기도 하다. 요컨대 자기와 타자와의 구별은 결국 어떤 하나의 관계 속에 자기의 존재를 상정한 꼴이 되는바, 결국 순수한 인간집단으로서의 공동체가 자기구별을 많이 하면 할수록, 다시 말해 많은 타자와 많은 관계를 가지면 가질수록 그것이 민족이기 이전에 지녔을 자기 나름의 자립성은 그만큼 소멸되어질 수밖에 없는 것이다. 그로 인해 이제는 오히려 민족이 자기를 지키려고 하는 당위마저도 그러한 관계가 주어졌기에 가능한 것으로 여겨지게 된다. 즉, 민족(하나의 특수한 인간집단으로서의) 밖에 민족이 아닌 것이 있기 때문에 그 민족은 이제 민족으로서의 자신을 지켜나갈 수가 있게 되는 것이다.

---

11) 여기서 주의해야 할 것은 자기 완성적인 존재 혹은 타자의존적이지 않은 존재라 할지라도 그것이 자기 한계를 가지고 있지 않다는 의미는 아니라는 것이다. 왜냐하면 모름지기 존재는 타자 없이는 도저히 존재할 수가 없기 때문이다. 타자가 없다는 것은 쉽게 말해 '나'와는 구별되는 것이 없는 상태를 의미한다. 그러나 현실적으로 '나'는 '나가 아닌 것'이 있음을 인식하기에 '나'를 '나'로서 유지하고 인식할 수 있을 따름이다. 즉, 〔나는 ~이 아니다〕라는 것은 '나'가 아무 것도 아니라는 것을 말해주는 것이 아니라 '나'로 하여금 ~이 아니도록 하는 무엇인가가 '나'에게 있음을, 그리하여 '나'에 대해 인식하게 됨을 뜻한다. 즉, 구별을 통한 부정성은 여기에서 필연적으로 긍정성으로 전화된다. 헤겔은 이와 관련하여 다음과 같이 말하고 있다.
"예컨대 〔장미는 빨간색이 아니다〕라고 할 때…비록 장미가 빨갛지 않다 할지라도 역시 이것이 하나의 색깔을 갖는다거나 혹은 이와 또 다른 색깔을 갖는다는 것은 인정되는 까닭에, 이러한 보편적 영역에 비추어 보면 지금의 이 판단은 여전히 긍정적인 셈이다."(Hegel. G. W. F., 같은 책, p.119.)

하지만 처음부터 민족이 그러한 자기의 피정립적 운명을 받아들이지는 않았을 것이다. 애초에 모든 존재는 자기 외적 존재를 배척하기 마련이다. 따라서 민족은 그러한 의미에서 대타적 존재로 전화한다. 즉 민족 내부에 있는 즉자성은 외부의 대립자로 인해 자기 자신을 구별함으로써 타자에 의존하면서도, 현상적으로는 타자에 대해 여전히 무관심한 태도를 보이며 자신으로부터 타자를 밀쳐 내려고만 하는 것이다. 이러한 국면 속에서 민족은 타자가 어떠하건 간에 자기의 본질을 보유하며 불변의 가치로서의 자신을 인식하고 보존하려 하기 마련이다. 그리고 이것은 아마 모든 민족이나 인간집단이 겪어온 과정이었을 것이다.[12)]

그러나 타자를 단순히 부정할 수만도 없다면, 이제 민족은 그 자신을 새롭게 정립하는 과정에 들어설 수밖에 없다. 타자와의 관계가 이제 그 민족의 존립에 있어 하나의 자연, 또는 당위로 등장한 이상 민족은 그 새로운 자연과 당위 속에서 자신을 재정립해야만 되는 것이다. 그런데 새로운 자연과의 만남은 그 민족에게 있어 단순한 소멸을 의미하진 않는다. 사실 이 즉자성이란 개념 속에는 본래적으로 어떠한 식으로든 타재성과 피정립성이, 자신의 부정적 계기가 깃들여 있는 까닭에[13)] – 그것이 또한 자신의 한계를 규정해온 셈이니 – 무릇 이미 그 부정적 계기라는 내부의 대립자를 딛고 즉자성을 이룩한 인간집단은 또한 그 부정적 계

12) 물론 그들이 타자를 배척하려고 하는 이유가 그들의 실제 생활의 기반과 직접적으로 연관된 것임은 말할 필요도 없겠다. 덧붙이자면 어떠한 인간이 호전성을 가지는 것은 무언가가 그로 하여금 호전성을 가지게끔 만들기 때문이다. 지천에 먹을 것이 널려 있다면 서로 싸울 필요는 없다. 물론 호전성의 기질이 그 사물에 내재해 있지 않는다면 호전성은 발휘되지 않을 것이다. 그러나 여기서 우리가 반드시 생각해야 할 점은 사물에 단순히 내재되어 있는 기질이란 어디까지나 한낱 가능성일 뿐 실재적인 것은 아니라는 점이다. 따라서 무엇보다도 이러한 한낱 가능성을 현실화시키는 책임은 무엇보다도 그 외재적 계기에 주어져 있다고 봐야만 할 것이다.

13) 유헌식, 같은 책, p.65.

기의 발현을 통해 지금껏 그래왔듯이 다시금 자기의 한계를 (민족으로서) 새롭게 규정하고 또 규정하지 않을 수 없는 것이다. 지금까지 현존하고 있는 모든 민족은 오히려 그러한 순수성에 더 이상 집착하지 않고, 주어진 자신의 한계를 지양하는 과정을 통해서 자신의 민족성을 매시대마다 재정립 혹은 보존하여온 그러한 경우에 해당된다고 할 수 있겠다. 물론 그런 과정 속에서 고유의 민족성이 박탈되는 경우는 빈번하게 발생하기 마련이며, 오히려 순수한 의미에서의 고유성이란 이 과정에서 전적으로 소멸될 수밖에 없는 운명이라는 사실은 틀림없는 사실이다. 민족의 동화가 그 예라고 할 수 있겠다. 그러나 한편으론 이를 완전한 동화라고 할 수도 없는바, 왜냐하면 그것은 A 민족의 B 민족화라고 할 수도 있지만, 도리어 B 민족의 A 민족화라고 할 수도 있기 때문이다. 예를 들어 중국의 소수민족이 한족화 되어간다고 할 때 그로 인해 그러한 소수민족 자체가 절멸한다고는 볼 수 없는바, 왜냐하면 이제는 한족이야말로 그 소수민족의 현실적인 새 민족으로 정립될 것이기 때문이다. 또한 한족 역시 그 소수민족과의 만남으로 인해 이전의 한족이라고는 할 수 없으니, 다시 말해 이전의 한족 역시 새로운 계기 속에서 자신을 소멸시키게 된다. 물론 이것에 대해 어떠한 정당성을 부여하고자 하는 것도, 어떤 도덕적 가치판단을 내리고자 하는 것도 아니다. 다시 말하지만 이것은 다만 민족이라는 대상에 대한 형식적 접근일 뿐이다.

어쨌든 외부로부터의 충격에 대해, 민족 내부에 민족이 아닌 것을 지양하고자 하는 배타적 운동은 자기 내부적 규정 또는 한계를 축소함으로써 또는 한계 자체를 폐지함으로써 자기를 지키려는 것이 아니라, 오히려 그 부정적 계기로서의 한계의 지양을 통해 민족의 새로운 즉자성을 정립하는, 쉽게 말해 그 민족의 '민족이 아닌 것'의 자기화를 통해 민족의 새로운 즉자성을 정립하고, 또한 새로운 부정적 계기의 범주를 마련한다고 볼 수 있다. '한계 자체'가 소멸되는 과정에 있거나 혹은 소멸되었다는 것은 곧 한계에 의해 규정되어진 '민족 자체' 혹은 '존재 자체'가 소멸하는 것을 의미할 뿐인 까닭에, 민족은 어쨌거나 '한계 자체'를 지킬 수밖에 없는 입장에 놓이게 된다. 그리하여 민족은 하나의 주어진 당위로서 자신을 정립한 이상 민족으로서의 자신의 당위를 지키기 위해서라도 자기에게 주어진 한계 또는 제한을 극복할 수밖에 없다고 하겠다.

그리하여 민족은 대자적 존재가 되기에 이른다. 그렇다면 이 민족이 타자와의 관계 속에서 지키려고 하는 당위란 무엇인가? 아마 그것이야말로 민족의 본질이라고 할 것이다. 그러나 지금 그 대답을 여기서 구할 순 없다. 왜냐하면 민족은 더 이상 자신을 민족으로 인식하지 않기 때문이다. 달리 말해 민족은 타자와의 구별로 인해 민족으로서 자신을 드러낼 수 있었지만, 이제 그것은 그와 동시에 민족으로서 자신이 지녔던 애초의 규정을 상실하고 새로운 자기 자신을 정립할 수밖에 없기 때문이다. 민족은 타민족과의 통합에 의해 이전의 민족이 아닌 새로운 특정한 집단을 형성하고 자신을 그렇게 인식할 뿐, 더 이상 자신을 예전에 그 자신이 몸담았을 '평등한 공동체로서의 민족'으로 인식하지는 않는다. 이러한 단계가 곧 앞으로 살펴볼 민족의 자기 운동에 있어서의 '대자적 존재'의 단계인바, 이는 순수하고도 평등한 공동체로서의 민족의 자기상실의 단계이자 대자적 단계에 이른 민족의 자기인식이기도 하다. 이 단계에 이르러 민족은 더 이상 민족으로서는 존재하지 않는다. 만약 민족이란 것이 혈연적인 의미 내지는, 구성원들 간의 평화적이고 실질적 공통성을 견지한 집단을 뜻함을 의미한다면 말이다. 그러나 그럼에도 불구하고 공동체는 공동체로서 유지된다.

3) 대자적 존재로서의 민족 – 대립되어 있던 민족 집단에 대한 자기화 또는 타자와의 관계 속의 자기정립. 기존에 지니고 있던 순수성의 파괴. 민족의 소멸과 새로운 집단의 탄생. 민족의 자기전화

앞서 우리는 자기 밖에 타자를 가짐으로써 보편적 인간집단이 민족(하나의 특수한 집단으로서의)으로 전화되는 것을 보았다. 타자와의 관계 속에 들어온 인간집단의 행위는 일차적으로 배타적일 수밖에 없었다. 다시 말해 타자와의 관계 속에서 특정한 타자에 맞선 자신들의 순수성을 감지할 수 있었지만, 오히려 그렇게 구별된 자신들의 순수성을 타자와의 관계 속에서 지키려는 모순적인 상태에 빠져들게 되는 것이다.

그런데 타자와의 관계 정립에 있어 그것이 능동적인가 수동적인가 하는 점은 여기선 중요하지 않다. 다만 그러한 관계 정립에 어느 민족에게서 어느 민족으로 흐르든지 간에 어떠한 한 집단으로 하여금 자신의 순수성을 탈피하여 다른 인간집단과의 접촉을 강제하게 하는 것 자체가 일종의 강제성을 띤 것이라는 점은 분명하다고 할 것이다. 게다가 어느 한쪽이 자신들의 둘러싼 기존의 조건을 탈피해야만 하는 그러한 상황에 직면해 있음을 전제한다면, 이들의 만남은 형식상으로는 가능한 낭만적인 순수성 대 순수성 간의 만남이 아니라, 치열한 생존 투쟁의 외관으로 드러났을 것이다. 추측하건대 전쟁[14]이야말로 이런 재정립을 위한 하나의, 그러나 가장 일반적인 방식이었을 것이다. 물론 전쟁 그 자체가 타자와의 관계를 정립하는 데 있어 적극적인 계기라는 것은 아니다. 전쟁은 단지 일차적인 계기일 뿐이다. 요컨대 전쟁이라는 수단을 통해 이질적인 인간집단들 간의 접촉은 본격화되며, 더 나아가 그러한 과정 속에서

14) 전쟁이 아니라고 해도 이 논의에는 아무런 지장이 없다. 왜냐하면 여기서 말하고자 하는 주된 핵심은 이 단계에 들어 지배 · 피지배의 관계가 형성되었다는 점이기 때문이다.

각각의 민족들이 그 관계에 앞서 지켜온 순수성은 허물어지게 된다.[15)]

이러한 민족과 민족의 충돌 속에서 이제 각 민족들은 순수한 인간집단으로서 지니고 있던 자기 순수성으로부터 소외되기에 이른다. 이러한 소외가 대자적인 단계로까지 발전하지 않은 이상(즉, 형식적이나마 동화되지 않는 이상), 민족은 자신들과는 상이한 민족으로부터는 물론이요, 그러한 상황 자체로부터도 소외되는 상황에 처하게 된다. 이러한 생성의 과정에 놓인 민족이 자신을 보존하는 길에는 두 가지가 있었을 것인바, 첫째는 사라져가는 내용으로부터 그 스스로를 소외시키지 않은 길과, 다른 하나는 새로운 내용에 부합하는 형식으로 자기 자신을 지양하는 길이었을 것이다. 오늘날 현존하는 민족은 모두 두 번째에 해당되는 길을 걸어왔다고 할 수 있는데, 이 경우 민족은 이전의 당위 또는 자기 한계의 지양을 통해 기존의 민족구성에 있어서 그들이 지녔던 어떠한 현실적인 당위로부터 자기 자신을 소외시킨다. 그리하여 기존의 민족구성에 있어서 현실적인 질로서 기능한 것이 예컨대 혈연이었다면 이제 그 질은 혈연이라는 구체적 당위의 형태를 벗어던지는 동시에 혈연이라는 당위는 당위로서의 역할을 상실하기에 이른다. 물론 서로 간에 이질적인 것이 모여서 혈족이 이루어진 만큼 이러한 이질적인 인간집단의 접촉으로 이루어진 집단 역시 일정한 시간이 흐른 뒤 재차 혈족적인 순수성을 이루어나갈 것이다. 그러나 이 단계에 있어 혈연이 지니는 상징성은 이전에 비해 사라졌다고 볼 수밖에 없으니, 왜냐하면 이제는 평화

15) 앞에서 말한 바 있지만 이러한 접촉 속에서 자신들의 순수성을 잃어버리는 것이 비단 피억압민족만이라고 말할 수는 없다. 물론 억압민족의 경우 자신들의 순수성의 변화 정도가 피억압민족보다는 덜 하겠지만 어떤 식으로든지 그 또한 영향을 받을 수밖에 없기 때문이다. 한편 어느 민족이 어느 민족의 노예가 된다고 하여 그들 피억압민족의 고유성이 완전히 박탈된다고 볼 수도 없으니, 왜냐하면 노예의 신분은 오히려 그들 피억압민족의 고유성을 - 노예의 신분이 주는 제한성으로 인해- 유지시켜주는 조건이기도 하기 때문이다.

를 상징하던 순수공동체의 자기 동질적 혈연을 대신하여 민족 간의 투쟁을 상징하는 관계가(민족과 민족 간의 충돌에 앞서 어느 한 민족에 있어서는 그러한 지배관계가 없었다는 전제 하에서) 적극적으로 도입될 수밖에 없기 때문이다. 다시 말해 이 단계에 있어 어떤 한 집단을 지시하고 그 집단을 다른 무엇도 아닌 그 집단으로 유지시켜 주는 계기는 지배관계인 셈이다. 결국 여기에 이르러 외형적으로나마 기존 민족의 규정요소로 기능했을 혈연이나 언어, 문화 등은 그것에 의해 마련된 새로운 공동체의 지반 위에서 다시금 천천히 구성되는 -그러나 그 자신을 민족으로 인식하지는 못하는- 새로운 집단(민족)의 사후적 특성으로 전락하고 만다. 물론 지배관계 하에서 새롭게 형성된 인간집단의 동선이 어느 한 공간에 제한되고, 일정한 시간 동안 그러한 집단이 유지된다면 혈연, 문화, 언어 및 경제적 규정은 그 속에서 자연스럽게 동질성을 회복해 나갈 것이다. 하지만 이러한 동질성은 어디까지나 각 인간집단들을 하나의 테두리 안으로 예속시킨 그러한 결과에 기인한 것이라고 봐야 할 것이다.

그런데 이때의 민족은 기존의 당위에 집착하지 않고 기존의 당위가 파괴되거나 스스로 파괴시킬 때만이 자기 운동의 영속성을 보장받게 된다고 할 것이다.[16] 민족구성에 있어서의 당위라는 것이 한편으로는 구체적인 형태로 자신을 드러내는 존립근거가 되기도 하지만, 그것은 어디까지나 현실적인 것을 자신을 기반으로 하는, 그리하여 시간과 공간을

16) "… 개별적 존립을 지양한다는 것은 마찬가지로 존립을 마련하는 것과 같은 반대의 의미를 지닌다. '(……)' (결국 -인용자) 생명이란 지속적으로 움직여 가는 순수한 과정이 아니며, 그 과정의 계기들을 단순히 결집시켜 놓은 것만도 아니고, 오히려 이것은 자기 전개를 이루면서도 어느덧 그 자신의 전개상을 용해시키는 가운데, 바로 이와 같은 운동 속에서 자신을 단적으로 보존하는 전체일 뿐이다. … (따라서-인용자) 이와 같은 반성적 통일은 최초의 직접적인 통일과는 다른 것이다."(Hegel. G. W. F., Phanomenologie des Geist, in Gesammelte Werke, Bd. 3(Frankfurt: Suhrkamp Taschenbuch Verlag, 1986). p.142.)

초월하는 그러한 당위는 아닌 까닭에 민족은 민족 그 자체로서의 자신을 지키기 위해서라도 그 외부에 놓인 한계를 극복해나가야 한다. 따라서 자기 운동을 지속할 의지를 갖춘 민족이란 모름지기 애초에는 당위 자체의 외연을 변경하여 양적인 자기 전환을 할 수밖에 없는 입장에 처해 있다고 할 것이다. 다만 당위의 재정립이란 측면에서 보자면 이러한 과정은 정복 민족에게 더욱 적극적으로 나타날 수밖에 없었을 것이다. 왜냐하면 지배민족의 경우에는 이러한 관계를 통해서 기쁨과 자기만족을 느끼는 까닭에 그러한 당위를 기꺼이 자신의 것으로 받아들이려 하는 반면, 피지배민족의 경우 당위의 재정립은 고통을 의미하는 까닭에 이에 대해 수동적일 수밖에 없기 때문이다.

결론적으로 말해 이 단계에 이르러 이전의 각 민족을 규정하던 당위는 사라지고 이제 양 민족을 아우를 수 있는 그러한 새로운 당위가 요청되기에 이른다. 그리하여 그 통합에 앞서 각자 자립적인 일자로서 존재하고 있던 민족들은 새롭게 형성된 공동체 속에서도 여전히 자신을 보존하고는 있지만, 이들은 더 이상 민족 속에서 민족으로서 자신을 보존하는 것이 아니라, 예컨대 왕국 또는 영지 내에서 신민으로서의 자신으로 자신을 정립하고 또 보존하게 된다.

이제 지배 · 피지배 관계의 도입 속에서 새로운 공동체 속으로 융합되어간 각 민족들은 그 속에서 하나의 동질성을 마련해가기 시작한다. 그리고 이것이 일정한 역사적 시기를 거쳐 자신들을 전체를 관통하는 하나의 동일한 구체성을 마련해갈 때, 각각의 민족들은 서로의 지양을 통해 대자적 존재로서의 민족(물론 그들 스스로에 의해 민족으로 인식되지는 않지만)을 구성하게 된다. 이러한 대자적 단계 하에서의 공동체는 민족과는 다른 존재로서 인식될 뿐이다. 다시 말해 이전의 민족과 그러한 민족들이 모여서 형성된 지금의 집단 간의 관계는 단절이라고 할 수 있을 것이다. 따라서 이전의 각각의 민족 또는 인간집단들이 새로운 계기 속에서 자신을 보존해 갔다는 측면에서 이것은 대자적이라고 할 수 있겠지만, 어디까지나 이는 다만 자신의 보존일 뿐, 이전의 자신이 그 속에서 그대로 보존되고 있음을 확인하는 그러한 것은 아닌 까닭에 이는 즉자대자적[17]이지는 못하다고 할 것이다.[18]

4) 즉자대자적 존재로서의 민족 – 타자의 자기화를 넘어선 민족으로서의 순수성의 재확인. 민족으로서의 자립적 존재. 시대적 계기 속에서의 운동

즉자대자적 민족에 대해 살펴보기에 앞서 우리는 이 글 속에서 민족과 관련한 '즉자대자적'이라는 명칭 혹은 단어가 가지는 개념에 대해 먼저 규정하고 넘어가야 할 것이다. 그것은 크게 다음과 같은 세 가지의 의미로 사용된다.

첫째, 민족과 민족 간의 통합에 있어 추상적인 수준에서 도달하는 외면적 일자로서의 즉자대자적 존재가 그것이다. 요컨대 이것은 두 집단 간의 통합으로써 형성된 민족이 자신을 그 무엇도 아닌 다름 아닌 민족으로 인식하는 것을 말한다. 둘째, 민족과 시대적 계기와의 관계 속에서 구해지는 즉자대자성이 있을 수 있겠다. 이것은 추상적이나마 타민족과

---

17) 여기서 사용하는 즉자대자적이라는 말은 민족과의 관계 하에서의 즉자대자적이라는 말이다. 다시 말해 즉자대자적이라는 개념은 어느 단계에서든 어떤 자기 반성적 형태를 나타내는 데 적절한 개념임은 틀림없지만, 여기서는 그 의미를 민족과의 관계 하에서 제한적으로 쓰고 있음을 밝혀둔다.

18) 한편 여기에 덧붙여 반드시 짚고 넘어가야 하는 것은 다음과 같다. 어찌됐든 간에 서로 간에 이질적인 인간집단이 만나게 되었다는 것은 비단 이들의 혈족적 개념의 순수성의 파괴만을 일컫는 것은 아니라는 것이다. 즉, 만약 그들이 누려온 생활방식이 달랐다면 이제 그들은 동일한 경제권 내에 들어오게 된다(물론 그들 내에서 상이한 경제 양식을 누릴 수는 있지만, 여기서 말하는 동일한 경제권이란 그런 양식적 측면을 얘기하는 것은 아니다). 다시 말해 그들은 새로운 내적 존재 원리를 형성하고, 또 그 속에서 자기 자신을 유지 및 형성시켜 나간다.

는 다른 차별성을 가지게 된 민족 공동체가 시대적인 외재적 계기와의 관계 속에서 자신의 즉자대자성을 마련하는 것으로, 이는 민족을 구성하는 민족 구성원 서로 간의 관계에 대한 즉자대자성이 아닌, 민족 구성원 각자와 시대적 계기 속에서 마련되어지는 즉자대자성, 다시 말해 민족 구성원 각자가 새로운 시대 속에서 그 시대에 부합하는 원리에 따라 자기운동을 지속시켜 나가는 그러한 것이라고 할 수 있겠다. 이것은 첫 번째 의미의 즉자대자성을 전제로 한다(그리고 여기선 자본주의와 민족과의 관계에 대해서 미약하나마 논의할 수밖에 없다고 하겠다). 셋째, 민족이 민족의 자기운동에 있어 또는 하나의 시대와의 자기관계 속에서 즉자대자성을 갖추었다고 한들, 그것이 곧 민족이란 개념 자체 속에 내재되어 있는 일자로서의 동일성으로서의 즉자대자성의 완성을 의미하는 것은 아니다. 부언하자면 민족 자체 내에 이러한 이질성을 내포한 민족, 다시 말해 외재적으로는 즉자대자성을 갖추었지만, 내재적으로는 즉자대자성을 갖추지 못한 그러한 단계에 있는 민족이야말로 민족사에 있어 장구한 시간을 점유한 그러한 단계의 민족이라고 할 수 있겠다. 결국 이를 극복한 내재적 즉자대자성의 완성이 세 번째 의미의 즉자대자적 개념이라고 하겠는데, 이는 엄밀한 의미에서의 하나의 새로운 민족을 구성하게 되는 민족 구성원 간의, 즉 민족 내재적인 관계에 있어서의 즉자대자성이라고 할 수 있는 것으로, 곧 새롭게 정립된 민족 구성원 간의 일자로서의 진정한 동등성의 완성을 의미한다(이 단계에서 이른바 국가의 이데올로기적 작업이 동반되기도 할 것이다).

① 추상적 일자로서의 즉자대자성의 출현_타자의 소멸에 이은 민족 자기 자신의 확인

민족이 자신을 다름 아닌 민족으로 인식하게 된 것은 앞서 얘기했듯 근대에 들어서이다. 1789년 프랑스 대혁명을 기점으로 하여 인류의 역사 속에서 신분적 질서는 실질적으로 붕괴되어가기 시작했다. 물론 그 시기는 각 나라마다 다를 수밖에 없다. 그러나 민족개념의 보편화가 아닌 그 개념사용의 시작에 대해 얘기하는 지금 유럽, 특히 1789년 혁명기의 프랑스에서 그것의 근원을 찾는 것은 어쩌면 당연하다고 할 것이다.

오늘날 우리가 말하고 있는 민족이란 개념은 분명 프랑스로부터 비롯된 유럽의 자기인식의 산물이다. 당시 신분제는 봉건제라는 내용을 유지시켜주던 시대의 형식이었다. 그리고 그 형식이 파괴된 것은 다름 아닌 그 형식을 규정하는 실질적인 시대의 내용이 변화했기 때문이었다. 하나의 특정한 형식의 파괴가 형식 자체의 소멸이 아닌 형식의 전화 내지는 대체를 의미한다는 점에서 신분제를 대신한 새로운 내용에 부합하는 새로운 형식이 등장해야만 했다. 이런 상황 속에서 당시 새로운 시대적 내용에 부응하여 나타난 것이 정치에 있어 형식적 평등과 더불어 각 구성원들을 형식적 일자 속에 묶어두는 추상적 범주로서의 민족의식이었다고 할 수 있겠다. 그런데 추상적 일자로서의 민족의 등장이 어떠한 혈통적, 문화적 동질성 하에서의 실질적인 내용과 부합한다고 한들 진정한 의미에서의 일자는 아님을 말한 바 있다. 따라서 이러한 측면에서 보자면 이것은 국가나 지배계급의 이데올로기 작업의 산물로 간주할 수 있을 것이다. 하지만 우리가 여기서 쉽게 간과하는 측면이 있는데, 그것은 국가가 제아무리 그것을 강조한다고 하여도 그것이 받아들여질 수 있는 상황이 아닌 이상 그것은 받아들여지지 않는다는 점이다. 다시 말해 민족이란 개념이 각 구성원들에게 받아들여질 수 있었던 것은 구성원들이 납득할 만한 최소한의 동질성이 그 집단 내에 이미 마련되어 있었음을 의미한다. 왜냐하면 무로부터는 아무 것도 나오지 않기 때문이다.

따라서 근대에 들어 민족이 자신을 민족으로서 인식할 수 있었던 조건을 여기선 다음의 두 가지로 간략하게 정리할 수 있겠는바, 첫 번째는 신분제라는 구시대의 형식의 파괴이며, 두 번째는 상당 기간 동안의 동일한 역사적 경험을 통해서 마련된 각 집단 내의 동일한 언어 · 문화 · 혈연적 동질성이다. 이러한 조건 속에서 이제 민족은 자신을 다른 그 무엇도 아닌 민족으로 인식하기 시작했는바, 민족은 양적으로 확대된 자신의 운동을 통해 그 양을 지반으로 하여 다시금 또 하나의 질을 형성하기에 이른 셈이다. 물론 이것은 어디까지나 추상적인 일자로서의 질에 지나지 않는다. 그러나 한편 이것은 단순히 양에 근거한 것일 수도 없다고 하겠는데, 왜냐하면 이러한 집단 형성을 단순히 양적인 관점에서만 파악했을 경우 이 집단이 굳이 민족일 필요는 없기 때문이다. 따라서 내재적인 즉자대자성을 마련하지 못했다는 점에서 양을 자신의 외양적 본질로 취하고는 있으나, 이를 단순한 양적 운동이라고 부를 수는 없겠다. 즉, 민족을 민족이게끔 하는 것은 이 단계의 민족 그 자체에 내포되어 있는 셈이다. 다시 말해 내재적인 동일성을 마련하지는 못했다고 한들, 그러한 양 자체에 근거한 추상적인 일자로서 자신을 구성했다는 점이 바로 이 단계에 있어 민족의 특성이라 할 수 있을 것이다.

② 외재적 계기 하에서의 추상적 일자로서의 민족의 운동[19)]

그런데 민족과 민족 간의 만남은 단순히 민족과 민족 간의 만남을 의미하는 것일 순 없다. 그것은 세계와 세계의 만남이기도 하다. 따라서 이런 의미에서 볼 때 민족 내부의 즉자대자성의 완성 역시 이미 순수하게

---

19) 이는 민족을 둘러싼 역사성의 개념이라고 할 수 있을 것이다. 헤겔은 이러한 관점에서 당시 독일 민족주의에 대해 다음과 같이 말한다.
"… (니벨룽겐의 노래와 같은 독일적이라 이야기되는 전설이나 과거 등은 -인용자) 우리의 가정, 사회, 법적인 삶과 제도, 그리고 조직과 더 이상 생생하게 연결되어 있지 않다. 그리스도 … 로마법 이야기, 심지어 트로이 전쟁이 우리의 민족의식에 … 더 실제적이다. 이런 것들을 민족적인 것이라 주장하고 심지어 독일의 성경에 수록하는 것은 가장 무의미하고 얄팍한 생각이다"(Hegel. G. W. F., Aesthetics: Lectures on Fine Art(Oxford: Oxford University Press, 1998). p.1057.

민족 자체 내의 문제로만 해결할 수 있는 것은 아니라고 하겠다. 다시 말해 하나의 민족을 고찰할 때 우리는 항상 그 민족을 둘러싼 시대성을 간과해서는 안 되며, 오직 이것과의 관계 속에서만 민족 자체 내에 주어진 규정 또한 파악해야 할 것이다. 사실 민족과 민족의 통합에 있어 예컨대 혈연 등의 계기가 새로운 민족 규정의 계기에 자리를 내주었다고 한들, 그것은 어디까지나 민족 자체와 관련된 문제일 뿐, 새로운 민족이 어떤 특성을 지니는가에 대해서 사실 시대의 원리는 무관심하다고 할 것이다. 물론 민족과 민족의 만남이 세계 대 세계의 만남이라고 한들, 그것은 양자 모두에게 공평한 정도로 진행되는 것은 아니며, 사실 역사가 우리에게 알려주는 것은 강자의 세계가 곧 새로운 세계가 되었다는 사실이다. 그러나 그것이 누구에 의해 강압적으로 다른 누구에게 부여된 세계이든지 간에, 우리는 민족과 민족의 만남이 단순히 인간집단 대 인간집단 간의 만남은 아니며, 따라서 민족 내적 문제 역시 그러한 민족 내적인 문제를 해결하는 것만으로, 예컨대 완벽한 혈연적 동질성을 획득한다고 이뤄지는 것은 아니라는 점을 주지해야 할 것이다. 만약 그것이 그러한 형태로 민족을 규정하고 지배할 수 있으려면, 예컨대 오늘날에 있어서는 자본주의로부터 자유로운 민족을 우리는 찾을 수 있어야 할 것이다. 그러나 흔히 우리가 얘기하는 이슬람 원리주의의 행동이나 이스라엘의 행동, 혹은 이스라엘을 지원하는 미국의 행동 등등이 자본주의와 무관하다고 말할 수 있겠는가? 물론 말을 할 수는 있다. 그리고 실재와 다른 인식을 대다수의 사람들이 생각한다는 점을 부인해서도 안 될 것이다. 결국 여기서는 언뜻 보면 감성이 이성을 지배하는 것처럼 보인다. 그러나 그것은 대개 누군가에 의해 의도된 것이라는 점에서 철저하게 이성이 감성을 지배하고 있다고 볼 수도 있을 것이다.

그런데 민족의 자기 운동을 타자에 대한 자기반성이라고 규정할 경우, 우리는 동일한 민족을 파악하는 데 있어서도 이전 시대의 민족과 오늘날 현존하는 동일한 민족을 (물론 전혀 상이한 질이 전제되어 있다고는 할 수 없겠으나, 그렇다고) 질적으로 완벽한 동일자로 파악할 순 없게 된다. 따라서 우리는 이전의 민족과 오늘날 민족 간의 차별성을 부여하는 계기에 대해 파악해야만 하는 셈이다. 이전 시대와 민족과 오늘날 민족 간에는 상이하면서도 동일한 속성을 공유하고 있다고 할 것인데, 여기서 후자는 자신이 새롭게 처한 외재적 계기와의 관계 속에서 전자가 지닌 제규정 중 일부를 변형하고 지양하면서 현존재로서의 자신의 실체를 정립시켰다고 할 것이다.

그런데 자본주의라는 외재적 계기가 세계적으로 보편적인 규정력을 가지는 데 반해, 그 이전의 민족들은 분명 소세계 저마다의 전혀 판이한 계기 하에 놓여 있었다. 이 점에서 볼 때 오늘날 현존하는 여러 민족들은 자본주의라는 외적 조건에 자기를 부합시켜온 결과로서의 공통성과 더불어 그 이전의 상이한 역사적 결과에 부응한 차별성을 동시에 자기 안에 내포하고 있다고 볼 수 있겠다. 즉, 오늘날의 민족 내에는 그러한 자본주의적 보편성과 전자본주의적 특수성이 통일을 이루고 있으며, 이러한 속성들이 이후의 각 민족의 자기 변형에 있어서도 또 하나의 근거로서 작용하고 있는 것이다. 이러한 계기들의 발현은 때론 합일되어 나타날 수도, 또 때로는 각 계기들 저마다의 개별적인 자기반성의 과정을 겪을 수도 있으나, 단지 여기서 말할 수 있는 것은 그러한 점으로 인해 민족이란 것은 시대적으로 주어진 작용에 따른 반작용만을 하는 것이 아니라, 미처 예상치 못한 반작용을 동반하며 자기 표출을 한다는 사실이다. 이런 점에서 민족에 대한 현상 보편적인 개념 규정, 더 나아가 머리카락 한 올의 숫자까지 일치할 정도의 완벽하게 모든 민족을 포괄할 수 있는 개념을 찾는다는 것은 불가능한 일일 것이다.

하지만 그렇다고 하여 민족에 대한 어떠한 보편적 현상이 없다고도 볼 수 없는데, 왜냐하면 민족의 현존재적 규정이 역사적 특수성과 함께 시대적 자기반성의 산물이라면, 즉 어떠한 일반적인 시대적 자기반성의 외적 조건이 모든 민족 앞에 마련되어 있다고 한다면, 각각의 민족이 지닌 특수성과 더불어 모든 민족을 관통하는 일반적 경향 또한 있을 수밖에 없기 때문이다. 결국 이는 민족을 바라보는 추상 수준의 문제라고도 할 수 있겠다. 즉, 민족에 대한 개념 규정에 있어 우리가 어떠한 추상 수준을 선택하는가에 따라 민족은 무질서한 다양성으로 나타날 수 있는 반면, 동시에 어떠한 질서를 갖춘 필연성으로서의 운동의 지반을 마련하기도 하는 셈이다. 예컨대 자본주의가 객관적으로 이 시대에 존재하는 보편적 현상 내지는 원리라는 점을 오늘날 그 누구도 부정할 수 없다. 또한 민족이 자본주의 시대에 객관적으로 존재한다는 사실도 부정할 순 없다. 그렇다면 오늘날 존재하는 모든 민족은 어떤 식으로든지 간에 자본주의에 대해 일정한 자기 반응을 할 수박에 없으며, 다름 아닌 자본주의라는 일정한 보편적 운동 원리에 따라 자기를 끊임없이 재정립하고 있다고 할 수 있을 것이다. 민족이 자본주의에 앞서 어떠한 자기 실체를 가지고 있었던 것은 분명하지만, 그렇다고 그러한 자기 실체의 순수성을 통해 자기 운동을 전개시켜 나가는 것은 아니다. 자본주의가 민족에 대한 피할 수 없는, 그리고 분명히 눈앞에 존재하는 그러한 외재적 계기인 이상 민족은 자본주의와 투쟁해야 하며 그 속에서 자기관계를 정립해야 한다.

그런데 근대와 더불어 출현한 추상적 일자로서의 민족 앞에 선 자본주의라는 외적 계기는 다음과 같은 점에서 이전의 그것과는 차별성을 지닌다. 첫째, 근대 이전이나 혹은 근대 초와 달리 근래의 민족과 민족 간의 관계는 직접적인 민족 통합의 형식으로 나타나기보다는, 다만 그 민족이 담지한 세계 원리와 또 다른 원리 간의 투쟁의 형식으로 나타났다는 점이 그것이다. 둘째, 자본주의로 인해 세계는 말 그대로의 세계를 구성하게 되었다. 자본주의는 제한적인 지역의 한계를 넘어선 전지구적인 자연적 규정이 됨으로써, 각 민족으로 하여금 오히려 자기 내적인 문제로 관심을 돌릴 수 있는 토대를 마련해주었다. 셋째, 모든 시대적 규정이 그러하듯이 자본주의 역시 자기 나름의 특수한 민족규정을 가진다는 점에서 그것은 이전의 시대적 계기와 차별성을 지닌다. 예를 들어 전제주의 하의 민족은 서로를 민족의 구성원으로 생각하지 않았다. 그들은 단지 신민은 신민으로서의 동질성을, 신하는 신하로서의 동질성을, 왕족은 왕족으로서의 동질성을 가졌을 뿐이었다. 그런데 이는 어찌 보면 일국적 차원 내지는 소세계적 차원의 일이었다. 왜냐하면 유럽이나 아시아에서 신하가 신하로서 존재하고 있을 때도 아메리카의 인디언들은 원시 공동체에 가까운 방식으로 생활하고 있었기 때문이다. 그러나 지금은 그러한 공간적 벽이 허물어졌다. 자본주의 하에서 현실적으로 존재하는 모든 민족은 동일한 자본주의적 민족 규정, 또는 자본주의가 요구하는 민족 규정에 노출될 수밖에 없다. 자본주의와의 관계 속에서 즉자대자성을 마련한 대부분의 민족들의 시대적인 형태는 아마, 비록 자신들을 민족이라는 형태로 인식하기는 시작하였으나 민족 내재적으로는 즉자대자성을 갖추진 못한 그런 형태라고 할 것이다. 그런데 이는 자본주의와의 관계를 고려하지 않고서는 생각할 수 없는 민족의 자기인식이기도 하다. 요컨대 자본주의의 원리에 따르자면 소비자로서의 만인은 동등한 권리를 가지고 있어야 하지만 생산자들은 동등해서는 안 된다는 당위를 가진다. 생산자는 경쟁으로 인해, 그리고 경쟁을 통해 끝없이 불균등해지려고 하며, 동일한 원리를 통해 다시금 균등을 회복하는 반복된 운동을 한다. 원칙적으로 그러한 운동이 계속되는 것은 생산의 동등성을 그들이 원치 않기 때문이다. 생산은 은밀한 행위인 반면, 소비는 공개성을 띤다. 따라서 자본주의가 일국 내의 민족에게도 요구하는 존재형태는 소비의 개방성을 위한 추상적인 일자로서의 민족이며, 생산의 은폐성을 위한 일자가 아닌 일자로서의 민족이라고 볼 수도 있을 것이다. 그리고 이런 점에서 오늘날 오성적인 민족 개념은 자본주의 개념에 잘 부합하는 형태라고도 할 것이다.

그러나 자본주의 하에서 민족이 그렇게 존재해야 하고, 또 그럴 수밖에 없다는 사실은 동시에 그 시대를 넘어선 지점에서는 민족이 그렇게 존재하지 않아도 되고, 또 그렇게 존재할 수도 없다는 사실을 지시한다.[20] 요컨대 오늘날의 민족이 이전의 자기의 현실 속에서 나온 것이듯, 내일의 민족 역시 이러한 현실 속에서 다시금 나타나야만 하는 그러한 것이어야만 한다. 결국 자본주의 하의 민족은 그러한 차후의 자기 운동에 있어서의 하나의 운동의 지반을 형성하며, 본질적인 존재가 된다고 하겠다. 바로 이런 점에서 우리는 긍정적인 것의 부정적인 것으로의 전화(동어반복이지만 부정적인 것의 긍정적인 것으로의 전화)를 얘기할 수도 있을 것이다.

③ 내재적 즉자대자성의 완성_타자의 자기화를 넘어선 실질적인 민족으로서의 순수성의 재확인

우리가 즉자대자성이란 개념에만 집착한다면 추상적이나마 민족을 인식한 단계, 즉 근대 이후의 오늘날 대부분의 민족에게도 일정한 즉자대자성이 마련되어 있다고 할 것이다. 요컨대 민족 내부만을 보더라도 민족의 구성원은 이제 서로를 통해 서로를 지양 또는 매개하면서 존재하게 된다. 쉽게 말해 자본주의 속에서 자본가는 노동자가 있음으로써,

20) 헤겔은 당위에 대해 다음과 같이 말한다.
"너는 마땅히 해야만 하므로 또한 할 수도 있다. - 이 의미심장한 표현은 바로 당위의 개념 속에 담겨 있다. - 그러나 또 반대로 너는 마땅히 해야만 하므로 오히려 너는 할 수가 없다는 경우도 못지않게 옳은 것이 된다. 왜냐하면 당위 속에야말로 제한은 제한으로서 내포돼 있는 까닭이다."(Hegel. G. W. F., 임석진 역,「존재론」,『대논리학』(서울: 벽호, 1997). p.136.)

또는 노동자는 자본가가 있음으로써 노동자로서 존재할 수 있다. 그러나 이러한 즉자대자성은 굳이 민족 그 자체의 즉자대자성과는 무관한, 모든 운동 단계마다 존재할 수 있는 그런 것으로, 즉 남자는 여자가 있음으로써 남자로 존재할 수 있는 것과 마찬가지의 추상적인 것에 지나지 않는다. 결국 여기서 말하고자 하는 즉자대자성이란 단순히 '너'가 있기 때문에 그런 특정한 '너'에 부합하는 '내'가 있다는 것이 아니라, 바로 그런 '너'와 '나'의 관계 속에서 '우리'가 실질적인 동등성을 마련하고 또한 그 속에서 평화를 누리고 있음을 지시하는 의미에서의 즉자대자성이라 하겠다.

그렇다면 민족과 민족의 결합에 있어서의 진정한 즉자대자성의 완성이란 무엇을 말하는가? 그것은 새롭게 등장한 민족 역시 하나의 민족임을 실재에 근거하여 깨닫는 것이라 할 수 있다. 알다시피 오늘날 자본주의 하의 민족은 분명 외적으로는 평등한 구성원일지 모르지만, 내적으로는 불평등하다. 그것이 비단 물질적 평등만을 말하는 것이 아님은 분명하다. 오늘날 계층적으로 나누어진 물질적 부와 그로 인한 문화적 차이, 정치권력의 향유에서 나타나는 차이 등은 민족을 결코 평등하게 만들지 않는다. 민족의 구성원 각각이 불평등하다면 그것은 일자로서 기능할 수 없다. 설사 그것이 일자로 기능한다고 할지라도 그것은 어느 순간에만 일자가 될 수 있을 뿐이다. 달리 말해 자기 안에 내재화되어 있는 일자로서의 가능성이 그것을 가능하게 하는 현실적인 외재적 계기를 가지지 못한 까닭에 민족 구성원의 평등은 단순히 가능성으로서 내재화되어 있을 뿐이다. 따라서 이러한 가능성만을 놓고 민족 구성원이 평등하다고 말할 수는 없다.

결국 여기서 우리는 인식과 존재 사이에 존재하는 간극에 대해 생각하지 않을 수 없게 된다. 다시 말해 그것이 그렇게 존재한다는 것과 그것을 인식한다는 것은 다른 차원의 문제이다. 인식 속에서 서로가 서로를 동일한 일자로서, 즉 민족 구성원으로서 동일하다고 생각한다고 해서, 실제 그 민족의 구성원 서로가 동일한 것은 아니다. 이처럼 인식과 실재가 분리되어 있을 때, 그러한 간극이 일어나는 지점에서 국가 등의 상부구조의 이데올로기적 작업이 이루어진다.

그런데 인식 상에서만 존재하는 즉자대자성이 엄밀한 의미에서의 즉자대자성을 완성하진 못한 것이라 하여도, 자신을 민족의 구성원으로 생각하는 각각의 개별자들이 다른 사람들을 자신과 동일한 민족의 구성원으로 생각한다면 이제 이러한 즉자대자성은 현실적인 것이 되기에 이른다. 즉, 그것이 비록 공허한 것이고 실재와 다른 것이라고 하여도 현실적으로 받아들여지는 이상 그러한 관념은 단순히 관념으로서 머무는 것이 아니라 물질적인 기반과(요컨대 민족 학교니 민족 문화니 하는 것들을 강조하는 그러한 단체들의 성립과 더불어서) 더불어 자기 자신을 재생산해낸다. 물론 그것은 허상에 기반한 것이므로 잘못된 것이라고 말할 순 있다. 그러나 잘못되었다는 것과 존재하는 것은 다른 것이다. 중요한 것은 그것을 없다고 치부하고 그것을 제쳐두는 것이 아니라, 그러한 인식을 다시금 객관적 존재로 향하게 하는 것, 달리 말해 인식을 다시금 운동으로 밀어 넣는 것이다.

어쨌든 이러한 내적인 즉자대자성은 오늘날에도 여전히 소원한 것일 수밖에 없는바, 이런 점에서 우리는 오늘날에도 여전히 민족은 존재하지 않는다고 감히 말할 수도 있겠다. 물론 자본주의 하의 민족도 민족임에는 틀림없다. 그것은 또한 자본주의에 부합하는 형태의 민족의 자기외화이기도 하다. 그러나 자본주의 속의 민족이 그 자체 하나의 일자라고 한들, 그러한 일자는 단지 추상일 뿐이다. 자본주의가 민족에게 부여하는 합리성은 바로 그러한 동일성 속의 비동일성을 전제로 한 개념이다. 다시 말해 자본주의적으로 합리화된 민족이란 불평등을 내재화한 민족인 셈이다.

민족은 그 자체 분명 활동하는 존재이며, 끊임없이 자기 운동하는 존재이다. 이런 점에서 볼 때 민족은 활동적 생명체이기도 하다. 이러한 활동적 생명체로서의 민족이 내재적 즉자대자성 완성을 위한 길로 갈 것인지, 아니면 그 자체로 머물고 말 것인지를 여기선 알 수 없다. 결국 여기에서 우리는 역사의 주체로서의 인간에게 새로운 역사의 당위를 요청할 수밖에 없다고 하겠다.

III. 맺음말

> "이럼으로써(자유를 갖춤으로써-인용자) 마침내 개념은 실체의 진리가 되는가 하면, 더 나아가서 실체가 떠맡는 규정적, 피규정적 관계양식은 곧 필연성이 되는 가운데, 결국은 자유가 곧 필연성의 진리로서, 그리고 개념의 관계양식으로서 나타나기에 이른다."[21]

헤겔에 따르면 오직 자유를 갖춘 존재만이 자유로운 자기 관계를 정립할 수 있으며 자기 운동에 대해서도 한낱 무관심적인 객체로 전락하지 않는다. 이러한 헤겔의 주장을 민족과의 관계에 수용해 보자면 오직 이러한 자유를 통해서만이 각 민족은 그 역시 자유로운 타민족과의 관계를 맺어 나갈 수 있으며, 자유의 이러한 보편적인 충만함이 개별적 민족 구성원과 모든 민족이 깃들여 갈 때, 또한 그것을 그들 자신의 내부에 수용할 때 민족은 아름다운 자기발전을 완성하게 된다고 말할 수 있을 것이다. 알다시피 오늘날 대부분의 후발 자본주의 국가의 민족들은 이러한 자발성을 결여한 채 자본주의와의 자기관계의 정립운동을 시작하

21) Hegel. G. W. F., 임석진 역, 「개념론」, 『대논리학』(서울: 벽호, 1997). p. 20.

였다, 그러나 그것은 이미 벌어진 일이다. 따라서 이제 우리가 할 수 있고, 또 해야만 하는 일은 과거의 역사적 경험을 통해 얻어진 고차적 이념 내지는 원리와 자유 의지를 다시금 현실화시키는 것일 것이다. 왜냐하면 이러한 민족의 자유 개념은 어디까지나 당위적 성격을 지니는 것이기 때문이다.[22)]

오늘날 그 어느 민족도 민족이란 개념에 부합하는 자기 자신을 가져본 적은 없다. 민족은 본래 그 자신의 개념에 부합했던 원시 공동체로부터 멀어져 역사의 소용돌이에 휘말려 들었다. 그 이후 이 공동체는 자기가 지녔던 개념들을 전개된 인류의 역사 속에서 아직까지 현실화시키지 못했다. 그것은 여전히 과정에 놓여 있을 뿐이다. 그러나 지금으로선 이것이 실현 불가능한 얘기처럼 들리고 또한 인류가 그곳을 떠나온 이후 너무나 많은 시간이 흘렀다 한들, 인류의 목적이 단순히 부만 추구하는데 있지 않는 이상, 의식적 존재로서의 우리 인류가 다시금 이러한 공동체를 반드시 만들어 갈 것이라 점을 우리는 믿어 의심치 않아야 하겠다.

"만약 진보가 과거의 법칙이었듯이 미래의 법칙이기도 하다면, 단순히 부

22) 이와 관련하여 나중석은 다음과 같이 말한다.
"헤겔 역사철학에서 우리가 주목해야 할 점 중의 하나는 그가 인간의 자유의식의 진보의 과정이 공허한 진공상태에서 이루어지는 것이 아니라는 점을 분명하게 인식하고 있다는 사실이다. '(……)' 헤겔에 의하면 인간의 자유의식이 형성되는 지반인 역사세계는 자연적인 물리적 세계에 의해서 제약되어 있을 뿐 아니라, 역사적인 성격을 띠고 형성되는 다양한 문화적인 조건들에 의해서도 제약되어 있다. 이런 다양한 형태의 제약들을 극복하는 과정에서 점차로 인간은 자신이 자유로운 존재임을 자각하게 된다. 자연적 조건들과 원시적인 역사적 조건들을 극복하고 인간의 자유의 실현을 향한 세계사의 기나긴 도정은 다양한 공동체의 경험을 통하지 않고서는 불가능하다.(나중석, "헤겔 역사철학의 근본 주장 및 그 의미에 대하여",『헤겔연구』제21호,(서울 : 동과서 2007). p. 31.)

만 추구하는 것이 인류의 종국적 사명은 아니다. 문명의 개시 이래 지나간 시간이라는 것은 인류가 살아온 시간의 보잘 것 없는 한 토막일 뿐이다; 또한 인류가 앞으로 살아갈 시간의 보잘 것 없는 한 토막일 뿐이다. 부를 유일한 궁극적 목표로 하는 역사 궤도의 종착역으로서 사회의 해체가 우리를 위협하며 다가오고 있다; 왜냐하면 그런 역사 궤도는 자멸의 요소들을 내포하고 있기 때문이다. 행정에서의 민주주의, 사회에서의 우애, 권리의 평등, 보편적 교육들은 경험, 이성 및 과학이 끊임없이 추구하는 한층 더 높은 다음 단계의 사회를 예고하는 전조이다. 그것은 고대 씨족의 자유, 평등, 우애의-한층 높은 형태의-부활이 될 것이다."[23]

---

23) 모건, 『고대 사회』, 엥겔스, 「가족, 사유재산, 국가의 기원」에서 재인용, 『칼 맑스 프리드리히 엥겔스 저작 선집』 6(서울: 박종철, 1997). p.196.

참고 문헌

Hegel. G. W. F., 임석진 역,『대논리학』(서울: 벽호, 1997).

칼 맑스, 프리드리히 엥겔스, 김호균 역,『자본론에 관한 서한집』(서울: 중원문화, 1990).

_____, 최인호 외 공격,『칼 맑스 프리드리히 엥겔스 저작 선집』6(서울 : 박종철, 1997).

테리 핀카드, 전대호 · 태경섭 역,『헤겔, 영원한 철학의 거장』(서울: 이제이북스, 2006).

한국헤겔학회,『헤겔 연구』제3호(서울: 중원문화, 1985).

_____,『헤겔연구』제21호(서울: 동과서, 2007).

Hegel. G. W. F., Aesthetics: Lectures on Fine Art(Oxford : Oxford University Press, 1998).

_____, Phänomenologie des Geist, in Gesammelte Werke, Bd. 3(Frankfurt : Suhrkamp Taschenbuch Verlag, 1986).

Dialectical approach about a nation

Hur Jung Su

Abstract

This article is supposed to reconstruct the form of the building process of the nation in the view of the dialectic. I think that the building process can be explained in the same method which is Hegel's movement process of the being he suggested in *Logic*. Thus, in this article, I examine how the nations stand and constitute themselves in each step of self-movement of the being. In conclusion, I briefly examine the meaning and the role of the notion of 'freedom' in the self-movement of the being in order to suggest what is to sublate in the future movement of the nations.

Key words: Nation, An-sich-sein, Für-anders-sein, Für-sich-sein, An-und-für-sich-sein, Freiheit.

편집후기

1831년 전후 독일의 시대 상황과 헤겔의 그림자

1

1831년 11월 14일 저녁때 헤겔이 숨을 거두고 난 이틀 후인 16일 아침 장례식이 베를린 대학에서 거행된다. 추도사는 당시 막 대학 총장에 취임한 신학자이자 헤겔의 친구인 콘라드 마르하이네케가 맡게 되는데 그는 헤겔과 예수 그리스도를 거리낌 없이 비교하면서 이렇게 말을 이어나간다. "…… 헤겔은 구원자라는 측면에서 그리스도와 마찬가지로 사상과 행동에서 항상 명예로웠습니다. 헤겔은 그의 신성한 가르침 속에서 인간 정신의 가장 심오한 정수를 인식하고 있었습니다. 신의 아들로서 자기 자신을 고통과 죽음에 넘겨주고 정신으로서 그의 공동체(민족)로 영원히 돌아갔습니다. 그는 이제 자기의 진짜 고향으로 귀향하였습니다. 죽음을 거쳐 부활과 찬란한 광휘의 세계로 올라갔습니다. …… " 대학에서 그리 멀지 않은 묘지로 헤겔의 시신이 운구 되고 매장에 앞서 궁정고문관 프리드리히 푀르스터의 애도사가 또 한 번 있었다. 여기서 헤겔은 예수와 알렉산드로스 대왕에 비유된다. "…… 그의 이론을 지키고 전도하고 확립하는 것은 이제 남은 우리들의 몫입니다. 비록 그를 지켜줄만한 진정한 베드로와 같은 제자가 쉽게 나타나지는 않는다 해도 그의 사유 왕국은 이런저런 반박 속에서도 큰 저항 없이 계속해서 널리 멀리 확장될 것입니다. 어떤 추종자도 비어버린 알렉산드로스 대왕의 왕위에 다시 오르지 못할 것입니다. …… 그 긴 오랜 밤들을 헤겔이 등잔불 밑에서 창조하고 일군 독일적 학문은, 마치 옛날 그리스 문화가 그랬던 것처럼, 여러 정신의 영역에서 세계를 정복할 것입니다. …… 죽은 자가 죽은 자를 묻게 합시다. 우리에게는 삶이 남아 있습니다. 그는 세속의 인연을 끊었으나 결코 사라지거나 죽은 것이 아닙니다. 그는 모든 종류의 궁핍과 비탄에서 우리를 구해낸 진정한 구원자이자 해방자였습니다. ……" 도대체 소크라테스 이래 서양 철학사를 통틀어 누가 이런 찬사 속에 묻힌 이가 있었던가? 이 추도사들은 아무것도 믿지 않는 오늘날의 의식으로 보면 헤겔 추종자들의 아첨 같기도 하고 지나친 과장 같기도 하고 속빈 수사적 표현처럼 들리기도 하지만 당시 독일 사상계의 주류적 평가이고 반응이다.

그의 학도이든 아니든 세계와 사유 체계를 그렇게 치밀하게 설계하고 체계화한 이는 헤겔이후 더 이상 존재할 수 없게 되었다는 점에 우리는 공감한다. 다시 말해 아리스토텔레스와 아퀴나스, 칸트의 세계 설계 이래 헤겔의 체계는 마지막으로 완결된 철학 기획이라 할 수 있고 따라서 그 이후 어느 누구도 그러한 체계를 흉내 내지도, 제공하지도 못했고 못한다는 점에서 그는 인류사의 마지막 철학자로 보아 무방하다.

이념으로서 '철학의 종말'이나 '마지막 철학자'로서 헤겔이라는 표현이 사건 반복으로서 철학과 사유함의 종말을 뜻하는 것은 물론 아니다. 헤겔이 살아 있을 때 이미 이성 기획으로서의 철학이나 체계로서의 철학을 거부하고 비웃은 감정주의 사유도 있었고 낭만주의 조류도 있었고 비합리주의와 무신론과 유물론, 언어철학과 문화철학도 있었고 퇴폐주의와 허무주의도 있었고 불행한 의식도 있었다. 철학사적으로 자연철학도 있었고 소피스트들도 있었고 은둔의 철학도 반윤리의 윤리학도 있었고 무정부주의도 있었다. 헤겔이 죽자마자 유물론과 비합리적 반이성주의, 관점주의와 무정부주의, 허무주의와 염세주의 등이 보다 현대적 언어감각으로 치장되어 오늘에 이르고 있다. 그러나 이 모든 사상들이 하나의 정신적 사유 체계에 날줄과 씨줄로 촘촘히 짜이는 것은 아마도 아리스토텔레스 이후 처음이자 마지막이라 해도 과언은 아니다.

더구나 헤겔에서 이 모든 사유의 산물들이 바로 그것을 관조적으로 수용하고 실천적으로 합일하는 절대지의 단계에서 계층구조를 유지하면서 통일된다는 점에서 절대지는 철학의 완결점이며 종점이다. 물론 실천적 완결점은 세계사의 심판대에 거침없이 나설 수 있는 진정한 이성국가이다.

철학의 이념적 종점 이후 우리가 할 수 있는 철학은 철학사에 나타났던 무수하고 다양한 어느 하나 또는 몇 개를 시대 상황에 맞추어 변형 정리하거나 이념적 · 실천적 완결에 도달하지 못한 제약된 정신문화 상황을 고발하고 수정해나가는 것뿐이다. 그것도 자기가 속한 시대와 문화의 존재 제약의 한계 내에서의 구체적 작업일 뿐이다.

철학의 종말을 다른 시각에서 보면 헤겔의 죽음으로 상징되는 철학의 무덤이라 할 수도 있다. 이 무덤에서 헤겔 철학적 사유의 한 부분을 떼어 역사와 사회의 실천적 구원을 시도한 철학을 우리는 마르크시즘에서 볼 수 있다. 그는 철학의 이념적 종말이 아니라 실천적 종말로서 사회 정의의 완전한 구현을 자기 사유의 진정한 목적으로 삼았다는 면에서 헤겔의 베드로이다. 그는 철학이 더 이상 이념이 아니라 그 이념의 구체적 실현, 사회 속에서 제도적으로 확립하는 것이라 보고 헤겔의 사유 체계 구성의 변증법을 역사 체계 구성의 논리로 사용한다. 헤겔이 객관정신의 한 본질로 파악했던 나라와 나라 경제체제의 완결은 자본주의 국가가 아니라 그 지양이 이상사회로서의 이성국가라는 것을 밝힘으로써 베드로 교회의 초석을 세운다. 거의 같은 시기에 기독교는 더 이상 세속의 구원 역할은 물론 윤리 교사 역할도 상실하고 사적 개인의 구복 신앙의 무당집으로 전락한다. 교회의 이런 몰락은 이미 르네상스의 종교개혁에서 예고된 것이나 다름없었다.

2

'개똥밭에 굴러도 이승이 좋다'는 말은 결코 우리나라의 속담만은 아니다. 고대는 물론 중세 기독교 사회에서도 일반 무지렁이들은 죽고서야 가는 조용한 이승보다 와글거리며 앙앙불락하면서 울고 웃는 이승이 더 좋은 곳이라 생각했다. 비록 태어남과 삶의 진정한 미래가 늙음과 죽음이라는 숙명에도 불구하고 늙고 죽기 위해 태어나 사는 것이 아니라 살고 잘살기 위해 태어나 사는 것이다. 이 때문에 예외 없이 어떤 문화든 탄생과 생을 찬미하고 늙음과 죽음을 슬퍼하는 것이다. 본래적 기독교 역시 현세적 생의 영생화를 목표로 한다는 점에서 인간 심성의 본고향에 내재하는 원리이다. 중세 기독교는 이 점에서 진정한 기독교가 아니라 실정 종교로서 기독교, 다시 말해 기독교일 수 없는 기독교이다.

르네상스는 인간이 태어나기 이전이나 죽음 이후를 중시하지 않는 사유를 본성으로 한다. 감수성 예민한 시인이나 화가가 그리는 인간은 지금 여기에 있는 한 개인 남자와 한 개인 여자이며 그들이 바로 아담과 이브라고 믿는다. 그들은 영원한 세계보다 유한한 이승이 더 살 만하고 매일매일 경험하는 햇빛 찬란한 아침과 가족들과의 식사와 식사를 위한 힘든 노동이 훨씬 아름다운 것이라 믿게 된다. 부활은 고대 그리스 사유로 되돌아감이 아니라 자기 자신의 생의 찬란함, 자기 자신의 진짜 아담이며 이브라는 확신의 되새김이다. 르네상스가 부활이라면 이미 종교개혁은 거기서 시작된 것이다. 일단 인간이 저승이 아니라 이승을 믿게 되자 급한 것은 이승의 부활, 이승을 구원하고 온전하게 실현하는 것이다. 영혼이 아니라 몸이 삶의 진짜 공간이며 시간이라 생각하게 되자 몸의 안락과 평온이 삶의 부활이라 믿게 되는 것은 당연한 귀결이다. 농사를 짓는 농촌 문화에서 신과 대지에 드리던 경건함은 도시 문화의 이자놀이와 투전판, 복권, 매춘 등이 지워버린다. 직업에 귀천이 없다는 생각은 이런 도시 생활의 표어로 정착한다. 이제 돈과 화폐가 구원과 부활의 추진력으로 등극하게 된다. 사람들은 도시 문화를 예찬하고 피곤함을 풀고 활기와 생기를 주는 술과 마약과 환락의 밤 문화를 일상화하고 감수성 예민한 시인, 화가들은 예술이라는 미명으로 이런 문화에 예배드린다. 부자들은 교회에 가서 찬송함으로써 영혼의 안락을 느끼는 대신 값비싼 동양 물품들로 제 집과 방을 진열하고 다듬는 데서 평온을 느끼고, 가난뱅이들은 예수의 발에 입 맞추는 대신 제 마누라와 아들딸에게 위엄을 부리는 데서 평온을 느끼게 된다. 이 평온은 영혼의 것이 아니다. 자기 몸의 평온을 보장하기 위해 필요한 것은 재화이며 돈이다. 이 재화와 돈의 극대화를 가능하게 한 것이 바로 산업혁명이다.

프랑스혁명은 산업혁명의 보조개이다. 구원의 주체가 물질로 되어버린 한, 그 물질의 풍요는 단지 기술과 과학만으로 되는 것은 아니다. 기술과 과학을 부릴 수 있는 인력, 즉 기술자와 노동자가 필요한 것이다. 문제는 왕이나 귀족에게는 이 역할을 담당할 인력이 부족하고 여력도 없다는 것이다. 이 어려움을 일시에 해결해주는 것은 신분제를 없애는 것이다. 더 이상 영주에 매이지 않는 인력, 더 이상 땅과 토지에 매이지 않는 인력을 확보하기 위해 가장 값싸고 효과적인 것은 일시에 주종관계의 신분제를 폐기하는 것이다. 그 폐기를 프랑스혁명은 충실하고도 정직하게 수행해낸다. 힘없는 이들도 여럿이 뭉치면 왕의 목을 자르고 귀족들의 재산을 털고 그들이 쓰던 장신구들을 자신의 몸에 두를 수 있다. 혁명이 신나는 것은 수 세기 수백 년 동안 언감생심이던 것을 하루아침에 해결할 수 있는 시간과 공간의 절약이다. 이 혁명의 파도가 신바람나게 유럽 전역에 확산된다.

헤겔이 죽던 시기 독일은 프랑스와 영국에 비해 뒤지긴 했지만 정치적으로나 경제적으로 이미 계몽의 완성기에 도달해 있었다. 개인의 자유와 평등은 물론 궁핍에서 벗어날 경제적 행복 추구 요구가 도처에서 혁명의 방식으로 진행되고 있었다. 1830년 7월 프랑스에서 사라져간 왕권의 강화를 꿈꾸던 샤를 10세는 왕권의 강화 대신 권좌에서 쫓겨나야 했고 이때부터 영원히 부르봉 왕가의 영화는 사라져버린다. 새로 왕이 된 루이 필리프는 1789년 프랑스혁명에 가담했던 귀족의 아들로 부르주아계급의식을 가진 이였으므로 시민들은 자기 계층의 시민 왕으로 환영하는 터였다. 결국 프랑스 7월혁명은 프랑스 부르주아계급의 승리로, 따라서 부르주아계급의 덕목인 언론, 출판의 자유, 의회 민주주의, 시장의 자율화 등이 봇물처럼 터지지만, 산업화의 결과로 새로운 계급인 프롤레타리아의 세력화와 사회주의 조류 또한 동시적으로 폭발하고 있었다. 이 혁명의 성격 규정을 놓고 만년의 헤겔은 제자들(하인리히 하이네, 에드아르드 간스, 루드비히 미헬레 등)과 격렬한 논쟁을 벌인다. 헤겔이 이 혁명을 이념도 목표도 없이 날뛰는 단순한 이기적 무리들의 결합에 의한 난동으로 규정하고 이 난동이 유럽 전역을 휩쓸 것이라 우려하자 그 혁명에 희망을 본 제자들은 스승을 자기 자신의 철학조차 망각하고 보수화된 완고한 늙은이 취급을 한다. 어쨌거나 헤겔의 예언은 들어맞아 난동은 프랑스에만 국한되는 것이 아니라 유럽 전역, 특히 독일에서 두드러지게 민중혁명의 형태로 나타나게 된다.

7월혁명 후 불과 1년도 되기 전 독일의 각 지역은 먹고살기 힘든 프롤레타리아가 실직자 및 가난한 자영업자들과 연대하여 빵과 일자리를 요구하면서 거리와 시청을 점령하고 성에 불을 지르기 시작한다. 민중과 무산자들의 분노가 왕에게 집중할 때 왕권 약화에서 이득을 취하는 부르주아들과 몰락한 자유 귀족들은 아낌없이 연대한다. 1830년 7월 이후 불과 2개월 후인 9월 브라운슈바이크에서 파리혁명의 재판이 연출되었다. 노동자와 실직자 및 부르주아 자유귀족연합 세력이 왕(카를 2세)과

대치하여 그를 몰아내고 그 동생 빌헬름을 왕으로 추대한다. 여기서 임시 의회는 정부로 격상되고 이것은 독일 전역의 민중 봉기의 성공적 선례를 남긴다. 이 선례를 희망으로 헤센과 작센, 바이에른, 튀빙겐, 메클렌부르크, 홀슈타인, 슐레스비히, 올덴부르크 등지에서 크고 작은 민중 봉기가 들불처럼 번져간다. 이 봉기의 하이라이트는 하노버, 괴팅겐 혁명이라 하겠다.

18세기 중반 이후 하노버왕국은 영국 왕실과의 혼인을 통해 맺어진 유대로 그 후손이 영국 왕이 되기도 하고 왕실이 영국 왕의 감독도 받는 전형적인 유럽 왕정 시대의 특징을 띠고 있었지만 바로 그 이유 때문에 영국에서도 하노버에서도 실질적 권력은 토호 귀족들에 의해 좌지우지되고 있었다.

하노버 토착 귀족들은 이런 관계를 십분 이용하여 특권을 강화하고 과도한 세금 추징으로 대중들은 수입 대비 생활비의 균형이 심각하게 훼손되자, 당시 여타 주변의 봉기처럼 빵값과 임금인상, 세금 인하 등의 이슈를 내걸고 투쟁에 돌입하게 된다. 설상가상으로 흉년이 들어 농민들은 자신들의 먹을거리도 부족해지자 봉건적으로 부과되던 납세 의무를 거부하면서 봉기에 동참했고, 여기에 진보적 지식인, 학생, 하급 공무원 등이 참여하여 봉기는 광범위한 사회 개혁 운동의 성격을 띠고 전개된다. 1832년 4월에는 하노버 근교의 오스테로데 시에서 하노버 왕이 임명한 시장과 서장을 거부하고 시의회와 민병대를 조직하여 사유 재산과 인격의 자유를 내세우며 무장 혁명을 전개한다. 물론 하노버왕국은 이 사태를 반국가적 반란으로 낙인찍고 정부군을 투입한다. 일부는 흩어지고 일부는 투항하고 일부는 근처 대학 도시 괴팅겐의 무장 세력과 합류하여 시청을 점령하고 시민, 학생연합 임시 대표회의를 결성한다. 이 임시 대표회의는 대민 공무의 중요 직책에 대한 자유선거, 자유 헌법, 국민병 창설을 왕에게 청원하고 전 독일이 괴팅겐을 모델로 다룰 것을 호소한다. 왕이 임명한 시장과 서장은 물론 그들에 의해 조직된 경비대 역시 성 외곽으로 쫓겨나고 인근 도시의 대표들과 농기구로 무장한 농민군들이 괴팅겐 시민 혁명대에 합류한다.

시간이 흐르자 왕은 잘 훈련된 대군을 투입해 시민군을 제압하고 혁명은 실패로 끝나지만 이 사건은 아주 없었던 일과는 천양지차의 역사적 의미를 남긴다. 언제 어떻게 다시 소요와 혁명이 터질지 모른다는 불안감은 통치 지배자에게 시민의 자유와 권리 및 양생의 수단을 어느 정도 제공하지 않을 수 없게 되었다. 1833년 세금을 내리고 상하 양원의 신분제의회(상원: 귀족, 하원: 시민과 농민 대표)가 만들어지고 민생에 관련된 대부분의 문제들이 여기서 의논되고 결정되게 된다.

1830~1831년 독일 시민운동의 직접적 동기는 프랑스 7월혁명이었지만 그 시민운동의 정신적 지도자는 자유 지식인과 학생들이었고 직접적이든 간접적이든 그들은 10여 년 동안 베를린 대학에서 세계사의 진보와 사회의 인륜적 본성을 강의한 헤겔 철학에 뿌리를 내리고 있었다. 그들은 왕정 자체를 거부한 것이 아니라 왕정의 봉건적 체제를 거부했고 따라서 공화제적 형태를 띤 입헌군주제를 요구했다. 결국 그들은 국민의 충복으로서의 왕, 직접 통치로서가 아니라 나라의 한갓 얼굴마담이며 간판으로서의 왕의 표상을 확립하려고 한 것이다.

헤겔 철학은 한마디로 말하면 자유의 철학이다. 자유는 부르주아계급의 근본 이데올로기이며 그 자유를 담보하는 것은 재산과 자산이다. 재산과 자산을 쉽게 자본화하기 위해서는 제도적 장치가 필요하며 그 장치는 국가의 강제적 필연성을 요구한다. 부르주아 입장에서 절대왕권을 무너뜨려야 하는 것은 자명하다. 사유와 자본의 자유로운 확장을 위해서는 자유무역, 자유시장, 자유경쟁이 요청되고 이를 위해서는 이해관계의 자유로운 조정 기구가 필요하다. 이 기구가 의회이며 국민 대표 기관이다. 융통성 있는 군주제는 융통성 있는 공화제와 마찬가지로 이 기구를 가능하게 할 수 있다. 이것이 19세기 중반에 접어든 독일, 헤겔 사유에 세뇌된 독일 자유 지식인들과 학생들의 사고방식이었다. 이 지식인들 중 두 사람, 즉 로테크 교수와 벨커 교수가 헤겔이 죽고 난 1년 후인 1832년 『국가사전-국가학의 엔치클로페디』(Staatslexikon. Enzyklopädie der Staatswissenschaften) 편찬을 시작한다. 이 책은 좀 과장되게 말하면 9할은 헤겔 철학이고 1할은 헤겔 철학의 당시대적 재해석이다.

헤겔이 죽자마자 좌우파 대결이 격화되는데 종교 문제에서 시작하고 정치 문제에서 이데올로기화하나 어떤 경우든 구체제와 질서의 변화를 요구한다는 점에서는 같은 방향으로 향하고 있다. 당시 헤겔의 변증법에는 별 관심 없이 철학과 기독교 사이의 사변적 화해가 헤겔 철학의 핵심이라고 주장하는 이들이 상당히 있었다. 이에 비해 청년 헤겔파는 반동적 지배 세력의 정치, 종교, 문화, 제도의 지지를 헤겔 철학으로 해석한다. 단호하게 그들은 철학과 종교의 화해가 아니라 오히려 불화를, 보수적 정치 체계와 철학의 화해가 아니라 오히려 부정을 헤겔의 본심으로 해석해야 한다고 강조한다. 『예수의 생애』를 쓴 슈트라우스는 이 점에서 청년 헤겔파(하이네, 구츠코프, 라우베, 문트, 빈베르크 등이 곧 이 모임에 참여함)의 아버지로 보아 무방하다. 그는 성경의 모든 내용과 기술이 다른 일반 학문 분야처럼 합리주의와 과학적 척도에 의해 재해석되어야 하며, 따라서 성경은 역사적 기록이나 복음이 아니라 신화적 기록이요 허구라고 주장한다. 예수 또한 실재적 구원자가 아니라 신화적 주인공일 뿐이라는 것이다. 이 주장이 르네상스 이후 지성계에 새로울 것은 없었지만 당시 교회와 기독교로부터 권위와 정당성을 전적으로 빌리고 있던 독일의 정치적 반동에는 심대한 타격이 되었다.

청년 헤겔파는 독일 전역으로 확산되면서 단순한 기독교 부정 운동이 아니라 구체제 전반에 대한 재검토를, 문학 · 예술 · 사회운동을 통해 요구하게 된다. 이때 쏟아져 나온 문학과 예술 작품들은 이러한 정치 사회적 분위기의 산물 이외에 아무것도 아니다. 이 시기 독일의 모든 분야, 즉 학문이든 문학이든 예술이든 사회 개혁 운동이든 모든 영역이 정치 생활화되고 또 정치 개혁으로 집중되고 있었다. 그리고 그 개혁의 칼은, 어떤 다른 이름이나 가면아래 숨겨져 있다 해도, 헤겔 철학과 그 변용이었다.

영국이나 프랑스보다 훨씬 늦게 시작하기는 했지만 1830년대 독일은 산업혁명의 파도를 충분히 흡수하여 본격적으로 생산 산업을 효과적으로 가동하기 시작한다. 공장제 공업이 수공업을 압도하면서 농촌과 농촌 문화가 붕괴되고 새로운 도시 문화, 자본주의 문화를 형성하게 된다. 어느 곳이든 산업혁명은 분업과 기계화에서 시작된다. 분업과 기계화에 의한 생산성의 고양은 지금까지와는 전혀 다른 자본주의적 사회구성체를 요구하고 이제 이 요구가 후진 독일에서 본격적으로 수용이 강요되는 상황이 된 것이다. 자본과 기술의 결합은 이때까지 상상할 수 없을 정도의 생산력을 증대시키고 이 증대는 자본의 정치권력화를 야기한다. 1830년대에 들어서면서 독일은 시장에서 자유경쟁이 보장된 시민 부르주아계급이 확고하게 뿌리를 내리고, 정치적으로가 아니라 경제적으로 원료 공급과 상품 판매의 장소로서 통일국가의 필요성이 대두된다. 이미 자본 축적에 성공한 수많은 이들이 공장 건설에 열을 올리고 철도가 건설되고 항만이 정비되고 자본가에 유리한 법들이 제정된다. 아울러 사회는 서서히 생산자와 노동자 계급으로 분화된다. 계급 분화에서 정부는 자본가와 한편이 될수밖에 없다. 재원도 세금도 그들이 내고, 건설도 부도 그들이 창조한다고 믿었기 때문에 노동자계급에 대한 정부의 탄압은 그들에게는 당연한 것으로 여겨졌으며, 심지어 정부는 부르주아지 이익에 부합하는 교육제도, 즉 실업학교, 기술공과대학 등을 설립하고 지원을 아끼지 않게 되는데 이것이 곧 국가와 부르주아 계급의 일체성을 입증한다. 정부는 산업혁명을 측면에서 지원하는 것이 아니라 자본가들을 각료로 두고 그들이 구성한 정부에 의해 능동적으로 정치 · 군사 · 경제적 이해관계를 고려하면서 산업화를 이끌어가고 있었다. 1844년 프로이센의 상공부 설립은, 아직 대지주도 있고 왕권과 구제도가 아주 사라진 것은 아니지만, 부르주아지가 확실하게 실질적으로 정권을 잡은 상징적 사건이라고 해도 좋을 것이다. 이때 물론 프롤레타리아계급 역시 있어도 그만 없어도 그만인 유명무실한 존재가 아니라 확실하게 자신들의 위치와 존재를 사회에 각인시키고 자신들의 권익을 위해 죽살이치는 투쟁을 전개하게 된다.

3

"독일인들은 많이 행동하지 않는다. 그러나 그럴수록 더 많이 쓴다. …… 우리는 글 쓰는 문학 민족이 되었으며 우리의 문장에 쌍두 독수리 대신 거위를 앉힐 자격이 있다. 펜이 통치하고 봉사하며, 일하고 벌어들이며 투쟁하고 부양하며, 우리를 즐겁게도 하고 우리를 처벌하기도 한다. 우리는 이탈리아 사람들에게는 천국을, 스페인 사람들에게는 성자를, 프랑스 사람에게는 행동을, 영국 사람들에게는 돈 주머니를 양보한 채 우리들의 책 더미 앞에 앉아 있다." 이것은 1829년 문학 평론가 멘첼(W. Menzel)이 당시 분위기를 말한 것이다.

나폴레옹이 몰락한 1815년 이후 독일 민족의식이 뿌리내리면서 정신 계발과 문화 도야의 필요성을 뼈저리게 느낀 독일 지식인들은 독서광이 되어가고 있었고 자기들이 읽은 내용을 사회적으로 전파 계몽하고 있었다. 철학과 과학은 물론 순수문학과 저널리즘이 때로는 독립적으로 때로는 통일적으로 지식인뿐 아니라 민중을 파고들며 사회를 교화해나갔으며 물론 이 중에서 주도적 역할을 한 것은 철학과 과학이었다(1848년까지 '독일 문학' 또는 '독일 문예학'이라는 독립된 학과목은 대학에 아직 없었다). 정치 · 경제적 계급 갈등이 아직 수면 위에 떠오르지 않고 사유의 이데올로기 영역에서 춤추던 시기라 할 수도 있겠다.

1820년 헤겔이 베를린 『법철학』 강의에서 한 "미네르바의 올빼미는 어둠이 깃들어야 날갯짓을 시작한다"는 말은 현재 진행되는 다양한 사건들이 그 형성 과정을 끝내고 완결된 후에 비로소 하나의 현실 개념으로 묶일 수 있다는 뜻으로 이것은 당시 독일적 시대 상황에 대한 독일적 심사숙고의 표현으로 볼 수 있다. 사회의 부조리, 시장의 이권 다툼과 국가 간의 세력 다툼, 다양한 이해관계의 충돌과 그 쟁투 등에 직접 뛰어들어 힘으로 해결하는 대신 독서와 정신의 도야를 통해 시비 진위의 이론을 확립하는 것이, 무력으로 억압된 사회에서, 아직 때가 무르익지 않은 시점에서 먼저 해야 할 일이다. 물론 이 상황의 종료는 헤겔의 만년, 더 정확히는 1830년 프랑스 7월혁명의 여파가 독일로 밀려온 1830년 후반기, 즉 헤겔이 죽기 1년 전쯤이다. 1830~1831년의 민중혁명을 겪은 마르크스가 헤겔의 미네르바를 비판하여 "지금까지 철학자들은 세계를 다르게 해석했을 뿐이다. 이제 중요한 것은 세계를 변혁시키는 일이다"라고 한 것은 새로운 세계관, 즉 자본주의의 정착에서 생겨나는 모순점을 간파한 새로운 세계관의 표명이었다. 그러니까 1831년 이전까지의 세계는 설명되는 것만으로 만족했고 철학자나 역사가는 그것을 설명하는 것으로 충분했지만 그 이후(1831년)는 사건의 역사적 · 사실적 기록자가 아니라 역사의 추진자이며 사회의 개혁자이며 그 리더가 되어야 한다. 이 점에서 헤겔이 죽던 1831년은 결코 한 개인의 몰년이 아니라 독일사의 일대 이정표로 평가된다.

1830년 이후 독일 문학계는 청년 독일파의 등장과 정치 · 사회적 격동을 채색하는 저널리즘과 선전 책자, 팸플릿과 전단 등이 난무하면서 고전주의, 낭만주의 편 가름만으로는 평가할 수 없는 혼선이 일어나고 있었다. 이제 고전적 의미의 예술 시대도 사상 시대도 아닌 정치 시대로 돌입한 것이다. 이 정치 시대의 시작은 1848년 3월혁명의 출발을 알리는 신호탄이기도 했다. 더 이상 예술이나 문학이 이상적 인간상을 그리거나 교육하는 것을 목적으로 삼을 수도 없었고 그럴 수 있다고 인정해주지도 않았다. 물론 아직도 약간의 낭만주의적 유산인 자존심, 즉 창조자라는 점에서 창조주 신과 작가와 동격이라는 황당 맹랑한 자존심을 잃지 않고 있었다. 비록 몇몇 전문가나 동아리에게만 인정받고 보수라야 제 자존심밖에 아무것도 없다 해도 그들은 개의치 않고 순수문학도 하고 참여문학도 해야 한다고 믿었다. 그러나 1832년 이후 어떤 방식이든 작가 자신도 모르는 사이, 사회적 · 정치적 분위기에 착색되어 그 색깔로 시대극과 비극, 시민 주인공과 여성의 행 · 불행을, 위안과 환상을, 체념과 관조를 묘사하고 있었다. 그러나 이 체념과 관조조차 문학과 예술 행위와 정치 행위의 적극적 관계위에서 설정되어야 한다는 요구 또한 무시할 수만도 없는 시대였다. 출판물에 대한 정부 측의 검열이 강화되는 것도 이런 사회적 분위기에 기인한다. 강렬하게 전개되는 산업혁명의 물줄기는 억압된 시민계급의 정치적 해방 욕구를 막을 수 없었고 감수성 예민한 예술가, 작가 역시 이 해방의 전령 역할을 의식적이든 무의식적이든 수행하고 있었다. 1830년대 초기, 아직 보수, 반동, 자유민주주의, 사회주의 등의 제 이데올로기가(1848년 혁명 전야처럼 첨예화하진 않았지만) 서서히 대결 양상을 드러내기 시작한다. 이 시기에 확실한 것은 절대적 가치 체계나 절대적 타당성에 의심을 갖기 시작했다는 것이다. 물론 이 의심의 철학적 시작은 르네상스로 거슬러 올라가고 좀 더 가까이는 데카르트를 들 수 있지만 사실은 독일 관념론 철학 체계이다. 특히 헤겔 사유는 회의주의적 변증법으로 짜여 있어서 지금까지 실정화된 역사 세계에 절대 권위나 절대 타당성을 가진 것은 아무것도 없다는 것을 입증하고 있었다. 물론 그에게 이성의 최고 단계인 절대지, 절대정신이 현실 세계에 구체적으로 체현되지 않은 상황이므로 그것은 아직 역사적 실정성의 세계에 진입하지 않았다 하겠다. 하여간 이제 역사나 전통 또는 관습이 아니라 수익성과 효율성이 공장만 아니라 사회와 의식 전반의 원칙으로 자리 잡게 된다. 공간과 시간 경험, 역사의 현장 체험 등이 이제 사유의 상상력에 의해서가 아니라 기차와 기선들에 의해 현실적으로 가능하게 된 것이다. 이 사실을 사실적으로 전파하는 데 탁월한 효력을 발휘한 것이 신문과 잡지, 문학과 예술이었다. 신문과 잡지는 물론 문학과 예술 역시 시민사회의 매체 상품으로, 오락 상품으로, 선전 상품으로 전락하기 시작하게 된 것이다(영국이나 프랑스는 이것이 독일보다 훨씬 빠르게 진행되었다). 이 같은 상황이 꼭 정치 · 사회적 문화 욕구에 의한 것만은 아니고, 1820년대부터 공장에서 가동을 시작한 제지 기계와 윤전기의 역할과 책방 증가를 무시해서는 안 된다. 오늘날도 막강한 위력을 소유한 독일 서적상 협회가 생긴 해가 1825년이며 이 협회는 단순히 책 파는 데만 관심을 가진 장사꾼들의 모임이 아니었다. 그들은 인쇄소도 가지고 있었고, 언론 · 출판의 자유, 저작권 보호 등을 주장하며 투쟁했을 뿐 아니라 막강한 자본력으로 무시할 수 없는 시민사회의 지도층이었다. 게다가 그들은 작가들에게 팔리는 책을 쓸 것을 강요하기도 하고 안 팔리는 책을 인쇄하지 않기도 할 만큼의 강한 권력을 행사하기도 했다. 흥미 있는 것은 체제 긍정적인 글보다는 반체제 저항적인 글들이 훨씬 잘 팔린다는 사실이다. 이것은 당국 검열이 심해지게 된 동기이지만, 검열이 심해지면 심해질수록 더욱더 그 글이 인기 있는 것은 시대의 아이러니라기보다 인간 의식의 영원한 내면적 아이러니인 것 같다. 왜냐하면 꼭 글의 내용에 동조해서만이 아니라 그 반대의 계층들에게도 그것이 인기 있기 때문이다. 그러니 자신의 실제 생각과는 다른 글을 쓰는 작가도 생겨나고, 자신의 생각과는 다른 글을 쓰기를 장려하는 서적상도 생겨나고, 자신의 생각과는 다른 생각을 주장하는 거짓 사상가도 생겨났다. 고대적 소피스트의 분위기가 형성된 셈이다.

먹고살기 위해 팔리는 책을 써야 하는 작가는 더 이상 순수할 수 없듯이, 팔리지 않는 책을 써도 좋은 이들은 길거리로 나앉거나 붓을 꺾을 수 밖에 없게 된 것이다. 상품이 아닌 글을 쓸 수 있는 유일한 계층은 국가의 녹을 먹는 대학교수들 정도인데 그들은 반정부적 글을 쓰기에는 너무도 기가 허약해서, 팔리지는 않되 우회적으로 사회 비판적 글을 쓰는 수준이었다. 그 우회적 글쓰기가 사회 개혁이 아니라 의식 개혁, 반이성주의, 비이성주의 같은 극장 문화적 글쓰기인 것이다.

이맘때쯤 문학계에서는 괴테와 실러를 역사적 의미에서 존경하기는 하지만 본받으려는 이는 거의 없게 된다. 그들은 괴테와 실러 같은 이들을, 세상과 절연하고 정신적 이념에 집착할 수 있는 그런 시대의 아들로 보았다. 고전주의 시대만 해도 그런 이들을 존경할 뿐 아니라 먹여 살릴 만큼 순진하고 이상주의적이었다는 것이다. 그런 좋은 날은 지나갔다. 철저하게 정치적 대낮인 현재는 시인에게조차 시적이 아니라 세속적인 것이 요구되는 그런 시대에 우리는 살고 있다. 이제 소설가나 시인은 제 기분에 맞는 생각을 그려내는 것이 아니라 이 시대에 맞는 상황을 극화하고 시화해야 한다. 아직도 교회가 존재 값을 하니 신·구교의 이데올로기를 붙들기 위해 구질서와 신·구교의 종교적 신념을 강변하지만 더 이상 진지하게 그들에게 귀를 기울이는 이는 없다. 오히려 그들의 체념적 절규를 불쌍해하는 것이 고작이었다. 참여만이 참여이거나 순수만이 순수가 아니라, 순수는 숨어든 정적이고 참여는 당연한 연출이라는 믿음이 사회 모든 계층에게 각인된다.

하이네는 자기 자신이 '낭만주의의 마지막 시인', '낭만주의를 퇴위한 최후의 우화 왕'이라 지칭한 시인이다. 그는 고통 속에서 새로운 세계에 대한 희망을 버리지 않고 비참한 인간과 인간보다 훨씬 더 비참한 신들에게 프로메테우스처럼 도전한 신화인으로 평가할 만한 시인이다. 그는 현실이 요구하는 것은 감정의 환상 영역이 아니라 진리를 위해 가차 없이 감정을 잘라 없애는 '저 시대적 노래의 날카로운 고통의 환호성'이라고 강조한다. 그가 1831년 프랑스로 망명한 것은 바로 이 환호성을 지르기 위해서이다. 그는 베를린 시절 헤겔의 첫 번째 제자이다. 그는 헤겔의 생전, 고민을 시적 언어로 정리하고 미학적 언어로 전파했다. 그는 감미로운 단어들로 사람들을 현혹시키지만 역사에 있어 무기력한 정신박약아적 문학, 무기력한 문학이 아니라 역사와 세계 진보의 전위대로서의 문학, 그 문학을 지향하는 반어법을 강조한다. 그는 글쓰기가 시나 문학을 위해서가 아니라 삶과 삶의 살찌움을 위해서라 가르친다. 시인은 그냥 시인이어서는 아니 되고, 철학자이며, 상처와 질병의 치료 의사이고, 학문과 예술과 종교의 통합적 선언자여서 결코 그것으로부터 정치를 분리하지 않는 호민관이며 암행어사이며, 정치적 예술가요 예술적 정치가여야 한다고 단언한다. 그는 반동분자에게는 혁명을, 자유주의적 귀족자본주의에게는 공산주의를, 애국적 혁명주의자들에게는 국수적인 반동을 대비시킨다.

제3부

부록

필자 약력(가나다순)

양태범

성균관 대학교 불어불문학과를 졸업하고, 연세대학교 철학과 대학원에서 「하이데거에게 있어서 무의 가능성과 의미」(Möglichkeit und Sinn des Nichts bei Martin Heidegger)로 석사학위를 받은 뒤, 독일 마인츠 대학에서 고, 중세 철학 전공, 부전공 그리스, 라틴 고전학을 하고 『무 문제의 역사 속에서 본 플라톤』(Platon in der philosophischen Geschichte des Problems des Nichts)이란 주제로 철학 박사학위를 받았음. 현재 연세대학교 철학연구소 전문연구원으로 있으면서 연세대학교와 홍익대학교에 출강하고 있음. 주요논문으로는 「토마스 아퀴나스의 신 존재 증명에서 다섯 가지 길과 그것의 형이상학적 구조」, 「파르메니데스에게 "있다" 와 "있지 않다" 의 문제 - 고대 희랍철학의 존재-신-논리적 구조와 관계해서」, 「『파르메니데스』130a-135c에서 파르메니데스의 플라톤의 이데아론 비판」, 「고르기아스의 세 명제와 에피데익티케 논증」, 「서양사상과 유불도 - 동서 문화 만남의 존재론적인 보편성 문제」, 「서양존재 사유의 기원과 비존재의 문제」 등이 있다.

연효숙

연세대학교 교육학과를 졸업하고 동대학원 철학과에서 석, 박사(논문명: 헤겔에서의 노동과 목적론)학위를 받았다. 서울시립대 책임연구원, 이화여대 책임연구원을 거쳐 현재 아주대학교 인문과학연구소 연구교수로 있다. 주요 논문으로는 「헤겔의 자기의식에서의 인정과 욕망 그리고 타자」,

「헤겔에서의 시간과 기억의 형이상학」, 「헤겔, 스피노자, 들뢰즈의 욕망론에 대한 한 해석」, 「차이의 존재론과 그 여성주의적 함축」, 「들뢰즈, 가타리의 유목주의와 욕망론 그리고 여성주의」 등이 있으며, 주요 저서로는 『생각하고 토론하는 서양철학이야기: 근대-인간과 이성의 시대』, 『행복청바지: 즐거운 삶이 좋은 삶인가』(공저) 등이 있다.

유헌식

독일 프랑크푸르트대학에서 헤겔 철학 전공으로 철학박사 학위를 받았다. 인터넷 철학카페 '소피의 세계'를 주관했고, 문예아카데미에서 청소년 철학교실을 운영하며 디지털 강의록 〈어린 왕자와 떠나는 철학 여행〉을 펴냈다. 2007년 현재 텍스트 해석 연구소(www.phillife.net) 소장을 맡고 있으며, 계간 '철학과 현실', '헤겔 연구'의 편집위원으로 활동하면서 삶과 철학의 접점을 찾고 있다.

윤병태

연세대 철학과 교수. 저서로 『개념 논리학』, 『삶의 논리』, 『청년기 헤겔철학』이 있고, 논문으로 「헤겔의 자연미」 외 다수가 있다.

이광모

숙명여자대학교 의사소통센터 조교수. 성균관대 철학과와 같은 대학교 대학원을 졸업하고, 독일 빌레펠트 대학에서 철학박사학위를 받았다. 주요 논문으로 「헤겔 논리학, 범주론인가 아니면 신지학인가」, 「개념이란 무엇인가–객관적 논리학과 주관적 논리학의 관계에 대하여」, 「철학적 증명에 관하여–칸트로부터 헤겔로의 전개를 중심으로」, 「철학의 원리에 관하여–아리스토텔레스와 헤겔을 중심으로」 등이 있고, 저서로는 『헤겔철학과 학문의 본질』이 있다.

이상섭

연세대학교 철학과 및 동대학원 철학과를 졸업하고, 독일 Ruhr

Universität Bochum 철학과에서 박사학위를 취득하였다. 현재 서강대학교 철학과 조교수로 재직 중이며, 저서로는 Wirklichsein und Gedachtsein (Würzburg 2006), 주요논문으로는 「토마스 아퀴나스의 개념과 실재」, 「보편학으로서의 형이상학과 지성의 존재」, 「중세 스콜라철학의 지향성, 지향의 대상 및 지향적 존재에 대한 연구」, 「근대적 주관성 개념의 중세철학적 기원에 관한 연구」, 「자기인식의 역설」등이 있다.

이정은

연세대학교 철학연구소 전문연구원. 연세대, 한양대, 백석대 등 출강. 주요 논문은 「헤겔 『대논리학』의 자기의식 이론」(박사학위논문), 「독일 관념론사에서 헤겔의 '자기의식'의 역할과 의미」(Post-doc. 연수 논문), 「자기의식의 사변적 전개의 중심으로서 '계사'-헤겔 대논리학의 개념론에서 판단의 전개를 중심으로」, 「판단과 진리」, 「독일관념론의 전개와 사변적 자기의식의 생성」, 「청년기 헤겔의 환상종교」, 「헤겔 법철학에서 여성적 자매애와 사회적 우애적 관계」외 다수. 저서로는 『사랑의 철학』, 『사람은 왜 인정받고 싶어하나』, 『헤겔 대논리학의 자기의식 이론』이 있다.

전대호

서울대학교 물리학과 졸업, 조선일보 신춘문예 시 부문 당선, 서울대학교 대학원 철학과 석사 졸업, 1996-2001 DAAD장학생으로 독일 쾰른에서 수학, 서울대학교 대학원 철학과 박사과정 수료. 주요 논문으로는 〈칸트의 공간론 연구〉(1996)가 있고, 번역서로 〈현대철학소사〉(1996), 〈헤겔, 영원한 철학의 거장〉(2006) 〈과학과 기술로 본 세계사 강의〉(2006) 등이 있으며, 시집으로 〈가끔 중세를 꿈꾼다〉(1995, 개정판 2007), 〈성찰〉(1997)이 있다.

정현철

연세대학교 경제학과 졸업(학사). 총회신학 대학원 신학과 중퇴. 연세대학교 대학원 철학과 졸업(석사). 독일 베를린 자유 대학교와 프랑크푸르트

대학에서 수학. 프랑크푸르트 대학 철학과 박사과정 수료. 연세대학교 대학원 철학과 박사과정 수료. 발표한 논문으로는「아도르노의 미학적인 이론에 있어서의 부정성 개념」이 있다.

허정수

서강대학교 정치외교학과 졸업. 서강대학교 일반대학원 정치외교학과 석사과정 졸업(논문 제목 - "알튀세르의 헤겔 변증법 비판에 대한 연구"). 현재 서강대학교 일반대학원 정치외교학과 박사과정 재학 중.

『헤겔연구』 논문투고 및 심사규정

I. 『헤겔연구』 논문투고규정

1. 발간 시기: 연 2회(6월 15일 여름호, 12월 15일 겨울호)
   원고 접수: 연중 수시

2. 원고 종류

1) 哲學과 思想史 전반에 관련된 자유주제, 특히 독일 관념론 및 Hegel 사상과 관련성이 있는 미발표 논문(특별 주제의 경우 별도로 공고한다)
2) 서평: 최근 3년 이내에 출간된 국문 저서 혹은 번역서, 연구사적 의의가 있는 외국문 저서
3) 논문평: 최근 2년 이내에 발표된 국내외 주요 연구 성과, 특히 이미 『헤겔연구』에 수록된 논문 및 국내 주요 연구 동향에 대한 논쟁적 언급
4) 번역: 헤겔 및 독일관념론 전반과 관련 있는 원서(분량 등 기준은 일반 논문 투고의 기준에 따른다)

3. 분량

1) 논문 기본게재료: 참고문헌을 포함하여 200자 원고지 80매 이상 130매 이하, 전임이상 회원: 20만원, 비전임 회원: 13만원.
2) 131매 이상의 초과분에 대해서는 원고지 장당 3,000원의 초과 게재료를 납부한다.(정해진 게재료 미납시 편집위원회의 결정에 따라 논문 게재를 보류할 수 있다.)

3) "… 연구비 지원에 의한 연구 결과물임" 이 표시된 투고 논문에 대해서는 게재료 30만원을 징수하고, 게재료 수납 때 영수증을 발부함.
4) 서평: 200자 원고지 50매 내외
5) 논문평: 200자 원고지 30매 내외

4. 투고 요령
1) 워드프로세서(아래 아 한글 프로그램)로 작성
2) 디스켓과 함께 출력원고 4부 제출: 디스켓과 출력물에는 반드시 논문 제목(한글/외국어), 저자성명(한글/외국어), 저자약력, 주요검색어(한글/외국어), 논문 요약문(한글/외국어), 논문, 참고문헌 순서로 포함되어 있어야 한다.
3) 저자 약력에는 투고자의 소속, 주소, 전화번호, 이메일 주소를 정확하게 명기해야 한다.

5. 접수처
- 서울특별시 서대문구 신촌동 134 연세대학교 외솔관(제1인문관) 508호 윤병태교수연구실 (한국헤겔학회 편집위원회)
- 전화: 02-2123-2399/휴대폰: 011-885-6267
  e-mail: seocrates@hanmail.net

6. 투고시 주의사항
1) 논문 투고의 기본 자격은 본 학회의 회원으로 한다.(회원이 아닌 경우 투고 전 회원에 가입해야 한다. 회원이더라도 회비 미납 사실이 있을 경우에는 회비를 완납한 후 투고할 수 있다.)
2) 동일 제목의 논문을 1, 2, 3 등의 형태로 연속적으로 투고할 수 없다.
3) 외국어로 작성된 논문은 편집위원회의 심사를 거쳐 번역 게재한다.
4) 분량이나 주제가 본 연구지의 기준이나 취지에 전혀 부합하지 않을 경우 심사대상에서 제외한다.
5) 다른 학술지나 출판 등록된 저서에 이미 게재된 논문은 심사대상에서

제외한다.

7. 원고 작성시 주의사항

– 원고를 투고할 때에는 반드시 다음 사항을 주의하여 작성하여야 한다.

1) 투고자는 논문작성시 단독연구인지 공동연구인지를 명기해야 한다. 접수시 1명의 성명이 기재되어 있을 경우, 이를 단독연구로 접수한다. 공동연구의 경우, 책임연구자와 공동연구자를 구분하여 명기해야 한다.

2) 논문의 마지막 부분에 참고문헌을 반드시 첨가하여야 한다. 참고문헌의 수록 순서는 국한문 문헌 다음에 외국 문헌을 싣되, 각각 저자 이름의 가나다와 알파벳 순서로 기재한다.

참고 문헌 작성법 예

Hegel, G. W. F., *Phänomenologie des Geistes,* in: *Gesammelte Werke,* Bd. 9, hrsg. von W. Bonsiepen & R. Heede, Hamburg 1980.

Hegel, G. W. F., 임석진 옮김, 『정신현상학』 지식산업사, 1988.

Gadamer, H. G., Hegel und die antike Dialektik, in: *Hegel-Studien,* Bd. 1, hrsg. von F. Nicolin & O. Pöggeler, Bonn 1961.

홍길동, 「헤겔의 자유개념」, 『헤겔연구』, 제9호, 한길사, 2001.

3) 각주의 경우 다음과 같은 작성법의 예를 따른다.

각주 작성법 예

G. W. F. Hegel, *Phänomenologie des Geistes,* in: *Gesammelte Werke,* Bd. 9, hrsg. von W. Bonsiepen&R. Heede, Hamburg 1980, 13-14쪽 참조.
G. W. F. Hegel, 임석진 옮김, 『정신현상학』, 지식산업사, 1988, 17쪽.
H. G. Gadamer, Hegel und die antike Dialektik, in: *Hegel-Studien,* Bd. 1, hrsg. von F. Nicolin & O. Pöggeler, Bonn 1961, 10쪽 이하 참조.
홍길동, 「헤겔의 자유개념」, 『헤겔연구』, 제9호, 한길사, 2001, 18쪽.

4) 각주에서 이미 앞에서 인용된 논문에는 〈저자 이름, 같은 글, 쪽수〉로 표기하고, 저서에는 〈저자이름, 같은 책, 쪽수〉로 표기한다. 만일 동일한 저자의 논문이나 저서 등이 중복될 경우에는 〈저자, 논문명 혹은 저서명, 쪽수〉로 표기한다. 그리고 바로 이전의 각주와 동일한 논문이나 저서가 인용될 경우에는 〈같은 곳, 같은 글 혹은 같은 책, 쪽수〉로 표기한다.
5) 주요 저작의 경우 필자가 약호규정을 사용하여 본문이나 각주에서 표기할 수 있다. 가능한 한 각주 1에서 약호규정을 구체적으로 명기해야 한다.
6) 편집의 일관성을 위하여 가능한 한 장, 절, 항, 목을 I, 1, 1), ①로 표시한다.
7) 강조는 ‘ ’ 부호로 표기하고, 인용문에서 가운데 단어나 구절의 일부 생략은 ‘…’로 표기하고, 완전한 문장의 생략은 ‘(……)’로 표기한다.
8) 논문 투고시에는 본 학회에서 정한 작성요령에 따라 논문 요약문 및 주

요검색어를 함께 제출하여야 한다. 외국어(영문 및 독문) 요약문 및 주요 검색어는 국문에 준해 함께 제출하여야 한다.

논문 요약문 및 주요검색어 작성요령

- 요약문 원고는 주제 분류(학술진흥재단에서 제공하는 학문 분류표 참조), 5단어 이내의 주요 검색어, 논문의 요약문으로 구성된다.
- 분량은 500자 정도(원고지 3매 정도)
- 주요 검색어는 논문에서 논의되는 주요 개념들이나 주제들 또는 인물들을 언급하되, 다섯 개념 이내로 한다.
- 요약문은 논문 전체의 핵심 내용을 논문 내용에 부합하게 작성한다.

9) 투고된 원고와 디스켓은 반환하지 않는다.

II. 『헤겔연구』 논문심사규정

1. 논문 심사 및 게재 원칙
1) 투고 논문 심사는 원고 마감 후 4월과 10월 년 2회 실시한다.
2) 각 논문은 편집위원회에서 위촉한 심사위원 2－3인이 심사한다.
3) 심사시 논문 투고자의 성명과 소속 등을 알 수 없도록 한다.
4) 각 심사위원은 투고 논문들을 본 편집위원회에서 규정한 아래의 〔개별 심사항목〕에 따라 종합적으로 검토 평가한다.

개별심사항목

- 논문의 주제 의식이 명확하며 논리적이고 타당한 근거들이 제시되었는가?
- 창의적이고 비판적인 논제, 개념, 논거, 관점 등이 제시되었는가?
- 관련 분야에 대한 기초 문헌과 2차 문헌에 대한 적절한 논의가 이루어졌는가?
- 국내의 선행 연구 논저들에 대한 논의가 이루어졌는가?
- 논문의 형식적 요건(각주 인용, 참고 문헌 표기, 분량 등 본 학회에서 요구한 논문 작성에 관련된 사항)을 정확히 갖추었는가?〔논문 요약문 및 주요검색어 작성요령〕

5) 종합평가는 개별항목에 대한 평가를 근거로 '게재 가', '수정후 게재 가', '게재불가'로 판정한다.
6) 2인 이상으로부터 '게재 가' 판정을 받은 논문은 수정 없이 바로 게재할 수 있다.
7) 심사에서 수정이 요구된 사항은 필자에게 〔심사결과통보서〕에 첨부된 〔수정요구서〕를 통해 고지하여 반드시 수정 후 게재한다.

2. 편집위원 선정기준과 절차
1) 본 학회의 편집위원회는 위원장 1명, 위원 15명 이내로 구성한다.
2) 편집위원은 반드시 본 학회의 정회원이어야 하며, 학회 발전에 공이 많은 자로 학회 이사들의 추천으로 후보가 된다.
3) 추천된 후보들 중 학회 이사들의 과반수 이상의 찬성으로 선정한다.
4) 가급적 지역 안배를 고려하여 각 도에 최소 1명씩 위원을 두며, 다양한 연구 분야를 고려하여 선정한다.
5) 편집위원의 임기는 2년으로 하며 연임할 수 있다.

한국헤겔학회 임원명단

회장_ 이창환(서울대)
명예회장_ 임석진(명지대)
고문_ 송병옥(건국대), 이강조(경북대)

총무이사_ 이광모(숙명여대)
총무간사_ 서영석(서울대)
연구이사_ 강순전(명지대)
섭외이사_ 최신한(한남대)
편집이사_ 윤병태(연세대)
편집간사_ 서정혁(숙명여대)

편집위원_
이창환(서울대), 이광모(숙명여대), 최신한(한남대), 윤병태(연세대), 위상복(전남대), 강순전(명지대), 유헌식(세종대), 권대중(계명대), 김준수(부산대), 백훈승(전북대), 김귀룡(충북대)

헤겔연구 제22호

로고스인가 사튀로스인가?

1판 1쇄 인쇄 2007년 12월 7일
1판 1쇄 발행 2007년 12월 15일

편집 한국헤겔학회
펴낸이 윤병태
펴낸곳 도서출판 용의 숲
주소 서울시 서대문구 신촌동 134 연세대학교
제1인문관 508호 한국헤겔학회 편집위원회
전화 02-2123-2399
휴대폰 011-885-6267
E-mail seocrates@hanmail.net
출판등록 2004년 3월 29일 제 313-2004-00078호

ISSN 1598-9410(22)
가격 18,000원